Georg August Grotefend

Handbuch der Provinzial-Kreis-und Kommunalverwaltung in Hessen-Nassau

Georg August Grotefend

Handbuch der Provinzial-Kreis-und Kommunalverwaltung in Hessen-Nassau

ISBN/EAN: 9783741172182

Hergestellt in Europa, USA, Kanada, Australien, Japan

Cover: Foto ©Suzi / pixelio.de

Manufactured and distributed by brebook publishing software
(www.brebook.com)

Georg August Grotefend

Handbuch der Provinzial-Kreis-und Kommunalverwaltung in Hessen-Nassau

Handbuch

der

Provinzial-, Kreis- und Kommunal-Verwaltung

in

Hessen-Nassau.

Von

G. A. Grotefend,
Regierungsrath.

Marburg.
N. G. Elwert'sche Verlagsbuchhandlung.
1878.

Vorrede.

Das hiermit der Oeffentlichkeit übergebene Handbuch enthält die Gesetze und Verordnungen, deren Kenntniß für jedes Mitglied einer Gemeinde in der Provinz Hessen-Nassau von praktischem Interesse ist und welche die Behörden der öffentlichen Verwaltung mehr oder weniger regelmäßig und größten Theils täglich anzuwenden oder zu beachten haben.

Die einzelnen Gesetze und Verordnungen sind in ihrem ganzen Zusammenhange abgedruckt, weil es für den Gebrauch der Beamten wie des Publikums von besonderer Wichtigkeit ist, den amtlichen Text derselben zur Hand zu haben und den ganzen Inhalt des Gesetzes übersehen zu können.

Bei der klaren Uebersichtlichkeit des Inhalts und der inneren Ordnung dieses Handbuchs schien die Beifügung eines Sachregisters nicht nothwendig. Die vorgedruckte Inhalts-Uebersicht wird für den Gebrauch völlig genügen.

Düsseldorf im Oktober 1877.

Der Herausgeber.

Inhalts=Uebersicht.

Seite

Erster Abschnitt.

Organisation der staatlichen Verwaltung in Hessen-Nassau.

Zweiter Abschnitt.

Die kommunalständische Verfassung.

Dritter Abschnitt.

Kreisständische Verfassung.

Vierter Abschnitt.

Gemeindeverfassung.

Erster Abschnitt.

Organisation der staatlichen Verwaltung in Hessen-Nassau.

I. Das Ober-Präsidium.

Durch Allerhöchsten Erlaß vom 7. Dezember 1868 sind die Regierungsbezirke Kassel und Wiesbaden zu einem Oberpräsidialbezirk unter dem Namen „Provinz Hessen-Nassau" vereinigt. Der mit dem Sitze in Kassel für diesen Provinzialbezirk ernannte Ober-Präsident führt seine Verwaltung nach Vorschrift der für die Preußischen Ober-Präsidenten erlassenen Instruktion vom 31. Dezember 1825 (Gesetz-Sammlung 1826. S. 1) und der zu derselben ergangenen ergänzenden Bestimmungen [1]).

II. Die Regierungen.

1. Regierungsbezirk Kassel.

1) Aus dem ehemaligen Kurfürstenthum Hessen, 2) den bisher Baierischen Gebietstheilen Bezirksamt Gersfeld und Landgerichtsbezirk Orb ohne Aura, 3) aus dem bisher Großherzoglich Hessischen Kreise Vöhl, einschließlich den Enklaven Eimelrod und Hörninghausen ist durch die Königliche Verordnung vom 22. Februar 1867 ein Verwaltungsbezirk unter dem Namen „Regierungsbezirk Kassel" gebildet. Die Regierung dieses Bezirks hat ihren Sitz in Kassel.

2. Regierungsbezirk Wiesbaden.

Durch dieselbe Königliche Verordnung ist der Regierungsbezirk Wiesbaden aus folgenden Landestheilen gebildet:

1) dem ehemaligen Herzogthum Nassau,

2) der ehemals freien Stadt Frankfurt,

sowie aus folgenden bisher Großherzoglich Hessischen Gebieten:

3) dem ehemals Landgräflich Hessen-Homburgischen Amte Homburg,

---

[1]) Königliche Verordnung vom 22. Februar 1867 (Ges.-Samml. S. 273) §. 10.

4) dem Kreise Biedenkopf,
5) dem nordwestlichen Theile des Kreises Gießen, welcher die Orte Frankenbach, Krumbach, Königsberg, Fellingshausen, Bieber, Haina, Rodheim, Waldgirmes, Naunheym und Hermannstein mit ihren Gemarkungen umfaßt,
6) aus dem Ortsbezirk Rödelheim,
7) aus dem bisher unter Großherzoglich Hessischer Souveränetät gestandenen Theile des Ortsbezirks Nieder-Ursel.

Der Sitz dieser Regierung ist in Wiesbaden.

B. Innere Organisation der Regierungen.

Die Regierungen in Kassel und Wiesbaden bestehen jede aus drei Abtheilungen: einer Abtheilung des Innern, einer Abtheilung für Kirchen- und Schulwesen, und einer Abtheilung für direkte Steuern, Domänen und Forsten. Sie sind zusammengesetzt aus einem Präsidenten, drei Ober-Regierungsräthen und der erforderlichen Anzahl von Räthen und technischen Mitgliedern. (Verordnung vom 22. Februar 1867, §. 5.)

Ihr Wirkungskreis umfaßt die Verwaltung aller derjenigen Angelegenheiten ihres Bezirks, welche in den alten Provinzen den Regierungen überwiesen sind. Sie verwalten die ihnen übertragenen Geschäfte nach Maßgabe der Instruktion für die Geschäftsführung der Preußischen Regierungen vom 23. Oktober 1817 und der zu derselben ergangenen erläuternden, ergänzenden und abändernden Bestimmungen (daselbst §. 6).

III. Die Provinzial-Schulkollegien und Medizinal-Kollegien.

Für die Provinz Hessen-Nassau ist durch Königliche Verordnung vom 22. September 1867 ein Provinzial-Schulkollegium mit dem Sitze in Kassel eingerichtet; ebenso ein Medizinal-Kollegium.

Beide Kollegien stehen unmittelbar unter dem Minister der geistlichen &c. Angelegenheiten und haben in dem ihnen angewiesenen Bezirk diejenigen amtlichen Aufgaben zu lösen, welche den gleichnamigen Behörden in den älteren Theilen der Preußischen Monarchie nach den Instruktionen vom 23. Oktober 1817, der Allerhöchsten Kabinets-Ordre vom 31. Dezember 1825 und den dieselben erläuternden, ergänzenden und abändernden Bestimmungen gestellt sind.

IV. Die Landräthe.

An der Spitze eines jeden ländlichen Kreises der Regierungsbezirke Kassel und Wiesbaden steht ein Landrath, welcher, vorbehaltlich der Einführung eines Präsentationsrechts Seitens der künftigen Kreisvertretung, durch den König ernannt wird. In den Stadtkreisen werden die landräthlichen Funktionen von dem Gemeindevorstande, beziehungsweise von dem Polizei-Präsidenten oder Polizei-Direktor wahrgenommen. (Verordnung vom 22. Februar 1867, §. 7.)

Der Landrath ist das Organ, dessen die Regierung in allen Theilen der Verwaltung zur Vollziehung ihrer Verfügungen sich bedient, insoweit nicht andere von ihm nicht abhängige Behörden dazu berufen sind. Er führt seine Verwaltung in dem Umfange wie die Landräthe in den übrigen Provinzen der Monarchie und nach den für diese bestehenden Vorschriften, sofern und so lange nicht spezielle innerhalb seines Verwaltungsbezirks bestehende Einrichtungen und geltende Gesetze oder Anordnungen eine Abweichung bedingen. Insbesondere sind auf den Landrath übergegangen:

1) alle Funktionen der Landräthe in denjenigen Fällen, in welchen nach den in den beiden Regierungsbezirken eingeführten oder noch einzuführenden altländischen Gesetzen, Verordnungen und Einrichtungen die Mitwirkung des Kreislandraths eintritt;
2) im Bereiche des ehemaligen Kurfürstenthums Hessen die Funktionen, welche bisher die Landräthe geübt haben;
3) im Bereiche des ehemaligen Herzogthums Nassau die Funktionen, welche seither den Aemtern als Verwaltungsbehörden zustanden, soweit sie nicht nach §. 9 den Amtmännern verbleiben;
4) in den übrigen in §§. 1 und 2 aufgeführten Gebietstheilen die Funktionen der bisherigen Kreis- oder Bezirksbehörde (daselbst §. 6).

V. Die Amtmänner in dem ehemaligen Herzogthum Nassau und dem Amte Homburg.

In diesen Gebieten sind die Amtsbezirke als engere Verwaltungsbezirke in ihrer bisherigen Begrenzung bestehen geblieben. An der Spitze eines solchen Amtsbezirkes steht ein Amtmann, dem die Aufsicht über die Handhabung der Ortspolizei in seinem Bezirke obliegt, und welcher zugleich als Organ des Landraths für alle dem letzteren übertragenen Geschäftszweige fungirt. Derselbe bereitet die von dem Bezirksrathe[1]) zu fassenden Beschlüsse vor und führt in demselben den Vorsitz, sofern nicht der Landrath zugegen ist und die Leitung der Verhandlung übernimmt. Die Kompetenz und Geschäftsführung des Amtsmanns ist durch eine besondere Instruktion geregelt. (Verordnung vom 22. Februar 1867, §. 9).

---

[1]) S. unter Kreisständische Verfassung Verordnung vom 26. September 1867 §§. 7—13 bezw. §. 14.

Zweiter Abschnitt.

Die kommunalständische Verfassung.

I. Kommunalständische Verfassung im Regierungsbezirke Kassel.

1. Organisation des kommunalständischen Verbandes.

Dieselbe ist durch die folgende Königliche Verordnung geordnet.

Königliche Verordnung vom 20. September 1867:

§. 1. Der Regierungsbezirk Kassel in seiner jetzigen Begrenzung bildet einen kommunalständischen Verband.

Der Verband hat die Rechte einer Korporation.

Derselbe wird durch die Kommunalstände vertreten, welche sich auf dem Kommunal-Landtage versammeln.

I. Befugnisse der Kommunalstände.

§. 2. Dem Kommunal-Landtage steht unter der Mitwirkung und Aufsicht der Staatsregierung die Beschlußnahme über die Kommunalangelegenheiten des Verbandes, die Verwaltung und Vertretung der kommunalständischen Institute und Vermögensrechte zu.

Er ist befugt, im Interesse des Bezirks Ausgaben und Leistungen zu übernehmen und die Art und Weise der Aufbringung derselben zu beschließen.

Der Kommunal-Landtag hat außerdem die Rechte und Pflichten der in den älteren Landestheilen des Preußischen Staats bestehenden Provinzialstände.

II. Zusammensetzung des Kommunal-Landtages.

§. 3. Die Zusammensetzung des Kommunal-Landtages bestimmen Wir, wie folgt:

Es erscheinen:

1) mit Virilstimmrecht und aus der Ritterschaft:

a. das Haupt der Linie der Landgrafen zu Hessen-Philippsthal,

b. das Haupt der Linie der Landgrafen zu Hessen-Philippsthal-Barchfeld,

c. das Haupt jeder Fürstlichen oder Gräflichen ehemals reichsunmittelbaren Familie, welche eine Standesherrschaft im kommunalständischen Verbande besitzt,

d. der Senior oder das sonst mit dem Erbmarschallamte beliehene Mitglied der Familie der Freiherren von Riedesel,

e. ein Vertreter des Domänenfiskus,

f. einer der ritterschaftlichen Obervorsteher der Stiftungen Kaufungen und Wetter,

g. ein von der Universitätsdeputation aus ihrer Mitte zu wählendes Mitglied für die Universität Marburg,

h. 6 Abgeordnete der Ritterschaft;

2) im Stande der Städte: 16 Abgeordnete;

3) im Stande der Landgemeinden: 16 Abgeordnete;

4) im Stande der höchstbesteuerten Grundbesitzer und Gewerbtreibenden: 16 Abgeordnete.

§. 4. Die Abgeordneten der Ritterschaft werden von den Mitgliedern des dem kommunalständischen Verbande angehörigen, ehemals reichsunmittelbaren Adels, und von den im kommunalständischen Verbande wohnenden und begüterten (§. 5) Mitgliedern der Althessischen Ritterschaft, der Ritterschaft der Grafschaft Schaumburg und der im §. 18 des Landtagsabschiedes für das Kurfürstenthum Hessen vom 9. März 1831 genannten adeligen Familien der ehemaligen Provinz Hanau aus ihrer Mitte gewählt.

§. 5. Als begütert im Sinne dieser Verordnung gelten nur Diejenigen, welche entweder Kraft eigenen Rechtes oder Kraft des ihnen am Grundvermögen ihrer Ehefrauen oder ihrer Kinder zustehenden Nießbrauches, Grundvermögen besitzen, welches zu einem Grundsteuer-Reinertrage von mindestens 500 Thalern veranlagt ist, sei es, daß sie dasselbe allein besitzen, oder daß sich im Falle gemeinschaftlichen Besitzes ein solcher Reinertrag auf ihren Antheil berechnet.

§. 6. Bis zur Durchführung der nach § 3 der Verordnung vom 28. April 1867 (G.-S. S. 538) vorzunehmenden Grundsteuer-Regulirung bleibt die nach §. 4 des Ministerial-Ausschreibens vom 10. Juni 1863 (G.-S. für Kurhessen S. 68) aufgestellte Wählermatrikel der Ritterschaft in Anwendung.

§. 7. Behufs der Wahl der Abgeordneten der Ritterschaft hat der Oberpräsident insbesondere auch wegen etwaiger Bildung mehrerer Wahlbezirke und Vertheilung der Abgeordneten auf dieselben die näheren Anordnungen zu treffen. Bei der Wahl entscheidet einfache Stimmenmehrheit und im Falle der Stimmengleichheit das Loos.

§. 8. Im Stande der Städte wählen:

a. die Stadt Kassel: 2 Abgeordnete,

b. die Stadt Hanau: 2 Abgeordnete,

c. die Stadt Marburg: 1 Abgeordneten,

d. die Stadt Fulda: 1 Abgeordneten,

e. die Stadt Hersfeld oder Melsungen, welche unter einander dergestalt abwechseln, daß die erstgenannte Stadt auf zwei und die Stadt Melsungen auf eine Wahlperiode (§. 16) den Abgeordneten entsendet: 1 Abgeordneten,

f. die Stadt Schmalkalden: 1 Abgeordneten,

g. die Stadt Rinteln und die Städte Obernkirchen, Oldendorf, Rodenberg und Sachsenhagen: 1 Abgeordneten,

h. die Städte Hofgeismar, Carlshafen, Grebenstein, Helmarshausen, Immenhausen, Liebenau, Naumburg, Trendelburg, Volkmarsen, Wolfhagen und Zierenberg: 1 Abgeordneten,

i. die Stadt Hersfeld oder Melsungen (s. oben) und die Städte Felsberg, Rotenburg, Sontra und Spangenberg: 1 Abgeordneten,

k. die Städte Homberg, Borken, Fritzlar, Gudensberg, Neukirchen, Niedenstein, Schwarzenborn, Treysa und Ziegenhain: 1 Abgeordneten,

l. die Städte Eschwege, Allendorf, Großalmerode, Lichtenau, Waldcappel, Wannfried und Witzenhausen: 1 Abgeordneten,

m. die Städte Frankenberg, Amoeneburg, Frankenau, Gemünden, Kirchhain, Neustadt, Rauschenberg, Rosenthal, Schweinsberg und Wetter: 1 Abgeordneten,

n. die Städte Hünfeld, Gersfeld, Salmünster, Schlüchtern, Soden, Steinau und Tann: 1 Abgeordneten,

o. die Städte Gelnhausen, Bockenheim, Orb, Wächtersbach und Windecken: 1 Abgeorgneten,

zusammen 16 Abgeordnete.

§. 9. Im Stande der Landgemeinden werden die Abgeordneten in folgenden Wahlbezirken gewählt:

a. der Landkreis Kassel: 1 Abgeordneter,

b. die Kreise Hofgeismar und Wolfhagen: 1 Abgeordneter,

c. der Kreis Eschwege: 1 Abgeordneter,

d. der Kreis Witzenhausen: 1 Abgeordneter,

e. der Kreis Rotenburg: 1 Abgeordneter,

f. der Kreis Hersfeld: 1 Abgeordneter,

g. die Kreise Fritzlar und Melsungen: 1 Abgeordneter,

h. die Kreise Homberg und Ziegenhain: 1 Abgeordneter,

i. der Kreis Marburg: 1 Abgeordneter,

k. die Kreise Frankenberg und Kirchhain: 1 Abgeordneter,

l. der Kreis Fulda: 1 Abgeordneter,

m. die Kreise Hünfeld und Gersfeld: 1 Abgeordneter,

n. die Kreise Gelnhausen und Schlüchtern: 1 Abgeordneter,

o. der Kreis Hanau: 1 Abgeordneter,

p. der Kreis Rinteln: 1 Abgeordneter,

q. der Kreis Schmalkalden: 1 Abgeordneter,

zusammen 16 Abgeordnete.

§. 10. Im Stande der höchst besteuerten Grundbesitzer und Gewerbtreibenden werden die Abgeordneten in folgenden Wahlbezirken gewählt:

a. der Stadtkreis Kassel: 1 Abgeordneter,

b. die Kreise Hofgeismar und Landkreis Kassel: 1 Abgeordneter,

c. der Kreis Eschwege: 1 Abgeordneter,
d. der Kreis Witzenhausen: 1 Abgeordneter,
e. die Kreise Rotenburg und Melsungen: 1 Abgeordneter,
f. der Kreis Hersfeld: 1 Abgeordneter,
g. die Kreise Fritzlar und Wolfhagen: 1 Abgeordneter,
h. die Kreise Homburg und Ziegenhain: 1 Abgeordneter,
i. der Kreis Marburg: 1 Abgeordneter,
k. die Kreise Frankenberg und Kirchhain: 1 Abgeordneter,
l. der Kreis Fulda: 1 Abgeordneter,
m. die Kreise Gersfeld und Hünfeld: 1 Abgeordneter,
n. die Kreise Gelnhausen und Schlüchtern: 1 Abgeordneter,
o. der Kreis Hanau: 1 Abgeordneter,
p. der Kreis Rinteln: 1 Abgeordneter,
q. der Kreis Schmalkalden: 1 Abgeordneter,

zusammen 16 Abgeordnete.

§. 11. Von der Theilnahme an den Wahlen der Abgeordneten sind überhaupt ausgeschlossen Alle, welche

1) sich nicht im Vollgenusse der bürgerlichen Ehrenrechte befinden,
2) noch nicht das 30. Lebensjahr zurückgelegt haben, oder
3) unter Kuratel stehen, oder
4) über deren Vermögen ein Konkurs besteht oder bestanden hat, bis zur völligen Befriedigung der Gläubiger.

§. 12. Die Abgeordneten der Städte werden von den in denselben wohnhaften selbstständigen Staatsbürgern — nach Ausscheidung derer, welche als Mitglieder der Ritterschaft und als Höchstbesteuerte zur Wahl der im §. 8 unter Nr. 1 b und Nr. 4 genannten Abgeordneten berufen sind — gewählt.

Als selbstständig gelten Diejenigen, welche als Ortsbürger oder Beisitzer einen eigenen Haushalt führen und nicht in Kost oder Lohn eines Anderen stehen, sowie Diejenigen, welche seit Anfang des der Wahl vorausgegangenen Kalenderjahres eine direkte Steuer entrichtet haben.

§. 13. Zur Wahl der Abgeordneten der Landgemeinden (§. 8, Nr. 3) sind die in den einzelnen Wahlbezirken mit Ausschluß der darin gelegenen Städte wohnhaften Staatsbürger, nach Ausscheidung der Mitglieder der Ritterschaft und der höchstbesteuerten Grundbesitzer und Gewerbtreibenden, unter der Voraussetzung befähigt, daß sie nach §. 12 als selbstständig zu betrachten sind.

§. 14. Zu den Wahlen der Höchstbesteuerten (§. 8, Nr. 4) sind diejenigen mit dem Staatsbürgerrechte versehenen Stadt- und Landbewohner des Bezirks berechtigt, welche im abgelaufenen Kalenderjahre die meiste Grund- und Gewerbesteuer gezahlt haben und bei Aufstellung der Wählerlisten überhaupt noch Grund- oder Gewerbesteuer entrichten.

Die Zahl der Höchstbesteuerten beträgt auf 1000 Seelen des Bezirks, und bei einem sich ergebenden, nicht volle 1000 Seelen betragenden Ueberschusse auf volle 500 Seelen des letzteren einen Wähler.

Wenn mehrere Steuerpflichtige, welche gleich hohe Steuern bezahlt haben, vorhanden sind, von denen nach dem Maßstabe der Bevölkerung nur einzelne zur Wahl berufen sein würden, so sind ausnahmsweise diese in demselben Steuergrade stehenden Personen sämmtlich als Wähler zuzulassen.

Die Seelenzahl wird nach dem Resultate der letzten amtlichen Volkszählung bemessen.

§. 15. Die Abgeordneten jeden Standes werden aus der Zahl der sämmtlichen in dem betreffenden Stande zur Wahl berechtigten Personen gewählt.

III. Allgemeine Bestimmungen.

§. 16. Die Wahlen der Abgeordneten geschehen auf 6 Jahre dergestalt, daß alle 3 Jahre die Hälfte der gewählten Abgeordneten jedes Standes ausscheidet.

Die für das erste Mal Ausscheidenden werden durch das Loos bestimmt.

Die Ausscheidenden sind wieder wählbar.

Die §. 8, sub 1 a bis c genannten Fürsten und Standesherren können sich durch bevollmächtigte Agnaten ihres Hauses und in deren Ermangelung oder Verhinderung durch einen anderen geeigneten Bevollmächtigten, der im Gebiete des kommunalständischen Verbandes wohnt und begütert ist, (§. 5) vertreten lassen.

§. 17. Für das Verfahren bei den Wahlen zum Kommunal-Landtage sind die Vorschriften der am heutigen Tage vollzogenen besonderen Verordnung maßgebend [1]).

IV. Verhandlungen des Kommunal-Landtages.

§. 18. Der Vorsitzende des Kommunal-Landtages, sowie ein Stellvertreter desselben wird aus den Mitgliedern des Kommunal-Landtages auf die Dauer jedes Landtages von Uns ernannt.

Der Vorsitzende hat die Verhandlungen zu leiten und die Ordnung in der Versammlung aufrecht zu erhalten.

§. 19. Zu Unserm Kommissarius bei dem Kommunal-Landtage bestimmen Wir den Oberpräsidenten. Wir behalten Uns vor, demselben in Behinderungsfällen einen Stellvertreter zu bestellen.

Der Oberpräsident ist die Mittelsperson bei allen Verhandlungen Unserer Behörden mit den Ständen.

§. 20. Sämmtliche Beschlüsse des Kommunal-Landtages werden dem Oberpräsidenten vorgelegt, welcher dieselben zu prüfen und deren Ausführung zu vermitteln hat.

Beschlüsse, welche die Befugnisse der Kommunalstände überschreiten, oder

[1]) Hiernächst abgedruckt.

das Staatswohl verletzen, hat der Oberpräsident zu beanstanden und Behufs Entscheidung über deren Ausführung dem betreffenden Ressortminister einzureichen.

§. 21. Der Kommunal-Landtag wird, so oft es das Bedürfniß erfordert, durch Uns berufen.

Die Ladung der Mitglieder, die Eröffnung, sowie der Schluß des Kommunal-Landtages geschieht durch Unseren Kommissarius (§. 19).

Der Kommissarius, sowie die zu seiner Vertretung abgeordneten Staatsbeamten haben Zutritt zur Landtagsversammlung und müssen auf ihr Verlangen zu jeder Zeit gehört werden.

§. 22. Zur Beschlußfassung des Kommunal-Landtages ist die Anwesenheit von mehr als die Hälfte der Mitglieder erforderlich. Die Beschlüsse werden durch einfache Stimmenmehrheit der Anwesenden gefaßt. Bei Stimmengleichheit entscheidet die Stimme des Vorsitzenden.

Zu einem Beschlusse, durch welchen Ausgaben bewilligt werden sollen, die nicht schon in der Verpflichtung des Verbandes beruhen, ist eine Mehrheit von mindestens zwei Dritteln der Anwesenden erforderlich.

§. 23. Findet ein ganzer Stand sich durch einen Beschluß des Landtages in seinem Interesse verletzt, so steht es ihm frei, mittelst Einreichung eines Separatvotums Unsere Entscheidung anzurufen.

Dies Votum muß noch vor dem Schlusse des Kommunal-Landtages bei dem Oberpräsidenten eingereicht werden.

Bis nach ergangener Entscheidung bleibt die Ausführung des Landtagsbeschlusses ausgesetzt.

§. 24. Gegenstände, welche das ausschließliche Interesse eines Standes betreffen, können durch Mitglieder dieses Standes ohne Zuziehung der übrigen Stände verhandelt werden.

§. 25. Die Genehmigung der Staatsregierung ist erforderlich zu solchen Beschlüssen des Landtages, durch welche

1) Ausgaben und Leistungen für den Verband ohne bestehende Verpflichtung neu übernommen werden,
2) der Beitragsfuß für Aufbringung der Lasten des Verbandes aufgestellt, oder der bestehende abgeändert wird,
3) Veräußerungen vom Grund- oder Kapitalbestande des kommunalständischen Vermögens, soweit letzterer nicht etwa nur aus ersparten Einkünften der letzten 5 Jahre herrührt, vorgenommen werden.

§. 26. Die Genehmigung wird ertheilt:

1) durch Uns in den Fällen des §. 25, Nr. 1, wenn der Verband zu Ausgaben verpflichtet werden soll, welche
   a. über die nächsten 2 Jahre hinaus dauern,
   b. Zwecke betreffen, bei denen nur ein Theil des Verbandes interessirt ist,

c. nur von einem Theile des Verbandes aufzubringen sind;

2) in den übrigen Fällen von dem betreffenden Ressortminister.

§. 27. Der Kommunal-Landtag kann durch Uns aufgelöst werden. In diesem Falle werden vor dem Zusammentritte des nächsten Kommunal-Landtages Neuwahlen angeordnet.

§. 28. Für die unter Aufsicht des Oberpräsidenten zu führende laufende Verwaltung des ständischen Vermögens und der ständischen Anstalten können die Kommunalstände, soweit die Geschäfte solches fordern, die geeigneten Personen wählen.

§. 29. Der Geschäftsgang auf dem Kommunal-Landtage wird im Näheren durch die Geschäftsordnung geregelt.

Die letztere ist von dem Kommunal-Landtage unter Bestätigung des Oberpräsidenten aufzustellen.

§. 30. Die gewählten Mitglieder des Kommunal-Landtages erhalten Diäten und Reisekosten. Der Betrag derselben, sowie die Art und Weise der Aufbringung ist durch Beschluß des Kommunal-Landtages mit Genehmigung des Oberpräsidenten zu bestimmen.

§. 31. Unser Minister des Innern ist mit der Ausführung dieser Verordnung beauftragt.

§. 32. Diese Verordnung tritt mit dem Tage in Kraft, an welchem das dieselbe enthaltende Stück der Gesetz-Sammlung in Berlin ausgegeben wird.

2. Verfahren bei den Wahlen zum Kommunallandtag.

Für dieses Verfahren sind durch die Verordnung vom 20. September 1867 (Ges.-Sammlung S. 1546) folgende Vorschriften ertheilt.

§. 1. Sämmtliche Abgeordnete zum Kommunallandtage des Regierungsbezirks Kassel werden in direkter Wahl gewählt.

§. 2. Für jeden Abgeordneten ist ein besonderer Wahlakt erforderlich.

§. 3. Das Wahlrecht kann niemals durch Bevollmächtigte ausgeübt werden.

§. 4. Die im Wahltermine nicht erscheinenden Wahlberechtigten verlieren ihr Wahlrecht für den einzelnen Wahlakt.

§. 5. Jedem Wahlberechtigten ist die Einsicht des Wahlprotokolls gestattet.

§. 6. Die Wahlen der Abgeordneten werden in denjenigen Städten, welche für sich allein zur Wahl berufen sind, von den Gemeindebehörden, in allen übrigen Fällen von Bezirksausschüssen geleitet.

Für jeden Wahlbezirk wird durch den Oberpräsidenten ein Bezirksausschuß aus einem Wahlkommissarius und drei aus der Zahl der Kreistagsmitglieder des Bezirks ernannten Beisitzern gebildet.

§. 7. Die Wahlzeugnisse für die Abgeordneten werden von den die Wahl leitenden Behörden (§. 6.) unter Angabe der Gesammtzahl der Wähler und der

Zahl der dem Gewählten zugefallenen Stimmen ausgestellt und sofort in den zu amtlichen Publikationen bestimmten Blättern des Wahlbezirks bekannt gemacht. Eine Abschrift des Wahlzeugnisses ist an den Oberpräsidenten einzureichen.

§. 8. Die die Wahl leitende Behörde hat den Gewählten alsbald unter Uebersendung des Wahlzeugnisses zu einer Erklärung über Annahme oder Ablehnung der Wahl aufzufordern.

Für die durch Ablehnungen erforderlich werdenden neuen Wahlen bedarf es keiner nochmaligen vorherigen Feststellung der Wählerlisten (§§. 12. und 22.)

§. 9. Die Geschäfte bei der Wahl der Abgeordneten im Stande der Städte und der Landgemeinden werden in jeder Gemeinde von einer Wahlkommission besorgt, welche

in den Städten aus dem amtsführenden Bürgermeister oder dessen Stellvertreter, aus vier von dem Stadtrathe zu erwählenden Mitgliedern des Stadtraths oder — wo deren in zureichender Anzahl nicht vorhanden sind — des Ausschusses, endlich dem Stadtschreiber oder dessen Stellvertreter, als Protokollführer,

in den Landgemeinden aus Bürgermeister und Gemeinderathe

besteht.

§. 10. Zur Einleitung einer Wahl ist von der Wahlkommission eines jeden bei der Wahl betheiligten Ortes eine Wählerliste anzufertigen, welche alle zur Wahl Berechtigten umfaßt, die in der Gemeinde und den in Ansehung der örtlichen Verwaltung etwa zugetheilten Bezirken ihren Wohnsitz haben.

§. 11. Die Wählerliste ist acht Tage lang auf dem Rathhause oder in der Wohnung des Bürgermeisters zur Einsicht offen zu legen und daß solches geschehen, in der am Ort üblichen Weise bekannt zu machen.

§. 12. Ueber eingehende Reklamationen wegen Uebergehung von Wahlberechtigten oder wegen Aufnahme von Unfähigen entscheidet der Gemeinderath.

Reklamationen, welche später als acht Tage vor dem Wahltermine eingehen, können vom Gemeinderathe als verspätet zurückgewiesen werden; doch steht es demselben zu, Berichtigungen der Wählerliste von Amtswegen bis zum Wahltermine vorzunehmen.

Die Entscheidung des Gemeiderathes ist nur für den einzelnen Fall gültig, und ein Rekurs steht dem Betheiligten an den Bezirksausschuß nur Behufs der Erlangung einer für künftige Wahlen zur Norm dienenden Entscheidung zu.

§. 13. Für die, in Ansehung der örtlichen Verwaltung, einer Gemeinde gleichgestellten Orte wird von dem Bezirksausschusse diejenige Gemeinde bestimmt, mit welcher die in jenen Orten wohnhaften Wahlberechtigten den Wahlakt vorzunehmen haben.

Die Wahlkommission der bestimmten Gemeinde hat die Wahlberechtigten jenes Ortes unter Mitwirkung des die Geschäfte des Ortsvorstandes versehenden Ortsbewohners festzustellen und in die Wählerliste der Gemeinde mit aufzunehmen.

§. 14. Der Wahltermin wird von dem Bezirksausschusse (und zwar für alle bei ein und derselben Wahl betheiligte Gemeinden auf denselben Tag) bestimmt, den Wahlkommissionen mitgetheilt und durch die zu amtlichen Publikationen bestimmten Blätter des betreffenden Wahlbezirks bekannt gemacht.

§. 15. Die Wahlkommission hat die in der berichtigten Wählerliste eingetragenen Wahlberechtigten mindestens zwei Tage vor dem Wahltermine durch besondere, gehörig zu bescheinigende, Umsagen einzuladen.

Wo die Anzahl der Wahlberechtigten es erfordert, sind die Vorladungen in angemessener Weise auf den Wahltag und die nächstfolgenden Tage zu vertheilen.

§. 16. Im Wahltermine wird von den Wahlberechtigten die Abstimmung unter genauer Bezeichnung des zur Wahl Vorgeschlagenen vor der Wahlkommission mündlich zu Protokoll gegeben.

§. 17. Die Anzahl der Stimmen, welche auf die verschiedenen zu Abgeordneten vorgeschlagenen Personen gefallen sind, sind in dem Wahlprotokolle am Schlusse anzugeben.

§. 18. Die Wahlprotokolle sind sofort nach beendigtem Wahlakte an den die Wahl leitenden Bezirksausschuß (§. 6.) einzusenden, welcher nach dem Ergebnisse derselben das Resultat der Wahl feststellt und bekannt macht (§. 7.).

§. 19. Als gewählt ist derjenige zu betrachten, welcher von den im Wahltermine abgegebenen Stimmen die meisten Stimmen erhalten hat, oder für wen bei Stimmengleichheit das Loos entscheidet.

§. 20. Die Ermittelung und Feststellung der Höchstbesteuerten, welche zu einer Abgeordnetenwahl gesetzlich berufen sind, geschieht von dem die Wahl leitenden Bezirksausschusse auf Grund der von den Behörden mitzutheilenden Verzeichnisse über die Steuerzahlungen.

Die Behörden haben dem Bezirksausschusse jede zu diesem Zwecke erforderliche Auskunft zu ertheilen.

§. 21. Würde eine Steuer von mehreren Personen gemeinschaftlich bezahlt, so ist dieselbe auf die einzelnen Beitragspflichtigen gleichmäßig zu vertheilen, sofern nicht ein anderes Antheilverhältniß aus der Steuerrolle sich ergiebt, oder sonst nachgewiesen wird.

Die einzelnen Theilhaber sind von der Steuerbehörde zu ermitteln, soweit dieselben nicht ohnehin schon feststehen.

§. 22. Die von dem Bezirksausschusse aufgestellte Wählerliste wird mit Angabe des Namens, Berufs, Wohnorts und Steuerbetrages der darin Aufgenommenen in den zu amtlichen Publikationen bestimmten Blättern des Wahlbezirks veröffentlicht.

§. 23. Ueber Einwendungen wegen Aufnahme nicht berechtigter oder nicht aufnahmeberechtigter Personen entscheidet der Bezirksausschuß.

Zur Einbringung solcher Reklamationen läuft vom Tage der Veröffentlichung an eine vierzehntäge Frist. Die nach Ablauf derselben eingehenden Reklamationen kann der Bezirksausschuß, unbeschadet seiner Befugniß zur Berichtigung der Liste von Amtswegen, als verspätet zurückweisen. Gegen die Entscheidung des Bezirksausschusses, welche nur für den einzelnen Fall Geltung hat, ist eine weitere Beschwerde nicht zulässig.

Der Bezirksausschuß hat die Wählerliste so zeitig definitiv festzustellen, daß die durch die nachträglichen Berichtigungen derselben etwa nöthig werdenden Veränderungen in den Wählerlisten der Gemeinden vor dem Wahltermine (§. 14.) von ihm verfügt und von den Wahlkommissionen ausgeführt werden können.

§. 24. Der Wahlakt wird an dem von dem Oberpräsidenten festzusetzenden Wahlorte in dem von dem Bezirksausschusse anzuberaumenden Termine unter unmittelbarer Leitung dieser Behörde vorgenommen.

§. 25. Der Wahltermin ist mindestens acht Tage vorher in den zu amtlichen Publikationen bestimmten Blättern des Wahlbezirks bekannt zu machen.

Die einzelnen Wahlberechtigten sind außerdem acht Tage vorher schriftlich zu dem Wahltermine einzuladen.

§. 26. Die Stimmen der Wähler werden vor dem Bezirksausschusse, welcher, wenn er es für nöthig erkennt, aus der Zahl der Wähler Gehülfen für die Protokollführung zuziehen darf, mündlich zu Protokoll gegeben.

§. 27. Ueber die Wahl entscheidet die absolute Stimmenmehrheit der erschienenen Wähler.

Wenn bei der ersten Abstimmung nicht wenigstens Eine Stimme mehr als die Hälfte der Stimmenden auf eine Person gefallen ist, so erfolgt eine zweite Wahl.

Würde auch mit der zweiten Wahl keine Mehrheit, welche die Hälfte der Stimmen überschreitet, erzielt, so dienen für die nöthige dritte Wahl folgende Vorschriften zur Richtschnur:

1) haben in der zweiten Wahl zwei der Vorgeschlagenen die meisten, gleiche oder ungleiche Stimmen, so erstreckt sich die vorzunehmende dritte Abstimmung auf eine Wahl zwischen beiden;

2) wenn mehr als zwei der Vorgeschlagenen die meisten, jedoch gleiche Stimmen erhielten, so soll die vorzunehmende neue Wahl sich auf zwei derselben erstrecken, welche hierzu aus ihnen durch das Loos bestimmt werden;

3) so oft blos einer der Vorgeschlagenen die meisten Stimmen, jedoch nicht die absolute Mehrheit für sich hat, und auf Andere gleiche Stimmen gefallen sind, wird einer unter den Letzteren durch das Loos dazu bestimmt, mit dem Ersteren zur dritten Wahl gebracht zu werden;

4) ergiebt die dritte Wahl Stimmengleichheit zwischen den beiden der Entscheidungswahl Unterworfenen, so wird zu einer endlichen Entscheidung durch das Loos geschritten.

§. 28. Das Ergebniß der Abgeordnetenwahl ist den Wählern alsbald zu verkündigen.

§. 29. Diese Verordnung tritt mit dem Tage in Kraft, an welchem das dieselbe enthaltende Stück der Gesetz-Sammlung in Berlin ausgegeben wird.

8. Verwaltung des kommunalständischen Vermögens.

Mittels des durch Allerhöchsten Erlaß vom 11. November 1868 genehmigten Regulativs ist die Organisation des kommunalständischen Vermögens und der kommunalständischen Anstalten in dem kommunalständischen Verbande des Regierungsbezirks Kassel in folgender Weise geordnet.

Ständischer Verwaltungsausschuß.

§. 1. Zum Zwecke der Verwaltung des Vermögens und der Anstalten des kommunalständischen Verbandes des Regierungsbezirks Kassel wird ein

„ständischer Verwaltungsausschuß“

bestellt.

Zusammensetzung des Ausschusses.

§. 2. Der Ausschuß besteht aus:

1) dem jedesmaligen Vorsitzenden des Kommunallandtages, welcher auch in der Zwischenzeit bis zum nächsten Kommunallandtage im Ausschusse verbleibt, und in dessen Verhinderung dem Stellvertreter desselben;
2) acht Mitgliedern, welche vom Kommunallandtage aus seiner Mitte dergestalt gewählt werden, daß jedem der vier Stände je zwei Mitglieder angehören.

Die Wahl zu 2 erfolgt auf die Dauer des Mandats der Kommunallandtags-Abgeordneten (§. 16 der Verordnung vom 20. September 1867), mit der Maßgabe jedoch, daß bei Ablauf der Wahlperiode die Mitgliedschaft im Ausschusse bis zur Wahl des Nachfolgers fortdauert.

Aus jedem Stande sind zwei Stellvertreter zu wählen, welche für den Fall der Behinderung eines Mitgliedes des betreffenden Standes für die Dauer derselben nach der durch die erhaltene Stimmenzahl und bei Stimmengleichheit durch das Loos zu bestimmenden Reihenfolge eintreten.

Wirkungskreis des Ausschusses.

§. 3. Der Ausschuß hat die Verwaltung des kommunalständischen Vermögens und der kommunalständischen Anstalten nach Maßgabe der Beschlüsse des Kommunallandtages, insbesondere auch in Gemäßheit des von diesem festzustellenden Finanz-Etats, zu führen.

Inwieweit im Uebrigen der Ausschuß die Verwaltung selbstständig zu führen, oder die Beschlußfassung des Kommunallandtages zu erwirken hat, wird, soweit die für die einzelnen Verwaltungszweige bestehenden Anordnungen darüber keine Bestimmungen treffen, durch Beschluß des Landtages festgesetzt.

Der Ausschuß hat über die Ergebnisse der Verwaltung dem Kommunallandtage Jahresberichte zu erstatten.

Seinen Geschäftsgang regelt der Ausschuß durch eine von ihm zu entwerfende, durch Beschluß des Kommunallandtages festzustellende Geschäftsordnung.

Der Vorsitzende des Kommunallandtages.

§. 4. Der Vorsitzende des Kommunallandtages und in dessen Behinderung der Stellvertreter desselben führt den Vorsitz im Ausschusse. Er beruft denselben und leitet die Verhandlungen nach Maßgabe der Geschäftsordnung (§. 3. a. E.) Er ist berechtigt, jederzeit, namentlich auch wenn der Ausschuß nicht versammelt ist, Kenntniß von dem Gange der Verwaltung zu nehmen, und sind die sämmtlichen ständischen Beamten verpflichtet ihm jede verlangte Auskunft zu gewähren.

Maßregeln, welche nach seiner Ansicht die Befugnisse der ständischen Beamten überschreiten oder für den kommunalständischen Verband und die Aufgaben desselben wesentlichen Nachtheil herbeiführen würden, kann er bis zur nächsten Ausschußsitzung beanstanden.

Auf Verlangen des Landesdirektors (§§. 5, 6) ist in diesem Falle eine außerordentliche Ausschußsitzung Behufs Entscheidung der Streitfrage ohne Verzug zu berufen.

Auf Antrag von drei Ausschußmitgliedern hat der Vorsitzende stets eine Sitzung zu berufen.

Ständische obere Beamte.

§. 5. Zur Besorgung der laufenden Verwaltungsgeschäfte wird ein besoldeter Oberbeamte angestellt, welcher vom Landtage zu wählen und vom Könige zu bestätigen ist. Er führt den Titel eines Landesdirektors.

Die Anstellung erfolgt auf sechs bis zwölf Jahre.

Der Landesdirektor kann Mitglied des Landtages, nicht aber des Ausschusses sein.

Er hat seinen Wohnsitz in Kassel zu nehmen.

Er wird vom Landtagsvorsitzenden vereidigt und in sein Amt eingeführt.

Dem Landesdirektor können nach Bedürfniß noch andere vom Landtage zu wählende obere Beamte zugeordnet werden. Sie werden vom Vorsitzenden des Landtages vereidigt und in ihre Aemter eingeführt.

Obliegenheiten des Landesdirektors.

§. 6. Der Landesdirektor führt als erster ständischer Beamte die laufenden

Geschäfte der Verwaltung selbstständig. Er bereitet die Beschlüsse des Ausschusses vor und trägt für die Ausführung derselben Sorge.

Er vertritt die ständische Verwaltung nach Außen, verhandelt Namens derselben mit Behörden und Privatpersonen.

Im Uebrigen wird der Umfang der Amtspflichten des Landesdirektors und der etwaigen anderen oberen Beamten, sowie ihre gegenseitige dienstliche Stellung von dem Ausschusse durch besondere Geschäftsinstruktionen geregelt, deren Genehmigung dem Kommunallandtage vorbehalten bleibt.

Ständische Büreaubeamte.

§. 7. Die Stellen der zur Besorgung der Büreau-, Kassen-, technischen und anderen Geschäfte des Ausschusses nöthigen Beamten werden der Zahl, der Diensteinnahme und der Art der Besetzung (auf Lebenszeit, auf Zeit, auf Kündigung) nach auf Vorschlag des Ausschusses mittelst des Finanzetats bestimmt.

Die Besetzung dieser Stellen erfolgt durch den Ausschuß, sofern nicht der Landtag die Anstellung einzelner Beamten sich vorbehält.

Diese Beamten werden von dem Landesdirektor vereidigt und in ihre Aemter eingeführt. Sie erhalten ihre Geschäftsinstruktionen vom Ausschusse.

Das ständische Kassen- und Rechnungswesen wird durch besonderes Reglement geordnet.

Ständische Lokalkommissionen.

§. 8. Für die unmittelbare Verwaltung und Beaufsichtigung einzelner ständischer Anstalten können besondere ständische Kommissionen oder Kommissare bestellt werden.

Die Einsetzung, die Begrenzung der Zuständigkeit und die Art und Weise der Zusammensetzung derselben hängt vom Beschlusse des Kommunallandtages ab. Die Wahl der Mitglieder steht dem Ausschusse zu, wenn sich der Kommunallandtag dieselbe nicht für einzelne Anstalten besonders vorbehält.

Die Kommissionen oder Kommissare empfangen vom Ausschusse ihre Geschäftsanweisung und führen ihr Geschäft unter Leitung des Landesdirektors und der Mitaufsicht des Ausschusses.

Ständische Institutsbeamte.

§. 9. Ueber die an den einzelnen ständischen Instituten anzustellenden Beamten, über die Art der Anstellung derselben, und inwieweit dabei die Bestimmungen des Reglements über die Civilversorgung rc der Militärpersonen vom 20. Juni 1867 (§§. 11 und 12) zur Anwendung kommen, wird durch die für diese Institute zu erlassende Ordnung bestimmt.

Bestallungen.

§. 10. Sämmtliche ständische Beamten haben die Rechte und Pflichten mittelbarer Staatsbeamten. Die besonderen dienstlichen Verhältnisse der ständischen

Beamten werden durch ihre Bestallungen geregelt, welche für die oberen Beamten (§. 5) vom Vorsitzenden des Kommunallandtages, für die übrigen vom Landesdirektor ausgefertigt werden.

Oberaufsicht.

§. 11. Der Oberpräsident ist Behufs Wahrnehmung der ihm nach §. 28 der Verordnung vom 20. September 1867 zustehenden Oberaufsicht befugt, über alle Gegenstände der ständischen Verwaltung Auskunft zu erfordern, und an den Berathungen des Ausschusses entweder selbst oder durch einen zu seiner Vertretung abzuordnenden Staatsbeamten Theil zu nehmen.

Er hat die Beschlüsse des Ausschusses, welche dessen Befugnisse überschreiten oder das Staatswohl verletzen, zu beanstanden und, sofern eine das Vorhandensein dieser Voraussetzungen begründende schriftliche Eröffnung an den Ausschuß erfolglos geblieben ist, Behufs Entscheidung über deren Ausführung dem betreffenden Ressortminister einzureichen.

Dem Oberpräsidenten ist demgemäß von den Sitzungen des Ausschusses unter Angabe der Berathungsgegenstände durch den Vorsitzenden zeitige Anzeige zu machen, und sind ihm auf Erfordern Ausfertigungen der Beschlüsse des Ausschusses zur Kenntnißnahme mitzutheilen.

Der Oberpräsident kann sich bei den Lokalkommissionen durch einen Beamten vertreten lassen. Wird von diesem eine Maßregel der Kommission beanstandet, so ist die Angelegenheit zunächst an den ständischen Ausschuß zur weiteren Beschlußnahme zu bringen.

Ausführungsbestimmungen
zum Allerhöchsten Erlasse vom 16. September 1867.

§. 12. Der Uebergang derjenigen bisherigen Staatsanstalten in die ständische Verwaltung, welche in Gemäßheit des Allerhöchsten Erlasses vom 16. September 1867 (s. hiernächst unter Nr. 4) dem kommunalständischen Verbande des Regierungsbezirks Kassel überwiesen werden sollen, imgleichen die Verwaltung der demselben zur Unterstützung des Chaussee- und Landwegebaues überwiesenen Mittel, wird durch besondere im Einverständnisse mit der Staatsregierung aufzustellende Reglements geordnet.

4. Bestand des kommunalständischen Vermögens.

Die bis dahin bei dem Kurhessischen Staatsschatze verwalteten Kapitalien sind durch Allerhöchsten Erlaß vom 16. September 1867 zur Verwendung für folgende Zwecke:

1) Unterstützung des Chaussee- und Landwegebaues;
2) Unterhaltung der Land-Krankenanstalten und Landeshospitäler, Anlegung und Unterhaltung einer Irrenanstalt;

3) Anlegung und Unterhaltung einer Arbeitsanstalt zur Verbüßung der von den Polizeibehörden verfügten Haft von Landstreichern, Bettlern und Arbeitsscheuen [1]);

4) Bestreitung der Kosten der Landarmenpflege, einschließlich Anlegung und Unterhaltung eines Landarmenhauses [2]);

5) Unterhaltung und Ergänzung der Landesbibliotheken,

dem kommunalständischen Verbande des Regierungsbezirks Kassel als ein demselben gehöriges und von ihm zu verwaltendes Vermögen überreichen.

Auf Grund des Gesetzes vom 25. März 1869 sind die Verwendungszwecke der Einnahmen aus dem vormals Kurhessischen Staatsschatze noch auf folgende Angelegenheiten ausgedehnt:

1) Bestreitung der Kosten des Kommunallandtages und der kommunalständischen Verwaltung, einschließlich der im Jahre 1868 erwachsenen derartigen Kosten;

2) Unterstützung der milden Stiftungen, Armen-, Wohlthätigkeits- und Rettungsanstalten, Vermehrung der Krankenhäuser;

3) Uebernahme eines Theiles der bisher vom Staate geleisteten Unterstützung für Zwecke der Armenpflege im jährlichen Betrage von Summa 11,000 Thalern [3]);

4) Gründung eines Taubstummen-Instituts, oder Uebernahme und Unterhaltung des zu Homberg bestehenden sammt den hierfür benutzten Räumlichkeiten;

5) Bildung eines Fonds für Zuschüsse zu Landesmeliorationen.

Verwendungen der Einnahme aus dem vormals Kurhessischen Staatsschatze zu anderen als den vorstehend bezeichneten Zwecken können von dem Kommunallandtage mit Genehmigung des Königs beschlossen werden. (§. 2 des Gesetzes vom 25. März 1869).

Soweit die Einnahme aus dem vormals Kurhessischen Staatsschatze nicht ausreichen, sind die Kosten der in dem Allerhöchsten Erlasse vom 26. September 1867 und in dem Gesetze vom 25. März 1867 Nr. 1—4 bezeichneten Einrich-

---

1) Reichs-Strafgesetzbuch vom 26. Februar 1876 §. 361 Nr. 3, §. 362.

2) Zufolge Gesetzes vom 8. Juli 1875 hat der Kommunalverband des Regierungsbezirks Kassel für Zwecke der Armenpflege eine Summe von jährlich 2850 Mark erhalten.

3) Die im Gesetze vom 25. März 1869 noch erwähnte Bestreitung der Kosten des Unterhalts elternloser unvermögender Kinder, soweit die Verpflichtung hierzu nach dem Ausschreiben des Kurhessischen Staatsministeriums vom 15. Oktober 1822 dem Staate oblag, ist durch §. 31 des Ausführungs-Gesetzes über den Unterstützungswohnsitz vom 8. März 1871 aufgehoben.

tungen und Anlagen von dem kommunalständischen Verbande nach Maßgabe der Verordnung vom 20. September 1867 (s. oben S. 4) aufzubringen [1])

II. Kommunalständische Verfassung im Regierungsbezirk Wiesbaden.

1 Organisation des kommunalständischen Verbandes.

Für den Regierungsbezirk Wiesbaden, mit Ausschluß des Stadtkreises Frankfurt a. M., besteht eine kommunalständische Verfassung gemäß folgender

Verordnung vom 26. September 1867:

§. 1. Der Regierungsbezirk Wiesbaden mit Ausschluß des Stadtkreises Frankfurt a. M. bildet einen kommunalständischen Verband.

Der Verband hat die Rechte einer Korporation.

Derselbe wird durch Kommunalstände vertreten, welche sich auf dem Kommunallandtage versammeln.

§. 2. Dem Kommunallandtage steht unter der Mitwirkung und Aufsicht der Staatsregierung die Beschlußnahme über die Kommunalangelegenheiten des Verbandes, die Verwaltung und Vertretung der dem kommunalständischen Verbande gehörigen Institute und Vermögensrechte zu.

Er ist befugt, im Interesse des Bezirks Ausgaben und Leistungen zu übernehmen und die Art und Weise der Aufbringung derselben zu beschließen.

Der Kommunallandtag hat außerdem die Rechte und Pflichten der in den älteren Landestheilen des Preußischen Staats bestehenden Provinzialstände.

§. 3. Ueber die Zusammensetzung des Kommunallandtags bestimmen Wir, wie folgt:

Es erhalten Sitz und Stimmen in demselben

1) die Standesherren:

a. der Besitzer der Standesherrschaft Schaumburg-Holzappel,

b. der Fürst zu Wied,
wegen der Standesherrschaft Runkel,

c. der Graf Leiningen-Westerburg,
wegen der Standesherrschaft Westerburg,

---

[1]) Gemäß §. 14 des Gesetzes vom 8. Juli 1875 erfolgt die Unterstützung niederer landwirthschaftlicher Lehranstalten (Ackerbau-, Obstbau-, Wiesenbau- u. s. w. Schulen) unter Ueberweisung der aus der Staatskasse im Jahre 1875 geleisteten Zuschüsse vom 1. Januar 1876 ab durch die Kommunalverbände. Die den einzelnen Verbänden zu gewährenden Jahresrenten sind um diejenigen Beträge, die im Jahre 1875 zur Unterstützung derartiger Schulen innerhalb der einzelnen Kommunalverbände und der Staatskasse gezahlt worden sind, erhöht, wogegen die für diese Schulen vertragsmäßig bestehenden Verpflichtungen des Staates auf die betreffenden Kommunalverbände übergegangen sind.

d. der Graf zu Solms-Rödelheim,
wegen Rödelheim,

2) zwei gewählte Vertreter der großen Grundbesitzer;

3) je zwei Abgeordnete der im Verbande belegenen Kreise;

zusammen 28 Mitglieder.

§. 4. Die §. 3 ad 2 bezeichneten Vertreter der großen Grundbesitzer werden von denjenigen Grundbesitzern gewählt, welche zu einer selbstständigen Vertretung auf den Kreistagen berechtigt sind, oder welche von ihren Besitzungen innerhalb des ganzen Kommunalverbandes fünfhundert Gulden Grundsteuer zahlen.

§. 5. Die Abgeordneten der Kreise (§. 3 ad 3) werden von den Mitgliedern der Kreisversammlung aus ihrer Mitte gewählt. Die auf dem Kommunallandtage besonders vertretenen großen Grundbesitzer (§. 4) wählen hierbei nicht mit.

Im Stadtkreise Wiesbaden tritt der Gemeinderath und Bürgerausschuß in ein Kollegium zusammen, welches die beiden Abgeordneten aus seiner Mitte wählt.

§. 6. Die Wahlen der Abgeordneten geschehen auf sechs Jahre dergestalt, daß alle drei Jahre die Hälfte der Abgeordneten ausscheidet. Die für das erste Mal Ausscheidenden werden durch das Loos bestimmt.

Für jeden Abgeordneten wird gleichzeitig ein Stellvertreter gewählt.

Die im §. 3 sub 1 genannten Standesherren können sich durch bevollmächtigte Agnaten ihres Hauses vertreten lassen.

§. 7. Für das Verfahren bei den Wahlen zum Kommunallandtage, wie auch bei den auf dem Kommunallandtage selbst vorzunehmenden Wahlen sind die Vorschriften des Reglements vom 22. Juni 1842 über das Verfahren bei den ständischen Wahlen (Preuß. G.-S. S. 213)[1]) maßgebend.

§. 8. Der Vorsitzende des Kommunallandtages, sowie ein Stellvertreter desselben wird aus den Mitgliedern des Kommunallandtages auf die Dauer jedes Landtages von Uns ernannt.

Der Vorsitzende hat die Verhandlungen zu leiten und die Ordnung in der Versammlung aufrecht zu erhalten.

§. 9. Zu Unserem Kommissarius bei dem Kommunallandtage bestimmen Wir hiermit den Oberpräsidenten. Wir behalten uns vor, demselben in Behinderungsfällen einen Stellvertreter zu bestellen.

Der Oberpräsident ist die Mittelsperson bei allen Verhandlungen Unserer Behörden mit den Ständen.

§. 10. Sämmtliche Beschlüsse des Kommunallandtages werden dem Oberpräsidenten vorgelegt, welcher dieselben zu prüfen und deren Ausführung zu vermitteln hat.

---

[1]) Dasselbe ist in Folgendem abgedruckt.

Beschlüsse, welche die Befugnisse der Kommunalstände überschreiten oder das Staatswohl verletzen, hat der Oberpräsident zu beanstanden und Behufs Entscheidung über deren Ausführung dem betreffenden Ressortminister einzureichen.

§. 11. Der Kommunallandtag wird, so oft es das Bedürfniß erfordert, durch Uns berufen.

Die Ladung der Mitglieder, die Eröffnung, sowie der Schluß des Landtages geschieht durch unseren Kommissarius (§. 9).

Der Kommissarius, sowie die zu seiner Vertretung abgeordneten Staatsbeamten haben Zutritt zur Landtagsversammlung und müssen auf ihr Verlangen zu jeder Zeit gehört werden.

§. 12. Zur Beschlußfassung des Kommunallandtages ist die Anwesenheit von mehr als der Hälfte der Mitglieder erforderlich. Die Beschlüsse werden durch einfache Stimmenmehrheit der Anwesenden gefaßt. Bei Stimmengleichheit entscheidet die Stimme des Vorsitzenden.

Zu einem Beschlusse, durch welchen Ausgaben bewilligt werden sollen, die nicht schon in der Verpflichtung des Verbandes beruhen, ist eine Mehrheit von mindestens zwei Drittel der Anwesenden erforderlich.

§. 13. Die Genehmigung der Staatsregierung ist erforderlich zu solchen Beschlüssen des Landtages, durch welche

1) Ausgaben und Leistungen für den Verband ohne bestehende Verpflichtung neu übernommen werden,
2) der Beitragsfuß für Ausbringung der Lasten des Verbandes aufgestellt oder der bestehende abgeändert wird,
3) Veräußerungen vom Grund- oder vom Kapitalbestande des kommunalständischen Vermögens, soweit letzterer nicht etwa nur aus ersparten Einkünften der letzten fünf Jahre herrührt, vorgenommen werden.

§. 14. Die Genehmigung wird ertheilt:

1) durch Uns in den Fällen des §. 13, Nr. 1, wenn der Verband zu Ausgaben verpflichtet werden soll, welche
   a. über die nächsten zwei Jahre hinausdauern,
   b. Zwecke betreffen, bei denen nur ein Theil des Verbandes interessirt ist,
   c. nur von einem Theile des Verbandes aufzubringen sind;
2) in den übrigen Fällen von dem betreffenden Ressortminister.

§. 15. Für die unter Aufsicht des Oberpräsidenten zu führende laufende Verwaltung des ständischen Vermögens und der ständischen Anstalten können die Kommunalstände, soweit die Geschäfte solches fordern, die geeigneten Personen wählen.

§. 16. Der Geschäftsgang auf dem Kommunallandtage wird im Näheren durch die Geschäftsordnung geregelt.

Die letztere ist von dem Kommunallandtage unter Bestätigung des Oberpräsidenten aufzustellen.

§. 17. Die gewählten Mitglieder des Kommunallandtages erhalten Diäten und Reisekosten. Der Betrag derselben, sowie die Art der Aufbringung ist durch Beschluß des Kommunallandtages mit Genehmigung des Oberpräsidenten zu bestimmen.

§. 18. Ueber den Eintritt des Stadtkreises Frankfurt a. M. in den kommunalständischen Verband bleibt besondere gesetzliche Bestimmung vorbehalten.

2. Kommunalständische Wahlen.

Das Wahlverfahren ist durch das Reglement vom 22. Juni 1842 über das Verfahren bei den ständischen Wahlen, welches gemäß §. 7 der Verordnung vom 26. September 1867 auch bei den Wahlen zum Kommunallandtage des Regierungsbezirks Wiesbaden maßgebend ist, in folgender Weise geordnet:

§. 1. Die Wahl jedes Landtags-Abgeordneten und jedes Stellvertreters erfolgt in einer besonderen Wahlhandlung.

§. 2. Wenn die für die verschiedenen Stände gebildeten Wahlbezirke oder einzelne Städte mehrere Abgeordnete und Stellvertreter zu wählen haben, so wird, um deren Reihenfolge unzweifelhaft festzustellen, jede einzelne Wahl-Handlung ausdrücklich auf die Wahl des ersten, zweiten u. s. w. Abgeordneten, beziehungsweise ersten, zweiten u. s. w. Stellvertreters, gerichtet.

§. 3. Ein Stellvertreter, der in der Reihenfolge eine Stelle einnimmt, welche hinter der zur Zeit erledigten steht, ist zu der letzteren wählbar und findet, wenn er für dieselbe gewählt wird, und die auf ihn gefallene Wahl annimmt, eine anderweitige Wahl in Beziehung auf die von ihm zuvor eingenommene Stelle statt.

§. 4. Alle Wahlen erfolgen durch absolute Stimmenmehrheit in der Art, daß der Gewählte mehr als die Hälfte der Stimmen der erschienenen Wähler, oder zwar nur die Hälfte, aber darunter die Stimme des — nach den Lebensjahren — ältesten Mitgliedes der Wahlversammlung erhalten haben muß. Befindet sich indeß das älteste Mitglied unter denen, welche gleiche Stimmen erhalten haben, so entscheidet die Stimme des nächstältesten, bei der Entscheidung nicht persönlich betheiligten Wählers.

§. 5. Finden sich die Stimmen zwischen Mehreren in der Art getheilt, daß sich für keinen derselben eine absolute Mehrheit ausgesprochen hat, so sind diejenigen beiden Personen, welche die meisten Stimmen erhalten haben, auf eine engere Wahl zu bringen.

§. 6. Sind die Stimmen zwischen dreien oder mehreren gleich getheilt, so findet eine Vorwahl unter ihnen Statt, um diejenigen beiden Personen zu bestimmen, welche auf die engere Wahl zu bringen sind.

Ergiebt die zweite Abstimmung kein anderes Resultat als die erste, so ist die Wahl nochmals zu wiederholen, und wenn auch dann noch die Stimmen in derselben Weise getheilt bleiben, so sind von denen, welche die gleiche Stimmenzahl erhalten haben, die beiden den Lebensjahren nach Aeltesten auf die engere Wahl zu bringen.

§. 7. Ist zwar für Einen die relative Stimmenmehrheit vorhanden, haben aber nächst ihm mehrere andere eine gleiche Stimmenzahl erhalten, so ist durch eine weitere Vorwahl nach dem im §. 6 vorgeschriebenen Verfahren festzustellen, welcher von ihnen mit jenem auf die engere Wahl gebracht werden soll.

§. 8. Bei allen Vorwahlen, welche nur zu dem Zweck geschehen, um die beiden Personen zu ermitteln, welche auf die engere Wahl zu bringen sind, entscheidet die relative Stimmenmehrheit.

§. 9. Die auf eine engere Wahl gebrachten Personen haben sich des Mitstimmens bei derselben zu enthalten.

§. 10. Die Wahlstimmen werden mittelst verdeckter Stimmzettel abgegeben, wobei jederzeit die beiden jüngsten Mitglieder die Stimmzettel einsammeln, welche sie demnächst gemeinschaftlich mit dem Wahl-Kommissarius zu eröffnen haben.

§. 11. Im Wahltermin, zu welchem die Wahl-Berechtigten mindestens 14 Tage zuvor einberufen sind, legt der Wahl-Kommissarius den Anwesenden zuvörderst die Bescheinigungen über die Insinuation der Einladungen vor, und wird, daß dies geschehen, im Wahlprotokoll ausdrücklich bemerkt.

Demnächst sind in diesem Protokoll sämmtliche erschienene Wähler, mit Angabe des Gutes, auf welchem die Stimme ruht, beziehungsweise des Wahlbezirks, der Kommune oder Korporation, welche von ihnen vertreten wird, genau aufzuführen.

Aus demselben müssen ferner die Stellen, zu deren Wiederbesetzung die Wahlen erfolgt sind, die Periode, für welche sie stattgefunden, die Art und Weise der Abstimmung, der Gang der Wahlhandlungen in Beziehung auf etwaige Anwendung der Vorschriften der §§. 4—7 und die Resultate derselben deutlich hervorgehen. Insbesondere ist zu letzterm Zweck in dem Protokoll nicht nur auszudrücken, mit wie viel Stimmen die betreffenden Abgeordneten, beziehungsweise Stellvertreter gewählt sind, sondern es sind auch die Namen aller derer, welche außer den Gewählten, Stimmen erhalten haben, mit Angabe der Zahl der letzteren, darin vollständig zu verzeichnen.

§. 12. Fällt die Wahl auf ein Mitglied des betreffenden ständischen Verbandes, bei dem die Bedingung des zehnjährigen Grundbesitzes nicht vollständig erfüllt wird, so ist jederzeit noch eine zweite subsidiarische Wahl für den Fall vorzunehmen, daß die erforderliche Dispensation nicht ertheilt werden sollte.

§. 13. Diese Vorschriften gelten nicht nur für die Wahlen von Abgeordneten und Stellvertretern der verschiedenen Stände zu Provinzial-Kommunal-Landtagen und Kreistagen, sondern auch für die anderen von den Ständen auf denselben zu vollziehenden Wahlen (mit Ausnahme der Landraths-Wahlen), imgleichen für die Wahlen der Bezirkswähler durch die Ortswähler im Stande der Landgemeinden.

Die Dom-Kapitel ernennen auch künftig ihre Abgeordneten und Stellvertreter nach den bei ihnen bestehenden Observanzen.

Die Wahlen der Ortswähler in den zu Kollectiv-Stimmen berechtigten Städten und den Landgemeinden erfolgen nach den rücksichtlich ihrer, wegen der Gemeindewahlen, bestehenden Gesetzes-Vorschriften oder Observanzen.

3. Verwaltung des kommunalständischen Vermögens.

Durch Allerhöchsten Erlaß vom 17. Juli 1871 ist für die Organisation der Verwaltung des kommunalständischen Vermögens und der kommunalständischen Anstalten in dem kommunalständischen Verbande Wiesbaden folgendes Regulativ erlassen.

Ständischer Verwaltungsausschuß.

Zum Zwecke der Verwaltung des Vermögens und der Anstalten des kommunalständischen Verbandes des Regierungsbezirks Wiesbaden wird ein

ständischer Verwaltungsausschuß

bestellt.

Zusammensetzung des Ausschusses.

§. 2. Der Ausschuß besteht aus:

1) dem jedesmaligen Vorsitzenden des Kommunallandtages, welcher auch in der Zwischenzeit bis zum nächsten Kommunallandtage im Ausschusse verbleibt, und in dessen Behinderung dem Stellvertreter desselben;
2) sechs Mitgliedern, welche von dem Kommunallandtage aus seiner Mitte dergestalt gewählt werden, daß mindestens eines derselben den Standesherren oder den Vertretern der großen Grundbesitzer angehört.

Die Wahl ad 2 erfolgt auf die Dauer des Mandats der Kommunallandtags-Abgeordneten (§. 6 der Verordnung vom 26. September 1867)[1]) mit der Maßgabe, daß bei Ablauf der Wahlperiode die Mitgliedschaft im Ausschusse bis zur Wahl des Nachfolgers fortdauert.

Für das Ausschußmitglied der Standesherren und der Vertreter der großen Grundbesitzer ist ein Stellvertreter aus der Zahl dieser, für die übrigen Mitglieder aber sind drei Stellvertreter aus der Zahl der Abgeordneten der Kreise zu wählen, welche für den Fall dauernder Behinderung der Ausschußmitglieder nach der durch die erhaltene Stimmenzahl und bei Stimmengleichheit durch das Loos zu bestimmenden Reihenfolge eintreten.

---

1) S. oben S. 20.

Wirkungskreis des Ausschusses.

§. 3. Der Ausschuß hat die Verwaltung des kommunalständischen Vermögens und der kommunalständischen Anstalten nach Maßgabe der Beschlüsse des Kommunallandtages, insbesondere auch in Gemäßheit des von diesem festzustellenden Finanzetats zu führen.

Inwieweit im Uebrigen der Ausschuß die Verwaltung selbstständig zu führen oder die Beschlußfassung des Kommunallandtages zu erwirken hat, wird durch besondere für die einzelnen Verwaltungszweige festzustellende Regulative bestimmt.

Der Ausschuß hat über die Ergebnisse der Verwaltung dem Kommunal-Landtage Jahresberichte zu erstatten.

Seinen Geschäftsgang regelt der Ausschuß durch eine von ihm zu entwerfende, durch Beschluß des Kommunallandtages festzustellende Geschäftsordnung.

Der Vorsitzende des Kommunallandtages.

§. 4. Der Vorsitzende des Kommunallandtages und in dessen Behinderung der Stellvertreter desselben führt den Vorsitz im Ausschusse. Er beruft denselben und leitet die Verhandlungen nach Maßgabe der Geschäftsordnung (§. 3 a. E.). Er ist berechtigt, jederzeit, namentlich auch wenn der Ausschuß nicht versammelt ist, Kenntniß von dem Gange der Verwaltung zu nehmen, und sind die sämmtlichen ständischen Beamten verpflichtet, ihm jede verlangte Auskunft zu gewähren.

Maßregeln, welche nach seiner Ansicht die Befugniß der ständischen Beamten überschreiten oder für den kommunalständischen Verband und die Aufgaben desselben wesentliche Nachtheile herbeiführen würden, kann er bis zur nächsten Ausschußsitzung beanstanden.

Ständische obere Beamte.

§. 5. Zur Besorgung der laufenden Verwaltungsgeschäfte kann ein besoldeter Oberbeamter angestellt werden, welcher vom Kommunallandtage zu wählen und vom Könige zu bestätigen ist. Dieser Beamte führt den Titel eines Landesdirektors.

Dem Landesdirektor können nach Bedürfniß noch andere in gleicher Weise zu wählende obere Beamte (Landsyndikus ꝛc.) zugeordnet werden.

Die oberen ständischen Beamten haben der Regel nach ihren Wohnsitz in der Stadt Wiesbaden zu nehmen. Sie werden vom Vorsitzenden des Kommunallandtages in ihre Aemter eingeführt und vereidigt.

Die Amtsdauer des gewählten Landesdirektors wird auf zwölf Jahre festgesetzt. Auf Antrag von acht Mitgliedern des Kommunallandtages kann aber bereits nach sechsjähriger Dienstführung der Kommunallandtag die Verabschiedung des Landesdirektors beschließen, in welchem Falle ihm die Hälfte seines Gehalts bis zum Ablauf der ursprünglichen zwölfjährigen Wahlperiode zu belassen ist.

Das Gehalt, die etwaige Pension und andere Emolumente des Landesdirektors und der etwaigen anderen oberen ständischen Beamten werden vor deren Wahl von dem Kommunallandtage bestimmt.

Obliegenheiten des Landesdirektors.

§. 6. Der Landesdirektor führt als erster ständischer Beamter, unter Betheiligung der etwaigen anderen Beamten (§. 5), die laufenden Geschäfte der Verwaltung selbstständig, vorbehaltlich des Rekurses der Betheiligten an den kommunalständischen Ausschuß. Er vertritt die ständische Verwaltung nach Außen, verhandelt Namens derselben mit Behörden und Privatpersonen, führt den Schriftwechsel und zeichnet die Schriftstücke allein.

Im Uebrigen wird der Umfang der Amtspflichten des Landesdirektors und der etwaigen anderen oberen ständischen Beamten, sowie ihre gegenseitige dienstliche Stellung von dem Ausschusse durch besondere Geschäftsinstruktionen geregelt, deren Genehmigung dem Kommunallandtage vorbehalten bleibt.

Sofern die Anstellung eines Landesdirektors nicht erfolgt, werden die Funktionen desselben von dem Vorsitzenden des Kommunallandtages, beziehungsweise dessen Stellvertreter wahrgenommen.

Ständische Büreaubeamte.

§. 7. Die Stellen der zur Besorgung der Büreau-, Kassen- und anderen Geschäfte des Ausschusses nöthigen Beamten werden der Zahl, der Diensteinnahme und der Art der Besetzung (auf Lebenszeit, auf Zeit, auf Kündigung) nach auf Vorschlag des Ausschusses mittelst des Finanzetats bestimmt.

Die Besetzung dieser Stellen, bei welchen, soweit es sich um das untere Kassen- und Büreaudienstpersonal handelt, die Bestimmungen des §. 11 des Reglements über die Civilversorgung rc. der Militärpersonen vom 20. Juni 1867 analoge Anwendung finden, erfolgt durch den Ausschuß selbstständig.

Diese Beamten werden von dem Landesdirektor vereidigt und in ihre Aemter eingeführt. Sie erhalten ihre Geschäftsinstruktionen vom Ausschusse.

Das ständige Kassen- und Rechnungswesen wird durch besonderes Reglement geordnet.

Ständische Lokalkommissionen.

§. 7. Für die unmittelbare Verwaltung und Beaufsichtigung einzelner ständischer Anstalten können besondere ständische Kommissionen oder Kommissare bestellt werden.

Die Einsetzung und die Art und Weise der Zusammensetzung derselben hängt von dem Beschlusse des Kommunallandtages ab. Die Wahl der Mitglieder steht dem Ausschusse zu, wenn sich der Kommunallandtag dieselbe nicht für einzelne Anstalten besonders vorbehält.

Die Kommissionen oder Kommissare führen ihre Geschäfte unter der Leitung und Aufsicht des Ausschusses und empfangen von diesem ihre Geschäftsinstruktion.

Ständische Institutsbeamte.

§. 9. Ueber die an den einzelnen ständischen Instituten anzustellenden Beamten, über die Art der Anstellung derselben und inwieweit dabei die Bestimmungen des Reglements über die Civilversorgung rc. der Militärpersonen vom 20. Juni 1867 (§§. 11 und 12) zur Anwendung kommen, wird durch die für diese Institute zu erlassenden Ordnungen bestimmt.

Bestallungen.

§. 10. Sämmtliche ständische Beamte haben die Rechte und die Pflichten mittelbarer Staatsbeamten.

Die besonderen dienstlichen Verhältnisse der ständischen Beamten werden durch ihre Bestallungen geregelt, welche für die oberen Beamten (§. 5) vom Vorsitzenden des Kommunallandtages, für die übrigen vom Landesdirektor ausgefertigt werden.

Oberaufsicht.

§. 11. Der Oberpräsident ist Behufs Wahrnehmung der ihm nach §. 19 der Verordnung vom 26. September 1867 zustehenden Oberaufsicht befugt, über alle Gegenstände der ständischen Verwaltung Auskunft zu erfordern und an den Berathungen des Ausschusses entweder selbst oder durch einen zu seiner Vertretung abzuordnenden Staatsbeamten Theil zu nehmen.

Er hat Beschlüsse des Ausschusses, welche dessen Befugnisse überschreiten oder das Staatswohl verletzen, zu beanstanden und Behufs Entscheidung über deren Ausführung dem betreffenden Ressortminister einzureichen.

Dem Oberpräsidenten ist demgemäß von den Sitzungen des Ausschusses unter Angabe der Berathungsgegenstände durch den Vorsitzenden zeitig Anzeige zu machen, und sind ihm Ausfertigungen der Beschlüsse des Ausschusses zur Kenntnißnahme mitzutheilen.

Der Oberpräsident kann, wenn er solches im einzelnen Falle für erforderlich erachtet, den Lokalkommissionen (§. 8) einen Beamten mit gleichen Befugnissen zuordnen. Falls von letzterem eine Maßregel dieser Kommission beanstandet werden sollte, so ist die Angelegenheit zunächst an den ständischen Ausschuß zur weiteren Beschlußnahme zu bringen.

4. Bestand des kommunalständischen Vermögens.

Durch Gesetz vom 11. März 1872 ist dem kommunalständischen Verbande des Regierungsbezirks Wiesbaden die Summe von 142,000 Thlrn. jährlich aus den Staatshaushalts-Einnahmen zur eigenen Verwaltung und Verwendung für folgende Zwecke eigenthümlich überwiesen:

1) Zur Bestreitung der Kosten des Neubaues chaussirter Verbindungsstraßen mit Ausschluß der auf Kosten des Staats bereits zur Ausführung genehmigten Straßenbauten im Kreise Biedenkopf:

a. von Hatzfeld bis zur Biedenkopf-Battenberger Straße,

b. von Battenberg bis zur Frankenberg-Marburger Straße, und

c. von Niederscheld über Lixfeld nach Breitenbach und Momshausen oder Dautphe, sowie zur Unterstützung des Gemeindewegebaues, und

2) zur Fürsorge für die Irren- und Taubstummen, insbesondere zur Unterhaltung der mit ihrem gesammten Vermögen in die Verwaltung des kommunalständischen Verbandes übergehenden Irren-Heil- und Pflegeanstalten zu Eichberg und des Taubstummen-Instituts zu Camberg [1]).

Dabei war vorbehalten, im Wege der Gesetzgebung die technische Bauleitung, sowie die Unterhaltung der auf Grund des Gesetzes vom 11. März 1872 neu zu erbauenden Chausseen unter Regulirung der Kostenlast dem kommunalständischen Verbande zu übertragen.

In gleicher Weise ist dem kommunalständischen Verbande der Darlehensfonds für unbemittelte Gemeinden in dem Gebiete des ehemaligen Herzogthums Nassau, sowie der Rest des Homburger Kautionsfonds in einem Gesammtbetrage von 46,880 Thalern zur Gründung einer kommunalständischen Hülfskasse nach dem Vorbilde der in den älteren Provinzen bestehenden derartigen Institute eigenthümlich überwiesen. Aus dieser Hülfskasse sollen besonders auch Darlehen zur Ausführung gemeinnütziger Wegebauten und Landesmeliorationen gewährt werden. (§. 2 des Gesetzes vom 11. März 1872.)

Soweit die überwiesene Summe nicht ausreicht, sind die Kosten der unter 1 und 2 gedachten Einrichtungen und Anlagen von dem kommunalständischen Verbande nach Maßgabe der Verordnung vom 26. September 1867 (s. oben S. 19) aufzubringen. (§. 3 des Gesetzes vom 11. März 1872.)

Auf Grund des §. 15 des Gesetzes vom 8. Juli 1875 ist dem Kommunalverband des Regierungsbezirks Wiesbaden als bisherigen Staatsnebenfonds des Ministeriums des Innern der Fonds der Abolsstiftung in Wiesbaden zu Unterstützungen armer Waisenkinder beiderlei Geschlechts behufs ihrer Ausbildung in einem Handwerke oder Gewerbe mit einem Kapitalbestande von 13,580 Thalern 3 Sgr. zur Verwaltung und Verwendung mit allen bisher der Staatsverwaltung hinsichtlich dieses Fonds zustehenden Rechten und obliegenden Verpflichtungen überwiesen [2]).

III. Gemeinsame Bestimmungen in Betreff des Chausseewesens.

Den Kommunalverbänden der Regierungsbezirke Kassel und Wiesbaden ist durch das Gesetz vom 8. Juli 1875 die Verwaltung, einschließlich der technischen

[1]) Zur Gewährung von Zuschüssen zu Blinden- und Kranken-Anstalten sind zufolge Gesetzes vom 8. Juli 1875 §. 16 noch 2400 Mark jährlich überwiesen.

[2]) S. auch die Note auf S. 19.

Bauleitung, sowie die Unterhaltung der bereits ausgebauten Staatschausseen und derjenigen chaussirten Straßen übertragen, welche aus dem den betreffenden Kommunalverbänden überwiesenen Fonds[1]) ausgebaut werden und nicht in die Verwaltung und Unterhaltung an Dritte übergehen.

Zugleich mit der Unterhaltung der bereits ausgebauten Staatschausseen ist das Eigenthum an denselben nebst allen Nutzungen und Pertinenzien einschließlich der Chausseewärter- und Einnehmerhäuser auf die Kommunalverbände übergegangen[2]); ebenso die der Staatsbauverwaltung nach gesetzlichen Bestimmungen obliegenden Verpflichtungen zur Leitung der Neu- und Unterhaltungsbauten hinsichtlich der chaussirten oder unchaussirten Straßen außer den Staatschausseen. (Gesetz v. 8. Juli 1875. §. 18 Abs. 1 und 2 und §. 19.)

Für die Uebernahme der Verwaltung und Unterhaltung der Staatschausseen einschließlich der Kosten der Besoldung und Pensionirung des für die obere Leitung der Neu- und Unterhaltungsbauten, sowie für die Beaufsichtigung der Chausseen neu anzustellenden, beziehungsweise schon vorhandenen Beamtenpersonals ist dem Kommunalverbande des Regierungsbezirks Kassel eine Jahresrente von 1,071,110 Mark und dem des Regierungsbezirks Wiesbaden eine solche von 689,598 M. gewährt.

Dritter Abschnitt.

Kreisständische Verfassung.

I. Kreiseintheilung der Regierungsbezirke Kassel und Wiesbaden.

Der Regierungsbezirk Kassel ist durch die Königliche Verordnung vom 22. Februar 1867, vorbehaltlich späterer Zusammenlegung derselben, in 23 Kreise getheilt, welche folgende Benennungen und Begrenzungen erhalten haben.

1) Stadtkreis Kassel, umfaßt den bisherigen Stadtbezirk Kassel;

---

[1]) S. oben S. 27 ff.

[2]) Die Verwaltung und Unterhaltung derjenigen Staatschausseen, deren Kosten bisher aus berg- oder forstfiskalischen Fonds bestritten sind, sind dem Staate verblieben; §. 18 Abs. 3 a. a. O. Zufolge §. 21 Abs. 4 a. a. O. ist die dem Staate nach §. 11 des (Nassauischen) Gesetzes vom 2. Oktober 1862, betreffend die Erbauung chaussirter Verbindungsstraßen, obliegende Verpflichtung zur Unterhaltung der dem Verkehr übergebenen Straßen auf den Kommunalverband des Regierungsbezirks Wiesbaden übergegangen.

2) Landkreis Kassel, umfaßt den bisherigen Kurhessischen Kreis Kassel ohne die Stadt Kassel;
3) Kreis Eschwege;
4) Kreis Fritzlar;
5) Kreis Hofgeismar;
6) Kreis Homberg;
7) Kreis Melsungen;
8) Kreis Rotenburg;
9) Kreis Witzenhausen;
10) Kreis Wolfhagen;
11) Kreis Marburg (ad 3—11 die bisherigen Kurhessischen Kreise gleichen Namens);
12) Kreis Frankenberg, umfaßt den bisherigen Kreis Frankenberg mit dem Kreise Vöhl und den Enklaven Eimelrod und Höringhausen;
13) Kreis Kirchhain;
14) Kreis Ziegenhain;
15) Kreis Fulda;
16) Kreis Hersfeld;
17) Kreis Hünfeld;
18) Kreis Hanau (ad 13—18 die gleichnamigen bisherigen Kreise);
19) Kreis Gelnhausen, umfaßt den früheren Kurhessischen Kreis Gelnhausen mit dem vormals Baierischen Bezirke Orb;
20) Kreis Schlüchtern, der frühere gleichnamige Kreis;
21) Kreis Schmalkalden;
22) Kreis Rinteln (ad 21 und 22 die Bezirke der früheren Kurhessischen Regierungskommissionen Schmalkalden und Rinteln);
23) Kreis Gersfeld, gebildet aus dem bisherigen Baierischen Bezirksamte gleichen Namens.

Durch dieselbe Verordnung (§. 4) ist der Regierungsbezirk Wiesbaden in 12 Kreise getheilt, welche folgende Benennung und Ausdehnung erhalten haben:

1) Dill-Kreis, besteht aus den bisherigen Aemtern Dillenburg und Herborn, mit der Kreisstadt Dillenburg;
2) Ober-Westerwald-Kreis, aus den Aemtern Hachenburg, Marienberg und Rennerod, mit der Kreisstadt Marienberg;
3) Unter-Westerwald-Kreis, aus den Aemtern Selters, Montabaur und Wallmerod, mit der Kreisstadt Montabaur;
4) Ober-Lahn-Kreis, aus den Aemtern Weilburg, Hadamar und Runkel, mit der Kreisstadt Weilburg;

5) Unter-Lahn-Kreis, aus den Aemtern Limburg, Dietz, Nassau und Nastädten, mit der Kreisstadt Dietz;
6) Rheingau-Kreis, aus den Aemtern Braubach, St. Goarshausen, Rüdesheim und Eltville, mit der Kreisstadt Rüdesheim;
7) Stadtkreis Wiesbaden, aus dem Stadtbezirke Wiesbaden;
8) Landkreis Wiesbaden (Main-Kreis), aus den Aemtern Wiesbaden, Hochheim, Höchst und dem ehemals Großherzoglich Hessischen Ortsbezirke Rödelheim, mit der Kreisstadt Wiesbaden;
9) Unter-Taunus-Kreis, aus den Aemtern Langen-Schwalbach, Wehen und Idstein, mit der Kreisstadt Langen-Schwalbach;
10) Ober-Taunus-Kreis, aus den Aemtern Usingen, Königstein und dem vormals Landgräflich Hessischen Amte Homburg, mit der Kreisstadt Homburg;
11) Stadtkreis Frankfurt a. M., gebildet aus dem bisherigen Stadt- und Landgebiete der vormaligen freien Stadt Frankfurt, unter Zulegung der bisher unter Großherzoglich Hessischer Souveränetät gestandenen Theile des Ortsbezirks Nieder-Ursel;
12) Hinterländer Kreis, bestehend aus dem Kreise Biedenkopf und den Ortschaften im nordwestlichen Theile des Kreises Gießen.

II. Organisation der Kreisverbände [1]).

1. Im Regierungsbezirke Kassel.

Durch die Königliche Verordnung vom 9. September 1867 ist die Kreisverfassung in folgender Weise organisirt.

§. 1. Jeder landräthliche Kreis bildet einen kreisständischen Verband. Dieser Verband hat die Rechte einer Korporation, deren Organ die Kreisstände sind.

§. 2. Die Kreisstände versammeln sich auf Kreistagen. Ihre Verfassung wird durch die gegenwärtige Verordnung bestimmt.

§. 3. Es kann für jeden Kreis durch Beschluß der Kreisstände und nach Anhörung des Kommunallandtages unter Genehmigung des Königs ein Kreisstatut errichtet werden.

---

[1]) Für die Durchführung der Kreisordnung und der zu erlassenden ähnlichen Gesetze sind dem Kommunalverbande des Regierungsbezirks Kassel 91,428 M., dem des Regierungsbezirks Wiesbaden 56.186 M. aus den Einnahmen des Staatshaushalts alljährlich überwiesen. Zu gleichem Zwecke sind den genannten Kommunalverbänden aus den Kapitalbeständen, welche in Folge der Nichtverwendung der durch das Gesetz vom 30. April 1873 zur Dotation der Provinzial- und Kreisverbände zur Verfügung gestellten Summen angesammelt sind, Antheile mit 274,284 M. für den Kommunalverband des Regierungsbezirks Kassel und mit 165,438 M. für den des Regierungsbezirks Wiesbaden überwiesen.

Dasselbe hat den Zweck, diejenigen die Kreisverfassung betreffenden Gegenstände näher zu ordnen, in Bezug auf deren Regelung in dieser Verordnung ausdrücklich auf das Kreisstatut verwiesen ist.

Außerdem können darin Anordnungen über besondere, in den eigenthümlichen Verhältnissen des Kreises begründete Einrichtungen getroffen werden.

Derartige Anordnungen dürfen jedoch in keinem Falle ausdrücklichen Bestimmungen der Gesetze zuwiderlaufen.

§. 4. Die Kreisstände sind berufen:

1) die Kreiskorporationen zu vertreten und die Kreis-Kommunalangelegenheiten unter Leitung des Landrathes zu verwalten;
2) die Verwaltung des Landraths in denjenigen Fällen zu unterstützen, in in welchen die Gesetze ihnen eine Theilnahme oder Mitwirkung dabei zuweisen;
3) über diejenigen Gegenstände zu berathen oder Beschluß zu fassen, welche ihnen sonst noch zu diesem Behufe durch Gesetze und Verordnungen ausdrücklich überwiesen werden;
4) die Funktionen der bisherigen Bezirksräthe im ehemaligen Kurfürstenthum Hessen auszuüben, namentlich in Bezug auf die Mitaufsicht über die Kommunalverwaltung der einzelnen Gemeinden des Kreises.

§. 5. In Beziehung auf die Verwaltung der Kreis-Kommunalangelegenheiten steht ihnen — unter der Mitwirkung und Aufsicht der Staatsbehörden — namentlich zu:

1) die Verwaltung der dem Kreise zugehörigen Fonds mit der Befugniß, Ausgaben daraus zu beschließen;
2) die Verwaltung der dem Kreise zugehörigen Anstalten;
3) das Recht, zu gemeinnützigen Zwecken, bei welchen ein Interesse des Kreises obwaltet, oder zur Abwehr eines Nothstandes die Kreiseingesessenen mit Beiträgen zu belasten;
4) die Wahl und Bestellung der für die Verwaltung der Kreis-Kommunalangelegenheiten etwa erforderlichen besonderen Beamten.

§. 6. In Beziehung auf die Mitwirkung an der Kreisverwaltung haben sie insbesondere Staatspräftationen, welche kreisweise aufzubringen sind, und deren Aufbringung durch Gesetz nicht bereits näher bestimmt ist, zu repartiren und die zur Theilnahme an der Verwaltung gesetzlich erforderlichen Kommissionen zu wählen.

§. 7. Die Kreisversammlung wird gebildet:

1) aus den Besitzern von solchen im Kreise belegenen Gütern oder Waldungen, welche zu einem Grundsteuer-Reinertrage von mindestens 1000 Rthlr. veranlagt sind,
2) aus Abgeordneten der Städte,

3) aus Abgeordneten der Landgemeinden.

§. 8. Sofern der Domänenfiskus in einem Kreise Domänen oder Forsten von dem im §. 7, Nr. 1 bezeichneten Reinertrage besitzt, erhält er auf dem Kreistage eine Virilstimme.

§. 9. Auch diejenigen Grundbesitzer, deren Güter zu einem Grundsteuer-Reinertrage von mindestens 3500 Rthlr. veranlagt sind, haben ein Virilstimmrecht und üben dasselbe ohne Beschränkung aus.

Die Stimmenzahl der übrigen Grundbesitzer (§. 7, Nr. 1) soll in der Kreisversammlung die Hälfte der Gesammtzahl der Abgeordneten aus den Städten und Landgemeinden nicht übersteigen. Ist die Zahl dieser Grundbesitzer größer, so sind zwei oder mehrere Güter insoweit zu Gesammtstimmen (Kollektivstimmen) zu verbinden, als dies zur Erreichung des vorbezeichneten Stimmenverhältnisses erforderlich ist. Diese Verbindung bleibt zunächst der Vereinbarung der Betheiligten überlassen. In Ermangelung einer solchen wird die entsprechende Verminderung der Stimmenzahl vorläufig in der Weise vorgenommen, daß die betheiligten Grundbesitzer so viel Mitglieder unter sich wählen, als sie Stimmen zu führen berechtigt sind. Demnächst wird die Vertheilung der Stimmen durch das Kreisstatut geregelt.

§. 10. Das Stimmrecht der Grundbesitzer (§. 7, Nr. 1 und §. 9) muß in Person ausgeübt werden. Doch erfolgt die Vertretung der im Kreise belegenen Domanialgüter durch einen von der betreffenden Behörde aus ihren Beamten oder aus der Zahl der Pächter größerer Domanialgüter zu bestellenden Bevollmächtigten. Die Befugniß zur Bevollmächtigung steht in derselben Weise den Fürsten und Standesherren für ihre Besitzungen zu.

Korporationen und Stiftungen, welche sich im Besitze stimmberechtigter Güter befinden, werden durch ihre Vorstände oder Organe vertreten.

Ob und in welcher Weise eine Vertretung des Gutsbesitzers durch einen volljährigen Sohn, welchem die Verwaltung des Gutes überlassen ist oder der Frauen und der Minderjährigen zu gestatten sei, bleibt den Bestimmungen des Kreisstatuts vorbehalten.

Bei gemeinschaftlichem Besitze, welcher Brüdern oder mehreren Mitgliedern einer Familie oder eines fideikommissarischen Verbandes zusteht, ist einer der Mitbesitzer zur Ausübung des Stimmrechts befugt.

Bei sonstigem gemeinschaftlichen Besitze ruht das Stimmrecht.

§. 11. Von jedem Grundbesitzer (§. 7, Nr. 1 und §. 10) kann eigenen Rechtes nur Eine Stimme geführt werden.

§. 12. Bis zur Durchführung der nach §. 3 der Verordnung vom 28. April 1867 (G.-S. S. 538) vorzunehmenden Grundsteuer-Regulirung wird eine Veranlagung zu einem Steuerkapitale von 3000 Steuer- beziehungsweise Katastergulden nach der früheren Kurhessischen, beziehungsweise Bairischen Grundsteuerverfassung einem Grundsteuer-Reinertrage von 1000 Thalern (§. 7, Nr. 1) und eine Veranlagung zu einem Steuerkapitale von 10,000 Steuer- beziehungsweise Katastergulden einem Grundsteuer-Reinertrage von 3500 Thalern (§. 9) gleichgestellt. Hierbei wird jedoch nur das Steuerkapital für die Liegenschaften, mit Ausschluß der Gebäude, Hofräume und Hausgärten von weniger als einem Morgen, in Anschlag gebracht.

§. 13. Durch das Kreisstatut kann der die Stimmberechtigung der Güter auf dem Kreistage bedingende Grundsteuer-Reinertrag (§. 7) anderweitig festgesetzt werden.

§. 14. Die zur Stimmführung auf dem Kreistage berechtigten Grundbesitzer werden durch den Landrath in eine Nachweisung zusammengestellt. Diese Nachweisung muß von einem öffentlich bekannt zu machenden Termine ab, 14 Tage lang auf dem Landrathsamte zur Einsicht ausliegen. Ueber Einwendungen, welche nicht ihre sofortige Erledigung durch den Landrath finden, hat der Oberpräsident zu entscheiden. Nach Erledigung dieser Einwendung wird die Nachweisung vom Landrathe festgestellt.

Spätere Veränderungen, namentlich in Folge der Durchführung der Grundsteuer-Regulirung, werden vom Landrathe nach Anhörung des Kreistages bewirkt und von dem Oberpräsident bestätigt.

§. 15. Zur Stimmführung im Stande der Städte (§. 7, Nr. 2) auf der Kreisversammlung sind die in dem anliegenden Verzeichnisse aufgeführten Gemeinden mit dem dort angegebenen Stimmenverhältnisse berufen.

Eine Aufnahme anderer Gemeinden in den Stand der Städte und die Verleihung des Stimmrechts in diesem Stande, sowie das Ausscheiden einer Gemeinde aus demselben kann künftig nach Anhörung der Kreis- und Kommunalstände mit Unserer Genehmigung erfolgen.

Die Zahl der Stimmen, welche die im Stande der Städte vertretenen Gemeinden zu führen haben, kann durch Kreisstatut anderweit festgesetzt werden.

§. 16. Die städtischen Abgeordneten sind von den Gemeindebehörden (Bürgermeister, Stadtrath, große Ausschußversammlung) aus der Zahl der Mitglieder dieser Kollegien zu erwählen.

§. 17. Die Vertretung der Landgemeinden (§. 7, Nr. 3) geschieht durch 8 Abgeordnete der im Kreise vorhandenen Landgemeinden.

Eine Aenderung dieser Zahl kann durch das Kreisstatut bestimmt werden.

§. 18. Jeder Kreis wird von dem Landrathe in so viel Wahlbezirke eingetheilt, als Abgeordnete der Landgemeinden zu wählen sind. In jedem Wahlbezirke wählen die Gemeindebehörden (Bürgermeister, Gemeinderath, große Ausschußversammlung) je einen Ortswähler aus ihrer Mitte.

§. 19. Mit den Ortswählern jedes Wahlbezirks treten die Besitzer solcher Güter, welche nicht zum Gemeindeverbande gehören und nicht im Stande der großen Grundbesitzer vertreten sind, zu einem Wahlkörper zusammen, welcher den Abgeordneten aus seiner Mitte wählt.

§. 20. Die Wahlen der Abgeordneten für die Städte und Landgemeinden geschehen auf sechs Jahre. Das Mandat erlischt jedoch, falls die Vorbedingungen der Wählbarkeit früher aufhören.

Für jeden Abgeordneten im Stande der Städte und der Landgemeinden ist ein Stellvertreter zu wählen, welcher die zur Wählbarkeit eines Abgeordneten vorgeschriebenen Eigenschaften besitzen muß.

§. 21. Für das Verfahren bei allen Wahlen sind die Vorschriften des Reglements vom 22. Juni 1842 (s. oben S. 22) maßgebend.

§. 22. Zur persönlichen Ausübung des Stimmrechts auf dem Kreistage ist bei allen Mitgliedern desselben und deren Stellvertretern die Vollendung des vierundzwanzigsten Lebensjahres erforderlich.

§. 23. Der Landrath beruft den Kreistag, führt auf demselben den Vorsitz, leitet die Verhandlung und hat die Ordnung in den Berathungen zu erhalten; er ist befugt, mit Zustimmung des Kreistages ordnungsstörende Mitglieder, nach fruchtloser Erinnerung, für die Dauer der Sitzung von der Versammlung auszuschließen.

§. 24. Die Berufung zum Kreistage geschieht durch ein Einladungsschreiben, welches die Verhandlungsgegenstände angeben muß.

Sollen Beschlüsse zur Verhandlung gestellt werden, welche eine neue Belastung des Kreises mit Ausgaben oder Leistungen ohne bereits bestehende Verpflichtung herbeiführen (insbesondere §. 5, Nr. 3), so muß das desfallsige Einladungsschreiben mindestens vierzehn Tage vor dem Kreistage den Mitgliedern zugestellt werden. Demselben muß eine ausführliche Darlegung, welche über die Zwecke des vorgeschlagenen Beschlusses, die Art der Ausführung, den Kostenbetrag und die Aufbringungsweise das Nöthige enthält, beigefügt sein. Das Einladungsschreiben ist der Regierung in Abschrift einzusenden.

§. 25. Die Beschlüsse des Kreistages werden nach einfacher Stimmenmehrheit gefaßt. Bei Stimmengleichheit entscheidet die Stimme des Vorsitzenden, auch wenn er sonst nicht stimmberechtigt ist.

Zu einem Beschlusse, durch welchen eine neue Belastung des Kreises mit Ausgaben oder Leistungen ohne bereits bestehende Verpflichtung bewirkt werden soll, ist jedoch eine Stimmenmehrheit von mindestens zwei Dritteln der Abstimmenden erforderlich. In solchem Falle muß außerdem, sobald zwei Drittel der anwesenden Mitglieder eines Standes es verlangen, eine Abstimmung nach Ständen eintreten und es gilt die Bewilligung als abgelehnt, wenn zwei Stände sich dagegen erklären.

Die Abstimmung in jedem einzelnen Stande erfolgt in diesem Falle nach einfacher Stimmenmehrheit.

§. 26. Findet ein ganzer Stand sich durch einen Kreistagsbeschluß in seinen Interessen verletzt, so steht ihm frei, mittelst Einreichung eines Separatvotums die Regierung und in den Fällen des §. 29, Nr. 1 die Minister des Innern und der Finanzen anzurufen.

Diese Anrufung muß noch vor dem Schlusse des Kreistages beim Landrathe angemeldet und das Separatvotum binnen einer von diesem zu bestimmenden Frist eingereicht werden.

Bis zur ergangenen Entscheidung bleibt die Ausführung des Kreistagsbeschlusses ausgesetzt.

§. 27. Der Kreistag ist befugt, zur Vorbereitung seiner Beschlüsse, sowie für bestimmte Geschäfte Kommissionen und Bevollmächtigte aus seiner Mitte zu bestellen, welche unter Leitung des Landrathes stehen.

§. 28. Die Genehmigung der Staatsregierung ist erforderlich zu solchen Beschlüssen des Kreistages, durch welche

1) Ausgaben und Leistungen für den Kreis ohne bestehende Verpflichtung neu übernommen werden,
2) der Beitragsfuß für Aufbringung der Kreislasten aufgestellt oder der bestehende abgeändert wird,
3) Veräußerungen vom Grund- oder vom Kapitalbestande des Kreisvermögens, soweit letzterer nicht etwa nur aus ersparten Einkünften der letzten fünf Jahre herrührt, vorgenommen werden.

§. 29. Zur Ertheilung der Genehmigung sind zuständig:

1) die Minister des Innern und der Finanzen in den Fällen des §. 28, Nr. 1, wenn der Kreis zu Ausgaben verpflichtet werden soll, welche
   a. über die nächsten zwei Jahre hinausdauern, oder
   b. Zwecke betreffen, bei denen nur ein Theil des Kreises interessirt ist, oder
   c. nur von einem Theile des Kreises aufzubringen sind;
2) in den übrigen Fällen die Bezirksregierungen.

§. 30. Ueber den Kreishaushalt haben die Kreisstände alljährlich einen Etat aufzustellen. Derselbe ist der Regierung in Abschrift einzureichen.

Die Abnahme von Rechnungen steht der Kreisversammlung selbstständig zu. Die Regierung kann, wenn ihr durch Beschwerden oder sonst eine besondere Veranlassung dazu gegeben erscheint, das Kassen- und Rechnungswesen des Kreises einer außerordentlichen Revision durch Absendung eines Kommissarius oder durch Einfordern der Rechnungen unterwerfen.

§. 31. Urkunden über Rechtsgeschäfte, welche den Kreis gegen Dritte verbinden sollen, müssen von dem Landrathe und drei hierzu von der Kreisversammlung zu wählenden Mitgliedern unterschrieben und mit dem Siegel des Landrathsamtes versehen sein.

§. 32. Der Landrath führt die Beschlüsse der Kreisversammlung aus, sofern nicht die Regierung eine andere Behörde mit der Ausführung beauftragt oder die Sache als ständische Kommunalangelegenheit besonderen ständischen Beamten übertragen ist.

Beschlüsse, welche die Befugnisse der Kreisstände überschreiten oder das Staatswohl verletzen, hat der Landrath zu beanstanden und behufs Entscheidung über deren Ausführung der Bezirksregierung einzureichen.

§. 33. Ueber die Gewährung von Diäten und Reisekosten an die Vertreter der Gemeinden auf dem Kreistage zu bestimmen, bleibt der Kreisversammlung mit Genehmigung der Bezirksregierung überlassen.

§. 34. Mit Einführung der Kreisvertretung nach Maßgabe dieser Verordnung werden die im ehemaligen Kurfürstenthum Hessen bestehenden Bezirksräthe außer Wirksamkeit gesetzt.

Verzeichniß der im Städtestande auf den Kreistagen im Gebiete des Regierungsbezirks Kassel vertretenen Gemeinden.

I. Namen der Gemeinden.

Kreis Eschwege: Eschwege, Walblappel, Wannfried.

Kreis Frankenberg: Frankenberg, Frankenau, Rosenthal, Gemünden.

Kreis Fritzlar: Fritzlar, Gudensberg, Niedenstein.

Kreis Fulda: Fulda.

Kreis Gelnhausen: Gelnhausen, Wächtersbach, Orb.

Kreis Gersfeld: Gersfeld, Tann.

Kreis Hanau: Hanau, Bodenheim, Windecken.

Kreis Hersfeld: Hersfeld.

Kreis Hofgeismar: Hofgeismar, Liebenau, Carlshafen, Helmershausen, Trendelburg, Grebenstein, Immenhausen.

Kreis Homberg: Homberg, Borken.

Kreis Hünfeld: Hünfeld.

Kreis Kirchhain: Kirchhain, Amöneburg, Neustadt, Rauschenberg, Schweinsberg.

Kreis Marburg: Marburg, Wetter.

Kreis Melsungen: Melsungen, Felsberg, Spangenberg.

Kreis Rinteln: Rinteln, Obernkirchen, Rodenberg, Oldendorf, Sachsenhagen.

Kreis Rotenburg: Rotenburg, Sontra.

Kreis Schmalkalden: Schmalkalden.

Kreis Schlüchtern: Schlüchtern, Soden, Steinau, Salmünster.

Kreis Witzenhausen: Witzenhausen, Allendorf a. W., Großalmerode, Lichtenau.

Kreis Wolfhagen: Wolfhagen, Naumburg, Vollmarsen, Zierenberg.

Kreis Ziegenhain: Ziegenhain, Neukirchen, Schwarzenborn, Treysa.

Bemerkung: Die Stadt Kassel bildet einen besonderen Kreis (Stadtkreis Kassel); im Landkreise Kassel ist keine Stadt belegen.

II. Stimmenvertheilung.

Von diesen Gemeinden sollen:

die Städte Fulda und Hanau je vier,

die Städte Eschwege, Hersfeld, Marburg und Schmalkalden je drei,

die Städte Allendorf a. W., Bockenheim, Fritzlar, Gelnhausen, Homberg, Hünfeld, Melsungen, Rinteln, Rotenburg, Witzenhausen, Wolfhagen je zwei,

alle übrigen dagegen je Einen Abgeordneten zum Kreistage entsenden.

2. Im Regierungsbezirk Wiesbaden.

Für das Gebiet des Regierungsbezirks Wiesbaden ist durch Königliche Verordnung vom 26. September 1867 folgende Kreisverfassung erlassen:

§. 1. Jeder landräthliche Kreis bildet einen kreisständischen Verband.

Dieser Verband hat die Rechte einer Korporation, deren Organ die Kreisstände sind.

§. 2. Die Kreisstände versammeln sich auf Kreistagen. Ihre Verfassung wird durch die gegenwärtige Verordnung bestimmt.

§. 3. Es kann für jeden Kreis durch Beschluß der Kreisstände und nach Anhörung des Kommunallandtages unter Genehmigung des Königs ein Kreisstatut errichtet werden.

Dasselbe hat den Zweck, diejenigen die Kreisverfassung betreffenden Gegenstände näher zu ordnen, in Bezug auf deren Regelung in dieser Verordnung ausdrücklich auf das Kreisstatut verwiesen ist.

Außerdem können darin Anordnungen über besondere in den eigenthümlichen Verhältnissen des Kreises begründete Einrichtungen getroffen werden.

Derartige Anordnungen dürfen jedoch in keinem Falle ausdrücklichen Bestimmungen der Gesetze zuwiderlaufen.

§. 4. Die Kreisstände sind berufen:

1) die Kreiskorporation zu vertreten und die Kreis-Kommunalangelegenheiten unter Leitung des Landrathes zu verwalten;
2) die Verwaltung des Landrathes in denjenigen Fällen zu unterstützen, in welchen die Gesetze ihnen eine Theilnahme oder Mitwirkung dabei zuweisen;
3) über diejenigen Gegenstände zu berathen oder Beschluß zu fassen, welche ihnen sonst noch zu diesem Behufe durch Gesetze oder Verordnungen ausdrücklich überwiesen werden.

§. 5. In Beziehung auf die Verwaltung der Kreis-Kommunalangelegenheiten steht ihnen unter der Mitwirkung und Aufsicht der Staatsbehörden namentlich zu:

1) die Verwaltung der dem Kreise zugehörigen Fonds mit der Befugniß, Ausgaben daraus zu beschließen;
2) die Verwaltung der dem Kreise zugehörigen Anstalten;
3) das Recht zu gemeinnützigen Zwecken, bei welchen ein Interesse des Kreises obwaltet, oder zur Abwehr eines Nothstandes die Kreistags-Eingesessenen mit Beiträgen zu belasten;
4) die Wahl und Bestellung der für die Verwaltung der Kreis-Kommunalangelegenheiten etwaigen erforderlichen besonderen Beamten.

§. 6. In Beziehung auf die Mitwirkung an der Kreisverwaltung haben die Kreisstände insbesondere Staatspräſtationen, welche kreisweise aufzubringen sind und deren Aufbringung durch Gesetz nicht bereits näher bestimmt ist, zu repartiren und die zur Theilnahme an der Verwaltung gesetzlich erforderlichen Kommissionen zu wählen.

§. 7. Die Kreisversammlung wird gebildet durch die Bezirksräthe der zu einem Kreise gehörigen Aemter (§§. 13 und 16), welche zu einer Versammlung zusammentreten.

Außerdem sind Mitglieder der Kreisversammlung die Besitzer der im Kreise belegenen Güter, welche jährlich mindestens 500 Gulden Grundsteuer zahlen.

§. 8. Sofern der Domänenfiskus in einem Kreise Domänen und Forsten besitzt, für welche entweder die im §. 7 bezeichnete Grundsteuer gezahlt wird, oder welche zu einem diesem Grundsteuerbetrage entsprechenden Reinertrage veranlagt sind, erhält derselbe auf dem Kreistage eine Virilstimme. Ein Gleiches gilt von dem Central-Studienfonds.

§. 9. Durch Kreisstatut kann auch dem Besitzer eines umfangreichen Fabrik-Etablissements, sowie von Berg- und Hüttenwerken eine Virilstimme beigelegt werden.

§. 10. Durch das Kreisstatut kann der die Stimmberechtigung der Güter auf dem Kreistage bedingende Grundsteuerbetrag (§. 7) anderweit festgesetzt werden.

§. 11. Das Stimmrecht der Grundbesitzer (§. 7, Alinea 2) muß in Person ausgeübt werden; doch erfolgt die Vertretung der im Kreise belegenen Domanialgüter durch einen von der betreffenden Behörde aus ihren Beamten oder aus der Zahl der Pächter größerer Domanialgüter zu bestellenden Bevollmächtigten. Die Befugniß zur Bevollmächtigung steht in derselben Weise den Standesherren für ihre Besitzungen zu.

Korporationen und Stiftungen, welche sich im Besitze stimmberechtigter Güter befinden, werden durch ihre Vorstände oder Organe vertreten.

Ob und in welcher Weise eine Vertretung des Gutsbesitzers durch einen volljährigen Sohn, welchem die Verwaltung des Gutes überlassen ist, oder der Frauen und der Minderjährigen zu gestatten sei, bleibt den Bestimmungen des Kreisstatuts vorbehalten.

Bei gemeinschaftlichem Besitze, welcher Brüdern oder mehreren Mitgliedern einer Familie zusteht, ist einer der Mitbesitzer zur Ausübung des Stimmrechts befugt. Bei sonstigem gemeinschaftlichem Besitze ruht das Stimmrecht.

§. 12. Von jedem Grundbesitzer (§. 7, Alinea 2) kann Kraft eigenen Rechtes nur Eine Stimme geführt werden.

§. 13. Der §. 6 der Verordnung vom 24. Juli 1854, betreffend die Organisation der Verwaltungsstellen (Verordnungsblatt des Herzogthums Nassau 1854, Nr. 17, S. 160) wird aufgehoben und treten an dessen Stelle folgende Bestimmungen:

Einem jeden Amte wird ein gewählter Bezirksrath beigeordnet, der aus sechs Mitgliedern besteht.

Zur Wahl der Bezirksräthe wird jeder Amtsbezirk von dem Landrathe nach der Seelenzahl in 6 Wahlbezirke eingetheilt.

In jedem Wahlbezirke wählen die stimmberechtigten Gemeindebürger jeder Gemeinde je einen Ortswähler, die Ortswähler des Wahlbezirks treten zu einem Wahlkörper zusammen, welcher ein Mitglied des Bezirksrathes, sowie einen Stellvertreter desselben aus den wahlberechtigten Gemeindebürgern wählt.

Umfaßt eine Gemeinde einen Wahlbezirk für sich oder mehrere Wahlbezirke, so wählen die stimmberechtigten Gemeindebürger direkt so viele Mitglieder des Bezirksrathes und deren Stellvertreter aus ihrer Mitte, als die Gemeinde Wahlbezirke enthält.

Nach Verlauf von drei Jahren scheiden drei Mitglieder des Bezirksrathes aus und werden an deren Stelle drei andere gewählt. Ueber die zuerst Ausscheidenden entscheidet das Loos.

§. 14. Die bisherigen Bezirksräthe bleiben so lange in Wirksamkeit, bis nach den Bestimmungen des §. 13 die Neubildung derselben erfolgt ist.

§. 15. Im Kreise Biedenkopf wird bis auf Weiteres die Kreisversammlung gebildet:

1) aus dem nach dem Gesetz vom 10. Februar 1853 (Großherzoglich Hessisches Regierungsblatt 1853, Nr. 6) zusammengesetzten Bezirksrathe;
2) aus den im §. 7 bezeichneten großen Grundbesitzern, sofern dieselben nicht bereits zum Bezirksrathe gehören.

Bei der Bildung des Bezirksrathes nehmen die Gemeinden des früheren nordwestlichen Theiles des Kreises Gießen Theil, so lange sie zum Kreise Biedenkopf gehören.

§. 16. Die Bestimmungen über die Bildung des Bezirksrathes in der ehemaligen Landgrafschaft Hessen-Homburg bleiben für den Amtsbezirk Homburg in Kraft. Der Bezirksrath wählt aus seiner Mitte zur Kreisversammlung sechs Mitglieder.

§. 17. Für das Verfahren bei allen Wahlen sind die Vorschriften des Reglements vom 22. Juni 1842 (s. oben S. 22) maßgebend.

§. 18. Der Landrath beruft den Kreistag, führt auf demselben den Vorsitz, leitet die Verhandlung und hat die Ordnung in den Berathungen zu erhalten; er ist befugt, mit Zustimmung des Kreistages ordnungsstörende Mitglieder nach fruchtloser Erinnerung für die Dauer der Sitzung von der Versammlung auszuschließen.

§. 19. Die Berufung zum Kreistage geschieht durch ein Einladungsschreiben, welches die Verhandlungsgegenstände angeben muß.

Sollen Beschlüsse zur Verhandlung gestellt werden, welche eine neue Belastung des Kreises mit Ausgaben oder Leistungen ohne bereits bestehende Verpflichtung herbeiführen (insbesondere §. 5, Nr. 3), so muß das desfallsige Einladungsschreiben mindestens 14 Tage vor dem Kreistage den Mitgliedern zugestellt werden. Demselben muß eine ausführliche Darlegung, welche über die Zwecke des vorgeschlagenen Beschlusses, die Art der Ausführung, den Kostenbetrag und die Aufbringungsweise das Nöthige enthält, beigefügt sein. Das Einladungsschreiben ist der Regierung in Abschrift einzusenden.

§. 20. Die Beschlüsse des Kreistages werden nach einfacher Stimmenmehrheit gefaßt. Bei Stimmengleichheit entscheidet die Stimme des Vorsitzenden, auch wenn er sonst nicht stimmberechtigt ist.

Zu einem Beschlusse, durch welchen eine neue Belastung des Kreises mit Ausgaben oder Leistungen ohne bereits bestehende Verpflichtung bewirkt werden soll (insbesondere §. 5, Nr. 3), ist jedoch eine Stimmenmehrheit von mindestens zwei Dritteln der Abstimmenden erforderlich.

§. 21. Der Kreistag ist befugt, zur Vorbereitung seiner Beschlüsse, sowie für bestimmte Geschäfte Kommissionen und Bevollmächtigte aus seiner Mitte zu bestellen, welche unter Leitung des Landrathes stehen.

§. 22. Die Genehmigung der Staatsregierung ist erforderlich zu solchen Beschlüssen des Kreistages, durch welche

1) Ausgaben und Leistungen für den Kreis ohne bestehende Verpflichtungen übernommen werden,
2) der Beitragsfuß für Aufhebung der Kreislasten aufgestellt oder der bestehende abgeändert wird,
3) Veräußerungen vom Grund- oder vom Kapitalstande des Kreisvermögens, soweit letzterer etwa nicht nur aus ersparten Einkünften der letzten fünf Jahre herrührt, vorgenommen werden.

§. 23. Zur Ertheilung der Genehmigung sind zuständig:

1) die Minister des Innern und der Finanzen in den Fällen des §. 22, Nr. 1, wenn der Kreis zu Ausgaben verpflichtet werden soll, welche
   a. über die nächsten zwei Jahre hinausdauern, oder
   b. Zwecke betreffen, bei denen nur ein Theil des Kreises interessirt ist, oder
   c. nur von einem Theil des Kreises aufzubringen sind.
2) in den übrigen Fällen die Bezirksregierung.

§. 24. Ueber den Kreishaushalt haben die Kreisstände alljährlich einen Etat aufzustellen. Derselbe ist der Regierung in Abschrift einzureichen.

Die Abnahme der Rechnungen steht der Kreisversammlung selbstständig zu. Die Regierung kann, wenn ihr durch Beschwerden oder sonst eine besondere Veranlassung gegeben erscheint, das Kassen- und Rechnungswesen des Kreises einer außerordentlichen Revision durch Absendung eines Kommissarius oder durch Einforderung der Rechnungen unterwerfen.

§. 25. Urkunden über Rechtsgeschäfte, welche den Kreis gegen Dritte verbinden sollen, müssen von dem Landrathe und drei hierzu von der Kreisversammlung zu wählenden Mitgliedern unterschrieben und mit dem Siegel des Landrathes versehen sein.

§. 26. Der Landrath führt die Beschlüsse der Kreisversammlung aus, sofern nicht die Regierung eine andere Behörde mit der Ausführung beauftragt, oder die Sache als ständige Kommunal-Angelegenheit besonderen ständischen Beamten übertragen ist.

Beschlüsse welche die Befugniß der Kreisstände überschreiten, oder das Staatswohl verletzen, hat der Landrath zu beanstanden und Behufs Entscheidung über deren Ausführung der Bezirks-Regierung einzureichen.

§. 27. Ueber die Gewährung von Diäten und Reisekosten an die Vertreter der Gemeinden auf dem Kreistage zu bestimmen, bleibt der Kreisversammlung mit Genehmigung der Bezirksregierung überlassen.

§. 28. Im Stadtkreise Frankfurt a. M. tritt für die Berathung der den ganzen Kreis betreffenden Angelegenheiten je ein Abgeordneter der zu demselben gehörigen ländlichen Ortschaften zur Stadtverordneten-Versammlung hinzu.

Diese Abgeordneten werden von dem Ortsvorstand (Schultheiß, Beigeordnete und Gemeinde-Ausschuß) aus seiner Mitte gewählt.

Vierter Abschnitt.

Gemeindeverfassung.

I. In dem ehemaligen Kurfürstenthum Hessen.

1. Verfassungsrechtliche Bestimmungen.

In dem 4. Abschnitt der Verfassungs-Urkunde vom 5. Januar 1831 sind bezüglich der Gemeinden [1]) folgende Bestimmungen enthalten:

§. 42. Die Rechte und Verbindlichkeiten der Gemeinden sollen in einer besonderen Städte- und Gemeinde-Ordnung [2]) alsbald festgesetzt, und darin die freie Wahl ihrer Vorstände und Vertreter, die selbstständige Verwaltung des Gemeinde-Vermögens und der örtlichen Einrichtungen, unter Mitaufsicht ihrer besonders erwählten Ausschüsse, die Bewirkung der Aufnahme in den Gemeinde-Verband, und die Befugniß zur Bestellung der Gemeinde-Diener, zum Grunde gelegt, auch die Art der oberen Aufsicht der Staatsbehörden näher bestimmt werden.

§. 43. Keine Gemeinde kann mit Leistungen oder Ausgaben beschwert werden, wozu sie nicht nach allgemeinen Gesetzen oder anderen besonderen Rechtsverhältnissen verbunden ist. Dasselbe gilt von mehreren, in einem Verbande stehenden Gemeinden.

§. 44. Alle Lasten, welche nicht die örtlichen Bedürfnisse der Gemeinden oder deren Verbände, sondern die Erfüllung allgemeiner Verbindlichkeiten des Landes oder einzelner Theile desselben erheischen, müssen, in so weit nicht bestehende Rechtsverhältnisse eine Ausnahme begründen, auch von dem gesammten Lande oder dem betreffenden Landestheile getragen werden.

§. 45. Das Vermögen und Einkommen der Gemeinden und ihrer Anstalten darf nie mit dem Staatsvermögen oder den Staats-Einnahmen vereinigt werden.

§. 46. Sämmtliche Vorstände, sowie die übrigen Beamten der Gemeinden und deren Verbände sind, gleich den Staatsdienern, auf Festhaltung der Landesverfassung und insbesondere auf Wahrung der dadurch begründeten Rechte der Gemeinden zu verpflichten.

---

[1]) Die im §. 48 der Verfassungs-Urkunde vorgesehenen und durch das provisorische Gesetz vom 7. Juli 1851 organisirten Bezirksräthe sind durch §. 34 der Verordnung vom 9. September 1867 (s. oben S. 37) aufgehoben.

[2]) Die Gemeindeordnung vom 23. Oktober 1834 ist hiernächst abgedruckt.

§. 47. Das Verhältniß der Rittergüter und der ehemals adeligen geschlossenen Freigüter zu den Gemeinden, zu welchen sie in polizeilichen und anderen bestimmten Beziehungen gehören sollen, wird in der Gemeinde-Ordnung auf eine zweckmäßige und den bisherigen Rechtsverhältnissen entsprechende Weise festgestellt werden.

2. Gemeindeordnung für die Städte und Landgemeinden Kurhessens vom 23. Oktober 1834 [1]).

Titel I.

Von den Grundlagen der Gemeindeverfassung und von dem Umfange der Gemeinden.

§. 1. Unterschied zwischen Städten und Landgemeinden.

In sofern dieses Gesetz einen Unterschied zwischen Städten und Landgemeinden nicht ausdrücklich festsetzt, gilt dessen Inhalt für beide Arten von Ortsgemeinden.

Als Städte sind die Orte anzusehen, welche im §. 63, Nr. 10, der Verfassungs-Urkunde [2]) genannt sind, sowie ferner diejenigen Orte, welche künftig zu Städten von Uns mit Zustimmung der Landstände werden erklärt werden.

§. 2. Grundlagen der Gemeindeverfassung.

Die Verfassung der Gemeinden beruhet auf gegenwärtigem Gesetze und auf den Statuten, welche etwas für einzelne Gemeinden auf die im nachfolgenden §. 3 bestimmte Weise zu Stande kommen werden.

§. 3. Errichtung der Statuten.

Der Vorschlag zu den Statuten, d. h. zu den Bestimmungen, welche neben diesem Gesetze eine bleibende Richtschnur für die Behandlung der Angelegenheiten einer einzelnen Gemeinde bilden sollen, sowie demnächst zu Abänderungen und Ergänzungen der Statuten, kann sowohl von dem Gemeinderathe, als von dem Gemeinde-Ausschusse, und ebenso von der, die Gemeindeverwaltung beaufsichtigenden Behörde ausgehen. Sobald der Entwurf von dem Gemeinderathe und dem Gemeinde-Ausschusse angenommen ist, muß derselbe zur öffentlichen Kenntniß in der Gemeinde gebracht werden, um binnen den nächsten zwei Monaten

---

1) Durch Gesetz vom 15. Mai 1863 sind die Verordnungen vom 28. April 1852, zur Vollziehung des §. 50, Nr. 3 der Verfassungs-Urkunde vom 13. April 1852, das Gesetz vom 1. December 1853, Abänderungen der Gemeinde-Ordnung betreffend, die Verordnung vom 22. December 1853, den Bürgerrechts-Erwerb der Anwälte, die Gemeinde-Ausschüsse, -Statuten und -Umlagen betreffend, sowie die Verordnung vom 12. August 1858, die gemeinheitliche Stellung der Hinterbliebenen der Civildiener und Militärpersonen betreffend, aufgehoben, und die durch dieselben beseitigten Bestimmungen der Gemeinde-Ordnung (siehe jedoch §. 2) wieder in Wirksamkeit getreten.

2) S. jetzt das Verzeichniß oben S. 37.

die Erinnerungen zu vernehmen, welche Einzelne oder gewisse Klassen von Gemeindegliedern dagegen zu machen finden.

Auch muß, in sofern an besonderen Rechtsverhältnissen etwas geändert werden soll, noch die Zustimmung der Betheiligten, oder ihrer gesetzlichen oder dazu insonderheit erwählten Vertreter erwirkt werden. Gültigkeit erlangen die Statuten, sowie deren Abänderungen und Nachträge, nach erklärter Annahme von Seiten des Gemeinderathes und des Gemeinde-Ausschusses, erst durch die Bestätigung der Provinzial-Regierung, und zwar was die Hauptstädte betrifft, mit hinzutretender Genehmigung Unseres Ministeriums des Innern.

§. 4. Umfang der Gemeinden.

Jede Stadt, jeder Marktflecken und jedes Dorf bildet mit allen in der Gemarkung liegenden Wohnstätten der Regel nach eine (Orts-) Gemeinde.

Alle Liegenschaften, welche sich innerhalb eines Ortes befinden, sowie die Häuser und Hofraiden, welche mit demselben in unmittelbarem Zusammenhange stehen, und etwa bisher einer anderen Gemeinde angehört haben, sollen dem Gemeindeverbande jenes Ortes zugewiesen werden. Auch kann sonst noch da, wo verschiedene Gemarkungen sich gegenseitig auf eine den Umständen nicht gehörig zusagende Weise begrenzen, eine angemessenere Abgrenzung ohne Beeinträchtigung besonderer Rechtsverhältnisse angeordnet werden.

Keine Veränderung in der gegenwärtigen Bildung und Zusammensetzung der (Orts-) Gemeinden darf ohne Unsere landesherrliche Genehmigung stattfinden.

§. 5. Besonderes Verhältniß der nicht in der Gemarkung einer Gemeinde liegenden Güter, Waldungen &c.

Einzelne Gebäude und Grundstücke jeder Art, mit Einschluß der Domänen- und Ritter-Güter, der Staats- und anderen Waldungen, welche bisher nicht in der Gemarkung einer Gemeinde begriffen waren, werden von Uns derjenigen Gemeinde, zu welcher dieselben sich nach den Verhältnissen am besten eignen, und unter thunlichster Berücksichtigung der Wünsche der Betheiligten, in Ansehung der örtlichen Verwaltung einverleibt werden.

Auch können bewohnte, einzeln liegende größere Anlagen, Werke oder Höfe in so fern und auf so lange, als daselbst die Erforderniſſe einer tüchtigen Ortsverwaltung vorhanden sind, und zwar wenn sie nicht dem Staate selbst angehören, nach dem begründeten Wunsche ihrer Besitzer, den Gemeinden rücksichtlich der örtlichen Verwaltung gleichgestellt oder zu einer Gemeinde vereinigt werden.

In jedem Falle dürfen für die in Waldungen oder sonst vom Orte sehr entlegenen Wohnstätten einzelne Geschäfte der Ortsverwaltung nach Vorschrift der Provinzial-Regierung den dazu nach Wohnungs- und anderen Verhältnissen am besten geeigneten Personen anvertraut werden.

Das Verhältniß der Rittergüter und der ehemals adeligen geschlossenen Freigüter, sowie der sonstigen einzelnen Güter, Höfe, Häuser, Mühlen u. s. w., wenn solche mit einer Gemeinde vereinigt werden, zu derselben, soll namentlich in Ansehung ihrer Theilnahme an den Vortheilen und Lasten des Gemeinde-Verbandes, nach Anhörung der Betheiligten, falls sie nicht lediglich bei dem Inhalte des gegenwärtigen Gesetzes sich beruhigen wollen, auf die im §. 3 bestimmte Weise, und zwar, was die obgedachten Ritter- und Freigüter betrifft, in Gemäßheit des §. 47 der Verfassungs-Urkunde, genau festgesetzt werden. Die Verwaltungsbehörde hat zu diesem Zwecke wo möglich eine Uebereinkunft unter denselben zu vermitteln. Würde solche nicht zu Stande kommen; so hat die Regierung der Provinz mit sorgfältiger Beachtung der wohlerworbenen Rechte des einen oder anderen Theils, und soweit dergleichen nicht im Wege stehen, nach Maßgabe der einschlägigen Bestimmungen dieses Gesetzes die nöthige Anordnung zu erlassen. Beiden Theilen bleibt jedoch die Beschwerdeführung bei Unserm Ministerium des Innern, und in den Fällen, wo über die vorhandenen Rechtsverhältnisse Streit entstehen sollte, der Rechtsweg offen.

§. 6. Mehrere Gemeinden an einem Orte.

Wenn an einem Orte oder innerhalb derselben unzertrennlichen Gemarkung bisher zwei oder mehrere Gemeinden bestanden haben, so sollen diese zwar nur eine Gemeinde, unter einem und demselben Vorstande, Gemeinderathe und Ausschusse bilden, ihre besonderen Verhältnisse aber so lange abgesondert erhalten werden, bis eine andere Einrichtung auf die im §. 3 näher bestimmte Weise eingeführt wird.

§. 7. Aus mehreren Ortschaften zusammengesetzte Gemeinden.

Mehrere Orte mit verschiedenen Gemarkungen, welche bisher zu einer Gemeinde vereinigt gewesen sind, können diese Verbindung fortsetzen, oder auch die Trennung und die Verleihung der Rechte besonderer Gemeinden in Anspruch nehmen, dieses jedoch nur, wenn ein jeder der bisher vereinigten Orte zur Bildung einer eigenen Gemeinde geeignet ist.

Alsdann darf die Trennung auch auf einseitiges Verlangen eines Ortes stattfinden. Wenn hierüber eine Vereinbarung, wozu die Verwaltungsbehörde mitzuwirken hat, nicht erfolgt, so soll der Trennung die vorläufige Auseinandersetzung der gemeinschaftlichen Verhältnisse, in so weit der Zweck sie nöthig macht, und abgesehen von besonderen Nutzungsrechten und privatrechtlichen Verhältnissen, vermöge einer von der Provinzial-Regierung zu treffenden Verfügung vorausgehen, bei welcher es so lange verbleibt, bis ein Anderes durch die etwa in ihren Rechten sich beeinträchtigt haltende Gemeinde oder Gemeinden gegen die widersprechende Gemeinde oder Gemeinden im Rechtswege erstritten sein wird.

So lange indessen eine zusammengesetzte Gemeinde bestehet, muß in jedem der zu derselben gehörenden Orte, wo der Bürgermeister für die gesammte Gemeinde-Verwaltung nicht wohnet, jedenfalls ein Beigeordneter (Nebenbürgermeister) für einzelne Zweige der Ortspolizei, namentlich zur Erhaltung der Ruhe und Ordnung, vorhanden sein. Ferner kann außer dem, für die gemeinschaftlichen Angelegenheiten bestimmten, Gemeinderathe und Gemeinde-Ausschusse noch ein solcher für das gesonderte Interesse des einzelnen Ortes gebildet werden, falls nicht zu diesem Zwecke die im §. 37 erwähnten Gemeindeversammlungen genügen.

§. 8. Verbindung mehrerer Landgemeinden zu einem Bürgermeister- oder Heimaths-Bezirke.

Landgemeinden können nach ihrem Wunsche, oder wenn es ihnen an Personen oder Mitteln für eine gute Ortsverwaltung fehlet, auf den Antrag der Regierung der Provinz, von Uns zu einem Bürgermeister-Bezirke vereinigt werden, und zwar unter den geeigneten, dem dritten Absatze des §. 7 und dem übrigen Inhalte gegenwärtigen Gesetzes möglichst entsprechenden, Bestimmungen, und unbeschadet der ferner bestehenden Sonderung ihres Gemeindehaushaltes, soweit diese von allen oder einzelnen betheiligten Gemeinden gewünscht wird.

Ebenso können diese Gemeinden auf ihren gemeinsamen Wunsch zugleich zu einem gemeinschaftlichen Heimathsbezirke in Hinsicht auf die Heimathsverhältnisse der Gemeinde-Angehörigen und die damit zusammenhängenden Angelegenheiten vereinigt werden.

Titel II.

Von den Personen, welche die Gemeinde bilden.

Erster Abschnitt.

Von der Gemeindeangehörigkeit[1]).

§. 9. Gemeinde-Angehörigkeit.

Ein jeder Staats-Angehörige — mit Ausnahme der Glieder des kurfürstlichen Hauses, der kurhessischen Standesherren, sowie derjenigen Mitglieder der vormals unmittelbaren Reichsritterschaft, derjenigen Mitglieder der althessischen und schaumburgischen Ritterschaft, und derjenigen im §. 16 des Landtags-Abschiedes vom 9. März 1831 genannten adelichen Gutsbesitzer in der Provinz Hanau, welche ein selbstständiges Heimathsrecht auf eigenem, wegen Lehens- oder Fideikommiß-Verbandes unveräußerlichen, Ritter- oder Stammgute oder Burgsitze haben — muß zugleich einer Gemeinde angehören, d. h. für seine Person und Familie in irgend einer Gemeinde ein Heimathsrecht (bleibendes Wohnrecht) mit dem Anspruche auf Benutzung der Gemeinde-Anstalten haben.

§. 10. Entstehung der Gemeinde-Angehörigkeit.

Die Gemeinde-Angehörigkeit, soweit sie nicht durch Aufnahme und Heirath (s. §. 16) erworben wird, ist angeboren oder Folge einer örtlichen Zutheilung

---

[1]) S. auch das im 5. Abschnitte abgedruckte Gesetz über den Unterstützungswohnsitz vom 6. Juni 1870 §§. 9 fg.

(s. §. 6), einer Anstellung (s. §. 13 fg.), sowie einer persönlichen Zuweisung, nämlich für diejenigen, welche als heimathslos oder mit zweifelhaftem Heimathsrechte einer Gemeinde zufolge der Verordnung vom 29. November 1823, insbesondere nach Maßgabe des §. 6 derselben[1]), durch die Regierung der Provinz, oder bei einem deshalb zwischen verschiedenen Regierungen obwaltenden Zwiespalte durch Unser Ministerium des Innern zugewiesen werden.

§. 11. Angeborene Gemeinde-Angehörigkeit.

Alle ehelichen Kinder haben der Regel nach das angeborne Heimathsrecht in derjenigen Gemeinde, deren heimathsberechtigter Angehöriger ihr Vater ist, oder falls er verstorben, zuletzt gewesen ist (vgl. §. 18).

Wenn nach eingetretener Ehescheidung oder Trennung von Tisch und Bett auf immer die Mutter eine Heimath in einer anderen Gemeinde, als dem Wohnorte des Vaters erworben hat, so sind die bei der Mutter gebliebenen Kinder als Angehörige der Gemeinde anzusehen, deren heimathsberechtigte Angehörige ihre Mutter ist, oder falls sie verstorben, zuletzt gewesen ist.

Die geschiedenen oder verlassenen Ehefrauen, sowie die Wittwen können, so lange sie noch nicht ein selbstständiges Hauswesen angefangen und ein Jahr hindurch geführt haben, in die Gemeindeangehörigkeit am früheren Heimathsorte zurücktreten, wenn sie daselbst in die elterliche Familie wieder aufgenommen werden.

§. 12. Fortsetzung.

Uneheliche Kinder haben die angeborene Gemeinde-Angehörigkeit da, wo die Mutter heimathsberechtigte Angehörige ist, oder falls sie verstorben, zuletzt gewesen ist (vgl. übrigens §. 18).

Mit nachfolgender Ehe der Eltern treten die hierdurch legitimirten, bei denselben lebenden, noch nicht selbstständigen Kinder in die Gemeinde-Angehörigkeit von väterlicher Seite über.

§. 13. Gemeinde-Angehörigkeit der Hof- und Staatsdiener[2]).

Die Gemeinde-Angehörigkeit entsteht auch durch feste (definitive) Uebertragung einer Stelle im Hof- oder Civil-Staatsdienste — nicht durch Uebertragung einer bloßen Vorbereitungs- oder Nebenstelle oder eines Dienstes auf Widerruf oder Kündigung — mit Einschluß der Stellen der fürstlich-rotenburgischen, standesherrlichen und Patrimonal-Beamten und Diener, der geistlichen Aemter

---

[1]) Die Verordnung vom 29. November 1823 ist durch §. 74 Nr. 4 des Gesetzes vom 8. März 1871 aufgehoben.

[2]) Zufolge der Kurfürstlichen Verordnung vom 12. August 1858 sind die hinterbliebenen Kinder der in den §§. 13 und 14 der Gemeinde-Ordnung aufgeführten Gemeinde-Angehörigen, so lange nicht einer der im §. 27 unter 1 bis 5 bezeichneten Fälle auf sie Anwendung findet, zum Eintritt in die Gemeindemitgliedschaft nur dann verbunden, wenn sie sich verheirathen.

und der Schulstellen, vom Tage des Berufs-Antrittes an in derjenigen Gemeinde, worin der Angestellte seinen Wohnsitz hat.

Im Falle einer Wohnorts-Veränderung wegen Versetzung oder nach eingetretener Pensionirung oder Entlassung rc. gehet mit erfolgtem Ueberzuge an einen Ort, wo der Pensionirte oder Entlassene die frühere Gemeinde-Angehörigkeit beibehalten oder die Aufnahme erlangt hat, die durch die Anstellung entstandene Gemeinde-Angehörigkeit verloren.

§. 14. Besondere Bestimmung über die Gemeinde-Angehörigkeit der Militärpersonen.

Die Militärpersonen bleiben in dem Gemeinde-Verbande, in welchem sie vor ihrem Eintritte in den Militärdienst gestanden haben. Gehörten sie vorher keiner inländischen Gemeinde an, so werden sie als Gemeinde-Angehörige ihres letzten Garnisons-Ortes betrachtet [1]).

Unteroffiziere und Soldaten müssen jedenfalls vor ihrer Verehelichung ihre Gemeinde-Angehörigkeit durch Bescheinigung des Gemeinderathes dem Befehlshaber ihres Regiments oder Corps und sodann nebst dessen Heiraths-Konsens dem die Ehe-Anzeige aufnehmenden Gerichte, sowie dem die Trauung verrichtenden Geistlichen nachweisen [2]).

Die bei der Militär-Verwaltung und bei den Militär-Gerichten angestellten Personen werden nach den nämlichen Grundsätzen, wie die Civil-Staatsdiener, behandelt.

§. 15. Besondere Bestimmungen wegen der Hof- und Staatsdiener.

Die Kinder der im §. 13 und im Schlußsatze des §. 14 bezeichneten Hof- und Staatsdiener haben an demjenigen Orte die angeborene Gemeinde-Angehörigkeit, wo ihr Vater angestellt ist oder zuletzt war, oder sofern der Vater noch wirklich Ortsbürger einer anderen Gemeinde ist oder zur Zeit seines Todes gewesen ist, auch in dieser Gemeinde.

§. 16. Erwerb der Gemeinde-Angehörigkeit durch Aufnahme und durch Heirath.

Bei dem freiwilligen Ueberzuge in eine andere Gemeinde wird die Gemeinde-Angehörigkeit durch die Aufnahme zum Ortsbürger oder Beisitzer, von Frauenspersonen wird dieselbe auch durch die Heirath erworben.

---

1) S. übrigens im 7. Abschnitt die Verordnung vom 23. September 1867 §. 1 Nr. 1.

2) Bezüglich der Ausstellung des Heirathskonsenses s. jetzt Reichs-Militärgesetz vom 2. Mai 1874 §. 40. Im Uebrigen sind die Bestimmungen im §. 14 Abs. 2 durch die Vorschriften über die bürgerliche Eheschließung (Gesetz vom 6. Februar 1875 §§. 28 fg.) abgeändert.

§. 17. Verlust der Gemeinde-Angehörigkeit.

Mit dem freiwilligen Ueberzuge in eine andere Gemeinde und nach daselbst erfolgter Aufnahme endigt die Gemeinde-Angehörigkeit, wenn nicht der Vorbehalt des Ortsbürgerrechts durch den Gemeinderath ausdrücklich zugestanden worden ist (vgl. §. 30).

§. 18. Ausdehnung der Ueberzugs-Verhältnisse auf die Kinder.

Der im Falle eines Ueberzugs eintretende Erwerb und Verlust der Gemeinde-Angehörigkeit erstreckt sich zugleich auf die noch nicht selbstständig gewordenen Kinder.

Bei dem Ueberzuge der Eltern in eine andere Gemeinde behalten aber die Kinder, welche am bisherigen Wohorte vermöge eigener Unterhaltungsfähigkeit oder wegen eines ihnen zu Theil gewordenen ständigen pflegeelterlichen Verhältnisses ferner verblieben sind, ihre dasige Gemeinde-Angehörigkeit. Dagegen sind Kinder, welche vor ihrem fünfzehnten Jahre beide Eltern, oder den Vater oder ihre außereheliche Mutter verloren haben, und von einem Verwandten in aufsteigender Linie an einem anderen Orte zur Erziehung und weiteren Versorgung übernommen worden sind, als Familienglieder dieses Verwandten, und hiernach als Theilnehmer seiner Gemeinde-Angehörigkeit dergestalt zu betrachten, daß sie nach erlangter Volljährigkeit das Recht der Wahl zwischen beiden Wohnorten haben. (Vgl. aber unten im 5. Abschnitt die Bestimmungen über den Unterstützungswohnsitz.)

§. 19. Mehrfache Gemeinde-Angehörigkeit.

Bei vorhandener Angehörigkeit in mehreren Gemeinden giebt hinsichtlich der ganz persönlichen Verhältnisse in Kollisionsfällen der gegenwärtige oder gewöhnliche Wohnsitz, oder wenn an einem Orte das Ortsbügerrecht erworben worden ist, dieses, sowie die Ansässigkeit oder endlich die Rücksicht auf den an dem einen Orte vorhandenen, hingegen an anderen Orten mangelnden oder minder gesicherten Lebensunterhalt, den Ausschlag, sofern nicht die deshalbige Bestimmung dem eigenen Ermessen des gemeinschaftlichen Angehörigen ganz überlassen werden kann.

Zweiter Abschnitt.

Von den Mitgliedern der Gemeinden.

§. 20. Gemeindeglieder überhaupt.

Jeder Gemeinde-Angehörige, welcher selbstständig ein Geschäft betreiben, oder einen eignen Haushalt führen, oder heirathen will, ist verbunden, zuvor Mitglied der Gemeinde zu werden, mit Ausnahme der Hofdiener und der im aktiven Dienste stehenden Militärpersonen.

Die Mitglieder der Gemeinde sind entweder Ortsbürger, welchen das Recht zur Mitwirkung bei den öffentlichen Angelegenheiten zustehet, oder Beisitzer.

§. 21. Verzeichniß der Gemeindeglieder.

Der Ortsvorstand hat stets ein vollständiges Verzeichniß sämmtlicher Gemeindeglieder nach den zwei Abtheilungen Ortsbürger und Beisitzer zu führen, dessen Einsicht jedem Gemeindegliede freistehet.

§. 22. Aufnahme von Ausländern zu Gemeindegliedern.

Ausländer sollen, außer dem Falle einer Bestellung zu einem Hof-, Civil- oder Militärdienste, erst dann in den diesseitigen Unterthanen-Verband aufgenommen werden, nachdem ihnen das Ortsbürgerrecht oder Beisitzerrecht in einer inländischen Gemeinde von der zuständigen Behörde schriftlich zugesichert worden ist [1]).

§. 23. Einzugsgeld [2]).

§. 24. Besonderes Einkaufsgeld.

Neben dem Einzugsgelde kann noch der fünf- bis zehnfache Betrag der dem Einziehenden nach durchschnittlichem Anschlage in einem Jahre zu gut kommenden besonderen Nutzungen vom Gemeindevermögen, als deshalbiges Einkaufsgeld statutarisch (s. §. 8) bestimmt werden, bis zu dessen Zahlung der Mitgenuß beruhet. Diese Bestimmung findet jedoch in allen den Fällen keine Anwendung, wo dergleichen Nutzungen für sich erworben werden müssen, oder Zubehör eines Hofes, Gutes oder Wohnhauses sind.

Im Falle der Verwandlung dieser Nutzungen oder eines Theiles derselben in Kämmerei- oder Orts-Vermögen, dessen Ertrag zur Gemeindekasse fließet, ist derjenige Theil des Einkaufsgeldes, welcher noch nicht durch die betreffende Nutzung vergütet sein würde, auf Verlangen zu erstatten.

§. 25. Verpflichtung wegen der Schulden.

Auch neu eintretende Mitglieder sind zur Verzinsung und Abtragung bereits vorhandener Schulden der Gemeinde verpflichtet. Ausscheidenden liegt dagegen nicht ob, eine desfallsige Abfindung oder Abzugssteuer zu leisten.

§. 26. Allgemeine Erfordernisse zum Erwerb des Ortsbürgerrechts.

Nur diejenigen Mannspersonen können das Ortsbürgerrecht erwerben, welche volljährig sind und nicht

1) eine Strafe mit dem Verluste des Rechts zum Tragen der National-Kokarde erlitten und nicht die Wiedereinsetzung in dieses Ehrenrecht von Uns erlangt haben;

2) auch ohne Verlust des ebengedachten Ehrenrechts mit irgend einer schwereren Strafe als 20 Thaler Geldbuße oder vierzehntägigem Gefängniß wegen Entwendung, Veruntreuung oder Betrugs belegt worden sind;

---

[1]) S. jetzt das Bundesgesetz vom 1. Juni 1870 §§. 2 fg.

[2]) Durch Gesetz vom 13. April 1848 sind die bis dahin zur Staatskasse erhobenen Abgaben, als: Bürger-, Beisitzer-, Ein- und Abzugsgelder, Meisterrechtsgebühren, von Messen und Jahrmärkten aufgehoben.

3) in einer gerichtlichen Untersuchung wegen Entwendung, Veruntreuung oder Betrugs, oder wegen irgend eines mit peinlicher Strafe bedrohten Verbrechens befangen sind;
4) unter Kuratel gesetzt worden;
5) durch eigenes Verschulden in einen Konkurs gerathen sind und ihre Gläubiger noch nicht völlig befriedigt haben.

§. 27. Berechtigung und Verpflichtung zum Erwerb des Ortsbürgerrechts.

Unter den Voraussetzungen des vorigen §. sind diejenigen Gemeinde-Angehörigen die Aufnahme zum Ortsbürger zu verlangen berechtigt, welche

1) ein eigenes Wohnhaus besitzen;
2) die Landwirthschaft auf eigenen Grundstücken mit eigenem Anspanne betreiben;
3) ein zünftiges Handwerk als Meister desselben ausüben [1]);
4) ein sonstiges Gewerbe betreiben, oder von dem Ertrage eines Vermögens leben, welches ihnen in den Gemeinden unter 1000 Einwohnern ein jährliches Einkommen von wenigstens 100 Thalern, in den Gemeinden über 1000 und unter 3000 Einwohnern ein solches von wenigstens 200 Thalern, und in den Gemeinden mit mehr als 3000 Einwohnern ein solches von wenigstens 300 Thalern gewährt;
5) durch wissenschaftliche oder künstlerische Betriebsamkeit oder aus sonstigen, unter den vorigen Nummern nicht genannten, Quellen ein jährliches Einkommen von wenigstens 200 Thalern beziehen [2]).

Diese Personen sind auch verpflichtet Ortsbürger zu werden, jedoch mit Ausnahme der Hofdiener und der im aktiven Dienste stehenden Militärpersonen an allen Orten, und der sonstigen besoldeten Staatsdiener, einschließlich der Geistlichen, in den Städten oder Landgemeinden mit weniger als 3000 Einwohnern.

Die Stimmfähigkeit in den Gemeinde-Versammlungen und die Wählbarkeit zu Gemeindeämtern ruhet bei denjenigen Ortsbürgern, auf welche einer

---

[1]) S. jetzt aber Gewerbeordnung vom 21. Juni 1869 §. 13: Von dem Besitze des Bürgerrechts soll die Zulassung zum Gewerbebetriebe in keiner Gemeinde und bei keinem Gewerbe abhängig sein. — Nach dem begonnenen Gewerbebetriebe ist, soweit dies in der bestehenden Gemeindeverfassung begründet ist, der Gewerbetreibende auf Verlangen der Gemeindebehörde nach Ablauf von drei Jahren verpflichtet, das Bürgerrecht zu erwerben. Es darf jedoch in diesem Falle von ihm das sonst vorgeschriebene oder übliche Bürgerrechtsgeld nicht gefordert und ebenso nicht verlangt werden, daß er sein anderweit erworbenes Bürgerrecht aufgebe.

[2]) Bezüglich des Bürgerrechtscensus s. jetzt das Gesetz vom 1. Mai 1851 §. 9 b (unten im 7. Abschnitt).

der Fälle unter 1 bis 5 des §. 26 in Anwendung kommt, welche in Kost und Lohn eines Anderen stehen, oder als Gesellen oder Taglöhner sich ernähren, oder welche von Unterstützungen leben, so lange dieses Verhältniß dauert.

§. 28. Besondere Bedingungen für die Aufnahme von Anderen, als Gemeinde-Angehörigen, zu Ortsbürgern.

Die nicht schon der Gemeinde angehörenden Inländer können das zum Zwecke ihrer Aufnahme nöthige Ortsbürgerrecht nur dann ansprechen, wenn sie nicht blos ihre Volljährigkeit und ihre Fähigkeit, eine Familie zu ernähren, darthun, sondern noch ferner nachweisen:

a) eine unbescholtene Aufführung, desgleichen

b) den Besitz eines schuldenfreien Vermögens — unter Ausschluß der Kleidungsstücke, nebst Leibleinen und des nothwendigen Hausgeräthes — im Betrage

1) von eintausend Thalern in Kassel,

2) von sechshundert Thalern in Hanau, Fulda und Marburg,

3) von vierhundert Thalern in Rinteln, Eschwege, Hersfeld und Schmalkalden,

4) von dreihundert Thalern in den anderen Städten mit mehr als zweitausend Einwohnern,

5) von zweihundert Thalern in den übrigen Städten und in den über eintausend Einwohner zählenden Landgemeinden,

6) von einhundert fünfzig Thalern in den übrigen Landgemeinden [1]).

Wird die Aufnahme zum Zwecke der Verheirathung mit einer Gemeinde-Angehörigen nachgesucht, so ist das eigenthümliche schulden freie Vermögen beider Verlobten zusammenzurechnen. Die Bürger-Aufnahme tritt aber erst dann in Wirksamkeit, wenn die Ehe geschlossen ist.

Für Ausländer kann das erforderliche Vermögen durch gemeinschaftlichen Beschluß des Gemeinderathes und Gemeinde-Ausschusses auf das Doppelte bestimmt werden.

Von den in diesem §. bestimmten Erfordernissen kann durch den Gemeinderath nur unter Einwilligung des Gemeinde-Ausschusses, oder bei deren Versagung nur mit Genehmigung der Aufsichtsbehörde abgegangen werden.

---

[1]) Durch Gesetz v. 6. August 1840 ist die Bestimmung im ersten Satze des § 28 dahin authentisch interpretirt, daß der Besitz der darin aufgezählten Erfordernisse kein Recht auf die Aufnahme zum Ortsbürger verleiht, das Zugeständniß einer solchen Aufnahme vielmehr, auch selbst bei dem Dasein jener Erfordernisse, dem Ermessen des Gemeinderathes (§ 63) beziehungsweise der Aufsichtsbehörde in Beschwerdefällen (§. 93 e) anheimgestellt bleibt.

§. 29. Ehrenbürgerrecht.

Männern, welche sich um die Gemeinde besonders verdient gemacht haben, kann ohne Rücksicht auf ihren Wohnsitz das Ehrenbürgerrecht ertheilt werden, welches nur die Rechte und nicht die Pflichten eines Ortsbürgers in sich faßt.

§. 30. Ausbürger.

Diejenigen Ortsbürger, welche sich in eine andere Gemeinde haben aufnehmen lassen und sich darin niedergelassen haben, jedoch ihr Heimathsrecht in ihrer früheren Gemeinde als Ausbürger, nach deshalb erfolgter Genehmigung des Gemeinderathes, beibehalten wollen, müssen ein jährliches Bürger-Rekognitions-Geld entrichten. Diese Abgabe ist vom Gemeinderathe mit Zustimmung des Gemeinde-Ausschusses im Allgemeinen, jedoch nicht über den Jahresbetrag von einem Thaler hinaus, festzusetzen.

Die während eines dreijährigen Zeitraumes unterlassene Zahlung der gedachten Abgabe gilt als freiwilliger Verzicht auf das Ortsbürgerrecht.

§. 31. Bürgergeld in den Städten[1]).

§. 32. Hochbesteuerte Ortsbürger.

Da, wo gegenwärtiges Gesetz zur Wählbarkeit die Eigenschaft hochbesteuerter Ortsbürger erfordert, gelten als solche

a) in den Gemeinden von 100 oder weniger Ortsbürgern, die 25 im letztverflossenen Jahre hinsichtlich der Grund-, Gewerb- und Vieh- oder Nahrungs-, Klassen- und anderen solchen direkten Landessteuern überhaupt am höchsten besteuerten Ortsbürger, sowie
b) in den Gemeinden von mehr als 100 Ortsbürgern, diese Zahl von 25 mit einem Zusatze von fünf oder jede weitere volle fünfzig Ortsbürger (z. B. auf 500 Ortsbürger 65 Hochbesteuerte).

Wäre derjenige geringste Steuerbetrag, welcher hiernach für die Abscheidung der Hochbesteuerten in Betracht kommt, im verflossenen Jahre Mehreren, die nicht sämmtlich in die gesetzliche Anzahl der Hochbesteuerten gehören würden, angesetzt, so werden alle die, welchen jener Steuerbetrag zur Last gekommen, gleichmäßig den Hochbesteuerten beigezählt. Uebrigens wird die Steuer von dem Vermögen oder Einkommen der nicht geschiedenen Ehefrau dem Ehemanne, sowie von dem Vermögen oder Einkommen der noch nicht selbstständig gewordenen Kinder dem Vater, und überhaupt von den Gegenständen eines Nießbrauches dem Nutznießer, welchem die Abgabe davon zur Last fällt, angerechnet.

§. 33. Beisitzer.

Diejenigen Gemeinde-Angehörigen (männlichen und weiblichen Geschlechts), welche selbstständig ein Geschäft betreiben, oder einen eigenen Haushalt führen,

[1]) S. die Note zu §. 23.

oder heirathen wollen (vergl. jedoch §. 20), haben sich, im Falle sie nicht verpflichtet sind, Ortsbürger zu werden (§. 27), in das Verzeichniß der Beisitzer eintragen zu lassen.

Das Beisitzerrecht geht durch freiwillige Entsagung und durch Erwerb des Heimathsrechts in einer anderen Gemeinde verloren.

§. 34 Aufnahme als Ortsbürger oder Beisitzer.

Das Ortsbürgerrecht kann nur durch ausdrückliche Aufnahme erworben werden. Gleiches gilt von dem Erwerbe des Beisitzerrechts von Seiten solcher Personen, welche bisher nicht zur Gemeinde gehört haben. Keine Gemeinde kann genöthigt werden, Jemanden, der nicht in derselben die Gemeinde-Angehörigkeit besitzt, zum Beisitzer aufzunehmen.

Dritter Abschnitt.

Ortsgenossen ohne Heimathsrecht in der Gemeinde (Schutzgenossen).

§. 35. In Beziehung auf verschiedene Gemeinde-Angelegenheiten kommen noch als Orts- oder Schutzgenossen Diejenigen in Betracht, welche mit dem Heimathsrechte in einer anderen Gemeinde versehen, am Orte auf gewisse Zeit oder in einem nicht selbstständigen Verhältnisse mit polizeilichem Vorwissen einen eigenen Haushalt haben, z. B. Guts-, Apotheken-, Mühlen-, Wirthschafts- und dergleichen Pächter oder Geschäftsführer, oder in Privatdiensten stehende Personen. Diese müssen aber ihre anderwärts fortdauernde Gemeinde-Angehörigkeit nicht nur bei dem Eintritte in das gedachte Verhältniß, sondern auch sonst noch auf polizeiliche Veranlassung, sowie jedenfalls bei etwaiger Verheirathung oder Wiederverehelichung vor der Trauung gehörig nachweisen, bis sie mittelst förmlicher Aufnahme die Gemeinde-Angehörigkeit, sei es mit oder ohne Ortsbürgerrecht (s. §. 16 und §. 22), erwerben.

Titel III.

Von den Gemeindebehörden und den Gemeindebienern.

Erster Abschnitt.

Von der Wahl der Gemeindebehörden und von der Bestellung des übrigen Dienstpersonals.

§. 36. Gemeindebehörden überhaupt.

Die Gemeindebehörden bestehen

1) aus einem Ortsvorstande, als erstem und vollziehendem Gemeindebeamten, welcher zugleich Hülfsbeamter des Staates in dem Orte und dessen Gemarkung ist (s. §. 61);
2) aus einem Gemeinderathe (in den Städten Stadtrath genannt), welcher unter Theilnahme und Leitung des Ortsvorstandes zunächst das

gesellschaftliche Interesse der Gemeinde zu vertreten und über die Angelegenheiten der Gemeinde, welche nicht zur gewöhnlichen Ausführung gehören, zu berathschlagen und zu beschließen hat, auch

3) aus einem Gemeinde-Ausschusse, welcher eine Mitaufsicht auf die Gemeindeverwaltung führt, und an dessen Zustimmung daher der Gemeinderath bei seinen Beschlüssen über bestimmte Angelegenheiten von wichtigem und bleibendem Einflusse auf das Gemeindewohl gebunden ist.

§. 37. Gemeinde-Versammlung.

In den Landgemeinden, welche nur fünfzig oder weniger stimmfähige Ortsbürger zählen, kann deren Versammlung die Verrichtungen des Gemeinde-Ausschusses, überhaupt oder bloß der großen Ausschuß-Versammlung, vorbehaltlich anderweiter Verabredung, übernehmen, und gelten in diesem Falle die für den Beruf und das Verfahren des Ausschusses ertheilten Vorschriften ebenwohl der Regel nach für die Gemeinde-Versammlung.

In anderen Gemeinden findet eine Gemeinde-Versammlung nur dann statt, wenn

1) die Verkündigung eines Gesetzes oder einer anderen Anordnung oder Bekanntmachung an eine Landgemeinde geschehen muß, während in den Städten die Mittheilung durch das Gesetzblatt und das Provinzial-Wochenblatt, oder eine sonst übliche besondere Bekanntmachung, abgesehen von einer, in außerordentlichen Fällen von der Aufsichtsbehörde nöthig erachteten unmittelbaren allgemeinen Kundmachung genügt. Außerdem tritt eine Gemeinde-Versammlung ein,
2) wenn die Wahl der Mitglieder des Gemeinde-Ausschusses vorgenommen wird (vergl. §. 45),
3) wenn die Aufsichts- oder Hoheitsbehörde die Vernehmung der Gemeinde genehmigt oder verfügt hat, desgleichen
4) wenn ein Gesetz es gebietet.

§. 38. Wahl und Ergänzung des Gemeinde-Ausschusses.

Zuvörderst erwählen unter der Leitung des Ortsvorstandes die stimmfähigen Ortsbürger (s. §. 27) in jedem Orte von eintausend Einwohnern und darunter zwölf, und in Orten von stärkerer Bevölkerung (zufolge des neuesten Staats-Handbuchs) noch für jede weiteren volle 500 Seelen zwei, jedoch nicht über 48, zur Hälfte ständige und zur Hälfte außerordentliche Mitglieder des Gemeinde-Ausschusses aus den, 25 Jahre und nicht über 70 Jahre alten, stimmfähigen Ortsbürgern, und zwar dergestalt, daß wenigstens die Hälfte der ständigen, sowie der außerordentlichen Mitglieder zu den hochbesteuerten Ortsbürgern (s. §. 32) gehöret. Das Verzeichniß der hochbesteuerten Ortsbürger ist vierzehn Tage vor der Wahl öffentlich aufzulegen.

Die durch das Zusammentreten der ständigen und der außerordentlichen Mitglieder sich bildende große Ausschuß-Versammlung schreitet vorerst zur Wahl des aus den erstgedachten Mitgliedern zu entnehmenden Ausschuß-Vorstehers nebst einem Stellvertreter desselben für Verhinderungsfälle.

Nach dem Ableben oder sonstigem Abgange einzelner Mitglieder ergänzen sich die ständigen Mitglieder durch außerordentliche Mitglieder, und diese hinsichtlich der großen Ausschuß-Versammlungen wieder durch frühere abgegangene Mitglieder, oder ehemalige Gemeinderathsglieder oder Gemeindevorsteher, und in deren Ermangelung durch angesehene stimmfähige Ortsbürger, gemäß den Einladungen, welche der Ausschuß, oder in Eilfällen der Vorsteher desselben, dazu ergehen lässet.

§. 39. Wahl des Gemeinderathes.

Die große Ausschuß-Versammlung erwählt unter Aufsicht des Ortsvorstandes aus den stimmfähigen Ortsbürgern, welche nicht unter 25 Jahre und nicht über 70 Jahre alt sein dürfen, in den Hauptstädten sechs bis zwölf, in den übrigen Städten vier bis acht, und in den Landgemeinden zwei bis sechs Mitglieder des Gemeinderathes oder bei eingetretenem Tode oder sonstigem Abgange eines derselben ohne Verzug ein anderes Mitglied. Wählbar dabei sind auch die Mitglieder des Ausschusses selbst.

Die Hälfte, oder bei ungerader Zahl die Mehrzahl der Mitglieder des Gemeinderathes muß immer zu den hochbesteuerten Ortsbürgern (s. §. 32) gehören; auch ist darauf zu sehen, daß die Mitglieder bereits im Gemeindewesen erfahren seien.

§. 40. Wahl des Ortsvorstandes.

Die Wahl des Ortsvorstandes wird so oft, als sie erforderlich ist, von der großen Ausschuß-Versammlung, in Vereinigung mit dem Gemeinderathe unter der Leitung des Ausschußvorstehers und, wenn die Aufsichtsbehörde es für erforderlich hält, im Beisein eines Mitgliedes oder Kommissars der Provinzial-Regierung in den Hauptstädten (Cassel, Hanau, Fulda und Marburg), des Regierungs-Deputirten in Rinteln, sowie des Kreisrathes oder des anstatt desselben zuständigen Verwaltungsbeamten in den anderen Orten [1]), bewirkt.

§. 41. Verschiedene Benennung der Ortsvorstände.

Der Ortsvorstand führt

1) in den Hauptstädten den Namen eines Oberbürgermeisters,
2) in den anderen Städten und in den Landgemeinden den Namen eines Bürgermeisters.

---

1) An Stelle dieser Behörden sind die Regierung in Kassel bezw. die Landräthe getreten.

Würde in den Hauptstädten dem Oberbürgermeister bei vorhandenem, durch den Gemeinderath und Gemeinde-Ausschuß anerkannten, Bedürfnisse ein besoldeter Gehülfe und Stellvertreter beigeordnet werden, so kommt ihm der Titel „Bürgermeister" zu.

§. 42. Persönliche Erfordernisse eines Ortsvorstandes.

Zu Ortsvorständen können nur unbescholtene, zu solchem Amte befähigte, volljährige Ortsbewohner, welche nicht in zerrütteten Vermögens-Umständen sich befinden, erwählt werden. Gast- oder Schenkwirthe können das Amt eines Ortsvorstandes nicht bekleiden, es würde denn hierzu bei gänzlichem Mangel anderer befähigten Einwohner von der Regierung Dispensation ertheilt.

Obgleich die Wählbarkeit zum Ortsvorstande nicht durch das Ortsbürgerrecht bedingt ist, so kann derselbe doch sein Amt nicht früher annehmen und verwalten, als nachdem er das Ortsbürgerrecht erworben hat.

Zu Oberbürgermeistern insonderheit sind nur Männer wählbar, welche sich über eine genügende Kenntniß der Rechts- und wo möglich der Staatswissenschaften, wenn diese nicht in früheren Dienstverhältnissen oder wissenschaftlichen Arbeiten außer Zweifel gesetzt ist, gehörig ausweisen, oder welche eine ausgezeichnete Befähigung zum Amte eines Oberbürgermeisters in mehrjähriger Bekleidung einer Verwaltungsstelle dargethan haben.

§. 43. Besondere Bestimmung zu Gunsten der Oberbürgermeister und der wissenschaftlich gebildeten Bürgermeister auf Lebenszeit.

Die Oberbürgermeister und die auf Lebenszeit bestätigten Bürgermeister, welche ein akademisches Studium vollendet haben, sollen bei einer Beförderung zum Staatsdienste den schon vorhandenen Staatsdienern dergestalt gleichgehalten werden, daß die Zeit, während welcher sie das Oberbürgermeister- oder Bürgermeisteramt versehen haben, als wäre solche im Staatsdienste zugebracht, in angemessene Zurechnung kommt.

§. 44. Rücksicht bei den Wahlen auf nahes Verwandtschafts- und Schwägerschafts-Verhältniß.

Bei den Wahlen ist darauf Rücksicht zu nehmen, daß Vater und Sohn, Schwiegervater und Tochtermann, Großvater und Enkel, Brüder nicht zu gleicher Zeit Mitglieder des Gemeinderathes oder ständige Mitglieder des Gemeinde-Ausschusses sein dürfen, wenn nicht in Ansehung der Städte die Regierung, und in Ansehung der Landgemeinden das Kreisamt dispensirt.

§. 45. Verfahren bei der Wahl der Mitglieder des Gemeinde-Ausschusses.

Die Wahl der Ausschuß-Mitglieder durch die stimmfähigen Ortsbürger geschiehet von diesen in Person mündlich zu Protokoll des Ortsvorstandes, und zwar in einem Akte für die ganze Zahl der zu Wählenden.

In denjenigen Städten, wo der Stadtrath es zweckmäßig findet und die Aufsichtsbehörde es genehmigt, darf die Wahl nach Stadttheilen (s. §. 38) vorgenommen werden, deren jeder alsdann eine bestimmte Anzahl von Ausschußgliedern, jedoch ohne Beschränkung auf die Bewohner eines Stadttheiles, zu wählen hat, — wofern nicht etwa die Statuten eine Eintheilung der Ortsbürger für dieses Wahlgeschäft in Klassen nach der Verschiedenheit des Besitzes, der Beschäftigung oder Lebensweise festsetzen würden.

Die Wahlhandlung wird durch das Ausbleiben von stimmfähigen Ortsbürgern nicht ungültig, doch hat der Ortsvorstand, wenn noch nicht einmal die Hälfte, oder in den Städten über 3000 Einwohner noch nicht ein Drittheil abgestimmt hat, dahin einzuschreiten, daß mittelst nachträglicher Abstimmung diese Anzahl ergänzt werde.

Stimmenmehrheit entscheidet. Bei Stimmengleichheit für zwei oder mehrere entscheidet das Loos, dessen Ziehung durch einen unbetheiligten Ortsbürger nach der Bestimmung des Ortsvorstandes geschieht.

Gegen diejenigen Ortsbürger, welche ohne hinreichende Entschuldigung mehrmals zurückbleiben würden, hat der Gemeinderath die Entziehung der ortsbürgerlichen Stimmfähigkeit auf drei bis neun Jahre auszusprechen.

Die Einwendungen gegen die Wahl wegen mangelhaften Verfahrens müssen binnen acht Tagen bei der Aufsichtsbehörde angebracht werden, und sind späterhin, wofern nicht etwa diese Behörde ohnehin von Amtswegen einzuschreiten sich veranlaßt findet, nicht zu beachten.

§. 46. Verfahren bei der Wahl der Gemeinderathsglieder und des Ortsvorstandes.

Die Wahlen der Mitglieder des Gemeinderathes und des Ortsvorstandes werden in der betreffenden Wahlversammlung (s. §§. 39 und 40) durch geheime Stimmengebung mittelst Wahlzettel, auf welche die Namen aller derer geschrieben sind, welche vorgeschlagen werden, bewirkt. Wahlzettel, welche die vorgeschlagenen Personen nicht hinlänglich bezeichnen, werden, sofern der Aussteller sich nicht dazu behufs der Berichtigung bekennt, der Mehrheit bei Berechnung der Stimmen zugezählt.

Wenn bei der Abstimmung nicht wenigstens eine Stimme weiter, als die Hälfte der ordnungsmäßigen Stimmen (absolute Stimmenmehrheit) auf eine Person gefallen ist, so erfolgt eine zweite Wahl.

Würde auch mit der zweiten Wahl keine Mehrheit, welche die Hälfte der ordnungsmäßigen Stimmen überschreitet, erzielt, so tritt das im Gesetze vom 16. Februar 1831, §§. 36 und 37, vorgeschriebene Verfahren ein.

Dem Dirigenten des Wahlgeschäfts stehen als Wahlgehülfen diejenigen beiden Mitglieder der Wahlversammlung zur Seite, welche dazu von dieser Versammlung bestimmt sein werden.

§. 47. Verpflichtung zur Annahme der Wahl.

Die Wahl zum Mitgliede des Gemeinde-Ausschusses kann nur wegen Mangels einer gesetzlich erforderten Eigenschaft, sowie wegen langwieriger Verhinderung durch fortdauernde Krankheit oder ein schweres Körpergebrechen oder durch eintretende häufige Reisen oder längere Abwesenheit vom Orte, abgelehnt werden.

Die Wahl zum Mitgliede des Gemeinderathes darf noch außerdem abgelehnt werden, wenn innerhalb der letzten drei Jahre, oder in Hanau, Fulda und Marburg innerhalb der letzten neun Jahre, und in Cassel innerhalb der letzten achtzehn Jahre eine mehrjährige Bekleidung einer Stelle im Gemeinderathe oder eines anderen ihr an Mühewaltung vergleichbaren, nicht etwa bloß in der gewöhnlichen Theilnahme an den Ausschußgeschäften bestehenden, unbesoldeten Gemeinde-Amtes stattgefunden hat.

Wenn übrigens der Gewählte darthut, daß er nach seinen besonderen Verhältnissen ohne wesentlichen Eintrag für seinen dem Publikum wichtigen Beruf, z. B. als Arzt, Wundarzt, Apotheker, Lehrer u. dergl., oder ohne erhebliche Störung seines Wohlstandes nicht die Pflichten eines Mitglieds des Gemeinderathes erfüllen könne, so darf der Gemeinderath ihm die Annahme der Wahl erlassen. Auch hat im Falle der Beschwerde über versagte Zulassung der Ablehnung die Regierung die Befugniß, nach den gedachten, gehörig in Gewißheit gesetzten, besonderen Verhältnissen, für deren Dauer eine angemessene Befreiung auszusprechen.

Dieselben Gründe, welche zur Ablehnung der Wahl zu einem Gemeinde-Amte der gedachten Art berechtigen, geben, wenn sie nach dessen Annahme entstehen, auch die Befugniß, solches niederzulegen.

§. 48. Besondere Zustimmung hinsichtlich der Hof- Staatsdiener.

Die im §. 13 und im Schlußsatze des §. 14 gedachten Hof- und Staatsdiener, welche das Ortsbürgerrecht erworben haben, können die ihnen von der Gemeinde zugedachten Geschäfte ablehnen, wenn sie mit dem von ihnen bekleideten Hof- oder Staatsdienste nicht verträglich erscheinen.

Vor der Uebernahme eines Gemeinde-Amtes müssen sie jedenfalls bei ihrer vorgesetzten Dienstbehörde die Erlaubniß einholen. Diese kann auch zurückgenommen werden, sobald aus der Verbindung beider Aemter für den Hof- oder Staatsdienst, oder für die Gemeinde-Verwaltung sich in der Folge ein Nachtheil ergiebt.

§. 49. Eintritt der Gemeindebehörden in ihr Amt.

Die Mitglieder des Gemeinde-Ausschusses treten in ihren Beruf, sobald in den Hauptstädten die Regierung der Provinz, und in den übrigen Orten der Kreisrath, oder der statt dessen zuständige Verwaltungsbeamte (s. §. 92) das Wahlverfahren für gesetzmäßig erklärt haben wird.

Die Mitglieder des Gemeinderathes treten in ihr Amt, nachdem ihnen in den Hauptstädten die Regierung oder ein Kommissar derselben, und an den übrigen Orten der Verwaltungsbeamte bei vorhandenen gesetzlichen Erfordernissen das eidliche Angelöbniß abgenommen hat:

„daß sie die Landes-Verfassung unverbrüchlich beobachten, insbesondere die verfassungsmäßigen Rechte der Gemeinde (Stadt) treulich wahren, und das ihnen anvertraute Amt nach bestem Wissen und Gewissen den Gesetzen gemäß verwalten, auch sonst mit allen ihren Kräften und ohne alle Nebenrücksichten das Wohl der Gemeinde (Stadt) befördern wollen."

In gleicher Weise werden die Ortsvorstände vor ihrem Dienstantritte nach erfolgter Bestätigung (s. §. 50) verpflichtet.

§. 50. Bestätigung des Ortsvorstandes.

Die Ortsvorstände werden

1) in den Hauptstädten vom Landesherrn,
2) in den übrigen Städten von der Regierung der Provinz,
3) in den Landgemeinden von dem Kreisrathe [1]),

bestätigt.

Wird der Gewählte aus besonderen Gründen nicht bestätigt, so muß zu einer weiteren Wahl in kürzester Frist geschritten werden.

Stehet der Bestätigung eine genügend begründete Voraussetzung der Unfähigkeit des Gewählten zum Amt entgegen, so kann dieser Anstand auch mittelst angemessener Prüfung, wenn der Gewählte sich ihr freiwillig unterwirft, beseitigt werden.

§. 51. Erneuerung der Gemeindebehörden.

Die ständigen und außerordentlichen Mitglieder des Ausschusses, sowie die Mitglieder des Gemeinderathes werden alle auf fünf Jahre neu gewählt, sind aber, so lange sie die erforderten Eigenschaften besitzen, stets wieder wählbar.

Der Ortsvorstand wird entweder auf Lebenszeit, was nur mit landesherrlicher Genehmigung geschehen kann, oder auf bestimmte Zeit, jedoch nicht unter fünf [2]) Jahren, gewählt.

§. 52. Deputationen.

Für einzelne Zweige der Gemeindeverwaltung, z. B. das Bauwesen, das Marktwesen, die Feld- und Hute-Aufsicht, die vorkommenden Schätzungen, sowie für einzelne wichtige Verrichtungen (z. B. wegen Ablösungen, Gemeinheits-

---

1) Abs. 4 ist durch Verordnung vom 28. November 1834 und Gesetz vom 13. November 1848 beseitigt.

2) Zufolge Gesetzes vom 15. Mai 1863 §. 2 werden die Ortsvorstände entweder auf Lebenszeit, was nur mit landesherrlicher Genehmigung geschehen kann, oder auf bestimmte Zeit, jedoch nicht unter acht Jahren gewählt.

theilungen und dergl.) können nach dem deshalbigen Bedürfnisse auf den Vorschlag des Ortsvorstandes Deputationen aus Mitgliedern des Gemeinderathes unter Hinzutritt von Sachkundigen durch den Gemeinderath im Einverständnisse mit dem Gemeinde-Ausschusse gebildet werden.

Dergleichen Deputationen sind als im Auftrage des Ortsvorstandes und Gemeinderathes handelnd, folglich diesen untergeordnet anzusehen.

§. 53. Vorsteher von Stadttheilen rc.

Wo es der Umfang eines Ortes oder die Entlegenheit einzelner Theile nöthig macht, wird für jeden einzelnen Stadttheil, sowie mehrere benachbarte Höfe und sonstige einzelne Wohnstätten, für welche nicht die Anordnungen geeigneter Fürsorge nach §. 5 der Regierung der Provinz zukommt, aus den Hausbesitzern oder sonst zuverlässigen und tüchtigen Einwohnern dieses Stadt- oder Gemarkungstheiles ein besonderer Vorsteher, und für den Fall seiner Verhinderung ein Stellvertreter desselben, durch den Gemeinderath, im Einverständnisse mit dem Gemeinde-Ausschusse, von drei zu drei Jahren bestellt.

Die genannten Gemeindebehörden haben bei der, diesen Bestellungen zum Grunde zu legenden, Eintheilung des Ortes und der bewohnten Zugehörungen die, zuvor zu vernehmenden, Wünsche der betheiligten Einwohner thunlichst zu berücksichtigen.

Der Vorsteher eines solchen Stadt- oder Gemarkungstheiles hat sich in fortwährender Kenntniß des Haus- und Seelen-Bestandes seines Bezirks zu erhalten, und den Ortsvorstand in der Aufsicht über alle, von diesem ihm überwiesenen, blos örtlichen Gegenstände, z. B. Straßenpflaster, Brunnen, Erleuchtung, Lösch-Anstalten, Wege, Stege, Sicherungsgeländer u. s. w. zu unterstützen, demselben entstandene Mängel mitzutheilen und nöthige Vorkehrungen zu bezeichnen, auch deshalbige Aufträge zu erledigen.

§. 54. Stadt- und Gemeindeschreiber.

Der Stadtsekretar in den Hauptstädten und der Stadtschreiber in den übrigen Städten, wo dessen Amt nicht vom Bürgermeister unter Genehmigung der Regierung mitbekleidet wird, ist vom Gemeinderathe zuerst versuchsweise auf gewisse Jahre, und nach erprobter Tüchtigkeit im Einverständnisse mit dem Gemeinde-Ausschusse auf Lebenszeit zu bestellen.

In den größeren Landgemeinden, wo ein Gemeindeschreiber vom Gemeinde-Ausschusse für nöthig erklärt ist, wird ein solcher vom Gemeinderathe angenommen, und zwar vorbehaltlich der Kündigung.

§. 55. Stadtkämmerer und Gemeinde-Erheber.

Die Bestellung des Stadtkämmerers oder des Gemeinde-Erhebers und Rechnungsführers, dessen Dienst mit dem Amte des Ortsvorstandes unverträglich ist, geschieht vom Gemeinderathe, im Einverständnisse mit dem Gemeinde-Ausschusse.

§. 56. Geringere Gemeinde-Dienerschaft.

Die übrige, nach den Verhältnissen der Gemeinde nöthige, Dienerschaft wird vom Gemeinderathe im Einverständnisse mit dem Gemeinde-Ausschusse angenommen, und zwar in der Regel auf Kündigung (vergl. §. 97), auch das für die Gemeinde-Waldungen bestimmte Personal unter Beobachtung der, die Feststellung deshalbiger Tüchtigkeit bezweckenden, Vorschriften [1]).

§. 57. Gehalte 2c.

Die Geschäftsführung bei den Gemeindebehörden geschiehet in der Regel unentgeltlich, vorbehaltlich der ordnungsmäßigen Entschädigung für baare Auslagen und für Reise- und Zehrungskosten bei Verrichtungen außer dem Orte und dessen Gemarkung, sowie außer dem Kirchspiele oder dem Bezirke des Land-Wegebau- oder ähnlichen Verbandes.

Der Normal-Etat der Gehalte für die Ortsvorstände und die betreffende Gemeindedienerschaft wird vom Gemeinderathe entworfen und vom Gemeinde-Ausschusse festgestellt, bis wohin die dermaligen Besoldungen beibehalten werden.

§. 58. Pensionen.

Die Oberbürgermeister und die Bürgermeister in den Städten, welche auf Lebenszeit gewählt werden, desgleichen die auf Lebenszeit gewählten städtischen Unterbeamten, welche nicht neben ihrem Amte ein bürgerliches Gewerbe treiben, sollen bei eintretender Dienstunfähigkeit eine, nach den Grundsätzen des Staatsdienstgesetzes zu bestimmende, lebenslängliche Pension aus der Stadtkasse erhalten.

Ebenso sollen die Witwen und Waisen derselben auf Pension oder Unterstützung aus der Stadtkasse unter Anwendung der Grundsätze des Staatsdienstgesetzes Anspruch haben, sofern nicht jene Diener an einer öffentlichen Witwen- und Waisen-Anstalt des Inlandes Theil genommen haben, und die Stadt die deshalbigen Einkaufsgelder und Beiträge geleistet hat.

Die Rechte auf Pension aus der Stadtkasse hören jedoch mit dem Uebergange in den Staatsdienst auf.

---

[1]) Zufolge Allerhöchsten Erlasses vom 22. September 1867 sind die besoldeten städtischen Unterbedientenstellen in den neu erworbenen Landestheilen, vorbehaltlich bereits erworbener Ansprüche auf Berücksichtigung bei Besetzung derselben, ausschließlich mit versorgungsberechtigten Militär-Invaliden zu besetzen. Auf diejenigen Stellen der städtischen Subalternen, welche eine höhere oder eigenthümliche Geschäftsbildung erfordern, bezieht sich jedoch diese Verpflichtung nur insoweit, als versorgungsberechtigte Militär-Invaliden vorhanden sind, welche diese Geschäftsbildung besitzen. Hinsichtlich der Anstellung der Kämmerei-Rendanten und Kommunal-Kassenbeamten hat es bei den bestehenden Bestimmungen sein Bewenden behalten.

Zweiter Abschnitt.
Von dem Wirkungskreise der Gemeindebehörden.

§. 59. Amtsverhältniß des Ortsvorstandes als Gemeindebehörde.

Dem Ortsvorstande gebühret zunächst die gesammte Verwaltung des Gemeindewesens, und er hält solche, soweit er sie nicht selbst besorgt, in steter und genauer Aufsicht.

Ihm insonderheit liegt es ob, darauf zu sehen, daß die Gemeinde ihren Verpflichtungen gegen den Staat gebührend nachkomme.

Er allein hat die vollziehende Gewalt in den Gemeindesachen, und ihm sind in dieser Hinsicht sowohl alle einzelnen Mitglieder der Gemeinde, als auch alle Unterbeamten und Gemeindediener, sowie die sonst noch am Orte zu Gemeindezwecken bestehenden Behörden Folgsamkeit schuldig, und zwar in Ansehung der Gegenstände, welche eines vorgängigen Einverständnisses des Gemeinderathes oder des Gemeinde-Ausschusses bedürfen, nach der deshalbigen gültigen Beschlußnahme.

Der Ortsvorstand hat ausschließlich das Recht, in den zulässigen Fällen die Gemeinde zu versammeln (vergl. §. 37).

Er führt im Gemeinderathe den Vorsitz und leitet dessen Geschäfte (s. §. 65). Wenn er einen Beschluß des Gemeinderathes für gesetz- oder rechtswidrig hält so kann er dessen Vollziehung vorläufig aussetzen. Er muß jedoch hierüber, nach vergeblichem Versuche einer Verständigung mit dem Gemeinderathe, ohne Aufschub an die Aufsichtsbehörde berichten.

In allen Fällen, in welchen Gefahr bei dem Verzuge ist, hat er zu deren Abwendung die erforderliche Vorkehrung sofort zu treffen; er muß aber demnächst, sofern er dazu noch einer Beistimmung oder Ermächtigung bedarf, wegen der nachträglichen Genehmigung das Nöthige besorgen.

§. 60. Fortsetzung.

Die amtlichen Erlasse der Staatsbehörden in Angelegenheiten der Gemeinde-Verwaltung werden — unbeschadet der etwa den Betheiligten unmittelbar zugehenden Benachrichtigungen — an den Ortsvorstand (Oberbürgermeister oder Bürgermeister) gerichtet. Derselbe unterzeichnet alle Ausfertigungen, und zwar alle seine Bescheinigungen, sowie alle Urkunden, welche die Gemeinden verbinden sollen, unter Beidrückung des Gemeindesiegels.

Auch ist, was dergleichen Urkunden für Landgemeinden betrifft, die Unterschrift des Ortsvorstandes von dem Verwaltungsbeamten zu beglaubigen.

In den Fällen, wo Rechtsgeschäfte abgeschlossen werden, muß, wenn dazu die Beistimmung des Gemeinde-Ausschusses, oder die Genehmigung der Aufsichts- oder einer höheren Behörde erforderlich ist, der deshalbige Beschluß in glaubhafter Form beigefügt werden. Alle Schuldbekenntnisse und die Prozeß-Vollmachten sind zugleich von sämmtlichen Mitgliedern des Gemeinderathes zu unterschreiben.

Die Heimathsscheine u. dergl, sowie die Zeugnisse über Vermögen oder Armuth müssen in den Landgemeinden noch von dem Beigeordneten und wenigstens noch einem unbetheiligten Gemeinderathsgliede mit unterschrieben werden, welche für die Wahrheit des Inhalts mit haften.

§. 61. Geschäftskreis des Ortsvorstandes als Hülfsbeamten des Staats.

Außer den Angelegenheiten der Gemeindeverwaltung hat jeder Ortsvorstand noch als Hülfsbeamter des Staates in dem Orte und dessen Gemarkung diejenigen Geschäfte zu besorgen, welche den Ortsvorständen in gedachter Eigenschaft nach den bestehenden Einrichtungen und den künftig ergehenden Gesetzen, nebst den zu deren Vollzuge dienenden landesherrlichen Anordnungen und Vorschriften oder Weisungen der vorgesetzten Behörden, in so weit und so lange obliegen, als nicht mit diesen Geschäften Staatsbeamte von Uns oder Unseren einschlägigen Behörden werden beauftragt werden.

In der Regel bleiben die Ortsvorstände mit der Ortspolizei beauftragt. Deren Ausübung kann aber auch einem Staatsdiener übertragen werden. Beide Behörden müssen sich stets wechselseitig Vorschub und Beistand leisten, damit die erforderliche Ordnung jederzeit vollständig erhalten werde.

Obgleich der Ortsvorstand oder dessen Stellvertreter die Pflichten eines Hülfsbeamten des Staates unbeschadet der durch die Beauftragung eines Staatsbeamten in deren Ausübung eintretenden Beschränkung, unter der Leitung der in dieser Hinsicht ihm vorgesetzten Staatsbehörde, unabhängig von den übrigen Mitgliedern des Gemeinderathes zu erfüllen hat, so darf er doch bei veränderten deshalbigen Anordnungen, welche neue Ausgaben für die Gemeindekasse zur Folge haben, hinsichtlich des Kostenpunktes nur nach vorgängiger Berathung und Beschlußnahme im Gemeinderathe, auch mit der etwa noch erforderlichen Beistimmung des Gemeinde-Ausschusses handeln, ohne deshalb aber in dringenden Fällen die nöthigen Ausgaben zu verschieben. Findet die vom Ortsvorstande angesonnene Uebernahme des Kostenbetrages auf die Gemeindekasse einen Anstand, so hat die Regierung hierüber den bestehenden Gesetzen und Rechten gemäß zu entscheiden (vergl. §. 93).

Auch muß der Ortsvorstand bei allen Repartitionen von Lasten mit dem Gemeinderathe sich verständigen.

In anderen Fällen, wo der Ortsvorstand als Hülfsbeamter des Staats blos in Rücksicht der Wichtigkeit oder besonderer Umstände die Meinung des Gemeinderathes zu vernehmen für gut findet, hat der Gemeinderath nur eine berathende Stimme.

§. 62. Beigeordneter des Ortsvorstandes.

Für die Fälle der Verhinderung oder der nöthigen Unterstützung bei Angelegenheiten, welche der Ortsvorstand nicht allein besorgen kann, hat sich derselbe zur Stellvertretung und Aushülfe ein Mitglied des Gemeinderathes als Beigeordneten unter Zustimmung der Aufsichtsbehörde zu erwählen. Der Beigeordnete kann die Benennung eines Vicebürgermeisters führen.

§. 69. Wirksamkeit des Gemeinderathes.

Der Gemeinderath hat — außer den in einzelnen §§. dieses Gesetzes ihm zugewiesenen Geschäften — zu berathschlagen und zu beschließen über alle Angelegenheiten der Gemeindeverwaltung, welche nicht zur gewöhnlichen Ausführung gehören, namentlich

a. über die Aufnahme von Gemeinde-Angehörigen und zwar was Ausländer, oder solche Inländer betrifft, welche Beisitzer werden wollen, oder welche Bürger werden wollen, denen aber ein gesetzliches Erforderniß mangelt, mit Beistimmung des Gemeinde-Ausschusses, sowie über alle auf die Gemeinde-Angehörigkeit und deren Fortdauer sich beziehenden Angelegenheiten, auch über die zum Zwecke der Verheirathung zu bescheinigende Erwerbsfähigkeit;

b. über die Ertheilung des Ortsbürgerrechts an Gemeinde-Angehörige;

c. über die Entziehung und Wiederherstellung der Stimmfähigkeit von Ortsbürgern, im Einverständnisse mit dem Gemeinde-Ausschusse;

d. über alle Gegenstände des Gemeindehaushaltes, welche nach §. 80 der Zustimmung des Gemeinde-Ausschusses bedürfen, im Einverständnisse mit diesem, ferner

e. über die Vertheilung jeder Art von Lasten, welche der Gemeinde obliegen;

f. über die Sicherstellung des Gemeindevermögens, der Gemeindekasse und anderer, unter unmittelbarer und mittelbarer Obhut des Ortsvorstandes sich befindenden Gelder, geldwerthen Papieren, Naturalien, Geräthschaften u. s. w. — auch

g. über andere Angelegenheiten, welche zufolge der Gesetze und Verordnungen oder Verfügungen der zuständigen Staatsbehörde, vom Gemeinderathe zu besorgen sind, sowie

h. über alle Vorfälle in der Gemeindeverwaltung und über sonstige Gegenstände, welche der Ortsvorstand der Beschlußnahme des Gemeinderathes zu unterwerfen für gut findet.

In Rechtsstreitigkeiten und in Sachen der freiwilligen Gerichtsbarkeit kommt die Vertretung der Gemeinde vor Gericht der Regel nach nur dem Gemeinderathe (s. jedoch §§. 88 und 89) zu, von welchem auch die deshalbige Bevollmächtigung eines Mitgliedes oder Anwaltes geschiehet.

Derselbe vertritt gleichfalls die Gemeinde als Körperschaft im Verhältnisse zum Staate und sonst in ihren äußeren Verhältnissen.

§. 64. Beruf des Gemeinde-Ausschusses.

Der Gemeinde-Ausschuß vertritt die Gemeinde im Verhältniß zum Gemeinderathe und hat außer den in einzelnen §§. dieses Gesetzes ihm zugewiesenen Geschäften

1) zur Einführung neuer, nicht in blos vorübergehenden Aufträgen bestehenden, Gemeinde-Aemter oder Unterbedienstenstellen,
2) zu der Aufnahme von Ausländern oder von solchen Inländern, welche Beisitzer werden wollen, oder welche Bürger werden wollen, denen aber ein gesetzliches Erforderniß mangelt, in den Gemeindeverband (vergl. jedoch §. 28), sowie
3) zu der Entziehung und Wiederherstellung der Stimmfähigkeit von Ortsbürgern einzuwilligen, und
4) überhaupt von der Verwendung aller Gemeinde-Einnahmen und von der richtigen Ausführung örtlicher Einrichtungen und gemeinheitlicher Arbeiten, soweit es ohne Störung derselben und ohne irgend eine Einmischung in deren Leitung und Ausführung angehet, sich Ueberzeugung zu verschaffen, Vernachlässigungen, Mißbräuche und Pflichtverletzungen der Gemeinde-Dienerschaft dem Ortsvorstande zur Abhülfe und geeigneten Ahndung mitzutheilen, auch ihn oder den Gemeinderath auf sonst wahrgenommene Mängel in der Gemeindeverwaltung aufmerksam zu machen, und nöthigenfalls dieselben zu Kenntniß der vorgesetzten Behörde zu bringen. Er kann zu diesem Zwecke über alle, die Verwaltung des Gemeinde-Vermögens und der örtlichen Einrichtungen betreffenden, Gegenstände vom Ortsvorstande Auskunft verlangen, und in dessen Geschäftslokale die einschlägigen schriftlichen Verhandlungen mit allem Zubehör einsehen, oder durch Abgeordnete aus seiner Mitte einsehen lassen, auch die etwa hiernach nöthig befundenen Aufschlüsse sich von der Aufsichtsbehörde erbitten.

Außerdem hat der Gemeinde-Ausschuß

5) so oft der Gemeinderath noch andere Gegenstände von besonderer Wichtigkeit mit ihm zu berathen wünscht, sich darüber gutachtlich auszusprechen.

Der Gemeinde-Ausschuß darf aber sich keinerlei ausführende Gewalt anmaßen, auch sich keine, dem Ansehen des Ortsvorstandes und des Gemeinderathes nachtheilige, Rüge ihrer Handlungen in der Gemeinde gestatten, und außer den ihm etwa zukommenden Nachrichten über Gegenstände seines Wirkungskreises keine Gesuche oder Beschwerden annehmen, auch niemals an eine andere Behörde, als den Ortsvorstand und Gemeinderath, sowie die Aufsichtsbehörde, oder im Falle der Beschwerdeführung über Letztere, an die dieser vorgesetzte höhere oder höchste Behörde sich wenden.

§. 65. Versammlungen des Gemeinderaths und des Gemeinde-Ausschusses.

Der Gemeinderath versammelt sich regelmäßig alle acht oder vierzehn Tage und der Gemeinde-Ausschuß einmal in jedem Monate oder Vierteljahre zu der dafür verabredeten Zeit und sonst auf besondere Ladung des Ortsvorstandes oder Ausschuß-Vorstehers, so oft es zur Verhandlung der betreffenden Gemeinde-Angelegenheiten nöthig ist.

Ausschuß-Versammlungen zu Wahlen oder zu den im §. 82 gedachten Geschäften müssen immer besonders angesagt werden.

Die Verhandlungen geschehen der Regel nach mündlich.

Die Beschlüsse werden nach Stimmenmehrheit genommen und bei gleicher Stimmenzahl giebt die Stimme des Vorsitzenden den Ausschlag. Die gefaßten Beschlüsse werden in ein Ordnungsregister oder Beschluß-Protokoll eingetragen.

Zu einer gültigen Beschlußnahme wird erfordert, daß sämmtliche Mitglieder, wofern nicht von einer regelmäßigen Sitzung die Rede ist, besonders geladen und wenigstens zwei Drittel anwesend seien.

Im Falle des Ausbleibens von mehr als einem Drittel der Mitglieder können nur vorbereitende Maßregeln und die etwa ohne Schaden der Gemeinde oder gemeine Gefahr nicht aufzuschiebenden Vorkehrungen beschlossen werden.

Wegen der übrigen Angelegenheiten muß eine weitere außerordentliche Versammlung anberaumt werden, und kann darüber nunmehr in dieser, selbst wenn die zwei Drittel nicht vollständig anwesend wären, eine gültige Beschlußnahme erfolgen, wenn nicht etwa die Aufsichtsbehörde ein Anderes in dem Falle, wo sogar die Hälfte der Mitglieder die Abstimmung unterlassen haben würde, zu verfügen angemessen findet.

§. 66. Abtreten der betheiligten Mitglieder.

Ist von Gegenständen die Rede, bei welchen das Interesse eines oder mehrerer Mitglieder des Gemeinderathes oder des Gemeinde-Ausschusses für ihre Person oder nahe Verwandte und Angehörige der im §. 44 bezeichneten Arten mit dem Interesse der Gemeinde in Widerspruch erscheint, oder bei denen gesetzwidrige Handlungen einzelner Mitglieder zur Sprache kommen, so müssen diese Betheiligten abtreten, und wofern nicht zwei Drittel der Mitglieder noch zur Abstimmung übrig bleiben, werden zur deshalb erforderlichen Vervollständigung unbetheiligte außerordentliche Mitglieder des Ausschusses einberufen. — Wenn von einer großen Ausschuß-Versammlung die Rede ist, so geschiehet die nöthige Ergänzung nach Maßgabe des §. 38.

Uebrigens ist nach den anwendbaren Bestimmungen des vorhergehenden §. zu verfahren.

Titel IV.
Von dem Gemeindehaushalte.

§. 67. Gemeindevermögen überhaupt.

Das Vermögen der Gemeinde wird von dem Ortsvorstande unter Mitwirkung des Gemeinderathes und unter Mitaufsicht des Gemeinde-Ausschusses verwaltet.

Alle Gemeindebehörden, sowie die Staatsbehörden, denen die Oberaufsicht der Gemeindeverwaltung obliegt, nebst den ausnahmsweise an der Leitung der Gemeinde-Angelegenheiten Theil nehmenden Behörden (s. §. 92), haben innerhalb der Grenzen ihrer Zuständigkeit darüber zu wachen, daß das Vermögen der Gemeinde erhalten und das Einkommen derselben richtig verwendet werde.

§. 68. Gemeindewaldungen insbesondere.

Die Gemeindewaldungen bleiben der Leitung und Aufsicht von Seiten der Forstbehörden in Beziehung auf das Technische der Bewirthschaftung und auf den Forstschutz, nach Maßgabe der deshalbigen gesetzlichen Vorschriften und der in deren Folge von den einschlägigen Oberbehörden getroffenen Einrichtungen, untergeben.

Was jedoch die letztgedachten Einrichtungen betrifft, so werden die als zweckmäßig sich ergebenden Abänderungen der Regierung der Provinz im Einverständnisse mit dem Ober-Forst-Kollegium vorbehalten. Die Ausführung der für die Gemeindewaldungen festgesetzten Kultur- und Nutzungs-Vorschläge haben die Ortsvorstände unter der Aufsicht der Forstbehörden zu besorgen.

Rücksichtlich der Vergütung für die Geschäfte der Förster in den Gemeindewaldungen verbleibt es bei der bestehenden Vorschrift und Einrichtung.

§. 69. Jagd und Fischerei.

Die Jagd- und Fischerei-Gerechtsame, welche einer Gemeinde oder deren Gliedern, als solchen, sei es auf eigenem oder fremdem Boden, zustehen, sollen in jedem Falle verpachtet [1]) und die Aufkünfte zur Gemeindekasse gezogen werden.

§. 70. Gemeindenutzungen.

Dasjenige Vermögen, dessen Ertrag bisher zur Bestreitung von Gemeinde-Ausgaben bestimmt war (Kämmerei- oder Orts-Vermögen), soll auch ferner, so lange es nicht veräußert oder vertheilt wird (vgl. §. 80 fg.), zu diesem Zwecke

---

[1]) G. Gesetz, das Jagdrecht und dessen Ausübung betr., vom 7. September 1865 §. 18: Die Gemeinden haben die Jagd, insbesondere auch auf ihrem eigenen Grundbesitze, ebenwohl durch öffentlich meistbietende Verpachtung auszuüben.

Gemäß §. 7 des Gesetzes vom 1. März 1873 finden die Vorschriften über die Verpachtung der Jagdnutzung durch die Gemeinden auch auf diejenigen Fälle Anwendung, in welchen die Aufhebung des Jagdrechts auf fremdem Grund und Boden durch dieses Gesetz eingetreten ist.

verwendet werden. Dagegen sollen die Gemeindenutzungen, welche bisher allen Gemeindegliedern oder einzelnen Klassen derselben zustanden, auch ferner nach dem deshalbigen Herkommen behandelt werden, so lange, bis eine andere Einrichtung zu Stande kommen wird.

§. 71. Oertliche Einrichtungen.

Die örtlichen Einrichtungen, mit Ausnahme der im Hof- oder Staatseigenthum befindlichen, nämlich:

1) die örtlichen Armen-, Kranken- und ähnlichen Anstalten (Hospitäler, Siechenhäuser);
2) die Sparkassen;
3) die Feuerlösch- und Rettungs-Anstalten;
4) die Brunnen und Wasserleitungen, Teiche, Tränken, Wässerungs- und Entwässerungs-Anstalten, Bade-Einrichtungen und öffentlichen Wasch-Anstalten;
5) Straßen, Pflaster, Wege, Brücken, Stege, Fähren und Kanäle im Innern des Ortes und der Feldmark;
6) die Anstalten für Erleuchtung und Reinigung der Straßen;
7) die Markt-Einrichtungen, Krahn-, Waage- und Niederlage-Anstalten;
8) die Leichenhäuser und sonstige Begräbniß-Anstalten, ausschließlich der Todtenhöfe;
9) die Ortsbefriedigungen und Thore;

hat der Ortsvorstand zu verwalten und, soweit diese Einrichtungen nicht aus den Einkünften der dafür vorhandenen Stiftungen und Fonds, oder nicht durch die insonderheit dazu bestimmten Abgaben (als Armensteuern, Pflastersteuern rc.) unterhalten werden, oder die Verbindlichkeit zu deren Unterhaltung einem Dritten, insbesondere bestimmten Haus- oder Grundbesitzern, obliegt, aus den Gemeindemitteln, auf eine ihrem Zwecke genügend entsprechende Weise, einzurichten und zu erhalten.

Eine abgesonderte Verwaltung der örtlichen Einrichtungen (vgl. §. 52) hat nach Vorschrift und mit Genehmigung der Aufsichts-Behörde alsdann Statt, wenn der Zweck der örtlichen Einrichtungen von dem des eigentlichen Gemeindehaushaltes verschieden ist, wenn dazu besondere Beiträge nur von gewissen Einwohnerklassen erhoben, oder die Kosten aus besonderen, nur zu diesem Zwecke angeordneten, Einnahmen bestritten werden, und wenn andere rechtliche Gründe, insbesondere der Wille des Stifters, solches erheischen. Die abgesonderte Verwaltung kann auch einer besonderen, vom Ortsvorstande verschiedenen Behörde zukommen, wenn dieses der Wille des Stifters ausdrücklich bestimmt hat.

§. 72. Inventar.

Das Inventar des unbeweglichen Gemeinde-Vermögens muß alle Bestandtheile desselben mit allen Zugehörungen, anklebenden Rechten und Lasten, —

namentlich auch alle Arten von Berechtigungen, welche der Gemeinde in fremden Gemarkungen und Waldungen zustehen, sowie die deshalbigen Lasten, — und die etwa hinsichtlich gewisser Nutzungen bestehenden besonderen Verhältnisse unter näherer Bezeichnung der Gegenstände, der Berechtigten und ihrer Antheile nebst den hierauf ruhenden Abgaben und Leistungen, genau beschreiben. Dieses Immobiliar-Inventar muß jedes Jahr von dem Gemeinderathe durchgesehen, ergänzt und nöthigenfalls, längstens aber alle zwanzig Jahre, vollständig erneuert werden.

Das vorschriftsmäßige Inventar des beweglichen Vermögens, mit Einschluß der in der Gemeinde vorhandenen Feuerlösch- und Rettungs- oder dergleichen Geräthschaften (wobei die etwa theilhabenden anderen Ortschaften zu bemerken sind), desgleichen der ausstehenden und erborgten Kapitalien muß spätestens alle fünf Jahre erneuert werden.

§. 73. Verbrauchs-Auflagen.

Das Aufkommen von den zum Besten der Gemeinden bestehenden Verbrauchs-Auflagen fließet in die Gemeindekasse. Die Einführung neuer Auflagen auf Verbrauchsgegenstände zum Besten der Gemeindekasse kann nur durch Bewilligung des Ministeriums des Innern, im Einverständnisse mit dem Finanz-Ministerium, erfolgen.

§. 74. Pflaster-, Wege- und Brückengelder.

Pflastergelder, welche überhaupt nur für die von den Gemeiden unterhaltenen, und nicht zur Staatsbau-Verwaltung gehörenden Straßenstrecken zulässig sind, desgleichen Wege-, Brücken- und Fährgelder für die Benutzung der durch die Gemeinden, oder durch Bezirks-Verbände, unterhaltenen Wege, Brücken und Fähren, können nur mit Bewilligung Unseres Ministeriums des Innern erhoben werden.

§. 75. Maßregeln zur Sicherung der erwähnten Abgaben.

Zur Verhütung von Unterschleifen hinsichtlich der in den beiden vorhergehenden §§. gedachten Auflagen kann die Regierung, soweit es an besonderen gesetzlichen Bestimmungen deshalb mangelt, auf den Antrag des Gemeinderathes und nach Anhörung des Gemeinde-Ausschusses, die erforderlichen Maßregeln anordnen, deren Uebertretung sodann von dem zuständigen Gerichte mit einer Geldbuße vom fünf- bis zum zwanzigfachen Betrage der Abgabe [1]), neben Entrichtung

1) Vgl. jedoch Gesetz vom 18. April 1848: Die Uebertretungen der Maßregeln zur Sicherung der gemeinheitlichen Verbrauchs-Auflagen, Pflaster-, Wege- und Brückengelder, welche nach §. 75 der Gemeinde-Ordnung vom 23. Oktober 1834 von dem zuständigen Gerichte mit einer Geldbuße vom fünf- bis zum zwanzigfachen Betrage der Abgabe geahndet werden sollen, sind ausnahmsweise nur mit einer Geldbuße bis zu fünf Thalern in denjenigen Fällen zu bestrafen, in welchen von dem Angeklagten der Beweis geliefert wird, daß weder die Absicht der Umgehung der Sicherungsmaßregeln, noch die Absicht der Unterschlagung der betreffenden Abgabe vorhanden war.

oder Nachzahlung des zur Gemeindekasse schuldigen Abgabenbetrages, oder bei Zahlungs-Unfähigkeit mit angemessener Gefängnißstrafe oder Strafarbeit geahndet werden soll[1]).

§. 76. Kosten des Polizei-Personals und Dienstes.

In den Orten, in welchen die Ortspolizei einem Staatsbeamten übertragen wird (§. 61), werden auch die Kosten für das nöthige Polizei-Personal und den Polizeidienst aus der Staatskasse bestritten, jedoch mit Beibehaltung der Leistungen, welche der betreffenden Gemeindekasse bisher oblagen.

In den Gemeinden, in welchen der Ortsvorstand die Ortspolizei besorgt, werden die Kosten für das Polizei-Personal und den Polizeidienst aus den Gemeindekassen bestritten; es fallen aber dagegen diejenigen Beiträge weg, welche deshalb bisher von den Gemeindekassen zur Staatskasse geleistet wurden.

§. 77. Gemeinde-Umlagen[2]).

Eine Gemeinde-Umlage kann nur stattfinden, wenn die Verbrauchs-Auflagen, sowie das übrige, nicht ausdrücklich besonderen Zwecken ausschließend gewidmete, Einkommen der Gemeinde zur Bestreitung der ihr obliegenden Ausgaben nicht hinreicht.

In den Städten, sowie in denjenigen Landgemeinden, für welche die Aufstellung eines Voranschlags angeordnet wird (s. §. 66), hat der Gemeinderath bei der Aufstellung des Voranschlags im Monat Oktober, und in den übrigen Landgemeinden zeitig bei voraussichtlichem Bedürfnisse, in genaue Erwägung zu ziehen, ob und welche Umlagen wirklich nöthig sein werden, und wenn deren Nothwendigkeit anerkannt ist, die deshalbige Erhebung in den Voranschlag aufzunehmen, oder für die nöthige Erhebung nach erfolgter Beistimmung des Gemeinde-Ausschusses die Genehmigung der Aufsichtsbehörde, sofern diese erforderlich ist (s. §. 64), besonders auszuwirken.

Der bisherige Vertheilungsfuß bleibt bei den Gemeinde-Umlagen so lange beibehalten, als nicht durch die Statuten (§. 3) oder durch besondere Gesetze über einzelne Gemeindelasten ein Anderes vorgeschrieben wird.

§. 78. Gemeindedienste.

Die Gemeindedienste können sowohl in persönlichen Diensten, die keine wissenschaftliche, kunst- oder handwerksmäßige Kenntniß erfordern, als auch in Spanndiensten bestehen.

Die gewöhnlichen Gemeindedienste — Reihedienste — beziehen sich hauptsächlich auf die Gemeinde-Wege-, Wasser- und andere Bau-Arbeiten, ferner

---

[1]) Diese Strafbestimmungen sind gemäß Art. VI. Abs. 2 der Verordnung über das Strafrecht und das Strafverfahren in den neuen Provinzen vom 25. Juni 1867 in Kraft geblieben.

[2]) Wegen Heranziehung der Staatsdiener zu den Gemeindelasten s. die unten im 7. Abschnitt abgedruckte Verordnung vom 23. September 1867.

die Tagewacht und die Nachtwacht, auch Botengänge und dergleichen. Nothdienste aber treten ein bei Feuersbrunst, Wassersnoth und ähnlichen außerordentlichen Ereignissen.

In den Städten, in welchen außer den nöthigen Wachtdiensten und der, bei außerordentlichen Ereignissen zu leistenden Nothhülfe keine Gemeindedienste Statt finden, bleibt es bei der deshalbigen Freiheit.

Ueberall aber sind von der Verpflichtung zu persönlichen Gemeindediensten ausgenommen:

1) die im §. 13 und §. 14 gedachten Hof- und Staatsdiener u. s. w., so lange sie nicht Ortsbürger geworden sind, und selbst nach dem Erwerbe des Ortsbürgerrechts, in sofern nach der Entscheidung der ihnen vorgesetzten Behörde die persönliche Leistung der Gemeindedienste sich nicht mit ihren Amtsobliegenheiten verträgt [1]);
2) die Ortsvorstände, die Mitglieder des Gemeinderathes und die geringeren Diener, mit deren Berufe jene Dienste unverträglich sind, nach deshalbiger näheren Bestimmung des Gemeinderathes und Ausschusses;
3) die Wundärzte und die Hebammen;
4) diejenigen Witwen und Kinder der verstorbenen Gemeindeglieder, welche weder ein Wohnhaus am Orte besitzen, noch die Landwirthschaft mit eigenem Anspanne betreiben, noch ein Gewerbe für eigene Rechnung fortführen, oder ein solches selbstständig, soweit es statthaft ist, unternommen haben, auch noch nicht selbstständig in den Gemeindeverband eingetreten sind;
5) die über 65 Jahre alten und die an bescheinigter, zum Dienst unfähig machender, Körperschwäche leidenden Gemeindeglieder, welche nicht Angehörige oder Dienstboten bei sich haben, die ihre Stelle vertreten können.

Uebrigens genießen die Spanndienstpflichtigen ferner hinsichtlich der persönlichen Dienste die bisher übliche Freiheit oder Erleichterung.

Die Leistung der Gemeindedienste durch taugliche Stellvertreter, die nicht unter siebzehn Jahre alt sein dürfen, ist der Regel nach zulässig.

Denjenigen Einwohnern, welche eine Arbeitsstrafe statt einer Geldbuße wegen Zahlungsunfähigkeit zum Vortheile der Gemeinde zu verbüßen haben, sollen soviel Tagewerke als Arbeitstage gerichtlich erkannt worden, hauptsächlich bei dem Gemeindebauwesen zugewiesen, und dieselben zur gehörigen Leistung (worüber im Zweifelsfall der Baukommissar des Bezirkes zu urtheilen hat) nöthigenfalls mittelst der in den §§. 104 und 105 gedachten Zwangsmitteln angehalten werden.

---

[1]) Zufolge Verordnung v. 4. Dezember 1857 sind die Bahn- und Weichenwärter auf den durch Kurhessen führenden Eisenbahnen den hier genannten Staatsdienern gleich gestellt.

Alle näheren Anordnungen, welche hinsichtlich der Gemeindedienste nöthig oder nützlich befunden werden, sind auf die im §. 8 angegebene Weise zu Stande zu bringen.

§. 79. Stellvertretung für Frauenspersonen und Abwesende.

Personen weiblichen Geschlechts, welche in der Gemeinde einen selbstständigen Haushalt haben, müssen diejenigen persönlichen Dienste, welche sich überhaupt für ihr Geschlecht eignen, wenn sie solche nicht selbst verrichten wollen, durch taugliche Stellvertreter leisten lassen.

Dieselbe Verpflichtung hinsichtlich sämmtlicher Gemeindelasten haben alle Gemeindeglieder, welche zwar in der Gemeinde ihren Wohnsitz haben, jedoch längere oder kürzere Zeit sich auswärts aufhalten, für die Zeit ihrer Abwesenheit.

Für die auswärts wohnenden Grundeigenthümer sind deren in der Gemeinde wohnende Pächter oder Verwalter als deren Vertreter hinsichtlich der Gemeindelasten, in Ermangelung anderer Bestellung, anzusehen.

§. 80. Gegenstände des Gemeindehaushaltes, bei denen der Gemeinde-Ausschuß mitzuwirken hat.

An die Einwilligung des Gemeinde-Ausschusses ist der Gemeinderath gebunden in Hinsicht auf folgende Gegenstände:

1) alle unständigen Ausgaben, welche den dafür im Voranschlage des städtischen Haushaltes oder in den Landgemeinden durch gemeinschaftlichen Beschluß ausgesetzten Betrag übersteigen, insofern nicht eine unbedeutende Ueberschreitung eines Anschlages wegen unvorhergesehener Umstände Statt gefunden hat, wofür jedoch bis zu genügender Rechtfertigung bei Gelegenheit der Rechnungsablage der Gemeinderath oder der betreffende Gemeindebeamte verantwortlich bleibt;
2) Bewilligung neuer oder höherer Gehalte, oder außerordentlicher Dienstbelohnungen auf Kosten der Gemeinde;
3) Zeitverpachtungen gemeinheitlicher Immobilien und Gerechtsame, und Verkauf jährlicher Nutzungen (z. B. des Obstes, der Wald-Erzeugnisse) in denjenigen Fällen, wo die Verpachtung oder Veräußerung ohne öffentliches Ausgebot, oder auf längere Zeit, als drei Jahre, geschehen soll, auch solche Verwerthung von Waldnutzungen, welche bisher nicht herkömmlich war;
4) Verträge jeder Art mit Mitgliedern des Gemeinderathes, wenn kein öffentliches Ausgebot Statt findet;
5) Erlaß beitreiblicher Forderungen der Gemeindekasse;
6) Prozeßführung (s. §. 85) und Abschließung von Vergleichen;
7) Aufkündigung von Aktiv-Kapitalien, Verkauf oder Cession von Staats- und anderen öffentlichen Kreditpapieren und von Privat-Schuldverschreibungen;

8) Anleihen und Bürgschaften mit oder ohne Verpfändung;
9) Veräußerungen von Grundstücken und Realberechtigungen, oder erbliche Verleihungen von Rottländereien (vergl. §. 81);
10) Gemeinheitstheilungen, sofern diese überhaupt nach den gesetzlichen Vorschriften über dergleichen Theilungen zulässig sein werden, und jedenfalls mit gesicherter Förderung aller in Betracht kommenden gemeinsamen Zwecke;
11) Verwandlung desjenigen Gesammtvermögens, welches bisher von Einzelnen benutzt wurde, in Kämmerei- oder Ortsvermögen, dessen Ertrag zur Gemeindekasse fließt;
12) Einführung oder Abschaffung von Verbrauchs-Auflagen oder anderen Abgaben für die Gemeindekasse, sowie Herabsetzung oder Erhöhung der bisherigen Sätze, Aversionirung einer Abgabe, oder Verpachtung ihres Ertrages;
13) Anordnung außerordentlicher Geld- oder Natural-Erhebungen, welche nicht auf Gesetz beruhen, auch nicht in bloßer Vergütung der für einzelne Klassen der Ortsbewohner (z. B. Viehbesitzer, Gemeindenutzungsberechtigte) aufgewendeten Kosten von Seiten der Betheiligten bestehen;
14) Einführung neuer Gemeindedienste oder Abänderung der herkömmlichen Gemeindedienste;
15) Ankauf von Immobilien;
16) Feststellung des Grund-Etats.

Damit indessen die laufende Gemeindeverwaltung nicht oft bei geringfügigen Angelegenheiten durch die Einholung der Zustimmung des Ausschusses sich gehemmt finde, und dieser allzuhäufig zusammenkommen müsse, kann derselbe für die Zeit seiner Amtsdauer zu einzelnen der obgedachten Geschäfte im Allgemeinen bis zu einem bestimmten mäßigen Werthe oder Betrage, doch jedenfalls unter Ausschluß der Verfügungen über Bestandtheile des Grundvermögens der Gemeinde, zum Voraus seine Einwilligung mittelst einer schriftlichen Urkunde ertheilen, welche der Bestätigung der Aufsichtsbehörde bedarf.

In den Städten, sowie in den größeren und vermögendern Landgemeinden, für welche die Aufsichtsbehörde die Aufstellung eines Grund-Etats angemessen findet, muß der Gemeinde-Ausschuß noch den vom Gemeinderathe aufgestellten Voranschlag (Grund-Etat) für den Gemeindehaushalt des kommenden Jahres oder der nächsten zwei oder drei Jahre (s. §. 86) durchsehen, und zu demselben, soweit keine Anstände vorkommen, oder durch gütliche Vereinigung mit dem Gemeinderathe beseitiget sind, seine Beistimmung ertheilen, womit zugleich die Einwilligung hinsichtlich der oben aufgeführten Gegenstände, sofern deren im Voranschlage mit allen erforderlichen näheren Bestimmungen enthalten sind, verbunden werden kann.

§. 81. Besondere Bestimmung wegen der Veräußerungen und erblichen Verleihungen [1]).

Die Veräußerung von Grundstücken und Real-Berechtigungen, sowie der erblichen Verleihung von Rottländereien (s. §. 80, Satz 9) muß eine öffentliche, nach Ermessen des Gemeinderathes gerichtliche vorzunehmende, Versteigerung vorausgehen. Zur Erbauung neuer Wohn- oder Landwirthschafts-Gebäude aber kann der nöthige Raum vom Gemeinde-Grundeigenthum an Gemeindeglieder aus freier Hand, nach vorgängiger Abschätzung des Werthes, veräußert werden, und zwar nach Befinden der Umstände mit einer dem Käufer freizulassenden Hinaussetzung des Abtrags des Kaufpreises, welcher inzwischen im verabredeten Zinsfuße zur Gemeindekasse zu verzinsen ist.

§. 82. Vergrößerung des Ausschusses in gewissen Fällen.

Bei einer Beschlußnahme über Veräußerungen von Grundstücken und Realberechtigungen, über erbliche Verleihungen von Rottländereien, über Anleihen mit oder ohne Verpfändung, über Gemeinheitstheilungen und über die Verwandlung von Gesammt-Vermögen, dessen Ertrag bisher an Einzelne vertheilt wurde, in Kämmerei- oder Ortsvermögen, muß sich der Ausschuß durch die Zuziehung der außerordentlichen Mitglieder verstärken, wenn der Ausschuß selbst es angemessen findet, der Gemeinderath oder auch blos der Ortsvorstand es verlangt, oder etwa eine besonders betheiligte Einwohnerklasse es begehrt, oder die Aufsichtsbehörde es verfügt.

§. 83. Verfahren wegen versagter Einwilligung des Ausschusses.

Versagt der Gemeinde-Ausschuß seine Einwilligung, und erachtet der Gemeinderath dadurch das Gemeindewohl beeinträchtigt, oder fehlt es deshalb an den nothwendigen Mitteln zur Erfüllung gesetzlicher Verpflichtungen der Gemeinde, so hat der Ortsvorstand, wenn er eine Vereinigung in einer deshalbigen Zusammenkunft des Gemeinderathes mit dem Ausschusse, oder beiderseitiger Abgeordneten als gewählter Obmänner, nicht zu Stande bringen kann, sich an die Aufsichtsbehörde zu wenden, welche die Sache genau prüft, eine Vermittelung, nach Befinden unter Hinzuziehung achtbarer Ortsbürger, versucht oder durch einen Kommissar versuchen lässet, und, wenn auch dieser Versuch mißlingt, die nöthige Entscheidung ertheilt, oder, falls die Aufsichtsbehörde nicht die Regierung der Provinz ist, an dieselbe mit den Akten zur Entscheidung berichtet.

§. 84. Genehmigung der Aufsichtsbehörde.

Die Genehmigung der Aufsichtsbehörde ist erforderlich:

1) zur Veräußerung und gerichtlichen Verpfändung von Grundstücken und

---

[1]) Vgl. auch das hier nicht aufzunehmende Gesetz über die Ablösbarkeit der noch bestehenden Grundlasten vom 20. Juni 1850.

Realberechtigungen, und zur erblichen Verleihung von Rottländereien, wenn der abgeschätzte Werth

a. in den vier Hauptstädten den Betrag von sechshundert Thalern,
b. in den anderen Städten mit 3000 oder mehr Einwohnern (zufolge des jüngsten Staatshandbuchs) den Betrag von 200 Thalern,
c. in den Städten mit weniger, als 3000 Einwohnern, den Betrag von hundert Thalern, und
d. in den Landgemeinden den Betrag von fünfzig Thalern

übersteigt;

2) zur Aversionirung von Verbrauchs-Auflagen oder zur Verpachtung ihres Ertrages;
3) zu Gemeinheitstheilungen;
4) zu Verwandlung desjenigen Gesammt-Vermögens, welches bisher von Einzelnen benutzt wurde, in Kämmerei- oder Orts-Vermögen, dessen Ertrag zur Gemeindekasse fließet;
5) zu außerordentlichen Erhebungen, welche der Gemeinderath und der Gemeinde-Ausschuß beschlossen oder zu beschließen haben, und welche die Summe von einem sechsmonatlichen Betrage der direkten Steuer zu einem und demselben Zwecke für den Einzelnen auf ein Jahr übersteigen;
6) zu einer bisher nicht herkömmlichen Verwerthung der Waldnutzungen.

§. 85. Besondere Bestimmung wegen der Prozesse von Landgemeinden.

Bevor eine Landgemeinde in einen Prozeß, außer der nach §. 89 stattfindenden gerichtlichen Beitreibung von Rückständen sich einläßet, muß die Führung desselben von dem Gemeinderathe unter Zustimmung der großen Ausschuß-Versammlung (s. §. 38) beschlossen sein.

Zur Erhaltung des Besitzstandes gleichwohl kann der Gemeinderath alsbald sich konservatorischer Rechtsmittel für die Gemeinde bedienen.

§. 86. Voranschlag des Gemeinde-Haushaltes.

In jeder Stadt und in den größeren und vermögenderen Landgemeinden, für welche die Aufsichtsbehörde die Aufstellung eines Grund-Etats angemessen findet, muß für das kommende Jahr oder die nächsten zwei oder drei Jahre zeitig ein Voranschlag (Grund-Etat) über alle im gedachten Zeitraume erfolgenden Ausgaben und Einnahmen aufgestellt werden.

Für die genauere Einrichtung dieses Voranschlages und des Protokolls über dessen gemeinschaftliche Feststellung von Seiten des Gemeinderathes und des Gemeinde-Ausschusses hat die Regierung die erforderliche Anleitung zu ertheilen. An dieselbe muß auch der Voranschlag von den Städten, sobald er festgestellt ist (s. §. 80), sowie der Voranschlag von den betreffenden Landgemeinden an die untere Aufsichtsbehörde übersandt werden.

§. 87. Gemeindekasse.

Die Gemeindekasse und die deshalbige Rechnungsführung wird in den Städten dem Stadtkämmerer, in den Landgemeinden dem Gemeinde-Erheber anvertraut. Nur dieser Rechnungsführer ist, soweit nicht eine abgesonderte Verwaltung Statt findet (s. §. 71), zum Empfange und zur Verausgabung der Gemeindegelder ermächtigt.

Er erhebt auf den Grund der vom Gemeinderathe festgesetzten Hebelisten oder ihm mitgetheilten besonderen Einnahme-Belege, und verausgabt nur auf die ebenfalls vom Gemeinderathe, oder in dringenden Fällen vom Ortsvorstande ertheilten, von Letzterm unterzeichneten, allgemeinen oder besonderen Anweisungen.

Die Ausstellung der Rechnung in doppelter Ausfertigung geschiehet im Monat April des auf das Rechnungsjahr folgenden Jahres. In dieselbe werden noch alle Ausgaben und Einnahmen aufgenommen, welche für das abgelaufene Jahr und etwa für Vorjahre in den Monaten Januar, Februar und März des folgenden Jahres werden stattgefunden haben.

Jeder Stadtkämmerer hat vor seinem Dienstantritte eine, seiner Einnahme angemessene, Sicherheit, welche nach dem Antrage des Gemeinderathes und des Gemeinde-Ausschusses durch die Regierung der Provinz bestimmt wird, zu leisten. — In den Landgemeinden hingegen ist der Gemeinde-Erheber nur dann zu einer besonderen Sicherheitsleistung verpflichtet, wenn der Gemeinderath im Einverständnisse mit dem Gemeinde-Ausschusse dieselbe für erforderlich hält.

Nach dem Ableben eines Rechnungsführers ist der Ortsvorstand verpflichtet, alsbald die etwa nöthigen einstweiligen Maßregeln zur sicheren Aufbewahrung der Vorräthe und Rechnungspapiere unter Zuziehung der Hinterbliebenen zu treffen.

§. 88. Beitreibung der Rückstände in den Städten [1]).

Der Stadtrath ist befugt, die registermäßigen und sonst unbestrittenen Rückstände des städtischen Einkommens, soweit es ohne den Verkauf von Grundeigenthum, sowie ohne die Beschlagnahme bei dritten Personen, möglich ist, unter seiner Leitung durch das Stadtdiener-Personal, welches in dieser Beziehung von dem betreffenden Untergerichte besonders zu verpflichten ist, nach Anleitung der bestehenden allgemeinen Gesetze beitreiben und die gepfändeten Mobilien verkaufen zu lassen.

Gleiche Befugniß der Beitreibung hat der Stadtrath, wenn Gemeindeglieder schuldige Dienstleistungen verweigert oder verabsäumt haben, hinsichtlich der einzuziehenden Vergütung in dem Falle, wo die Dienste haben verdungen werden müssen.

---

1) Bezüglich des Beitreibungsverfahrens s. jetzt die im 7. Abschnitt abgedruckte Verordnung v. 22. September 1867.

In den geringeren Städten, wo die vorgedachte Art der Beitreibung nach Ermessen des Stadtrathes eigenthümlichen Schwierigkeiten unterliegen würde, tritt das im nachfolgenden §. vorgeschriebene Verfahren ein. Dieses kann auch in den größeren Städten geschehen, so oft der Bürgermeister im Einverständniß mit dem Stadtrathe dasselbe der selbstständigen Beitreibung vorzieht.

§. 89. Beitreibung der Rückstände in den Landgemeinden.

Die Beitreibung rückständiger, auf glaubhaften Registern, Hebelisten, Protokollen oder sonstigen Urkunden beruhenden, Abgaben, Leistungen und anderen Schuldigkeiten zur Gemeindekasse muß von dem Untergerichte gegen den Restanten auf ein, vom Gemeinderathe für richtig erklärtes und von der Aufsichtsbehörde beglaubigtes, Rückstands-Verzeichniß des Erhebers, unter Beobachtung der Vorschriften des Regierungs-Ausschreibens vom 16. Juni 1815, ohne andere Kosten, als die gesetzliche Gebühr der Exekutanten, erfolgen, und darf durch keinen, nicht sofort vollständig begründeten, Widerspruch gegen die Richtigkeit des gedachten Rückstands-Verzeichnisses, sei es mit Bestreitung der Verbindlichkeit überhaupt, oder blos der Größe des Ansatzes, aufgehalten werden.

§. 90. Rechnungs-Abhörung in den Städten.

Der Stadtrath revidirt die ihm vom Kämmerer eingehändigte Rechnung und lässet sie nöthigenfalls von diesem vollständig in Ordnung bringen. Hierauf gelangt dieselbe spätestens während dem Monate Juni des, dem Rechnungsjahre folgenden, Jahres an den Bürger-Ausschuß, welcher sie nebst den Belegen und weiter beigefügten Inventarien oder sonstigen Zubehörungen genau durchgehet und mit seinen etwaigen Ausstellungen im Rathhause acht Tage lang zur Einsicht der Gemeindeglieder im Beisein des Stadtsekretärs oder einiger Mitglieder des Bürger-Ausschusses offen legt, die etwa von Gemeindegliedern gemachte Bemerkungen weiter benutzt, und dann zur Erläuterung aller Ausstellungen durch den Kämmerer an den Stadtrath zurückgiebt. Zu diesem Geschäfte ist von dem Stadtrath eine Frist, und nach Eingang der Erläuterungen ein Tag zur Abhörung der Rechnung zu bestimmen, welcher der Ausschuß, der Stadtrath und der Kämmerer beiwohnen. Der Stadtrath nimmt hierauf den Rechnungs-Abschluß vor, und ertheilt die Rechnungs-Entledigung für den Kämmerer in den geeigneten Fällen.

Die abgehörte Rechnung aber wird mit den Ausstellungen und Erläuterungen, auch den übrigen, auf die Abschliessung derselben sich beziehenden, Akten an die Regierung oder die sonst zuständige Aufsichtsbehörde zur Einsicht eingesandt.

Wird der Bürger-Ausschuß durch die bei der Rechnungs-Abhörung über einzelne Rechnungsposten ihm ertheilten Aufklärungen nicht befriedigt; so ist er berechtigt und verpflichtet, wenn nicht auf seine Aufforderung noch nachher seine Erinnerungen erledigt werden, deshalb die Entscheidung der Regierung auszusprechen.

Uebrigens ist das Gesetz vom 17. Mai 1834, das Verfahren wider öffentliche Rechnungsführer betreffend, anwendbar.

§. 91. Rechnungs-Abhörung in den Landgemeinden.

Der Gemeinderath siehet die ihm vom Erheber eingehändigte Rechnung nebst deren Belegen, beigefügten Inventarien und sonstigen Zubehörungen genau durch, und lässet sie nöthigenfalls vom Rechnungsführer vollständig in Ordnung bringen, und übergiebt sie vor Ablauf des Monats Mai des dem Rechnungsjahre folgenden Jahres dem Gemeinde-Ausschusse. Dieser muß sie nach deshalbiger, durch den Gemeinderath zu bewirkenden, Bekanntmachung acht Tage lang zur Einsicht jedes Gemeindegliedes offen legen, dann aber in einer, binnen acht Tagen mit dem Gemeinderathe gemeinschaftlich zu haltenden, Zusammenkunft, unter Hinzuziehung des Erhebers, nochmals durchgehen, und hierauf mit seiner Erklärung an den Kreisrath oder den sonst zuständigen Verwaltungsbeamten abgeben, welcher sie abhört und abschließet, auch in den geeigneten Fällen dem Erheber oder dessen Erben die verlangte förmliche Rechnungs-Entledigung ertheilt.

In Ansehung derjenigen Posten, bei denen noch unerledigte Einwendungen des Gemeinde-Ausschusses vorliegen, oder bei denen der Verwaltungsbeamte auf Gesetz-, Pflicht- oder Dienstwidrigkeiten stößet, hat derselbe ohne Verzug eine Untersuchung an Ort und Stelle vorzunehmen, und demnächst nach Maßgabe seines Dienstberufes das Geeignete zu verfügen oder die Verfügung der Regierung oder der sonst vorgesetzten Aufsichtsbehörde einzuholen.

Uebrigens ist das Gesetz vom 17. Mai 1834, das Verfahren wider öffentliche Rechnungsführer betreffend, anwendbar.

Titel V.

Von der Aufrechthaltung der gesetzlichen und dienstlichen Ordnung in den Gemeinden.

§. 92. Aufsichtsbehörden.

Die Aufsicht auf die städtische Verwaltung stehet zunächst der Regierung der Provinz zu.

Die Aufsicht auf die Verwaltung der Landgemeinden führt zunächst der landesherrliche Verwaltungsbeamte (Kreisrath) [1]).

---

[1]) Die weiteren Bestimmungen sind durch die Verodnung v. 28. Nov. 1834 und das Gesetz v. 13. Nov. 1849 außer Kraft gesetzt. S. auch die Kreisverfassung vom 9. September 1867 (oben S. 31) und die Verordnung, betr. die Organisation der Verwaltungsbehörden in dem vormaligen Kurfürstenthum Hessen &c., vom 22. Februar 1867 §§ 6—7 (oben S. 1).

§. 93. Einwirkung der Aufsichtsbehörde auf die Geschäftsführung der Gemeindebehörden.

Die Aufsichtsbehörde, — beziehungsweise da, wo dieselbe nicht zugleich Hoheitsbehörde ist, diese in Ansehung aller Hoheitsrechte des Staats —, ist befugt, unter Beachtung der gesetzlichen Vorschriften und der bestehenden Rechtsverhältnisse

1) die ganze Geschäftsführung der Gemeindebehörden zu beobachten, dafür zu sorgen, daß dieselbe fortwährend im ordnungsmäßigen Gange bleibe, und bekannt gewordene Störungen beseitigt werden, und in dieser Beziehung die ganze Verwaltung der Gemeinde von Zeit zu Zeit, wenigstens alle drei Jahre einmal, und auf einzelne gegebene Veranlassungen nachzusehen oder durch einen Kommissar nachsehen zu lassen, übrigens nach Befinden von einzelnen Vorgängen nähere Kenntniß zu nehmen, auch die Gemeindebehörden zu Beschlüssen über zweckmäßig erachtete Gegenstände zu veranlassen, und insbesondere

a) zu den im §. 84 aufgeführten Ausgaben und Geschäften die Genehmigung auf besondere Vorlage, oder was die Städte betrifft, zunächst bei Gelegenheit des Voranschlags des städtischen Haushaltes, zu ertheilen;

b) von den abgeschlossenen Kämmerei-Rechnungen Einsicht zu nehmen (s. §. 90) und die Rechnungen der Landgemeinden abzuhören (s. §. 91);

c) von Amtswegen alle Mängel abzustellen, bei denen eine Hintansetzung der gesetzlichen Vorschriften oder bestehenden Einrichtungen obwaltet, und namentlich darüber zu halten, daß keine Verfügung oder Maßregel, welche der Einwilligung der Betheiligten oder von einer Gemeindebehörde, oder der Genehmigung oder Bestätigung von Seiten der Aufsichtsbehörde oder der Beistimmung einer Landespolizei- oder Hoheits-Behörde bedarf, ohne dieses Erforderniß ausgeführt werde;

d) im Falle der vom Ortsvorstande selbst nach §. 59 geschehenen Anfechtung eines Beschlusses des Gemeinderathes, sowie bei einer, zwischen dem Gemeinderathe und dem Gemeinde-Ausschusse bestehenden Verschiedenheit der Meinungen über eine des beiderseitigen Einverständnisses bedürfende Angelegenheit, die nöthige Entscheidung zu ertheilen oder zu veranlassen, ferner

e) die Beschwerden Einzelner über die Verletzung der ihnen hinsichtlich des Gemeindeverbandes zustehenden Rechte, namentlich wegen Versagung der Gemeinde-Angehörigkeit, wegen Nöthigung zur Uebernahme der Ortsbürgerpflichten, wegen Entziehung der Stimmfähigkeit u. dgl., zu untersuchen und im Verwaltungswege darüber zu verfügen, auch über die Aufnahme eines Inländers zum Bürger, welchem der Gemeinderath auch auf die Nachweisung aller durch dieses Gesetz vorgeschriebenen Erforderniße die Aufnahme abgeschlagen hat, auf erhobene Beschwerde über letzteren zu entscheiden (vgl. §§. 26, 63 und 64);

f) die Beschwerden über die von Gemeindebehörden verhängten Ordnungsstrafen oder verfügten Zwangsmittel zu prüfen und, wenn jene gegründet befunden worden, deren Abstellung zu bewirken, — und

g) sonst noch in den übrigen Fällen zu entscheiden, welche in gegenwärtigem Gesetze oder in anderen Gesetzen an die Aufsichts- oder sonst zuständige Behörde verwiesen sind;

2) die Geschäftsführung der Ortsvorstände und anderer Gemeindebeamten als Hülfsbeamten des Staats vollständig zu leiten und zu beaufsichtigen, namentlich daher diejenigen, von denselben in gedachter Eigenschaft vorgenommenen Handlungen abzuändern oder aufzuheben, welche gesetz-, rechts- oder zweckwidrig erscheinen, sowie ferner insbesondere zu beaufsichtigen, daß die zur Ausübung der Ortspolizei erforderlichen örtlichen Einrichtungen immer in vollständiger Brauchbarkeit erhalten werden (vgl. §§. 61 und 71).

Ein an die Aufsichts- oder Hoheitsbehörde und etwa weiter an deren Oberbehörde ergriffener Rekurs aber hat aufschiebende Wirkung nur vermöge einer deshalbigen Verfügung der einen oder andern dieser Behörden.

§. 94. Disziplinar-Verfahren gegen Gemeindebehörden.

Die Ortsvorstände und einzelne Mitglieder der Gemeindebehörden, welche den gesetzlichen Vorschriften und den zu deren Vollzuge ihnen hinsichtlich ihrer Geschäftsführung ertheilten Weisungen nicht die gebührende Folge leisten, können hierzu von der Aufsichtsbehörde mit schriftlichen Verweisungen und angemessenen Geldbußen, und zwar bis zu fünf Thalern von Seiten der unteren Aufsichtsbehörden, sowie bis zu zwanzig Thalern von Seiten der Regierung angehalten werden.

Die Aufsichtsbehörde kann auch zu einstweiliger Sicherstellung des Dienstes die vorläufige Suspension derselben vom Amte verfügen, wenn sich nahe Verdachtsgründe eines solchen Vergehens an den Tag legen, welches, wenn es erwiesen wäre, die Entlassung zur Folge haben würde.

§. 95. Entlassung der Gemeindebeamten.

Wegen eines Vergehens, sowie ferner wegen der, im §. 43 des Staatsdienstgesetzes vom 8. März 1831 erwähnten, Dienstwidrigkeiten und unwürdigen Handlungen kann die unfreiwillige Entlassung oder Entsetzung der Gemeindebeamten nur im gerichtlichen Wege erfolgen [1]).

---

[1]) Bezüglich der disziplinaren Verhältnisse der Gemeindebeamten s. jetzt das durch Königliche Verordnung vom 23. September 1867 auch in den neuen Provinzen in Kraft getretene Preußische Disziplinargesetz vom 21. Juli 1852, namentlich §. 78.

§ 96. Entlassung der auf Lebenszeit bestellten Gemeindebiener.

Die unfreiwillige Entfernung der auf Lebenszeit bestellten Gemeindebiener, wegen Verletzung oder Versäumung der Berufspflichten, kann durch dieselben Behörden und Beamten, von denen die Bestellung oder Bestätigung ausgegangen ist, nach genauer Erwägung des gehörig in Gewißheit gesetzten Verschuldens vorgenommen werden [1]).

§ 97. Entlassung der widerruflich bestellten Gemeindebiener.

Die widerruflich oder ausdrücklich auf Kündigung bestellten Gemeindebiener können von dem Gemeinderathe jederzeit entlassen werden [2]).

§. 98. Entlassung wegen verlorener Stimmfähigkeit in Gemeindesachen.

Ueberhaupt ziehet ein Verhältniß, welches die Ausübung der ortsbürgerlichen Stimmfähigkeit in Gemeindesachen hindert (s. §. 27) auch die Entfernung von allen dieselbe voraussetzenden Gemeinde-Aemtern ohne Anspruch auf Pension oder deshalbige Entschädigung nach sich.

§. 99. Einschreiten zur Ordnung bei dem Gemeinde-Ausschusse.

Der Vorsteher des Ausschusses, sowie dessen Stellvertreter, ist nicht allein befugt sondern auch verpflichtet, denjenigen Mitgliedern des Ausschusses, welche ohne genügende Entschuldigung bei den Ausschuß-Versammlungen fehlen, oder in denselben sich ordnungswidrig benehmen, deshalb ernsten Vorhalt zu thun, und sie bei fortgesetzter Ordnungswidrigkeit mit einer Geldbuße von drei gGr. bis zu einem Thaler zu belegen, deren Einziehung zur Gemeindekasse durch den Stadtkämmerer oder Erheber erfolgt.

In jedem Falle sind noch die Vorsteher und Mitglieder des Ausschusses, welche sich der Abstimmung entziehen oder durch sonstige Ordnungswidrigkeit eine gültige Beschlußnahme (s. §§. 65 und 66) verhindern oder deren Vollziehung vereiteln, oder durch Erklärung oder Abstimmung wider besseres Wissen eine Pflicht-Untreue begehen, der Gemeinde für den daraus erwachsenden Schaden dergestalt verantwortlich, daß der Gemeinderath sie im Namen der Gemeinde auf Entschädigung derselben, nöthigenfalls gerichtlich, in Anspruch zu nehmen hat.

§ 100. Auflösung des Gemeinde-Ausschusses.

Würde ein Gemeinde-Ausschuß fortwährend seine Pflichten vernachlässigen oder ihnen sogar zuwider handeln, so kann was die Hauptstädte betrifft, das Ministerium des Innern auf den Bericht der Regierung der Provinz, und in Ansehung der übrigen Orte die Regierung, nach genauer Untersuchung und nach Anhörung des Gemeinderathes, den Ausschuß auflösen, und die Bildung eines

---

1) S. das in der Note zu §. 95 erwähnte Gesetz vom 21. Juli 1852 §§. 88 fg.

2) S. das Gesetz vom 21. Juli 1852 §§. 83 fg.

neuen Ausschusses — nach Befinden aus anderen Ortsbürgern, oder blos mit Einspruch gegen die Wiedererwählung einzelner Mitglieder binnen einem, längstens neunjährigen, Zeitraume anordnen.

§. 100. Vorbehalt gerichtlicher Bestrafung.

Neben den disziplinarischen Ahndungen und den anderen, in den vorhergehenden §§. erwähnten, Maßregeln bleibt in den dazu geeigneten Fällen die gerichtliche Bestrafung der Schuldigen vorbehalten, welche durch das erfolgende Straferkenntniß auch für unfähig zu Gemeinde-Aemtern, oder einer gewissen Art derselben auf drei bis neun Jahre, oder in schweren Fällen selbst auf Lebenszeit, erklärt werden können.

§. 103. Befugniß der Ortsvorstände zu Ordnungsstrafen.

Zur Erhaltung der nöthigen Ordnung in den Geschäften der Gemeindebeamten und der geringeren Diener kann der Ortsvorstand gegen dieselben im Falle von Berufsversäumnissen und anderen, nicht zu gerichtlicher Bestrafung geeigneten, Dienstwidrigkeiten — neben den nöthigen Zurechtweisungen —

1) in den Hauptstädten eine Geldbuße bis zu drei Thalern,

2) in den anderen Städten eine Geldbuße bis zu zwei Thalern, und

3) in den Landgemeinden eine Geldbuße bis zu einem Thaler

verhängen.

Gegen die geringeren Diener kann er auch eine verhältnißmäßige Arrest- oder Arbeitsstrafe verfügen. Zur Sicherstellung des Dienstes kann derselbe auch die vorläufige Suspension der Gemeindediener vom Amte verfügen, wenn sich nahe Verdachtsgründe eines solchen Vergehens an den Tag legen, welches, wenn es erwiesen wäre, die Entlassung zur Folge haben würde.

Gegen Mitglieder des Gemeinderathes findet — außer den Geldbußen, welche für die Fälle eines nicht gehörig entschuldigten Ausbleibens in den Sitzungen und sonst zu Amtsgeschäften, durch gemeinschaftlichen Beschluß festzusetzen und von dem Vorstande auszusprechen sind, — eine disziplinarische Ahndung nur auf den Antrag des Ortsvorstandes von Seiten der Aufsichts- oder Hoheits- und weiter vorgesetzten Behörde Statt.

Alle solche Ordnungsstrafen sind durch den Gemeinde-Erheber zur Gemeindekasse einzuziehen.

§. 104. Zwangsmittel gegen Ortsbewohner überhaupt [1]).

In den Fällen, wo die Aufrechterhaltung der Ordnung bei öffentlichen Verhandlungen, die Ausführung der vom Ortsvorstande kraft seines Dienstberufes erlassenen oder kund gethanen Maßregeln, oder sonst die Sicherung seiner gesetzlichen Wirksamkeit und der Schutz seiner Amtswürde Zwangsmittel erheischet,

[1]) S. jetzt die im VIII. Abschnitt abgedruckte Verordnung über die Polizeiverwaltung in den neuen Provinzen vom 20. September 1867, §. 18.

kann der Ortsvorstand nicht nur die alsbaldige Vorführung, Entfernung oder Verhaftung der Unfolgsamen, Widersetzlichen oder Ruhestörer bis zum Schlusse der Versammlung oder bis zur Beendigung des betreffenden Geschäfts, sowie die erforderliche Ablieferung derselben an die Gerichtsbehörde, verfügen, sondern auch nach Befinden eine Geldbuße

a. in den Hauptstädten bis zu einem Thaler,

b. in den übrigen Städten bis zu sechszehn gGr. und

c. in den Landgemeinden bis zu acht gGr.

aussprechen. Die verhängte Geldbuße wird zur Gemeindekasse eingezogen und für Zahlungsunfähige in Strafarbeit verwandelt, zu deren Vollziehung nöthigenfalls gerichtliche Hülfe anzusprechen und zu leisten ist (vgl. §. 105).

§. 105. Gerichtliche Bestrafung der Beleidigungen und Widersetzlichkeiten gegen Gemeindebehörden.

Von den Gerichten sind die Beleidigungen, welche den Ortsvorständen oder deren Stellvertretern in Ausübung ihres Amtes zugefügt werden, schleunig zu untersuchen und mit angemessener Strenge zu bestrafen. Gleiches gilt von den Widersetzlichkeiten gegen die Verfügung des Ortsvorstandes oder des Gemeinderathes, welche dieselben innerhalb ihres Amtsberufes — namentlich auch in Hinsicht auf Ortspolizei, soweit nicht solche durch Staatsbehörden unmittelbar gehandhabt wird, — erlassen haben und wobei nicht bloße Zahlungsverbindlichkeiten in Frage kommen [1]).

Titel VI.

Vorübergehende Bestimmungen [2]).

§. 106. Verbehalt für die jetzt vorhandenen Gemeindebeamten etc.

Den bei der Verkündigung gegenwärtigen Gesetzes vorhandenen Bürgermeistern, Schultheißen (Greben, Eidgeschwornen), Stadtsekretaren, Stadtschreibern, Stadtkämmerern, Raths- oder Gemeindeschreibern, Erhebern, Vorstehern von Stadttheilen (Quartier-Kommissarien, Viertels- oder Gassenmeistern), Marktmeistern und anderen Gemeindebeamten, sowie ferner den besoldeten Magistratsgliedern (Rathsverwandten, Schöffen), müssen, sofern sie in Folge neuer Wahlen oder sonst wider ihren Willen ihre dermaligen Berufsstellen verlieren, auf ihr Verlangen ihre ständigen und unständigen Besoldungen auf die Zeit ihres deshalbigen Rechtes, gemäß der deshalbigen Feststellung durch die Aufsichtsbehörde, belassen werden.

---

[1]) Wegen des Verfahrens s. jetzt die Strafprozeß-Ordnung vom 25. Juni 1867, namentlich §§. 358 fg.

[2]) Der §. 107 betraf den Amtsantritt der 1834 neu gewählten Gemeindebeamten.

Rücksichtlich der auf Lebenszeit bestellten Ortsvorstände tritt jedoch diese neue Wahl nur unter der Voraussetzung ein, daß zuvor der Gemeinderath und die große Ausschuß-Versammlung ihr Einverständniß erklärt haben.

§. 108. Besondere gerichtliche Geschäfte der Ortsbehörden in der Provinz Hanau.

Die Geschäfte, welche in der Provinz Hanau durch die Hanauische Untergerichts-Ordnung, Titel 8, und die solmsische Landes-Ordnung, Theil 2, Titel 30, hinsichtlich des Hypotheken- und des Landschiederwesens den Ortsbeamten übertragen sind, sollen von denselben auch künftig bis zu anderweiter gesetzlicher Bestimmung fortgesetzt werden.

II. Im ehemaligen Herzogthum Nassau.

1. Gemeindegesetz vom 26. Juli 1854 [1]).

Von der Verfassung und Verwaltung der Gemeinden.

§. 1. Die Auflösung der bestehenden Gemeindebezirke kann nur durch ein Gesetz erfolgen. Trennungen bestehender Gemeindebezirke und dadurch nothwendig werdende Bildung neuer, sowie Veränderungen in der Begrenzung der Gemeindegemarkungen können im Wege des Vertrags unter den betheiligten Gemeinden mit Genehmigung der Landesregierung nach Anhörung des Bezirksraths stattfinden.

§. 2. Die Gemeinden haben vorbehältlich der der Regierung zustehenden Aufsicht das Recht der eigenen Besorgung ihrer Gemeindeangelegenheiten überhaupt, insbesondere der selbstständigen Verwaltung ihres Vermögens nach den Bestimmungen des gegenwärtigen Gesetzes; sie sind verpflichtet, die örtliche Polizei im Auftrage und nach Vorschrift der Regierung zu handhaben, insofern hierfür nicht eine besondere Behörde bestellt wird.

Von den Verwaltungsstellen der Gemeinden.

§. 3. Die Verwaltung in jeder Gemeinde ist dem Gemeinderathe anvertraut; derselbe besteht aus dem Bürgermeister, welchem ein Rathsschreiber beigegeben werden kann, wenn es die Gemeinde für nöthig hält, und den Gemeindevorstehern.

Neben dem Gemeinderath besteht in jeder Gemeinde ein Feldgericht.

§. 4. In den gesetzlich bestimmten Fällen tritt die Gemeindeversammlung oder der von derselben erwählte Bürgerausschuß zur Mitwirkung bei Verwaltung der Gemeindeangelegenheiten zusammen.

---

[1]) Hierdurch sind die Gesetze vom 12. Dezember 1848 und 23. August 1851 aufgehoben.

Von dem Bürgermeister und Gemeinderath.

§. 5. Die Zahl der Mitglieder des Gemeinderathes, welche für drei Jahre gewählt werden, soll außer dem Bürgermeister nicht unter drei und nicht über zwölf betragen. In Gemeinden bis zu 800 Seelen sollen drei, in solchen von 801 bis 1500 Seelen sechs, in solchen von 1501 bis 5000 Seelen neun und in solchen von über 5000 Seelen zwölf Gemeindevorsteher bestellt werden.

§. 6. [An Stelle der §§. 6, 10 und 13 sind durch §. 2 des Gesetzes vom 26. April 1869 folgende Bestimmungen getreten:

Der Bürgermeister und die Gemeindevorsteher werden nach den Vorschriften der zu dem Gemeindegesetz vom 26. Juli 1854 gehörigen Wahlordnung gewählt [1]).

Das Amt eines Bürgermeisters dauert in Gemeinden mit 1500 und mehr Einwohnern zwölf Jahre, in Gemeinden mit weniger Einwohnern sechs Jahre [2]).

Der gewählte Bürgermeister bedarf der Bestätigung, welche in Gemeinden von mehr als 10,000 Einwohnern dem Könige, in Gemeinden von 1500 bis 10,000 Einwohnern der Bezirksregierung und in Gemeinden von weniger als 1500 Einwohnern dem Landrathe zusteht.

Wird die Bestätigung versagt, so ist eine Neuwahl anzuordnen.

Wird dieselbe verweigert, oder wird die Bestätigung zum zweiten Male versagt, so ernennt die Regierung einen Kommissarius, in der Regel aus der Zahl der Gemeindebürger, welcher das erledigte Amt auf Kosten der Gemeinde so lange verwaltet, bis eine Wahl, deren Vornahme der Gemeinde jederzeit freisteht, zu Stande gekommen ist und die Bestätigung erlangt hat. Der Gemeinde steht gegen die Entscheidung der Regierung der Weg der Beschwerde an den

---

1) Diese Wahlordnung findet sich hiernächst abgedruckt.

2) Zufolge §. 4 des Gesetzes vom 26. April 1869 ist die Amtsthätigkeit der dermaligen Bürgermeister erloschen; die auf Lebenszeit gewählten Bürgermeister bleiben jedoch jedenfalls bis zum Ablaufe der in dem gegenwärtigen Gesetze vorgeschriebenen zwölfjährigen, beziehungsweise — unter Zugrundelegung der Volkszählung von 1867 — sechsjährigen, vom Tage ihrer Einführung ab zu berechnenden Amtsdauer in Funktion.

S. auch §. 5: Gemeinden mit 1500 und mehr Einwohnern haben den in Folge der Bestimmungen des §. 4 am 31. Dezember 1869 oder später ausscheidenden Bürgermeistern, falls sie nicht wieder gewählt werden, nach zwölfjähriger Dienstzeit die Hälfte ihrer Diensteinnahme, soweit sie nicht bloß Gebühren für Amtshandlungen oder Ersatz für baare Auslagen bildeten, als Pension zu gewähren. Welcher Theil des Diensteinkommens als bloßer Ersatz für baare Auslagen oder als Gebühren für Amtshandlungen anzusehen, entscheidet in streitigen Fällen der Amtsbezirksrath.

Die Pension fällt fort, oder ruht insoweit, als der Pensionirte durch anderweitige Anstellung im Staats- oder Gemeindedienste ein Einkommen oder eine neue Pension erwirbt, welche mit Zurechnung der ersten Pension sein früheres Einkommen übersteigen.

Oberpräsidenten und an den Minister des Innern, gegen die des Landrathes zunächst an die Regierung offen; eine solche Beschwerde muß in allen Instanzen innerhalb einer Präklusivfrist von vier Wochen nach Zustellung der Entscheidung eingelegt werden.

Wenn kein zweiter Bürgermeister (Bürgermeister-Adjunkt) bestellt ist, wird der Stellvertreter des Bürgermeisters für Verhinderungsfälle von dem Gemeinderathe aus der Zahl seiner Mitglieder erwählt.

Der Bürgermeister-Adjunkt bedarf ebenso wie der Stellvertreter des Bürgermeisters für Verhinderungsfälle der Bestätigung in gleicher Weise wie der Bürgermeister.

Der Gemeinderath bestimmt die dem Stellvertreter zu leistende Vergütung innerhalb der gesetzlichen Grenzen.

Hinsichtlich der Bestrafung der Dienstvergehen der Gemeindebeamten bewendet es bei den Bestimmungen des Gesetzes vom 21. Juni 1852 (Verordnung vom 28. September 1867, Art. 1).]

§. 7. Jedes Jahr tritt ein Drittheil der Mitglieder des Gemeinderathes aus, zuerst die von der ersten Abtheilung, dann die von der zweiten, dann die von der dritten Abtheilung Gewählten.

Die neu Eintretenden werden von derjenigen Abtheilung gewählt, von der die Ausgetretenen gewählt waren.

Der Bürgermeister und die Gemeindevorsteher werden von den Beamten eidlich verpflichtet.

§. 8. Die in den §§. 11 und 16 des Wahlgesetzes enthaltenen Bestimmungen über die Ablehnungsgründe kommen auch zu Anwendung bei dem Austritt des Bürgermeisters und der Gemeindevorsteher aus dem bereits angetretenen Dienste.

§. 9. Es kann auf Vorschlag des Gemeinderaths mit Zustimmung der Gemeinde und nach Genehmigung der Landesregierung ein Beigeordneter (Adjunkt) als Stellvertreter und Gehülfe des Bürgermeisters in derselben Weise, wie dieser, gewählt werden; derselbe bedarf ebenfalls nach §. 6 der Bestätigung der Landesregierung.

Der Beigeordnete (Adjunkt) ist Mitglied des Gemeinderaths, wird aber in die festgesetzte Zahl der Gemeindevorsteher nicht eingerechnet.

§. 10. [S. §. 6.]

§. 11. Der Rathsschreiber wird von dem Gemeinderath auf längere oder kürzere Zeit ernannt. Nach Ablauf dieser Zeit kann der Abtretende wieder ernannt werden. Ausnahmsweise und in besonderen Fällen kann es dem Bürgermeister gestattet werden, einen Scribenten mit Genehmigung der Landesregierung anzunehmen, welcher vom Amte verpflichtet wird. Ueber die Persönlichkeit desselben ist der Gemeinderath zu hören und wenn derselbe erhebliche Einreden dagegen vorbringt, darauf Rücksicht zu nehmen.

Die Bezahlung dieses Scribenten liegt dem Bürgermeister ob und die Landesregierung wird durch besondere Instruktionen bestimmen, ob und welche Geschäfte derselbe selbstständig verrichten kann.

§. 12. Das Amt des Bürgermeisters ist ein Ehrenamt.

Neben den Gebühren, welche ihm nach der Instruktion zukommen, bezieht derselbe als Entschädigung für Auslagen und Zeitversäumniß eine Vergütung und eine Aversionalsumme für Schreibmaterialien aus der Gemeindekasse.

Die erste Vergütung darf nicht unter zwanzig Kreuzer und nicht über Einen Gulden dreißig Kreuzer auf die Familie betragen und wird von der Landesregierung nach Anhörung des Gemeinderaths und des Bezirksraths festgesetzt.

Das Aversum für Schreibmaterialien darf bei Gemeinden

von 300 Seelen nicht über 9 fl.;
von 300 bis 1000 Seelen nicht über 15 fl.;
von 1000 bis 2000 Seelen nicht über 20 fl.;
von 2000 bis 4000 Seelen nicht über 30 fl.;
von 4000 bis 6000 Seelen nicht über 45 fl.;
von 6000 und mehr Seelen nicht über 60 fl.

betragen.

Die Mitglieder des Gemeinderaths verrichten ihr Amt unentgeltlich; nur dann, wenn sie in Gemeindeangelegenheiten, mit Ausnahme der Gänge an das Amt, welche durch ihr eigenes Verschulden herbeigeführt worden sind, über zwei Stunden von ihrem Wohnort gehen müssen, erhalten sie eine Entschädigung, welche in der Instruktion näher bestimmt werden wird.

Der Rathsschreiber bezieht einen, von dem Gemeinderathe mit der Zustimmung der Gemeinde vor der Ernennung festzusetzenden Gehalt.

§. 13. [S. §. 6.]

§. 14. Der Gemeinderath berathschlagt und beschließt über alle Angelegenheiten die nach den Gesetzen, sowie nach den Verfügungen der Verwaltungsbehörde seiner Berathung unterworfen werden und über alle Gemeindeangelegenheiten, namentlich über die Anstellung und den Gehalt des Gemeindedienstpersonals [1]), mit Ausnahme der Hebammen, der Förster und Schullehrer, über die Bürgeraufnahme und Antritt des angebornen Bürgerrechts; über Alles, was auf die Verwaltung, Vermehrung und Verminderung des Gemeindevermögens Bezug hat;

---

[1]) S. die Note zu §. 56 der Hessischen Gemeindeordnung (oben S. 69). Im Gebiete des vormaligen Herzogthums Nassau gelten als Städte im Sinne des Allerhöchsten Erlasses vom 22. September 1867 alle nicht zur vierten Gewerbesteuer-Abtheilung gehörigen Ortschaften.

hinsichtlich aller jener Gegenstände jedoch vorbehältlich der Bestimmungen über die Mitwirkung der Gemeindeversammlung, beziehungsweise des Bürgerausschusses und derjenigen über die obere Aufsicht des Amts und der Landesregierung.

Ein besoldeter Gemeindebienst ist unverträglich mit der Stelle eines Gemeindevorstehers während der Dauer seines Amtes.

§. 15. Die Verhandlungen des Gemeinderathes sind öffentlich, mit Ausnahme derjenigen über rein persönliche Angelegenheiten, und die Berathung und Beschlußfassung geschieht kollegialisch.

Der Beschluß wird nach Stimmenmehrheit gefaßt. Bei Stimmengleichheit entscheidet die Stimme des Bürgermeisters. Ueber den Gang der Verhandlungen ist ein Protokoll aufzunehmen, welches alle anwesenden Mitglieder zu unterschreiben haben.

Zur Gültigkeit des Beschlusses ist erforderlich, daß der Bürgermeister oder dessen Stellvertreter und mehr als die Hälfte der Gemeindevorsteher anwesend sind.

§. 16. In den Gemeinden von einer Bevölkerung über 1500 Seelen muß sich der Gemeinderath in der Regel wöchentlich einmal, in den Gemeinden von geringerer Seelenzahl monatlich zweimal versammeln, wenn nicht besondere Veranlassungen außerordentliche Versammlungen nöthig machen.

§. 17. Bei der Berathung und Beschlußfassung über solche Gegenstände, welche den Bürgermeister oder ein Mitglied des Gemeinderaths oder deren Eltern und Kinder, deren Großeltern und Enkel, seine Geschwister oder aller Genannten Ehegatten persönlich angehen, hat dieses Mitglied der Theilnahme sich zu enthalten und aus der Versammlung auszutreten.

§. 18. Der Bürgermeister ist Vorstand des Gemeinderathes und bringt als solcher die Gegenstände zum Vortrag und die Beschlüsse zum Vollzug, verkündigt und vollzieht die Gesetze, die allgemeinen und besonderen Verordnungen, sowie die Verfügungen der Herzoglichen Behörden. Alle amtlichen Erlasse werden an ihn gerichtet und er unterzeichnet alle Ausfertigungen. Er hat die Gemeinderegistratur und das Gemeindesiegel, bann mit dem ältesten Gemeindevorsteher die vorhandenen Werthpapiere in Verwahrung. Er führt die Aufsicht über das Gemeindevermögen und leitet dessen Verwaltung, sowie die öffentlichen Bauten der Gemeinde. Er handhabt die Ortspolizei im Auftrag und unter Leitung der Regierung. In Ortspolizeisachen erläßt er die erforderlichen Verbote und Gebote mit Androhung bestimmter Strafen für den Uebertretungsfall, welche drei Gulden oder sechs Tage Arbeit nicht übersteigen dürfen.

Gegen Uebertreter von Polizeiverordnungen hat er Geldstrafen bis zu drei Gulden und im Falle der Vermögenslosigkeit Arbeitsstrafen bis zu sechs Tagen zum Besten der Gemeindekasse zu erkennen. Die Aemter sind befugt, nicht vollziehbare Geld- oder Arbeitsstrafe im Verwaltungsweg in Gefängniß zu verwandeln und zum Vollzuge zu bringen.

§. 19. Der Rathsschreiber führt und beglaubigt das Protokoll, besorgt die Ausfertigungen des Bürgermeisters und Gemeinderaths.

Die Schullehrer sind zur Annahme von Gemeindeämtern nur dann berechtigt, wenn die Landesregierung ausnahmsweise die Genehmigung ertheilt.

Von den Feldgerichten[1]).

§. 20. Neben dem Gemeinderath besteht in jeder Gemeinde ein Feldgericht als die Lokalbehörde für die Mitwirkung bei der Verwaltung der freiwilligen Gerichtsbarkeit.

Das Feldgericht besteht aus dem Bürgermeister und drei bis neun Feldgerichtsschöffen, nach der Größe der Bevölkerung und der Gemarkung.

§. 21. Die Feldgerichtsschöffen, deren Amt lebenslänglich dauert, sollen zur Klasse der vermögenden Guts- oder Häuserbesitzer gehören und sollen anerkannt redliche, der Gemarkung und Landwirthschaft kundige Männer sein. Sie werden von dem Amt nach gutachtlichem Vorschlag der Gemeinde, beziehungsweise des Bürgerausschusses und des Feldgerichts ernannt und verpflichtet. Bei jedem eintretenden Erledigungsfalle werden dem Amte zwei Personen von der Gemeinde, beziehungsweise dem Bürgerausschusse, und zwei von dem Feldgerichte vorgeschlagen.

Das Amt des Feldgerichtsschöffen dauert in der Regel lebenslänglich, doch steht dem Amt die Entlassung zu, gegen welchen Beschluß ein Rekurs an das Hofgericht und nicht weiter stattfindet.

Die Funktionen eines Gemeindevorstehers können mit denen eines Feldgerichtsschöffen verbunden werden.

§. 22. Dem Feldgericht ist die Aufsicht über die Gemarkungsgrenzen und die Grenzen der Privatgüterstücke anvertraut. Es führt zu dem Behufe die vorhandenen Lagerbücher und sonstige zur Sicherung des Grundeigenthums dienende Bücher, es nimmt die vorkommenden Vermessungen und Aussteinungen nach Maßgabe der deßfallsigen näheren Bestimmungen vor; es führt das Hypothekenbuch und fertigt die zur Errichtung der Hypotheken, sowie bei dem Uebergang von Grundeigenthum durch Kauf, Tausch rc. vorgeschriebenen Auszüge und Atteste und sonstige Urkunden nach Maßgabe der deßfallsigen Gesetze und Verordnungen aus; es hat in Fällen, wo die Interessenten nicht andere Taxatoren wählen, oder durch Gesetze andere Schätzer bestimmt sind, den Werth der Grundstücke sowohl

---

1) Bezüglich der Mitwirkung der Bürgermeister und der Feldgerichte bei der Justizverwaltung s. die Instruktion v. 2. Januar 1863. Den Feldgerichten, Bürgermeistern und Ortsgerichten ist die ihnen übertragene Mitwirkung in Rechtssachen verblieben. Verordnung v. 26. Juni 1867. S. §. 14. Nr. 2 und 3 des Reichs-Gerichtsverfassungsgesetzes vom 27. Januar 1877.

als anderer zur Landwirthschaft gehörigen Gegenstände, z. B. Vieh, Früchte, Ackergeräthschaften rc. abzuschätzen.

Die Art der Vollziehung, sowie die Gebühren für die einzelnen Verrichtungen, werden in der Instruktion bestimmt.

Einen Gehalt haben die Feldgerichtsschöffen nicht anzusprechen.

§. 23. Der Bürgermeister leitet alle Geschäfte des Feldgerichts. Er erläßt mit dem Feldgericht in Polizeisachen unter Androhung bestimmter Strafen für den Uebertretungsfall, welche drei Gulden oder sechs Tage Arbeit nicht übersteigen dürfen, die erforderlichen Ge- und Verbote, welche den bestehenden Gesetzen, Verordnungen und Instruktionen nicht widersprechen, gegen welche, jedoch ohne Suspensiveffekt, Rekurs an die Verwaltungsbehörden statthaft ist.

Die Strafen werden von dem Bürgermeister angesetzt. Wird das erlassene Ge- und Verbot als gesetzwidrig annullirt, so sind damit von selbst auch die in Folge desselben erkannten Strafen aufgehoben und ist die Sistirung der Beitreibung oder die Rückerstattung derselben zu verfügen.

Der Bürgermeister kann in Nothfällen mit Zuziehung von vier Testamentszeugen Testamente aufnehmen. Er zeigt die Sterbfälle aller Personen an, welche eigenthümliches Vermögen hinterlassen und bei deren Nachlassenschaft die Rechte von abwesenden, minderjährigen und bevormundeten Personen zur Sprache kommen. Er nimmt, wo dies von dem Beamten nicht selbst geschieht, die Versiegelung und Entsiegelung von Verlassenschaften vor. Er hat bei Inventarisationen und Erbtheilungen nach den gesetzlichen Vorschriften mitzuwirken. Er zeigt die Fälle an, wo Vormundschaften und Curatelen anzuordnen sind und schlägt mit dem Feldgericht den Vormund oder Curator vor, hat auch bei der Begutachtung von Veräußerungen des Immobiliarvermögens dispositionsunfähiger Personen mitzuwirken. Er ist berechtigt und verpflichtet, Namensunterschriften von Angehörigen seiner Gemeinde zu beglaubigen, sowie auf Ansuchen der Betheiligten die Eröffnung von einseitigen Willenserklärungen an Angehörige seiner Gemeinde nach Maßgabe der Bestimmungen der Verordnung vom 16. Juni 1841 vorzunehmen. Er besorgt die in der Verordnung über Viehhändel den Ortsvorgesetzten aufgetragenen Funktionen. Er nimmt die Versteigerungen vor, die nicht von den Landoberschultheißen zu vollziehen sind.

Von der Gemeindeversammlung.

§. 24. Zum Erscheinen bei der Gemeindeversammlung sind alle Bürger berechtigt und diejenigen verpflichtet, welche in der Gemeinde ihren ständigen Wohnsitz haben.

Der Bürgermeister kann Strafen des nicht gerechtfertigten Ausbleibens festsetzen, deren Betrag einen Gulden nicht übersteigen darf.

Jeder muß in Person erscheinen, Vertretung findet nicht statt.

§. 25. Zu der Gültigkeit eines Gemeindebeschlusses wird erfordert:

1) daß sämmtliche stimmfähige Gemeindebürger unter Angabe des Gegenstandes der Berathung zeitig zu der Gemeindeversammlung geladen worden sind. Die Art der Vorladung wird durch eine Instruktion bestimmt;

2) daß wenigstens zwei Drittheil davon erschienen sind;

3) daß mehr als die Hälfte der Stimmen aller erschienenen abstimmenden Bürger sich für eine Meinung entschieden hat.

Die Abstimmung geschieht öffentlich, jedoch kann durch Stimmenmehrheit auch eine geheime Abstimmung beschlossen werden.

§. 26. Die nachstehenden Gegenstände gehören zur Berathung und Beschlußfassung durch die Gemeindeversammlung:

1) alle Veräußerungen des unbeweglichen Gemeindevermögens;

2) die Erwerbung unbeweglicher Güter, insofern deren Anschlag in den kleineren Gemeinden den Betrag von 100 fl., in den größeren Gemeinden über 1000 Seelen von 300 fl. übersteigt;

3) alle Verwendungen des Grundstockvermögens zu laufenden Bedürfnissen, insofern sie nach den Gesetzen zulässig sind;

4) die Kapitalaufnahmen, wenn die aufzunehmenden Gelder nicht zur Tilgung aufgekündigter Kapitalien verwendet werden sollen;

5) alle Waldausstockungen und außerordentlichen Holzhiebe;

6) alle Abänderungen im Allmendengenuß und Veränderungen des Gemeindeguts in der Kultur und die Verpachtung von bisher in anderer Benutzungsart gestandenen Gemeindegrundstücken und Gerechtsamen;

7) die Einführung neuer Abgaben zur Gemeindekasse oder Abänderung der bestehenden;

8) die Vornahme von Veräußerungen und Verpachtungen außer dem Wege der Versteigerung, der Abschluß von Vergleichen und die Führung von Rechtsstreitigkeiten unter den in den §§. 55 bis 61 enthaltenen Vorschriften;

9) die Entscheidung über die Annahme eines Rathsschreibers und zweiten Bürgermeisters nach den Bestimmungen in den §§. 3. 9 und 12;

10) die Entscheidung darüber, ob nach den Vorschriften in §. 34 Verwendungen aus der Gemeindekasse zu kirchlichen Zwecken gemacht werden sollen;

11) die Verträge, durch welche die Gemeinde eine fortwährende Last gegen Entschädigung übernimmt, so wie die Privatverträge mit einem Mitgliede des Gemeinderaths, nach §. 57 und

12) die Vergleiche über Rechte an Immobilien, sowie solche, wobei die Gemeinde mehr als hundert Gulden an ihrem Anspruche aufgibt, nach §. 58.

Von dem Bürgerausschuß.

§. 27. In denjenigen Gemeinden, welche mehr als 1500 Seelen haben, werden diejenigen Funktionen, welche der Gemeindeversammlung zustehen, von dem Bürgerausschusse ausgeübt.

In denjenigen Gemeinden, welche weniger als 1500 Seelen haben, kann dies auf Antrag der Gemeinde, unter Zustimmung des Bezirksraths, geschehen.

§. 28. Der Bürgerausschuß wird nach den Bestimmungen des Wahlgesetzes gewählt, dergestalt, daß die Zahl der Mitglieder des Ausschusses sechsmal so groß ist, als die Zahl der Mitglieder des Gemeinderathes. Der Vorsitzende in dem Bürgerausschuß ist der Bürgermeister; der Gemeinderath muß zugegen sein, hat Anträge zu stellen und Auskunft zu ertheilen. Die Mitglieder des Gemeinderaths haben aber nur dann Stimmrecht, wenn sie in den Ausschuß gewählt sind.

§. 29. Der Bürgerausschuß wird auf drei Jahre gewählt, und erneuert sich jedes Jahr zu einem Drittheil nach den in §. 7 für den Austritt der Gemeindevorsteher enthaltenen Bestimmungen.

Von der Verwaltung des Gemeindevermögens.

§. 30. Alles bewegliche und unbewegliche Vermögen der Gemeinde ist Eigenthum der mit einer immerwährenden Persönlichkeit versehenen Gesammtheit der gegenwärtigen und künftigen Bürger derselben.

§. 31. Der Ertrag des Gemeindevermögens ist zur Bestreitung der Bedürfnisse der Gemeinde nach den Vorschriften dieses Gesetzes bestimmt.

Abänderungen an der üblichen Vertheilung der Gemeindenutzungen können auf Beschluß der Gemeinde vorgenommen werden, wenn dieser Beschluß die Genehmigung des Bezirksraths erhalten hat.

§. 32. Die Bewirthschaftung der Gemeindewaldungen unterliegt den Gesetzen über die Forstverwaltung.

Von den Einnahmen und Ausgaben der Gemeinde.

§. 33. Außer dem Ertrage aus Gemeindewaldungen, Gemeindegrundstücken und Gemeindeberechtigungen verbleiben den Gemeinden alle Einnahmen, welche bisher gebräuchlich oder nach ergangenen gesetzlichen Bestimmungen in die Gemeindekasse geflossen sind.

Soll in Beziehung auf die Letzteren eine Abänderung eintreten, so ist der Beschluß der Gemeinde und die Genehmigung des Bezirksraths erforderlich.

§. 34. Aus der Gemeindekasse werden in der bisherigen Weise die Kosten der Gemeindeverwaltung und der für die Gemeinde und den Gemeindebezirk gemachten gemeinnützigen Anstalten bestritten.

Insbesondere gehören dahin:

1) die Besoldungen der nach diesem Gesetze für die Verwaltung der Gemeinde anzustellenden Gemeindebeamten und die Löhne anderer unentbehrlicher Gemeindediener;
2) die Beiträge zu den Gehalten der Medicinalbeamten und Hebammen nach dem Edikt vom 14. März 1818, der Thierärzte nach dem Edikt vom 24. März 1843;
3) die Besoldung der Forstbeamten nach dem Edikt vom 9. November 1816 und des Forstschutzes, sowie alle auf Verwaltung des Gemeindevermögens zu verwendenden Kosten;
4) die Kosten des Volksschulunterrichts, sowohl die Besoldungen der Lehrer, als die durch Erbauung und Unterhaltung der Schulhäuser und Anschaffung aller übrigen Schulbedürfnisse entstehenden Kosten: Alles nach Maßgabe der allgemeinen Schulordnung vom 24. März 1817;
5) die Kosten der Anlage und Unterhaltung der Gemeindehäuser, Glocken, Uhren und Glockenseile;
6) die Kosten der Anlage und Unterhaltung der in der Ortsgemarkung bestehenden und nothwendigen Vicinalwege und sonstiger öffentlicher Wege, der Brunnen, Todtenhöfe, Feuerlöschanstalten und aller sonstigen Bedürfnisse der Ortspolizei;
7) die auf Förderung und Emporbringung des Ackerbaues und der Viehzucht zu verwendenden Kosten;
8) der zur Unterstützung der Ortsarmen erforderliche Aufwand, soweit die dafür bestimmten besonderen Fonds nicht ausreichen, nach Maßgabe des Edikts vom 18. December 1848;
9) im Allgemeinen alle auf die Förderung gemeinheitlicher Zwecke zu verwendenden Ausgaben.

Das Gemeindevermögen bleibt vom Kirchen- und Pfarrvermögen getrennt. Verwendungen zu kirchlichen Zwecken aus den Gemeindekassen sind nach Gemeindebeschluß mit Genehmigung des Bezirksraths und der Landesregierung zulässig, wenn die Gemeinde schuldenfrei oder für die Abtragung der noch vorhandenen Schulden der Fonds nach Maßgabe dieses Gesetzes disponibel gestellt ist, wenn dadurch eine Steuererhebung zur Gemeindekasse für das laufende Jahr nicht veranlaßt wird, wenn ferner die Gemeindebürger einer und derselben Confession angehören oder die zu einer anderen Confession gehörenden Bürger für ihr Kopftheil an der bewilligten Summe Entschädigung aus der Gemeindekasse erhalten oder darauf verzichten.

§. 85. Reichen die Einkünfte aus dem Gemeindevermögen zur Bestreitung des Bedarfs nicht aus und wird dieser auch durch andere Gemeindeeinnahmen nicht gedeckt, so wird das Fehlende durch direkte Besteuerung ergänzt.

§. 36. Die Erhebung der direkten Steuern zu Gemeindebedürfnissen geschieht nach den für die Staatssteuer bestehenden Katastern des Gemeindebezirks. Auch die den Gemeindegemarkungen einverleibten Waldbistrikte sind bei Steuererhebung für die Gemeindekasse beitragspflichtig, vorbehältlich der in dem Gesetz vom 27. September 1849 enthaltenen Bestimmungen.

§. 37. Mehr als drei Simpel direkter Steuern [1]) dürfen zur Bestreitung der Gemeindebedürfnisse nicht erhoben werden. Reichen dieselben zur Bestreitung der ständigen nothwendigen Gemeindeausgaben nicht hin, so ist von dem Gemeinderath der Antrag auf die Einführung einer nach Erhebungsart und Betrag zu begutachtenden Abgabe zeitig bei der Gemeindeversammlung und dem Amte zu stellen.

§. 38. Außer den Diensten, welche im Interesse der Ortspolizei, namentlich in Bezug auf Wachedienst und Feuerlöschanstalten den einzelnen Bürgern obliegen, hat nach dem Beschluß des Gemeinderaths jeder Bürger die Verpflichtung, selbst oder durch einen Stellvertreter jährlich an höchstens zehn Tagen zu Zwecken der Gemeindeverwaltung Dienste durch Handarbeit oder, wenn er eine Fuhre zur Betreibung eines Gewerbes oder der Landwirthschaft besitzt, durch sein Gespann zu leisten.

§. 39. Von Spanndienst ist Niemand befreit.

Frei von Gemeindediensten sind nur diejenigen Bürger und Wittwen, welche wegen Gebrechlichkeit zu persönlichen Leistungen unfähig sind und wegen Vermögenslosigkeit oder aus Mangel eines erwachsenen in ihrem Brode stehenden Familiengliedes einen Stellvertreter nicht einstellen können.

Der Gemeinderath entscheidet über die Zulässigkeit der Befreiungsgesuche vorbehältlich des Rekurses an das Amt; dasselbe gilt überhaupt von den Beschwerden über den Vollzug der in den §§. 38 und 39 enthaltenen Vorschriften.

Die in einer Gemeinde temporär sich Aufhaltenden sind, auch wenn sie Gewerbsteuer zur Gemeindekasse bezahlen, von Gemeindediensten befreit.

Ebenso sind sowohl vom Wachedienst, als von allen Handdiensten befreit:

1) die Pensionäre und die Wittwen der in §. 69 unter pos. 2 benannten Diener;
2) die Bürgermeister und Rathsschreiber;
3) die Schullehrer;
4) die Förster und Feldschützen;
5) die Gemeindediener und Polizeidiener;
6) die Ehemänner der Hebammen.

Desgleichen sind die pos. 1 genannten Personen von den Feuerlöschdiensten befreit.

---

1) S. unten den VII. Abschnitt.

§. 40. Eine weitere, als die in §. 38 festgesetzte unentgeltliche Leistung von Fuhr- und Handdiensten kann nur dann gefordert werden, wenn dies in einer Gemeindeversammlung beschlossen wird, worin sowohl zwei Drittel der Fuhrenbesitzer, als auch zwei Drittel derjenigen, welche kein Zugvieh besitzen, einwilligen.

Von den Anlehen der Gemeinden.

§. 41. Kapitalaufnahmen, welche zur Abtragung aufgekündigter Kapitalien gemacht werden, beschließt der Gemeinderath.

Zu andern Anlehen ist die Einwilligung der Gemeinde und die Zustimmung des Bezirksrathes und der Landesregierung erforderlich. Dieselben können nur dann stattfinden, wenn die ordentlichen Einkünfte der Gemeinde erschöpft und zu einer unvermeidlichen oder höchst nützlichen Ausgabe keine andern zweckmäßigeren außerordentlichen Einnahmen aufzufinden sind.

§. 42. Zur Tilgung der Gemeindeschulden werden folgende Einnahmen der Gemeinden bestimmt:

1) eingehende Aktivkapitalien, die in den §§. 74 und 85 bezeichneten Gebühren für den Antritt oder die Erwerbung des Bürgerrechts, Ablösungssummen von abgelösten Zehnten, Grundzinsen und Gülten;
2) der Erlös von veräußertem liegenden Vermögen der Gemeinde und von Realberechtigungen, insoweit hierzu, sowie bei pos. 1, die Genehmigung der vorgesetzten Behörde erfolgt;
3) Erlös von außerordentlichen Holzfällungen;
4) ist keine der Einnahmen unter pos. 1, 2 und 3 vorhanden oder reichen die vorhandenen nicht aus, so sind zur Schuldentilgung Steuern, welche jedoch mit denjenigen für die laufenden Bedürfnisse drei Simpel nicht übersteigen dürfen, zu erheben.

Diese Einnahmen dürfen zu keinem andern Zwecke, als dem der Schuldentilgung verwendet werden. Nur wenn die Einziehung eines Aktivkapitals, eine Veräußerung oder eine außerordentliche Holzfällung ausdrücklich zur Bestreitung einer außerordentlichen Ausgabe der Gemeinde beschlossen worden ist, hat der Schuldentilgungsfonds keinen Anspruch.

Sind Theile des Grundstockvermögens zur Schuldentilgung verwendet worden, so muß der Grundstock sobald als thunlich wieder ergänzt werden.

Von der Vertheilung des Grundvermögens.

§. 43. Die Vertheilung von Gemeindewaldungen oder Gemeindegrundstücken an die Gemeindebürger zum Eigenthum ist unstatthaft.

Eine Vertheilung von Gemeindegrundstücken zum unentgeltlichen Genusse der Gemeindebürger auf bestimmte Zeit kann in Folge eines Gemeindebeschlusses stattfinden, wenn zur Bestreitung der Gemeindebedürfnisse keine Steuern erhoben werden, oder in Folge dessen erhoben werden müssen. Andernfalls kommt der §. 31 dieses Gesetzes zur Anwendung.

§. 44. Ist nach Bestreitung der Gemeindebedürfnisse aus den Einkünften der Gemeinde und nach deren etwaiger Verwendung zu kirchlichen Zwecken (§. 34) ein Ueberschuß vorhanden, so ist, wenn keine Schulden vorhanden sind, mindestens die Hälfte des Ueberschusses für künftige größere Ausgaben zu Kapital zurückzulegen. Der übrige Theil des Ueberschusses kann nach Gemeindebeschluß entweder zum Grundstockvermögen geschlagen oder unter die Gemeindebürger vertheilt werden, wenn dies die Erhebung von Gemeindesteuern in den nächsten Jahren voraussichtlich nicht zur Folge hat.

§. 45. Zur Theilnahme an den Gemeindenutzungen sind nur die recipirten Gemeindebürger berechtigt. Die Wittwen der Gemeindebürger erhalten während ihres Wittwenstandes den vollen Antheil, welcher ihrem verstorbenen Ehemann, wenn er noch am Leben wäre, würde zugefallen sein.

§. 46. Jede Vertheilung geschieht nach Köpfen durch das Loos in möglichst gleichem Werthe, unbeschadet jedoch der auf einem besonderen Rechtstitel begründeten Ansprüche auf eine andere Art der Theilnahme.

Von der Erwerbung, Veräußerung und Verpachtung des Gemeindevermögens und Kulturveränderungen.

§. 47. Die Erwerbung von Liegenschaften und Berechtigungen beschließt der Gemeinderath.

Bei einem Kostenbetrag von mehr als 100 fl. in den kleineren Gemeinden und von 300 fl. in den größeren Gemeinden, über 1000 Seelen, ist die Zustimmung der Gemeinde erforderlich.

§. 48. Veräußerungen, mit Ausnahme derjenigen bei einer Expropriation, namentlich Verkauf, Vertauschung von Gemeindegrundstücken und Gemeindeberechtigungen, können nur nach einem Beschluß der Gemeinde mit Zustimmung des Bezirksraths vorgenommen werden.

§. 49. Die Genehmigung zu einem Verkauf kann von dem Bezirksrath nur dann ertheilt werden, wenn die zu veräußernden Gebäude für die Gemeinde nicht mehr nothwendig sind und die zu veräußernden Grundstücke wegen großer Entfernung oder aus einem anderen Grunde der Gemeinde von weit geringerem Nutzen sind, als der Erlös aus denselben gewähren würde.

Der zu erzielende Betrag des Erlöses ist nach Maßgabe der Taxe und anderer Verhältnisse als Bedingung bei der Ertheilung der Genehmigung zu bestimmen.

§. 50. Ueber Verpachtung von bisher in anderer Benutzungsart gestandenen Gemeindegrundstücken und Gerechtsamen, sowie über Veränderung des

Gemeindeguts in der Kultur beschließt der Gemeinderath mit Zustimmung der Gemeinde.

Ausstockung eines Waldes und außerordentliche Holzfällungen können nur nach einem Beschluß der Gemeinde mit Genehmigung des Bezirksraths stattfinden.

§. 51. Der Gemeinderath beschließt über die Genehmigung abgehaltener Verpachtungen von Gemeindeliegenschaften und Berechtigungen, über Verwerthung des Ertrags des Gemeindeguts, sowie über Veräußerung und Vertauschung alles beweglichen Gemeindevermögens.

§. 52. Alle in der Gemeindeverwaltung vorkommenden Verkäufe und Verpachtungen müssen in öffentlicher Versteigerung geschehen. Zur Vornahme der Versteigerungen für die Gemeinde ist der Bürgermeister verpflichtet.

Eine andere Art der Veräußerung und Verpachtung kann nur stattfinden, wenn ein beweglicher Gegenstand einmal und ein unbeweglicher zweimal vergeblich zur öffentlichen Versteigerung ausgesetzt war, oder wenn der Gemeinderath mit der Gemeinde eine andere Veräußerungs- oder Verpachtungsart zweckmäßig findet.

Die Abgabe von Nothholz dagegen erfolgt nach Maßgabe der Verordnung vom 15. Juli 1813 mit dem Unterschiede, daß bei Holzabgaben, welche den Betrag von fünfzehn Gulden übersteigen, statt der früher erforderlich gewesenen amtlichen Genehmigung, jetzt diejenige des Gemeinderaths zu ertheilen ist.

§. 53. Der Erlös aus veräußerten Grundstücken und Gebäuden, von Waldausstockungen und außerordentlichen Holzfällungen, sowie der Erlös für veräußerte Gerechtsamen und die Reluitionssummen von abgelösten Zehnten, Grundzinsen und Gülten müssen vom Grundstockvermögen gezogen, und daher, wenn sie nicht zur Schuldentilgung erforderlich sind, als Kapital angelegt oder zu neuen Erwerbungen benutzt werden; das Gleiche gilt von abgelegten Aktivkapitalien.

Darlehen dürfen nur an inländische öffentliche Fonds gegen einfache Schuldscheine und an Private dann gegeben werden, wenn der doppelte Betrag des Kapitals in Liegenschaften im Herzogthum zum Unterpfande verschrieben wird.

§. 54. Die Aktivkapitalien der Armenfonds und Schulfonds müssen unter allen Umständen erhalten werden.

Von den Verträgen und von der Prozeßführung.

§. 55. Die Anstellung derjenigen Gemeindebediensteten, welche nicht zu den in den §§. 3, 4 und 11 erwähnten Gemeindeverwaltungsbehörden gehören, wird durch von dem Gemeinderathe abzuschließende Verträge bewirkt.

Eine Ausnahme findet statt in Bezug auf das Medicinal-, Forst- und Schullehrerpersonal, bezüglich dessen die Bestimmungen der landesherrlichen Edikte über die Medicinal-, Forst- und Schulorganisation in Kraft bleiben.

Die Viehhirten werden, wenn solche ihren Lohn aus der Gemeindekasse beziehen, von dem Gemeinderath und den Viehhaltern angenommen, andernfalls bleibt deren Annahme und die Bestimmung ihres Lohns den Viehhaltern unter Mitwirkung des Bürgermeisters überlassen.

Die Anstellung der Feldschützen und die Entlassung derselben erfolgt durch das Amt nach Anhörung des Gemeinderaths.

§. 56. Verträge, welche eine Lieferung von beweglichen Sachen, eine Leistung, oder zum laufenden Dienst erforderliche Anschaffungen und Kostenaufwendungen zum Gegenstand haben, genehmigt der Gemeinderath, wenn die dafür zu entrichtende Summe aus den im Voranschlage aufgenommenen Einkünften der Gemeinde bestritten werden kann.

Bei den Arbeiten und Lieferungen für die Gemeinde ist in der Regel der Weg einer Versteigerung oder Submission einzuhalten, nachdem vorher ein Kostenüberschlag eingeholt worden ist.

Ausnahmen finden statt wegen Geringfügigkeit des Gegenstandes, oder wo der Versuch einer Versteigerung oder Submission vergeblich gemacht worden, oder nach der Natur des Geschäfts nicht wohl ausführbar ist.

Bei dem Gemeindebauwesen haben die Landbaumeister als Sachverständige in der bisherigen Weise mitzuwirken.

Uebersteigt der Kostenbetrag nicht fünf Gulden, so ist der Bürgermeister zur Abschließung eines mündlichen Akkords ermächtigt, und kann die Ausführung sofort vornehmen lassen.

§. 57. Verträge, durch welche die Gemeinde eine fortwährende Last gegen Entschädigung übernimmt (wie z. B. die bis dahin einem Dritten obgelegene Unterhaltung des Fasselviehes) bedürfen der Zustimmung der Gemeinde. Uebersteigt der Entschädigungsbetrag bei Gemeinden bis zu 1000 Seelen 50 fl. und bei solchen über 1000 Seelen 150 fl., so ist die Genehmigung des Bezirksrathes erforderlich. Ebenso können Privatverträge mit einem Mitgliede des Gemeinderaths nur mit Zustimmung der Gemeinde abgeschlossen werden.

§. 58. Vergleiche über Rechte an Immobilien, sowie solche, wobei die Gemeinde mehr als 100 fl. an ihrem Anspruch aufgibt, bedürfen der Zustimmung der Gemeinde.

§. 59. Erfüllt eine Gemeinde ihre persönlichen Verbindlichkeiten nicht, so kann sich der Forderungsberechtigte vor Anstellung der Klage an das Amt beschwerend wenden, insofern er nicht vorzieht, den Rechtsweg sogleich zu betreten. Dieses hat den Gemeinderath darüber binnen vierzehn Tagen zu vernehmen, und wenn solcher die Richtigkeit der Forderung anerkennt, binnen vier Wochen von dem Tage des dem Gläubiger zu eröffnenden Anerkenntnisses an gerechnet, für die Befriedigung desselben aus den ordentlichen oder außerordentlichen Mitteln der Gemeinde zu sorgen. Erfolgt die Befriedigung des Gläubigers nicht, so steht es ihm frei, bei der Landesregierung darüber Beschwerde zu führen. Hat der Gemeinderath die Richtigkeit der Forderung in dem anberaumten Termin nicht anerkannt, so ist dem Gläubiger unter Eröffnung der Gründe des verweigerten Anerkenntnisses sogleich davon Nachricht zu geben.

§. 60. Im Wege der Hülfsvollstreckung kann in das Gemeindevermögen nicht eingegriffen werden. Hiervon ausgenommen sind diejenigen Schulden, welche von der Publikation des Gesetzes vom 12. December 1848 bis zur Publikation des gegenwärtigen Gesetzes gemacht worden sind. Der Gläubiger hat zur Vollziehung eines die Gemeinde zu einer Leistung verurtheilenden richterlichen Erkenntnisses sich an das Amt zu wenden, welches für seine Befriedigung im Verwaltungswege zu sorgen hat. Kann eine Gemeinde durch die in §. 42 zur Schuldentilgung bezeichneten Einnahmen ihre Gläubiger nicht befriedigen, so soll durch die Landesregierung diese Gemeinde unter die kuratorische Verwaltung des Amts so lange gestellt werden, als dieses Verhältniß dauert.

In Folge hiervon dürfen auch solche Gemeindeausgaben und Verwendungen aus dem Ertrag des Gemeindevermögens, worüber nach den Bestimmungen dieses Gesetzes die Gemeindebehörde selbstständig zu beschließen hat, nur mit Zustimmung des Amtes erfolgen; auch kann dasselbe verfügen, daß der Bürgermeister nicht die in §. 12 bestimmte Vergütung für Auslagen und Zeitversäumniß oder eine geringere, und die Gemeindevorsteher keine Ganggebühren beziehen; sowie daß die Dienstleistungen, für welche in der Regel besondere Gemeindediener angestellt werden, von den Gemeindebürgern nach der Reihenfolge unentgeltlich persönlich oder durch einen geeigneten Stellvertreter verrichtet, und daß bisherige Gemeindeausgaben, welche nur einem Theile der Gemeindebürger, z. B. den Viehbesitzern Vortheil gewähren, von diesen Bürgern selbst bestritten werden. Nichtannahme eines Gemeindeamtes in diesen Gemeinden wird bis zu dreißig Gulden und Nichtvornahme oder nachlässige Verrichtung aufgetragener Gemeindedienste bis zu fünf Gulden zum Vortheile der Gemeindekasse bestraft.

Die Schuldentilgung ist sodann in der Weise zu ordnen, daß derjenige Gläubiger, welcher am meisten nachläßt, zuerst befriedigt wird, außerdem aber die Schulden der Zeit ihrer Entstehung nach zur Tilgung kommen.

Gemeinden, welche ihre Bedürfnisse ohne Zuschuß aus der Staatskasse zu bestreiten außer Stande sind, können ebenfalls von der Landesregierung unter die kuratorische Verwaltung des Amts gestellt werden.

§. 61. Der Gemeinderath hat darüber zu berathen und zu beschließen, ob einem gegen die Gemeinde erhobenen Anspruch gerichtlich zu begegnen, oder ob ein Anspruch oder eine Forderung der Gemeinde, deren Richtigkeit und Gültigkeit nicht anerkannt, oder denen nicht Genüge gethan werden will, im Rechtswege geltend zu machen sei.

Zu jeder Prozeßführung ist die Zustimmung der Gemeinde und der Landesregierung erforderlich, doch fällt bei Rechtsstreitigkeiten mit dem Fiskus das Erforderniß der Zustimmung der Landesregierung weg.

Eine von dem Gemeinderathe ausgestellte Vollmacht, beziehungsweise das gestattende Dekret der Landesregierung genügt zur Legitimation des mit der Proceßführung Beauftragten.

Von dem Gemeinderechnungswesen.

§. 62. Der Gemeinderechner wird von dem Gemeinderath auf sechs Jahre ernannt und von dem Amte verpflichtet. Er hat auf Verlangen des Gemeinderaths Kaution zu leisten. Der Gemeinderechner ist zur Erhebung der Einkünfte der Gemeinde allein berechtigt und verpflichtet. Derselbe darf nicht Mitglied des Gemeinderaths sein und weder das Wirthschaftsgewerbe, noch Specereihandel betreiben.

§. 63. Der Gemeinderechner erhält einen vom Gemeinderath festzusetzenden Gehalt, welcher in einer, zwei bis vier Procent der Einnahme, ausschließlich der etwa eingehenden Aktivkapitalien, der aufgenommenen Passivkapitalien, der Ablösungskapitalien von Zehnten, Grundzinsen und Gülten, des Erlöses aus veräußerten Immobilien und Gerechtsamen, der Einnahme aus Begräbnißplätzen und der Versicherungskapitalien von abgebrannten Gebäuden, betragenden Belohnung besteht, in keinem Falle aber weniger als fünfzehn Gulden betragen soll.

Zur Festsetzung des Gehalts unter zwei Procent der Einnahme ist die Genehmigung des Amts erforderlich.

Neben der Belohnung für die Erhebung der Einnahmen erhält der Rechner eine Vergütung für anzuschaffende in der Instruktion näher bezeichnete Schreibmaterialien ꝛc. und zwar im Betrage eines Drittheils der dem Bürgermeister für ähnliche Anschaffungen bewilligten Aversionalsumme.

Der Rechner hat die Gemeinderechnung selber zu stellen, wenn er dazu die nöthige Fähigkeit besitzt.

Ist dies nicht der Fall, so hat er bei dem Gemeinderathe zu beantragen, daß die Rechnung durch den Landoberschultheißen, welcher die ihm von dem Amte deßhalb und wegen Vornahme der Kassenvisitationen und der Kassenübergabe an Dienstnachfolger zugehenden Aufträge zu vollziehen hat, gestellt werde, und werden alsdann die hierdurch entstehenden Kosten auf die Gemeindekasse übernommen.

Die Rechnung ist in duplo aufzustellen, besondere Kosten für die zweite Ausfertigung dürfen nicht vorkommen.

§. 64. Im Monat November jeden Jahres hat der Bürgermeister mit Zuziehung des Gemeinderechners einen Rechnungsüberschlag für das künftige Jahr aufzustellen, worin die Ausgaben der Gemeindekasse und die zu deren Deckung vorhandenen oder vorzuschlagenden ordentlichen und außerordentlichen Einnahmen so genau wie möglich anzugeben sind. Auch muß daraus zu ersehen sein, wie viel an Gemeindenutzungen zur Vertheilung an die Bürger bestimmt, mithin von der Verwerthung für die Gemeindekasse ausgenommen sein soll.

Dieser Rechnungsüberschlag ist nach vorheriger Prüfung und Festsetzung durch den Gemeinderath der Gemeinde vorzulesen, dann acht Tage lang zur Einsicht aller steuerpflichtigen Einwohner der Gemeinde, sowie der Ausmärker, auf dem Rathhause oder an einem sonstigen passenden Orte aufzulegen und hierüber eine dreimalige Bekanntmachung durch die Schelle zu erlassen.

§. 65. Jedem Gemeindebürger und zur Gemeindekasse Steuerpflichtigen steht es frei, innerhalb der achttägigen Frist seine Bemerkungen über den Entwurf des Rechnungsüberschlages bei dem Bürgermeister schriftlich einzugeben oder zu Protokoll zu erklären.

Nach Ablauf der Frist hat der Bürgermeister, wenn Ausstellungen gegen den Entwurf gemacht worden sind, den Gemeinderath zur Berathung hierüber zu versammeln und demnächst geeigneten Falls eine Berichtigung des Ueberschlages zu bewirken und sind die Reklamanten von der Entscheidung des Gemeinderaths in Kenntniß zu setzen.

Der Rechnungsüberschlag wird hierauf in dem einen, wie in dem anderen Falle dem Amte zur Einsicht vorgelegt, welches ihn, wenn die darin aufgenommenen Einnahme- und Ausgabeposten nicht Abweichungen von den bestehenden gesetzlichen Vorschriften enthalten, zur Vollziehung festsetzt. Sollten sich Abweichungen von den Gesetzen daraus ergeben, so wird danach die entsprechende Verfügung an den Gemeinderath, gegen welche ein Rekurs zulässig ist, erlassen.

§. 66. Der Bürgermeister weist auf den Grund des Rechnungsüberschlages oder eines Beschlusses des Gemeinderaths alle Einnahmen für die Gemeindekasse und alle Ausgaben auf dieselbe an, die Gebühren und Auslagen des Bürgermeisters und der Gemeindevorsteher bedürfen vor der Anweisung der Festsetzung durch das Amt.

Jede Zahlung aus der Gemeindekasse ohne eine Anweisung der zuständigen Stelle ist dienstlich unzulässig.

§. 67. Bis zur Mitte des Monats Februar muß die Rechnung vom verflossenen Jahre aufgestellt werden. Dieselbe ist von dem Gemeinderath und außerdem von einem besonderen Rechnungsausschusse, welcher von der Gemeinde gewählt, beziehungsweise von dem Bürgerausschusse aus seiner Mitte deputirt wird, vorläufig zu prüfen und mit dem Prüfungsprotokolle acht Tage lang zur Einsicht aller Betheiligten aufzulegen.

Nach Ablauf dieser Frist zur Einsichtnahme wird die Rechnung nebst den dazu gemachten Bemerkungen des Gemeinderaths, des Rechnungsausschusses und anderer Betheiligten an das Amt eingeschickt, welches sie zur Revision und zum Abschluß der Rechnungskammer vorzulegen hat.

Gegen den gehörig zu verkündenden Abschluß findet die Berufung an das

Oberappellationsgericht statt, wenn die dem Rechner zur Last gesetzten Posten, durch welche er sich beschwert erachtet, zusammen fünfzig Gulden betragen.

Von den Rechten der Gemeidebürger.

§. 68. Die Rechte der Gemeindebürger sind:

1) das Recht des ständigen Aufenthalts in der Gemeinde und der Benutzung aller Gemeindeanstalten;
2) der Stimmgebung bei Gemeindeversammlungen;
3) der Wahlfähigkeit und Wählbarkeit zu den Gemeindeämtern;
4) der Theilnahme an dem Gemeinde- und Allmendgut;
5) des Gewerbetriebs nach Vorschrift der Gesetze [s. jetzt Gewerbe-Ordnung §. 13];
6) das Recht, in der Gemeinde, deren Bürger Jemand ist, durch Heirath eine Familie zu gründen; wird jedoch von dem Gemeinderath bei einer Wiederverheirathung aus dem Grunde, weil ein den Unterhalt einer Familie sicherndes Vermögen oder Nahrungszweig nicht mehr vorhanden ist, Ainsprache erhoben, so hat der Beamte die Sache zur Entscheidung an den Bezirksrath zu bringen [1]);
7) das Recht des Anspruchs auf Unterstützung aus Gemeindemitteln in Fällen der Dürftigkeit [2]).

Denjenigen, die ein angeborenes Bürgerrecht besitzen, das Bürgerrecht aber noch nicht angetreten, stehen die unter pos. 1 und 7 genannten Rechte zu.

§. 69. 1) Die Standes- und Grundherren sind nicht Gemeindebürger;

2) die Hof-, Militär- und Civildiener, ohne Unterschied zwischen Central- und Lokalbeamten, die Geistlichen, die angestellten Prokuratoren und die standes- und grundherrlichen Diener der höheren Klasse nehmen, so lange sie sich im aktiven Dienst befinden, an den Gemeindenutzungen nicht Theil, und sind von allen Leistungen persönlicher Dienste an die Gemeinde und von der Zahl direkter Gemeindesteuern entbunden. Sie dürfen keine Gemeindeämter übernehmen und an Gemeindewahlen und Versammlungen nicht Theil nehmen;
3) die Pensionäre und Wittwen der vorstehend unter 2 bezeichneten Diener treten in die Berechtigungen und Verpflichtungen der übrigen Gemeindebürger ein.

Die Kinder der sub 2 und 3 Benannten sind in der Gemeinde heimathsberechtigt, wo ihr Vater zuletzt angestellt war.

Die Diener der untersten Klasse: Landjäger, Pedellen, Amtsdiener, Rentei-

---

[1]) Die polizeilichen Beschränkungen der Eheschließungen sind durch Gesetz vom 4. Mai 1868 aufgehoben.

[2]) S. im V. Abschnitt die Gesetze über die Armenverwaltung.

diener, Chausseewärter, Polizeidiener, Gefangenwärter, Gardisten der Untersuchungs- und Strafgefängnisse, Schleußenwärter ꝛc. sind verpflichtet, vor ihrer Verehelichung das Bürgerrecht irgend einer Gemeinde des Herzogthums sich zu erwirken.

Von der Erwerbung des Bürgerrechts.

§. 70. Das Bürgerrecht wird erlangt:

1) durch Geburt;

2) durch Aufnahme.

Niemand kann das Bürgerrecht in mehr als einer Gemeinde besitzen.

Von der Erwerbung des Bürgerrechts durch Geburt.

§. 71. Das angeborne Bürgerrecht in einer Gemeinde steht denjenigen zu, deren Eltern das Bürgerrecht in der Gemeide besitzen oder zur Zeit ihres Todes besessen haben.

Den außerehelich Gebornen steht das angeborne Bürgerrecht in denjenigen Gemeinden zu, in welcher der Mutter oder deren Eltern oder dem Vater des legitimirten unehelichen Kindes das Bürgerrecht zusteht oder zugestanden hat.

§. 72. Zum Antritt des angebornen Bürgerrechts wird erfordert:

1) die Volljährigkeit;

2) der Besitz eines den Unterhalt einer Familie sichernden Vermögens oder Nahrungszweiges, und

3) insofern die Ausübung des Nahrungszweiges an gesetzliche Bedingungen gebunden ist, die Nachweisung, daß solchen Genüge gethan sei.

§. 73. Wer sein Bürgerrecht antreten will, hat bei dem Gemeinderath seinen Willen zu erklären und die Erfordernisse nachzuweisen.

§. 74. Für den Antritt des angebornen Bürgerrechts kann eine Antrittsgebühr verlangt werden, welche in diesem Falle von der Gemeinde von fünf zu fünf Jahren festgesetzt wird, und welche den Betrag von zehn Gulden nicht übersteigen soll.

§. 75. Die großjährige ledige Bürgerstochter kann das Bürgerrecht nicht antreten, hat aber das Recht des Gewerbebetriebs nach Vorschriften der Gesetze.

§. 76. Rücksichtlich des Hindernisses, welches die Militärpflicht der Reception und Heirathserlaubniß in den Weg stellt, entscheiden die Bestimmungen der Militärgesetzgebung[1]).

Auch bleiben die Vorschriften über Ertheilung der Proklamations- und Kopulationsscheine vor der Verheirathung in Wirksamkeit bestehen, wobei jedoch, den Fall §. 68 pos. 6 ausgenommen, blos die Eigenschaft des Nachsuchenden als Gemeindebürger und das Nichtvorhandensein von bürgerlichen Ehehindernissen zu prüfen ist.

---

[1]) S. Reichs-Militärgesetz vom 2. Mai 1874 §. 40.

Von der Erwerbung des Bürgerrechts durch Aufnahme.

§. 77. Dem Gemeinderathe steht das Recht der Bürgeraufnahme zu, nach Vorschrift dieses Gesetzes.

§. 78. Die Bürgeraufnahme darf weder auf eine bestimmte Zeit, noch unter einer, die gesetzlichen Rechte des Gemeindebürgers beschränkenden Bedingung ertheilt werden. Die beigefügte Beschränkung ist unwirksam.

§. 79. Jeder Nassauische Staatsbürger hat das Recht, Aufnahme als Bürger in jeder Gemeinde des Herzogthums für sich, seine Ehefrau und seine der Gewalt nicht entlassenen Kinder zu verlangen, wenn er die persönlichen Eigenschaften besitzt und die gesetzlichen Bedingungen erfüllt.

Die Ehefrauen und die unter elterlicher Gewalt stehenden Kinder erwerben das Bürgerrecht in einer Gemeinde durch die Aufnahme des Ehemannes oder Vaters, verlieren aber damit das bisher in einer andern Gemeinde ihnen zugestandene Bürgerrecht.

Der Wittwe eines Gemeindebürgers steht das nämliche Recht zu.

§. 80. Die persönlichen Eigenschaften sind:

1) die Volljährigkeit;
2) ein guter Leumund.

§. 81. Einen schlechten Leumund haben:

1) Alle, die durch ein gerichtliches Erkenntniß zu einer mehr als zweijährigen Freiheitsstrafe oder zweimal zu einer Correctionshausstrafe verurtheilt, oder ihres Dienstes entsetzt worden sind;
2) Alle, die in den letzten fünf Jahren, welche dem Gesuche um Aufnahme vorhergehen, wegen Diebstahls, Betrugs, wiederholten Felddiebstahls, oder wegen Unterschlagung oder Eidesverletzung, oder Fälschung mit Strafe belegt worden sind;
3) Alle, welche zur Zeit der Anbringung ihres Gesuchs in eine peinliche Untersuchung verwickelt sind;
4) Alle offenkundig schlechte Haushalter.

§. 82. Der Nachsuchende hat das Zeugniß des guten Leumunds von dem Gemeinderath derjenigen Gemeinde beizubringen, in welcher er sich in dem letzten Jahr vor Anbringung seines Gesuchs aufgehalten hat.

Der Gemeinderath derjenigen Gemeinde, in welche die Aufnahme nachgesucht wird, kann die Beibringung dieses Zeugnisses nachsehen, wenn der Nachsuchende kurze Zeit vor seinem Ansuchen mit guten Zeugnissen aus der Fremde zurückgekommen ist, oder wenn überall kein Verdacht eines bösen Leumundes vorliegt.

§. 83. Auch denjenigen Personen, welche unter Kuratel gestellt sind, kann von dem Gemeinderathe die Aufnahme versagt werden.

§. 84. Die gesetzlichen Bedingungen der Bürgeraufnahme sind:

1) die Nachweisung eines den Unterhalt einer Familie sichernden Vermögens oder Nahrungszweiges;

2) die baare Entrichtung eines Aufnahmegeldes vor der Aufnahme.

§. 85. Der Betrag des Aufnahmegeldes wird durch den Gemeinderath mit Zustimmung der Gemeinde und des Bezirksraths von fünf zu fünf Jahren generell festgesetzt und darf die Summe von sechzig Gulden nicht übersteigen.

In denjenigen Gemeinden, wo nach Abzug aller von den Bürgern persönlich zu tragenden Lasten, worunter auch Gemeindesteuern begriffen sind, noch ein reiner Allmendgenuß verbleibt, dessen fünffacher Werth nach einem ermittelten zehnjährigen Durchschnitte den Betrag von sechzig Gulden übersteigt, kann derselbe als Aufnahmegeld gefordert werden.

Wird die Aufnahme in das Bürgerrecht in der Absicht nachgesucht, um sich mit einer Bürgerstochter oder mit einer Bürgerswittwe zu verehelichen, so ist nur die Hälfte des Einkaufsgeldes zu entrichten.

Das Aufnahmegeld muß vor dem Antritt des Bürgerrechts entrichtet werden.

§. 86. Einem Ausländer kann der Gemeinderath nur die vorläufige Versicherung ertheilen, daß er nach erlangtem Staatsbürgerrecht das Gemeindebürgerrecht erhalten werde.

Die Aufnahme tritt erst in Wirksamkeit, wenn der Ausländer das Staatsbürgerrecht von der Landesregierung erhalten hat.

Ein Ausländer hat das doppelte Einkaufsgeld zu entrichten.

§. 87. Heimathslose Personen, welche aus staatsrechtlichen Gründen einem auswärtigen Staate nicht zugewiesen werden können und als Angehörige des Herzogthums anerkannt und behandelt werden müssen, können von der Landesregierung einer bestimmten Gemeinde des Herzogthums zugewiesen werden, wobei folgende Vorschriften zur Anwendung kommen[1]):

1) diejenigen, welche das ihnen zugestandene Bürgerrecht in der Absicht auszuwandern aufgegeben haben, auch wirklich ausgewandert und ohne ein anderes Heimathsrecht erlangt zu haben, zurückgekehrt sind, werden der Gemeinde zugewiesen, in welcher sie früher das Bürgerrecht hatten;

2) derjenige Heimathslose, der sich fünf Jahre ununterbrochen in einer Gemeinde für sich, oder mit seiner Familie aufgehalten hat, ist der Gemeinde des Aufenthalts zuzuweisen[2]). Hat er sich in mehreren Gemeinden fünf

---

[1]) S. im V. Abschnitt im Kapitel über die Armenverwaltung Gesetz vom 6. Juni 1870 §. 5 und Gesetz vom 8. März 1871 §§. 1, 51.

[2]) S. jetzt Gesetz über den Unterstützungswohnsitz vom 6. Juni 1870 §§. 10 fg. und bezüglich des Verlustes des Unterstützungswohnsitzes das. §§. 22 fg.

Jahre lang aufgehalten, so wird er der Gemeinde des letzten fünfjährigen Aufenthaltes zugewiesen.

3) Ist ein fünfjähriger Aufenthalt in einer Gemeinde nicht dargethan, so wird er der Gemeinde zugewiesen, in welcher er gesetzlich getraut worden ist, und zwar wenn mehrere Gemeinden zu einer Pfarrei gehören, derjenigen Gemeinde, in welcher die Trauung vorgenommen wurde; findet auch diese Bestimmung keine Anwendung, so ist

4) der Heimathlose derjenigen Gemeinde zuzuweisen, in welcher er sich zwar nicht fünf Jahre, aber doch mehr als zwei Monate zuletzt aufgehalten hat, und wenn dies nicht anwendbar ist, so kommt

5) die Reihe an die Gemeinde, wo er geboren oder als Findling aufgefunden worden ist. Auf Kinder, welche in Gebärhäusern, Strafanstalten oder anderen Gefängnissen geboren wurden, findet diese Vorschrift keine Anwendung.

6) Ist der Geburtsort nicht auszumitteln, so ist der Heimathslose derjenigen Gemeinde zuzuweisen, in welcher er sich zuletzt aufgehalten hat, oder in welcher er aufgegriffen worden ist.

7) Die Ehefrau des Heimathlosen wird dem Ort zugewiesen, welchem ihr Ehegatte zugetheilt worden wäre.

Von dem ruhenden Bürgerrechte und dem Verluste des Bürgerrechts.

§. 88. Ein Gemeindebürger, welcher außerhalb seiner Gemeinde seinen Wohnsitz nimmt, verliert das Recht zur Theilnahme an dem Genusse des Gemeindeguts, er hat dagegen auch keine persönlichen Gemeindedienste zu leisten.

Diese Bestimmung findet keine Anwendung auf denjenigen, welcher seine, eine eigene Haushaltung bildende Familie in der Gemeinde zurückläßt.

§. 89. Das Bürgerrecht geht verloren durch die Entlassung aus dem seitherigen Gemeindeverband und darauf erfolgte definitive Aufnahme in eine andere Gemeinde oder in einen anderen Staatsverband.

Von dem Verfahren bei dem Antritt oder der Ertheilung des Bürgerrechts.

§. 90. Die Gesuche um Ertheilung des Bürgerrechts sind mit allen erforderlichen Zeugnissen dem Gemeinderathe der Gemeinde, in welche die Aufnahme erfolgen soll, vorzulegen, welcher zu entscheiden hat, ob nach Vorschrift dieses Gesetzes die Aufnahme zu bewilligen oder zu versagen sei.

Bei den Receptionsgesuchen und Receptionsdekreten finden die früher für die amtlichen Verhandlungen vorgeschriebenen Bestimmungen über Gebrauch des Stempelpapiers Anwendung.

§. 91. Gegen einen abweisenden Beschluß auf ein Gesuch um Gestattung des Antritts des angebornen Bürgerrechts oder um Aufnahme als Bürger findet eine Beschwerde des Betheiligten an den Bezirksrath und von diesem, sowie gegen einen Beschluß des Bezirksraths auf die Einsprache des Gemeinderaths gegen Wiederverehelichung, an die Landesregierung und nicht weiter Statt.

§. 92. Die Stelle, an welcher der Rekurs ergriffen wird, hat immer nur darüber zu entscheiden, ob die Vorschriften des Gesetzes in richtige Anwendung gekommen seien oder nicht und ob hiernach die abweisende Verfügung zu bestätigen, oder die Gemeinde zur Aufnahme verpflichtet sei.

Die Gründe eines abändernden Erkenntnisses sind jedesmal anzugeben.

Der Gemeinderath ist ebenfalls zum Rekurs gegen abändernde Entschließungen des Bezirksraths, sowie gegen Abweisung der Einsprache gegen Wiederverehelichung oder wegen Zutheilung von Heimathlosen berechtigt.

§. 93. Demjenigen, der auf falsche Urkunden oder betrügliche Angaben oder auf Urkunden, welche unrichtige Angaben enthalten, das Bürgerrecht erschlichen hat, ist, wenn er Nassauischer Staatsangehöriger ist, auf Antrag des Gemeinderaths von der Landesregierung das Bürgerrecht wieder zu entziehen und derselbe in seine frühere Heimathsgemeinde zurückzuweisen.

Das bezahlte Einkaufsgeld wird demjenigen, dessen Bürgerrecht als nichtig erklärt worden ist, nicht zurückgegeben.

Der Antrag auf Ungültigkeitserklärung einer ertheilten Bürgeraufnahme kann nur innerhalb des auf die Aufnahme folgenden Jahres gestellt werden.

Als Grund der Entziehung des Bürgerrechts ist auch der Umstand zu betrachten, daß die Bürgeraufnahme behufs der Verehelichung mit einer Bürgerstochter oder Bürgerswittwe nachgesucht ist, wenn die ausgesprochene Absicht nicht innerhalb eines halben Jahres nach erfolgter Bürgeraufnahme verwirklicht wird.

§. 94. Kann im Falle des §. 93 der Aufgenommene nicht zurückgewiesen werden, so verliert er auf Lebenszeit die Bürgernutzungen, sowie das aktive und passive Wahlrecht.

Wahlordnung für die Gemeinden.

Wahlberechtigt und wählbar zu den Gemeindeämtern sind alle Gemeindebürger, wenn sie einen unbescholtenen Ruf haben.

Einen bescholtenen Ruf haben:

1) diejenigen, welche zu einer Zuchthausstrafe oder Korrektionshausstrafe von einem Jahre und mehr verurtheilt worden sind oder wegen eines mit einer solchen Strafe bedrohten Verbrechens in Untersuchung gestanden haben, ohne freigesprochen worden zu sein;

2) diejenigen, welche wegen Diebstahls, Betrugs oder wiederholten Felddiebstahls, oder Unterschlagung oder Eidesverletzung mit irgend einer

geringeren Strafe belegt, oder wegen eines nach allgemeiner Ansicht entehrenden Vergehens oder Verbrechens bestraft worden sind, oder ohne freigesprochen worden zu sein, in Untersuchung gestanden zu haben;

3) diejenigen, welche durch richterliches Urtheil von einem öffentlichen Amte entsetzt worden sind.

Darüber, ob einer der bezeichneten Anstände im einzelnen Falle als vorhanden anzunehmen ist, entscheidet die Wahlversammlung.

§. 2. An den Wahlen Theil zu nehmen sind nicht berechtigt:

1) Personen, welche unter Kuratel stehen;

2) Personen, über deren Vermögen der Konkurs gerichtlich eröffnet worden ist, bis sie die Befriedigung ihrer Gläubiger nachgewiesen haben;

3) Personen, welche eine ständige Unterstützung aus öffentlichen Armenkassen beziehen oder in den letzten der Wahl vorausgegangenen zwölf Monaten bezogen haben.

§. 3. Sämmtliche Wahlberechtigte einer jeden Gemeinde werden in drei Abtheilungen getheilt nach Maßgabe der von ihnen zu entrichtenden direkten Steuern, wobei jedoch diejenigen Steuern, welche ein Wahlberechtigter außerhalb des Gemeindebezirks bezahlt, nicht in Berechnung kommen. Die erste Abtheilung besteht aus denjenigen Wahlberechtigten, auf welche die höchsten Steuerbeträge bis zum Belaufe eines Drittheils der Gesammtsumme aus der Gemeinde fallen; die zweite Abtheilung aus denjenigen, auf welche die nächsthohen Steuerbeträge bis zur Grenze des zweiten Drittheils fallen; die dritte Abtheilung besteht aus den am niedrigsten besteuerten Wahlberechtigten, auf welche das letzte Drittheil fällt.

§. 4. Die Verzeichnisse der Wahlberechtigten sind durch den Bürgermeister und Gemeinderath auf den Grund der Gemeindekataster nach den drei Abtheilungen getrennt aufzustellen und acht Tage lang in der Gemeinde öffentlich aufzulegen, während welcher Frist Einsprachen gegen deren Richtigkeit erhoben werden können. Falls dies geschieht, sind die Listen zur Prüfung und Entscheidung an das Amt einzusenden. Sind keine Einsprachen erhoben worden, so werden die Listen mit einer Bescheinigung über die erfolgte Offenlegung geschlossen.

§. 5. Eine jede dieser Abtheilungen wählt (direkt) ein Drittheil der nach §. 5 des Gemeindegesetzes auf die Gemeinde fallenden Gemeindevorsteher und beziehungsweise ein Drittheil der in der Gemeinde nach §. 28 zu wählenden Bürgerausschußmitglieder.

§. 6. Die regelmäßigen Wahlen erfolgen in der Zeit vom 1. bis 15. December unter dem Vorsitze des Bürgermeisters unter Zuziehung eines Gemeindevorstehers und eines von der Wahlversammlung zu wählenden Protokollführers, nach den drei Abtheilungen, welche auf einander folgend jede für sich abzustimmen haben, durch offene Stimmgebung zu Protokoll. Der Tag zur Wahl ist in den Gemeinden öffentlich bekannt zu machen und vertritt diese Bekanntmachung die Einladung der Wahlberechtigten zur Wahlversammlung. Der Bürgermeister kann erforderlichenfalls gegen die Ausbleibenden Strafen bis zu einem Gulden androhen und ansetzen.

§. 7. Der Bürgermeister läßt an dem festgesetzten Wahltag jeden in der Liste eingetragenen Anwesenden so viele Personen gleichzeitig nennen, als in dieser Abtheilung zu wählen sind; hierüber wird ein Protokoll aufgenommen, welches den Tag der Versammlung und den Namen eines jeden Wählers und des von ihm Gewählten mit Vor- und Zunamen enthalten muß und von dem Bürgermeister, Gemeindevorsteher und Protokollführer unterschrieben wird.

§. 8. Wählbar in jeder Abtheilung sind alle Wahlberechtigten der betreffenden Gemeinde.

Gewählt zu Gemeindevorstehern sind diejenigen, welche mehr als die Hälfte der Stimmen (absolute Stimmenmehrheit) von wenigstens zwei Drittheilen der Wahlberechtigten der betreffenden Abtheilung erhalten haben, gewählt zu Bürgerausschußmitgliedern aber diejenigen, welche die meisten Stimmen (relative Stimmenmehrheit) der Wähler der betreffenden Abtheilung, welche ihre Stimmen abgegeben, erhalten haben.

Bei Stimmengleichheit entscheidet das Loos, welches die Betheiligten oder in deren etwaiger Abwesenheit zwei von dem Vorsitzenden zu ernennende Stellvertreter aus der Wahlversammlung bei Jenem zu ziehen haben.

§. 9. Behufs der Wahl des Bürgermeisters werden zu einem jeden Gemeindevorsteher aus den Wahlberechtigten der Gemeinde unter Beobachtung der vorstehenden Bestimmungen über die Art der Vornahme der Wahl, drei Wahlmänner nach relativer Stimmenmehrheit gewählt, welche zusammen mit den Gemeindevorstehern den Bürgermeister zu wählen haben.

§. 10. Wird Jemand in mehreren Abtheilungen zugleich als Gemeindevorsteher, Bürgerausschußmitglied oder Wahlmann gewählt, so hat der Gewählte sich darüber zu entscheiden, in welcher Abtheilung er die Wahl annehmen will; bei dem Gemeindevorsteher tritt sodann in der andern Abtheilung eine Neuwahl ein, während bei Bürgerausschußmitgliedern und Wahlmännern in der andern Abtheilung derjenige als gewählt gilt, welcher nach Jenem die meisten Stimmen hatte.

§. 11. Die Annahme der Wahl als Wahlmann kann ohne genügende Ursache, als Krankheit, nothwendige Abwesenheit u. s. w. nicht verweigert werden.

Unbegründete Verweigerung der Annahme der Wahl zieht eine Strafe von zehn Gulden nach sich.

§. 12. Die Wahl zum Gemeindevorsteher oder Bürgerausschußmitglied muß ebenfalls jeder Gewählte annehmen, mit Ausnahme derjenigen, welche

1) das sechzigste Lebensjahr zurückgelegt haben,

2) die Stelle eines Gemeindevorstehers schon drei Jahre versehen haben, ohne daß seitdem drei oder mehr Jahre verflossen sind.

Ueber diese und die Erheblichkeit anderer etwa vorgebrachten Ablehnungsgründe entscheidet das Amt [gemäß §. 3 des Gesetzes vom 26. April 1869 der Amtsbezirksrath] [1]).

Verweigerung der Annahme der auf einen Gemeindebürger gefallenen Wahl ohne genügende Entschuldigungsgründe zieht die Suspension der aktiven und passiven Wahlberechtigung bei Gemeindewahlen auf die Dauer von sechs Jahren nach sich.

§. 13. Durch das Amt wird der Wahltag zur Wahl des Bürgermeisters festgesetzt und hierzu jeder Gemeindevorsteher und Wähler besonders eingeladen.

Zur Vornahme der Wahl ist die Anwesenheit von zwei Drittheilen der Wähler erforderlich.

Wähler, welche ohne genügende Entschuldigung ausbleiben, verfallen jeder in eine Strafe von zehn Gulden.

§. 14. Der den Vorsitz in der Wahlversammlung führende Beamte, welcher einen Gemeindevorsteher hinzuziehen muß, eröffnet dieselbe an dem bestimmten Tage und Wahlorte, läßt die zur Wahl nicht berechtigten Personen sich entfernen, die Thüre schließen und von der Wahlversammlung einen Protokollführer wählen. Er verliest sodann den §. 1 dieser Wahlordnung und läßt jeden Wahlmann den von ihm Gewählten nennen; hierüber ist ein Protokoll, welches den Tag der Wahl, der Vor- und Zunamen des Wahlmannes und Gewählten, Stand und Gewerbe enthalten muß, aufzunehmen und von dem Vorsitzenden, dem Gemeindevorsteher und dem Protokollführer zu unterzeichnen.

§. 16. Die Wahl erfolgt mit absoluter Stimmenmehrheit; stellt sich eine solche bei dem ersten Wahlakte nicht heraus, so ist in derselben Versammlung eine zweite vorzunehmen.

Wird auch bei dieser eine absolute Stimmenmehrheit nicht erreicht, so ist sofort zum drittenmale unter den zwei Kandidaten zu wählen, welche in der zweiten Wahlhandlung die meisten Stimmen erhalten haben.

Bei Stimmengleichheit entscheidet das Loos.

---

[1]) Durch §. 3 des Gesetzes vom 26. April 1869 hat der 2. Absatz des §. 12 folgende Fassung erhalten:

Ueber diese und die Erheblichkeit anderer etwa vorgebrachter Ablehnungsgründe entscheidet der Amtsbezirksrath.

Das Ergebniß der Wahlen zum Gemeindevorsteher oder Bürgerausschußmitglied ist vom Bürgermeister in ortsüblicher Weise bekannt zu machen. Gegen das stattgehabte Wahlverfahren kann von jedem Wahlberechtigten innerhalb zehn Tagen nach der Bekanntmachung Beschwerde bei dem Amtsbezirksrathe erhoben werden.

Die vorstehenden Vorschriften sind auch bei der Wahl der Gemeindevorsteher anzuwenden.

§. 16. Jeder Gewählte muß die Wahl zum Bürgermeister annehmen, kann jedoch nach drei Jahren seine Entlassung verlangen; ausgenommen sind diejenigen, welche das sechzigste Lebensjahr erreicht haben.

Ungerechtfertigte Verweigerung zieht den Verlust des aktiven und passiven Wahlrechts auf sechs Jahre nach sich.

Will der gewählte Bürgermeister nach dreijähriger Dienstzeit zurücktreten, so tritt der Verlust des aktiven und passiven Wahlrechts nicht ein.

2. Instruktion für Bürgermeister und Gemeinderath vom 31. März 1862.

§. 1. Dem Gemeinderath ist die Verwaltung der Gemeindeangelegenheiten nach Maßgabe des Gesetzes vom 26. Juli 1854 übertragen.

Er ist dem Herzoglichen Amte untergeordnet und zugleich verpflichtet, sich den ihm vor andern Staatsbehörden zugehenden Aufträgen zu unterziehen, soweit seine Mitwirkung zur Vollziehung bestehender Gesetze und Einrichtungen erforderlich ist.

§. 2. Der Gemeinderath berathschlagt und beschließt über alle ihm nach §. 14 des Gemeindegesetzes hingewiesenen Gemeindeangelegenheiten. Ueber die Bedingungen und Formen seiner Beschlüsse sind die §§. 14—17 des Gemeindegesetzes zu vergleichen.

Die Sitzungsprotokolle sind fortlaufend in ein besonderes Heft einzutragen und von allen anwesenden Mitgliedern zu unterschreiben.

§. 3. Der Bürgermeister ist der Vorsitzende und das vollziehende Organ des Gemeinderaths. Ihm steht die ganze äußere Leitung der Geschäfte zu. Er eröffnet und schließt die Sitzung und bestimmt die Reihenfolge der zur Verhandlung kommenden Gegenstände. Er hat die ergangenen Beschlüsse zu vollziehen und ist dafür verantwortlich, daß kein Beschluß, welcher der Genehmigung der Gemeinde oder der Staatsbehörde bedarf, vor Einholung derselben vollzogen wird.

Die Gegenstände, welche der Zustimmung der Gemeinde bedürfen, sind in dem §. 26 des Gemeindegesetzes verzeichnet. Außerdem gehören dahin

a. die Beschlußfassung über vermehrte Gemeindedienste nach §. 40;
b. die Vertheilung des Ueberschusses der Gemeindeeinkünfte nach §. 44;
c. die Festsetzung des Bürgeraufnahmegeldes nach §. 85.

Die Gegenstände, welche der Zustimmung des Bezirksraths bedürfen, sind in §. 9 des Amtsgesetzes vom 24. Juli 1854 bezeichnet. Weiter gehören dahin noch:

a. die Genehmigung zur Verwendung von Gemeindemitteln zu kirchlichen Zwecken nach §. 34 des Gemeindegesetzes; und

b. zur Uebernahme dauernder Lasten auf die Gemeindekasse nach §. 57 des Gemeindegesetzes.

Der Bürgermeister hat für pünktliche und rasche Erledigung aller Geschäftsgegenstände zu sorgen.

Er darf sich ohne Genehmigung des Amts nicht über 8 Tage aus seiner Gemeinde entfernen. Von jeder Entfernung über Nacht hat er vorher seinen Stellvertreter zu benachrichtigen.

§. 4. Bei Verhinderungsfällen wird der Bürgermeister in allen Gemeinde- und sonstigen Verwaltungsgeschäften von dem Adjunkten beziehungsweise dem ernannten Bürgermeisterstellvertreter, in Geschäften des Feldgerichts von dem Adjunkten oder ältesten Feldgerichtsschöffen vertreten.

Der Rathsschreiber, welcher auf getreue Führung des Protokolls und gewissenhafte Führung der ihm übertragenen Geschäfte von dem Amt verpflichtet wird, ist dem Bürgermeister als Gehülfe und Protokollführer untergeordnet.

Der Gemeinderechner hat seinen Dienst nach Maßgabe der ihm ertheilten besonderen Instruktion zu versehen.

§. 5. Welche Gegenstände zur Berathung und Beschlußfassung durch die Gemeindeversammlung gehören, ist bereits oben §. 8 gesagt.

Die Einladung erfolgt durch öffentliche Bekanntmachung mindestens einmal an einem oder einigen Tagen und sodann nochmals unmittelbar vor der Versammlung. In eilenden Fällen genügt einmalige Bekanntmachung. Außerdem ist die Einladung am Gemeindehaus anzuschlagen.

Außerhalb des Ortsberings wohnenden Bürgern ist die Einladung durch den Gemeindediener besonders anzusagen, wenn nicht der Gemeinderath beschließt, daß sie Jemanden im Orte zu bestellen haben, der ihnen die Einladung jedesmal bekannt macht. Diese Anordnung des Gemeinderaths muß aber den Betheiligten bekannt gemacht werden.

Die Einladung soll Zeit und Ort der Versammlung, den Gegenstand der Berathung und die Strafandrohung für den Fall des nicht entschuldigten Ausbleibens enthalten.

Die Verhandlung erfolgt unter dem Vorsitz des Bürgermeisters, welcher einen Gemeindevorsteher und einen von der Versammlung zu wählenden Protokollführer zuzuziehen hat.

Ueber die Verhandlung ist ein Protokoll aufzunehmen, welches die Zeit der Einladung, die Zahl sämmtlicher stimmfähiger und der wirklich erschienenen Bürger, sowie den Gegenstand der Verhandlung und die Zahl der dafür und dagegen stimmenden Bürger enthalten muß. Namentliche Anführung der Abstimmung ist nicht nöthig. Die Protokolle sind fortlaufend in ein besonderes Heft einzutragen, von dem Bürgermeister, dem zugezogenen Vorsteher, den übrigen anwesenden

Mitgliedern des Gemeinderaths und dem Protokollführer zu unterzeichnen und in der Gemeinderegistratur aufzubewahren.

§. 6. Wo es thunlich ist, soll für den Bürgermeister ein besonderes Geschäftslokal außer seinem Hause auf Kosten der Gemeinde gestellt, geheizt und beleuchtet werden.

Das Lokal für die Sitzungen des Gemeinderaths und für die Gemeindeversammlung ist ebenfalls auf Kosten der Gemeinde zu stellen.

§. 7. Der Bürgermeister hat die Gemeinderegistratur in Ordnung zu erhalten. Die vorhandenen Werthpapiere, namentlich Hypotheken, Schuldscheine, Kauf- und Tauschbriefe und ähnliche Urkunden sind unter doppeltem Verschluß zu halten. Der Bürgermeister führt den einen und der älteste Gemeindevorsteher den anderen Schlüssel.

Der Bürgermeister hat für Erhaltung des Gemeindemobiliars zu sorgen, ein einfaches Verzeichniß darüber als Inventar aufzustellen und alle vorkommenden Veränderungen darin einzutragen. Diese Verzeichnisse sind von dem Gemeinderath bei Gelegenheit der Prüfung der Rechnung zu revidiren.

Wegen Aufbewahrung der Schulutensilien ist der §. 14 unten zu vergleichen.

Bei dem Dienstwechsel des Bürgermeisters sind die vorhandenen Werthpapiere, Mobilien, Akten und Bücher ꝛc. von dem abtretenden Bürgermeister oder dessen Erben an den Nachfolger im Beisein des Gemeinderaths zu übergeben und es ist dabei ein förmliches von dem Uebergeber, Uebernehmer und dem Gemeinderath zu unterzeichnendes Protokoll aufzunehmen.

Ein gleiches Verfahren findet statt bei einem Wechsel in der Person des ältesten Gemeindevorstehers bezüglich der Werthpapiere.

§. 8. Das Aversum für Schreibmaterialien, welches von dem Gemeinderath begutachtet und von dem Amt festgesetzt wird, ist zur Anschaffung aller zum Dienstgebrauch erforderlichen Schreibmaterialien ꝛc. bestimmt. Ausgenommen davon sind die Kosten für Formularien und Einband der Hypothekenbücher, Steuerkataster, Stockbücher, Inventarien, Einquartirungsbillete, Civilstandsregister, Brandsteuerkataster ausschließlich der Ab- und Zugangslisten, Viehhandelsprotokolle, Bürgerlisten, Cirkularienbücher, Protokollbücher über die Sitzungen des Gemeinderaths, Accise- und Weggeldzeichen, Bauetats, Auszüge aus denselben und Hauptkonsignationen, Akkorde über Holzfällungsarbeiten und Waldkulturen, Steuer- und Ammunitätenhebelisten, Gemeindebudgets und Kassenvisitationsprotokolle, Viehgesundheitsscheine, sowie die Kosten für die Schreibmaterialien beim Wahlverfahren, welche sämmtlich, soweit sie nicht von den Behörden geliefert werden, auf die Gemeindekasse übernommen werden. Ebenso sind das Verordnungs- und Intelligenzblatt und etwaige andere für den Dienst erforderliche Blätter auf Kosten der Gemeinde anzuschaffen.

§. 9. Der Bürgermeister bezieht für seine Verwaltungsgeschäfte außer seinem Gehalt keine Gebühren, mit alleiniger Ausnahme der folgenden:

1) für das Ab- und Zuschreiben im Brandkataster nach §. 10 der Verordnung vom 6. März 1848, bei den Versicherungen im Monat November 3 kr., bei späteren Versicherungen 6 kr.;
2) für einen Bericht in Privatsachen namentlich zu Gesuchen um Großjährigkeitserklärung, um Dispensation vom statutarischen Alter bei Vermögensübergaben, um Dispensation von Ehehindernissen und vom Aufgebot, um Supplirung des elterlichen Konsenses zur Heirath und um Bewilligung eines Darlehns aus der Landesbank oder sonstigen öffentlichen Fonds 30 kr.

Alle übrigen Dienstverrichtungen sind als Officialsachen unentgeltlich zu leisten.

Bei Reisen in Gemeindeangelegenheiten von mehr als zwei Stunden Entfernung von ihrem Wohnort erhalten an Gebühren:

1) die Gemeindevorsteher für Gänge an den Amtssitz, wenn hierfür nach dem Gesetz (§. 12) überhaupt eine Vergütung zu leisten ist, 45 kr. täglich;
2) der Bürgermeister und die Gemeindevorsteher für sonstige Gänge über 2 Stunden vom Wohnsitz 1 fl. 30 kr. täglich.

Bei Reisen an entferntere Orte und von längerer Dauer kann die Gebühr auf Antrag des Gemeinderaths von dem Amt angemessen erhöht werden.

Die Gebührennoten des Bürgermeisters und der Gemeindevorsteher sind von dem Amt festzusetzen.

Die Gebühren des Bürgermeisters als Vorstand und Mitglied des Feldgerichts werden durch die Instruktion für das Feldgericht bestimmt.

§. 10. Die Verwaltung des Gemeindevermögens erfolgt durch den Gemeinderath nach Maßgabe der §§. 30 bis 61 des Gemeindegesetzes.

Das Grundstockvermögen muß den Nachkommen ungeschmälert erhalten, beziehungsweise wieder ergänzt und bei Ueberschüssen vermehrt werden (§§. 30, 42, 44 und 45 des Grundgesetzes).

Der Ertrag desselben ist zur Bestreitung der Gemeindebedürfnisse bestimmt. Ueber dessen zweckmäßige Verwendung entscheidet der Gemeinderath. Er ist aber dafür verantwortlich, daß derselbe nur im Interesse der Gemeinde zu den in dem §. 34 des Gemeindegesetzes bezeichneten Zwecken verwendet wird.

Verwendungen zu anderen Zwecken ohne vorherige Genehmigung der Staatsbehörde sind unzulässig und bleibt der Gemeinderath für den Wiederersatz haftbar.

Gemeindeschulden sind durch Gründung eines besonderen Tilgungsfonds baldthunlichst abzutragen (§. 42 des Gemeindegesetzes).

Ist raschere Tilgung nicht thunlich, so empfiehlt sich Abtrag in Annuitäten.

Stehen der Gemeinde größere Ausgaben in Aussicht, so ist es zweckmäßig, zeitig für Ansammlung eines Fonds und zwar selbst durch Steuererhebung zu sorgen, welcher besonders zu verrechnen und demnächst zu den gedachten Zwecken zu verwenden ist.

§. 11. Die Bewirthschaftung der Gemeindewaldungen erfolgt nach Maßgabe des Edikts vom 9. November 1816 und den dazu erlassenen Instruktionen mit denjenigen Modifikationen, welche sich in Folge des in den Gesetzen vom 24. und 26. Juli 1854 anerkannten Rechts der Gemeinde zur selbstständigen Verwaltung ihres Vermögens als nothwendig ergeben haben.

Hieraus folgt namentlich, daß der Gemeinderath alle die Bewirthschaftung der Gemeindewaldungen betreffenden Angelegenheiten einer eingehenden Prüfung zu unterziehen hat; daß seinen desfallsigen Ansichten und Wünschen, soweit nicht höhere Rücksichten auf Erhaltung der Waldungen und des Nachhalts oder technische Bedenken entgegenstehen, die gebührende Berücksichtigung geschenkt; und daß bei nicht auszugleichenden Meinungsverschiedenheiten zwischen der Forstbehörde und dem Gemeinderath, nach Begutachtung durch den Bezirksrath in den dazu geeigneten Fällen, die Entscheidung der Landesregierung eingeholt werden muß.

Zur Vollziehung dieser Grundsätze wird das nachfolgende Verfahren eingehalten.

Die zehnjährigen Wirthschaftspläne sowie die jährlichen Fällungs- und Kulturpläne werden dem Gemeinderath zeitig, und ehe sie der Landesregierung zur Genehmigung vorgelegt werden, durch den Oberförster zur Anerkennung resp. Begutachtung mitgetheilt.

Findet der Gemeinderath Anstände, so hat er solche dem betreffenden Oberförster mitzutheilen, der den Wünschen des Gemeinderaths, soweit forstlich zulässig, entsprechen und eventuell die Wirthschaftspläne sowohl als auch die jährlichen Holzfällungs- und Kulturpläne hiernach abändern wird.

Kann aus technischen Gründen dem Verlangen des Gemeinderaths nicht entsprochen werden, so wird der Oberförster unter Anführung der Gründe, aus welchen dem Verlangen nicht nachgegeben werden kann, dem Oberforstamt Vorlage machen, welches, sofern es der Ansicht des Oberförsters beitritt, dem Amt Mittheilung macht, damit dieses Begutachtung durch den Bezirksrath und Entscheidung der Landesregierung veranlaßt.

Die Bestimmungen des von dem Gemeinderath anerkannten zehnjährigen Wirthschaftsplans sowohl als auch der jährlichen Holzfällungs- und Kulturpläne werden nach erfolgter Festsetzung durch die Landesregierung dem Gemeinderath mitgetheilt und es ist danach die Ausführung unter Berücksichtigung der diesfalls von der Forstbehörde ertheilt werdenden technischen Vorschriften zu regeln.

Die Protokolle über Vergebung der Holzfällungen und Kulturarbeiten hat der Bürgermeister dem Oberförster zur Begutachtung darüber mitzutheilen, ob und was gegen die Person des Akkordanten einzuwenden ist und ob die Akkordpreise angemessen oder ob und wie niedrigere Preise zu erzielen seien.

Ist der Gemeinderath mit der etwaigen Beanstandung der Person nicht einverstanden, so ist dem Amt Vorlage zu machen. Ebenso wenn die Akkordpreise den Etat oder den Voranschlag im Budget übersteigen und der Gemeinderath dennoch auf Genehmigung der Verakkordirung antragen will. In allen anderen Fällen beschließt der Gemeinderath, ob die Vergebung zu genehmigen sei oder nicht.

Dem Verlangen des Gemeinderaths, Kulturarbeiten im Gemeindedienst ausführen zu lassen, wird stets Folge gegeben werden, wenn besondere Kunstfertigkeit nicht erforderlich, die Arbeit vielmehr bei gehöriger Anweisung und Aufsicht von jedem Arbeiter vollzogen werden kann.

Die Formung des Holzes geschieht nach den bisherigen Vorschriften, die Klafter zu 4' Scheitlänge, 4' Höhe und 9' Fuß Weite zu 144 Kubikschuh Raum und die Wellen zu 4' Länge und 3' 3" Umfang. Wünscht der Gemeinderath eine andere Formungsart, so wird einem solchen Verlangen, sofern nicht erhebliche technische Bedenken entgegenstehn, stets Folge gegeben werden. Andernfalls steht es dem Gemeinderathe frei, durch Vermittlung des Amts die Entscheidung der Landesregierung anzurufen.

In gleicher Weise werden die Anträge des Gemeinderaths wegen Aussonderung des Bau-, Werk- und Geschirrholzes berücksicht werden.

Es ist selbstverständlich, daß alles dies nur unter Beobachtung der richtigen Verrechnung der durch die veränderte Formung erfolgten Holzmasse und der gesetzlichen Bestimmungen über das Klastermaß geschehen kann.

Nach beendigter Fällung werden die Holzaufnahmelisten dem Gemeinderath mitgetheilt, welcher über die Verwendung des gefällten Holzes nach Maßgabe des Budgets zu verfügen hat.

Bei dem zur Versteigerung kommenden Holz sind die Versteigerungsbedingungen, soweit sie technische Fragen betreffen, insbesondere auch die Zeit und Dauer der Abfahrt, zwischen dem Oberförster und dem Gemeinderath zu vereinbaren, die übrigen aber von dem Gemeinderath festzusetzen.

Bei Meinungsverschiedenheiten zwischen dem Oberförster und Gemeinderath ist der Gegenstand durch Vermittlung des Amts zur Entscheidung der Landesregierung zu bringen.

Die Forstbehörde wird die Distrikte, wo Stock- und Leseholz gewonnen werden kann, mit Angabe der zu gewinnenden Quantität dem Gemeinderath bezeichnen. Der Gemeinderath entscheidet über die Art und Weise wie diese Nutzung stattfinden und vertheilt werden soll und bestimmt die Zeit zur Einsammlung nach vorherigem Einvernehmen mit der Forstbehörde.

Die Abgabe von Laub soll als für Forst- und Landwirthschaft gleich nachtheilig nur in besonderen Nothfällen nach den durch den Wirthschaftsplan und speciell durch den Holzfällungsplan beantragten Quantitäten stattfinden. Hat eine Gemeinde das hiernach bestimmte Quantum bezogen, so ist zu einer wiederholten Abgabe nach eingeholtem Gutachten der Forstbehörde, Beschlußfassung durch den Bezirksrath erforderlich.

Die hierdurch entstehende Verminderung am Ertrag des Waldes wird mit 20 Kubikschuh für den Karren Laub, zu zehn Zentnern gerechnet, am Holzetat des laufenden Jahres in Abzug gebracht.

Die Bestimmung der Zeit zur Abgabe bleibt dem Gemeinderath nach vorherigem Einvernehmen mit der Forstbehörde überlassen, mit der Einschränkung, daß nach dem Abfall des Laubs bis zum Wiederausbruch desselben, jede Laubabgabe unterbleiben muß.

Die Bestimmung, in welchen Distrikten und auf welche Art das Laub bezogen werden soll, bleibt der Forstbehörde überlassen, welche zur Kontrolle der Nutzung die Anordnung treffen wird, daß das Laub im Walde in Haufen zusammengescharrt und erst nach erfolgter Aufnahme durch die Forstbehörde und Taxation abgefahren werden darf.

Die Abgabe des Nothholzes geschieht auf Grund des Antrags und der Bescheinigung des Gemeinderaths über den nothwendigen aber unvorhergesehenen Bedarf. Wenn der Werth des abzugebenden Nothholzes 15 fl. nicht übersteigt, geschieht die Abgabe durch den Oberförster; bei höherem Werth ist die Autorisation des Oberforstamts nothwendig.

Zum Nothholz im Sinne der Verordnung vom 15. Juli 1818 (I. pag. 196) wird nur gerechnet, wenn durch unvorhergesehene Umstände die Nothwendigkeit zur augenblicklichen Beschaffung von Bau- und Geschirrholz entstanden ist.

Werden anderweite Holzbedürfnisse, welche unter die Kategorie des Nothholzes nicht gehören, wie z. B. Bohnen- und Hopfenstangen, Rüststangen, Baumpfähle, Schachtreise für den Bergbau ꝛc. angefordert, so ist deren unbedingte Abgabe nicht geboten. Wenn aber derartige Bedürfnisse ohne Nachtheil für den Wald und mit besonderem Vortheil für den Waldeigenthümer befriedigt werden können, so kann die Abgabe mit Einwilligung des Gemeinderaths geschehen.

Die abgegebene Holzquantität wird von dem Etat des laufenden Forstjahres in Abzug gebracht, und es darf hierdurch das zum Hieb bestimmte Quantum nicht überschritten werden.

Die Bildung der Beschützungsreviere bleibt auf den Antrag des Oberforstbeamten dem Ermessen der Landesregierung überlassen.

Die Ernennung der Förster geschieht nach Maßgabe des §. 9 des Höchsten Edikts vom 9. November 1816 bei allen Beschützungsrevieren, welche nur einen

Gemeindewald umfassen, in der Regel aus der Mitte der Gemeinde und unter thunlichster Berücksichtigung der Wünsche derselben.

Ueber die Qualifikation entscheidet die Forstbehörde. Der Gemeinderath wird aber ebenfalls, wenn er zum Vorschlag dazu geeigneter Personen aufgefordert wird, sich nur von der Rücksicht auf das Beste des Dienstes leiten lassen.

Bei zusammengesetzten Revieren haben sich die betheiligten Gemeinderäthe über gemeinschaftliche Vorschläge zu verständigen.

Bei zeitweiser Verhinderung des Försters wird die Forstbehörde sofort und unter gleichzeitiger Benachrichtigung des Gemeinderaths die provisorische Versehung des Dienstes anordnen, und die Vergütung dafür, sofern sie das Minimum des im §. 1 des Gesetzes vom 27. September 1849 bestimmten Gehalts nicht übersteigt, festsetzen.

Soll eine höhere Gebühr festgesetzt werden, oder wünscht der Gemeinderath eine andere Person, oder eine andere Regulirung der Vergütung, so ist, im Falle Verständigung zwischen Gemeinderath und Forstbehörde nicht stattfindet, durch Vermittlung des Amts Entscheidung der Landesregierung zu veranlassen.

Bis solche erfolgt, bleibt die von der Forstbehörde getroffene provisorische Anordnung bestehen.

Neu angestellt werdende Förster haben das Bürgerrecht in einer Gemeinde besonders zu erwerben; doch ist die Uebertragung des Dienstes nicht von der vorherigen Erwerbung des Bürgerrechts abhängig.

Ob für eine bestimmte Holzfällung ein Holzhauermeister zur Beaufsichtigung der Fällung angenommen werden soll, darüber hat der Gemeinderath im Einverständniß mit dem Oberförster zu entscheiden. Bei Meinungsverschiedenheiten ist durch Vermittelung des Amts die Entscheidung der Landesregierung einzuholen.

Die Wahl der Person hängt von dem Gemeinderath ab, mit der Einschränkung, daß er vor Abschluß des Akkords sich darüber mit dem Oberförster zu verständigen hat und Niemand wählen darf, welchen derselbe für unzulässig erklärt.

§. 12. Gemeindegrundstücke sowie Gebäude, die nicht für Gemeindezwecke benutzt werden, sind in der Regel öffentlich zu verpachten. Wiesen können in Selbstbewirthschaftung belassen und durch Veräußerung des Graswuchses rentbar gemacht werden.

Der Gemeinderath hat ein vorzügliches Augenmerk darauf zu richten, daß das nicht in Kultur stehende Gemeindeland nach Lage und Beschaffenheit in Feld- oder Forstkultur genommen und rentbar gemacht wird. Insbesondere wird er bei ausgedehnten Weideländereien prüfen, wieweit solche für Erhaltung der Viehzucht wirklich nothwendig sind, und dafür sorgen, daß der entbehrliche Theil der Kultur überwiesen wird.

§. 13. Ueber die Verpflichtung der Gemeindebürger zu Feuerlösch-, Wache- und sonstigen Hand- und Spanndiensten wird auf die §§. 36 bis 40 des Gemeindegesetzes verwiesen mit dem Bemerken, daß nach §. 8 des Gewerbegesetzes vom 9. Juni 1860 auch die in einer Gemeinde temporär Wohnenden dazu verpflichtet sind, sofern sie daselbst eine selbstständige Gewerbsniederlassung gegründet haben.

Es ist dafür zu sorgen, daß diese Dienste gleichmäßig vertheilt, beziehungsweise die Reihenfolge sorgfältig eingehalten wird, worüber der Bürgermeister die nöthigen Listen zu führen hat.

Die in der Gemeinde wohnhaften und daselbst als Bürger aufgenommenen niederen öffentlichen Diener sowie die Schullehrer sind von den Feuerlösch-, Wache- und Handdiensten zu befreien, soweit deren Leistung mit ihrem öffentlichen Dienst nicht wohl vereinbarlich ist.

§. 14. Bezüglich des öffentlichen Elementarunterrichts wird auf die allgemeine Schulordnung vom 24. März 1817 (III. pag. 285 ff. 294 ff.) und auf das Gesetz vom 26. März 1862 (pag. 81 ff.) verwiesen.

Der Gemeinderath ist dafür verantwortlich, daß die Auszahlung der Lehrerbesoldung rechtzeitig erfolgt. Bei schuldhafter Verzögerung tritt unnachsichtlich Dienststrafe ein.

Er hat dafür zu sorgen, daß die für den öffentlichen Unterricht erforderlichen Lokale und sonstigen Einrichtungen innerhalb der Ferien hergestellt und unterhalten werden.

Ueber die Kosten für anzuschaffende Lehrapparate wird dem Gemeinderath spätestens im Monat September Mittheilung gemacht, um sie in das Budget für das folgende Jahr aufzunehmen. Findet der Gemeinderath einen Anstand gegen die Höhe des beantragten Kredits, so ist nach vergeblich versuchter Verständigung der Gegenstand durch Vermittlung des Amts der Landesregierung zur Entscheidung vorzulegen.

Die Aufsicht über das Unterrichtswesen selbst führt zunächst der Schulvorstand; der Gemeinderath hat daher bei den von ihm wahrgenommenen Mängeln sich mit dem Schulvorstand zu benehmen und nöthigenfalls dem Schulinspektor oder dem Amt Vorlage zu machen.

Der Bürgermeister als solcher ist ständiges Mitglied des Schulvorstands und hat sich nach der Instruktion für den Schulvorstand (III. pag. 311) zu bemessen.

Wegen des Beitrags der Gemeinde zu den Pensionen der Lehrer und deren Relikten wird auf die Verordnung vom 2. November 1819 (III. pag. 361) und 18. Februar 1851 (pag. 41) verwiesen [1]).

---

[1]) S. jetzt das Gesetz, betr. die Erweiterung, Umwandlung und Neuerrichtung von Wittwen- und Waisenkassen für Elementarlehrer, vom 22. Dezember 1869 (Ges.-S. 1870. S. 1).

Das Inventarium über die Schulutensilien wird von dem Schulvorstand geführt. Bei jeder Diensterledigung muß untersucht werden, ob sämmtliche Gegenstände noch vorhanden sind.

Der Gemeinderath wird darauf achten, daß dieses Geschäft rechtzeitig vorgenommen wird. Der Lehrer ist für die Aufbewahrung verantwortlich, cf. §. 15 der Schulordnung (III. pag. 296) und §§. 5 und 6 der Instruktion für die Schulvorstände (III. pag. 311).

Mit der definitiven Anstellung erlangt der Lehrer oder Lehrvicar Bürgerrecht an dem Ort seiner Anstellung.

Er nimmt von diesem Zeitpunkt an Theil an den Gemeindenutzungen.

§. 15. Der Gemeinderath wird sich bestreben, die Landwirthschaft, die Viehzucht und den Obstbau in jeder thunlichen Weise zu befördern.

Er wird dabei auf folgende Gesetze und Verordnungen besonders aufmerksam gemacht:

1) auf die Kulturverordnung vom 7/9. November 1812 (I. pag. 187), wonach die Ausübung der Hut- und Weidegerechtsame auf eine die Bewirthschaftung der Felder und Wiesen möglichst unschädliche Weise zurückzuführen ist;
2) auf die Verordnungen vom 12. September 1829 und 2. Februar 1830 (IV. pag. 317), vom 22. November 1851 (pag. 850), vom 22. März 1852 (pag. 97) und 28. December 1854 (pag. 3 de 1855) über die Güterconsolidation und Güterregulirung;
3) auf die Verordnung vom 27. Juli 1858 (pag. 100) über Bewässerungs- und Entwässerungsanlagen, Ausräumen der Bäche ꝛc.;
4) auf die Verordnung vom 15. Januar 1829 (IV. pag. 313) über die Verbesserung der Rindvieh- und Schweinezucht, mit dem Bemerken, daß bei ungünstigem Stand der Gemeindekasse die Viehbesitzer zu entsprechenden Beiträgen zur Anschaffung und Unterhaltung des Faselviehs heranzuziehen sind; sowie daß bei Meinungsverschiedenheiten zwischen dem Thierarzt und dem Gemeinderath über die Tauglichkeit des Faselviehes, sowie überhaupt über die Vollziehung der gedachten Verordnung der Gegenstand durch Vermittlung des Amtes der Landesregierung zur Entscheidung vorzulegen ist;
5) auf die Verordnung vom 4. Februar 1861 (pag. 49) über die Abgabe billigen Viehsalzes;
6) auf die Verordnung vom 7. Januar 1812 (I. pag. 205) wonach die Vicinalwege mit Obstbäumen guter Qualität bepflanzt werden sollen.

Der Gemeinderath entscheidet über die Gestattung des temporären Aufenthaltes Nassauischer Staatsangehörigen zum Gewerbebetrieb und begutachtet die Niederlassungsgesuche Auswärtiger. Vergl. §§. 2 und 7 des Gewerbegesetzes vom

9. Juni 1860 (pag. 99). Er hat dabei nur von den in dem §. 2 des Gesetzes angegebenen Grundsätzen auszugehen [1]).

§. 16. Dem Gemeinderath liegt die Leitung der Armenpflege ob. Er hat sich dabei nach den Bestimmungen des Gesetzes vom 18. December 1848 (pag. 808) und der Instruktion vom 9. März 1849 (pag. 37) zu bemessen.

Bei Erkrankung hülfsbedürftiger Ausländer ist die nöthige Verpflegung anzuordnen und gleichzeitig dem Amte die Anzeige zu machen. Die Kosten werden aus dem Landarmenfonds ersetzt. Vgl. §. 42 der Amtsverwaltungsordnung (pag. 112 de 1849) und die Verordnung vom 18. November (pag. 881) [2]).

Für die Unterstützung Nassauischer Staatsangehörigen in fremden Landen leistet die Heimathsgemeinde keinen Ersatz, sofern nicht ausnahmsweise Staatsverträge ein anderes bestimmen.

§. 17. Der Gemeinderath hat für zweckmäßige Anlage und gute Unterhaltung der Gemeinde-Hoch- und Wegbauten, der Brunnenleitungen ꝛc. zu sorgen.

Im Monat August jeden Jahres hat er dem Amt anzuzeigen, ob und welche Bauten im nächsten Jahre vorgenommen werden sollen.

Ueber Entwerfung der Baupläne und Aufnahme der Etats hat er sich mit dem Baubeamten zu benehmen. §. 4 und 13 der Bauverwaltungsordnung vom 2. Oktober 1858 (pag. 187).

Die Vergebung der Arbeiten erfolgt nach §. 4 ebendaselbst und der Instruktion über die Verakkordirung öffentlicher Arbeiten (1858 pag. 204).

Ueber die Ertheilung des Zuschlags ist der Art. VI. der genannten Instruktion maßgebend, mit der Modifikation der Bestimmung in pos. 1, daß dem Gemeinderath die Wahl unter den drei Wenigstbietenden zusteht, sofern der von ihm gewählte Akkordant von dem Baubeamten nicht als unfähig verworfen wird.

Der Bürgermeister fertigt die Handwerkszettel aus und übergibt sie mit dem Etat dem Baubeamten zur Revision. (§. 18 der Bauverwaltungsordnung).

Ob ein besonderer Bauaufseher zu bestellen ist, hängt zwar nach §. 21 der Bauverwaltungsordnung von dem Ermessen des Baubeamten ab; doch wird derselbe dabei soweit wie thunlich die Wünsche des Gemeinderaths berücksichtigen.

Ist kein besonderer Aufseher bestellt, so führt der Bürgermeister die Aufsicht; kontrolirt die Lieferung der Materialien und sorgt, daß solche sowie die Arbeiten rechtzeitig und ineinandergreifend erfolgen.

Abänderungen des Plans während der Ausführung des Baues sind nur unter der Voraussetzung des §. 22 der Bauverwaltungsordnung zulässig.

Zahlungsanweisungen dürfen nach §. 24 der Bauverwaltungsordnung nur auf Grund der Attestation der Baubeamten erfolgen.

---

[1]) S. im V. Abschnitt das Freizügigkeitsgesetz vom 1. November 1867.

[2]) S. jetzt im V. Abschnitt die Gesetze über die Armenverwaltung.

Der Gemeinderath sieht darauf, daß die Bewohner der Gemeindegebäude die inquilinischen Schuldigkeiten erfüllen.

Auf den Antrag des Gemeinderaths kann demselben, vorbehältlich der Prüfung der Pläne und der ausgeführten Arbeit durch die Baubehörde in den dazu geeigneten Fällen, von dem Amt gestattet werden, Pläne und Etats zu Bauunterhaltungsarbeiten und neuen Anlagen von einer ihm dazu geeignet scheinenden Person aufstellen und nach erfolgter Genehmigung des Amts unter dessen Kontrole ausführen zu lassen.

Die Zahlung erfolgt alsdann auf Grund der Attestation des von der Gemeinde angenommenen bauführenden Technikers oder des bestellten Aufsehers.

§. 18. Ueber die Vertheilung der Gemeindenutzungen sind die §§. 43 — 46 des Gemeindegesetzes zu vergleichen.

Der Gemeinderath wird für eine gerechte und gleichmäßige Vertheilung besorgt sein.

Neu recipirte Bürger nehmen an den nach dem Datum ihres Receptionsdecrets fällig werdenden Nutzungen Antheil.

Bei Vertheilung von Gemeindegrundstücken zur unentgeltlichen Benutzung nach §. 43 des Gesetzes muß das Eigenthum der Gemeinde stets evident gehalten werden. Die Vertheilung von Ueberschüssen an Geld nach §. 44 des Gesetzes kann nur dann stattfinden, wenn sie in dem Budget genehmigt ist und zugleich für eine längere Reihe von Jahren solche Ausgaben nicht in Aussicht stehen, welche eine Steuererhebung nöthig machen könnten.

§. 19. Bezüglich des Erwerbs, der Veräußerung und der Verpachtung von Gemeindevermögen und des Ertrags desselben ist genau nach den §§. 47 bis 52 des Gemeindegesetzes zu verfahren.

Zum Erwerb desjenigen Grundeigenthums, welches zur Ausführung von Anlagen erforderlich ist, die der Gemeinde von der Staatsbehörde gesetzlich aufgegeben worden sind, kann die Zustimmung der Gemeinde nicht verweigert werden.

Ueber den Abschluß aller sonstigen Verträge sind die §§. 55 — 58 des Gemeindegesetzes und bezüglich der Vergebung der Bauarbeiten der §. 17 dieser Instruktion zu vergleichen.

Sämmtliche Verträge sind, mit der im §. 58 des Gemeindegesetzes bezeichneten Ausnahme bei Akkorden unter 5 fl., schriftlich auszufertigen.

Der Bürgermeister darf bei den von ihm abgehaltenen öffentlichen Versteigerungen und Verpachtungen nicht selbst mitbieten, noch auf seinen Namen bieten lassen.

Bei Abgaben von Naturalien, die sich öfter wiederholen, wie z. B. von Sand, Steinen, Lehm u. s. w. ist der Preis zum Voraus auf eine längere Zeitdauer festzusetzen.

Der Gemeinderath kann zur Zahlung von Gemeindeeinnahmen einen einmaligen Ausstand auf kürzere Zeit verwilligen. Zu einem Ausstand über $^1/_2$ Jahr hat er die Genehmigung des Amts einzuholen.

Der Gemeinderath wird sich bestreben, Processe thunlich zu vermeiden. Zu der nach §. 61 des Gemeindegesetzes erforderlichen Zustimmung der Landesregierung bedarf es nicht eines auf Stempel geschriebenen Gesuches, dieselbe ist vielmehr durch einen an das Amt zu erstattenden Bericht, welchem das Protokoll über den Gemeindebeschluß beizufügen ist, einzuholen.

§. 20. Die Aufstellung des Gemeindebudgets erfolgt im Monat November nach Maßgabe der §§. 64 und 65 des Gemeindegesetzes.

Das Budget ist doppelt aufzustellen und ein Triplikat des Summariums beizufügen.

Ist der Bürgermeister zur Aufstellung des Budgets nicht im Stande, so wird solches nach eingeholter amtlicher Genehmigung durch die Landoberschultheiserei auf Kosten der Gemeindekasse aufgestellt.

Die Einnahmen und Ausgaben der Gemeinde sind nach §. 66 des Gemeindegesetzes von dem Bürgermeister anzuweisen. Er haftet für die Richtigkeit der angewiesenen Summe, hat den Calcul zu berichtigen, und daß dies geschehen, auf der Anweisung zu bescheinigen. Die angewiesene Summe ist in Zahlen und daneben in Worten auszuschreiben und dabei die Nummer des Special-Etats anzugeben.

Der Bürgermeister führt über alle dem Rechner überwiesenen Einnahmen und Ausgaben eine fortlaufende genaue Kontrole, welche mindestens vierteljährlich einmal mit dem Manual des Rechners zu vergleichen ist. Daß und wann dies geschehen, muß in der Kontrole und dem Manual des Rechners bescheinigt werden.

Der Bürgermeister hat den Rechner zu strenger Ordnung im Kasse- und Rechnungswesen und zur rechtzeitigen Beitreibung der Ausstände anzuhalten.

Er darf nur die in dem Budget vorgesehenen Ausgaben und nur bis zum Betrag des ausgeworfenen Kredits anweisen, andernfalls ist ein Beschluß des Gemeinderaths erforderlich.

Von der im Budget festgesetzten Steuererhebung darf ohne Genehmigung des Amts nicht abgewichen werden.

§. 21. Neben den außerordentlichen Kassenvisitationen, welche etwa auf Antrag des Bürgermeisters oder Gemeinderaths oder von den Staatsbehörden verfügt werden sollen, soll alljährlich zwischen dem 1. September bis Ende November in einer jeden Gemeinde von der Landoberschultheiserei eine Kassenvisitation vorgenommen werden, welche zugleich als Grundlage für die Aufstellung des nächstjährigen Budgets dient.

Die bereits vollzogenen und noch zu vollziehenden Einnahmen und Ausgaben sind darin zusammenzustellen und etwaige Abweichungen von dem Budget gehörig zu erläutern.

Es ist ferner dabei zu prüfen:

1) ob die Kontrole des Bürgermeisters und das Journal und Manual des Rechners vorschriftsmäßig geführt und verglichen worden sind,
2) ob die Ueberweisung der Einnahmen und Ausgaben rechtzeitig stattgefunden hat,
3) ob die Ueberweisungen rechtzeitig vollzogen, die Ausstände rechtzeitig beigetrieben und keine Zahlungen ohne Anweisung geleistet sind,
4) ob die Einnahme- und Ausgabebelege sämmtlich vorhanden, geordnet und vorschriftsmäßig ausgefertigt sind,
5) ob der Kassenvorrath baar vorhanden ist.

Eine Liquidation der Ausstände findet nur bei besonderer Veranlassung statt.

Ueber das Resultat ist ein Protokoll aufzunehmen, welchem die Uebersicht als Anlage beizufügen ist. Dasselbe muß weiter eine genaue Bilanz des Gemeinde-, Armen- und Schulfundus enthalten und ist demnächst dem Amt zur Verfügung vorzulegen.

§. 22. Das Verfahren bei Bürgeraufnahmen ist in den §§. 70—94 des Gemeindegesetzes bestimmt.

Ueber die Hindernisse, welche die Militärpflicht der Heirath entgegenstellen, ist der §. 71 der Instruktion vom 26. September 1844 zu dem Konskriptionsgesetze (IV. pag. 258) zu vergleichen [1]).

Bezüglich der Ertheilung der Proklamations- und Kopulationsscheine wird auf die Verordnung vom 22. Februar 1826 (IV. pag. 165), vom 16. September 1836 (IV. pag. 497) und vom 31. Mai 1854 (pag. 62), sowie bezüglich der Entlassung oder Auswanderung vor Erfüllung der Konskriptionspflicht auf §. 26 der Kreisamtsverwaltungsordnung (1849 pag. 106) verwiesen [2]).

Der Bürgermeister führt eine genaue Liste über alle Bürger. Er hat darüber zu wachen, daß die Heimathsverhältnisse der in der Gemeinde sich dauernd aufhaltenden Personen in's Klare gestellt werden.

Ein Erlaß des Bürgeraufnahmegeldes kann nur auf Antrag des Gemeinderaths mit Genehmigung der Herzoglichen Landesregierung stattfinden.

[1]) S. Reichs-Militärgesetz vom 2. Mai 1870. §. 40: Die Militärpersonen des Friedensstandes bedürfen zu ihrer Verheiratung der Genehmigung ihrer Vorgesetzten.

[2]) S. jetzt das Reichsgesetz über die Aufhebung der polizeilichen Beschränkungen der Eheschließung vom 4. Mai 1868.

Bei Gesuchen um Großjährigkeitserklärung zum Zweck der Bürgeraufnahme und der Heirath ist nach der Verordnung vom 9. Januar 1861 (pag. 8) zu verfahren.

Receptionsdekrete sind auf Stempel No. 6, vorläufige Aufnahmezusicherungen bei Ausländern, sowie vorläufige Dekrete bei Großjährigkeitserklärungen auf auf Stempel No. 5 zu schreiben.

§. 23. Die Gemeindewahlen sind nach Maßgabe der dem Gemeindegesetz beigefügten Wahlordnung vorzunehmen.

Eine Wahlunfähigkeit im Sinne des §. 1 pos. 2 der Wahlordnung liegt dann nicht vor, wenn die Untersuchung wegen eines der daselbst bezeichneten Vergehen für beruhend erklärt oder eingestellt worden ist. Ein solches Erkenntniß hat vielmehr hier gleiche Wirkung wie eine Freisprechung.

Bürger, welche keine Steuer zahlen, wählen in der letzten Klasse.

Die Reihenfolge der Abstimmung bei den Wahlen hat der Bürgermeister im Voraus zu bestimmen.

Mit dem Wegzug aus der Gemeinde erlischt das Amt des gewählten Vorstehers.

Die Annahme der Wahl zum Gemeinderechner berechtigt zur Niederlegung des Vorsteheramts.

§. 24. Dem Bürgermeister ist die Handhabung der gesammten Ortspolizei unter Aufsicht des Amts übertragen. Er sorgt dafür, daß das nöthige Personal für den Feldschutz, die Nachtwache und die übrige Ortspolizei bestellt und dessen Thätigkeit gehörig überwacht wird; daß Verbrechen und Vergehen möglichst verhütet, begangene aber zur Strafe gezogen werden [1]).

Verbrechen, die unter das Strafgesetz fallen, hat er, soweit sie nicht blos auf Klage des Betheiligten verfolgt werden, dem Amt zur Anzeige zu bringen und dafür zu sorgen, daß die Spuren der That nicht verwischt werden [2]).

Liegt Gefahr im Verzug, so hat er die Spuren, die zur Entdeckung des Thäters führen können, sofort weiter zu verfolgen und alle diejenigen Handlungen zur Aufklärung des Sachverhalts vorzunehmen, welche alsbald geschehen, wenn sie nicht durch längere Zögerung vereitelt werden sollen.

Polizeiübertretungen, welche nicht mit einer höheren Strafe als 8 fl. oder sechs Tage Arbeit bedroht sind, hat er selbst zu bestrafen. Erfolgt Einwand oder ist höhere Strafe angedroht, so hat er dem Amt die Anzeige zu machen [3]).

---

[1]) S. auch unten im VIII. Abschnitt die Verordnung vom 20. September 1867.

[2]) S. auch Strafprozeßordnung vom 25 Juni 1867. §. 69.

[3]) S. unten im VIII. Abschnitt das Gesetz vom 14. Mai 1852 über die vorläufige Straffestsetzung wegen Uebertretungen.

Zur Vornahme von Verhaftungen bei Verbrechen und Polizeiübertretungen ist er in allen denjenigen Fällen befugt, in welchen die Landjäger, nach §. 35 des Landjägergesetzes vom 15. September 1849 (pag 455)[1]), dazu befugt sind.

Verhaftete müssen dem Amt alsbald vorgeführt werden. Bei dem Transport ist nach den Vorschriften in §§. 34, 35 und 56 der Landjägerinstruktion vom 5. December 1849 (pag. 581) zu verfahren.

Der Bürgermeister und die Landjäger sind verbunden, sich bei ihren Dienstverrichtungen gegenseitig zu unterstützen. Vergl. §. 16 des Landjägersetzes und §§. 2 und 49 der Landjägerinstruktion.

In außerordentlichen Fällen, wie z. B. bei Bränden, Zusammenrottungen u. s. w. ist die gesammte Bürgerschaft zur Mitwirkung aufzufordern.

Für den durch Zusammenrottungen entstandenen Schaden haftet die Gemeindekasse nach Maßgabe des Gesetzes vom 15. Juli 1848 (pag. 187). Ebenso für den Schaden, welcher den Bürgermeistern, Förstern und sonstigen öffentlichen Dienern mit Beziehung auf ihren Dienst zugefügt worden ist, nach Maßgabe der Verordnung vom 9. August 1825 (IV. pag. 290).

Bei Patrouillen der Landjäger hat der Bürgermeister oder die Nachtwache die erforderliche Bescheinigung zu ertheilen, nach Maßgabe der §§. 11 und 15 der Landjägerinstruktion (1849, pag. 584 und 585)[2]).

Bei Bränden, Ueberschwemmungen oder sonstigen durch Naturereignisse ꝛc. herbeigeführten Gefahren für Personen und Eigenthum, sowie bei unnatürlichen Todesfällen, hat der Bürgermeister dem Amt Anzeige zu machen, die zur Rettung erforderlichen Maßregeln sofort anzuordnen, geeignetenfalls Wiederbelebungsversuche zu veranlassen und dem Medicinalbeamten alsbald Nachricht zu ertheilen.

Von der ihm nach §. 18 des Gemeindegesetzes zustehenden Befugniß zum Erlaß besonderer Strafgebote in Ortspolizeisachen wird er da Gebrauch machen, wo ein erheblicher Anlaß dafür vorliegt, das Gebot doch nicht weiter ausdehnen, als die Nothwendigkeit verlangt[3]).

§. 25. Der Bürgermeister hat die bestehenden Vorschriften über die Sicherheits- und Fremdenpolizei in seinem Bezirk zu vollziehen. Demgemäß hat er darauf zu sehen, daß Durchreisende mit Ausnahme derjenigen, welche Verwandte oder Bekannte besuchen, nur in den concessionirten Gasthäusern beherbergt, die Fremdenbücher von den Gastwirthen vorschriftsgemäß geführt, und von jedem

---

[1]) S. j. jetzt die Verordnung, betr. die Organisation der Landgendarmerie in den neu erworbenen Landestheilen, vom 23. Mai 1867. §. 18.

[2]) S. jetzt die Instruktion zu der vorstehend erwähnten Verordnung vom 23. Mai 1867.

[3]) S. jetzt die zur Ueberschrift dieses Paragraphen citirte Verordnung vom 20. September 1867. §. 5 fg.

längern dauernden Aufenthalt ihm Kenntniß gegeben werde; nach Maßgabe der §§. 9. 10 und 11 der Sicherheitsverordnung vom 9. Juli 1816 (II. pag. 257); der Verordnung vom 22. April 1838 (IV. pag. 299) und des §. 56 b. der Kreisamtsverwaltungsordnung von 1849 (pag. 118)[1]).

Er ist befugt, Einsicht der Legitimationspapiere zu verlangen. Findet er sie in Ordnung und liegt sonst kein Verdacht eines Vergehens vor, so sind sie sofort zurückzugeben.

Ebenso ist die Weiterreise zu gestatten, wenn die betreffende Person, auch wenn dieselbe keinen Paß besitzt, ganz unverdächtig erscheint und sich in irgend einer andern Weise über ihre Person glaubhaft auszuweisen vermag. Vgl. Landjägergesetz §. 35. pos. 8. (1849 pag. 455), Landjägerinstruktion §. 21. (1849 pag. 587)[2]).

Bei Prüfung der Legitimationspapiere wird er vorzugsweise auf fremde Bettler und Vagabunden, Gaukler, herumziehende Arzneikrämer, nicht koncessionirte Musikanten und Hausirer, Handwerksgesellen, welche schon längere Zeit nicht in Arbeit gestanden haben u. s. w. aufmerksam sein und geeignetenfalls nicht versäumen, dem Amt solche Personen vorführen zu lassen.

In der eigenen Gemeinde wird er der Bettelei in jeder zulässigen Weise entgegenwirken und bei Zuwiderhandlungen Bestrafung durch das Amt veranlassen.

Er hat darüber zu wachen, daß bei dem Graben von Lehm, Kies, Sand oder Thon nach der Verordnung vom 11. November 1826 (IV. pag. 293) verfahren wird.

Werden fremde uneheliche Kinder in seiner Gemeinde zur Verpflegung übergeben, so hat er dies nur dann zuzulassen, wenn der vorgeschriebene Heimathschein beigebracht wird. Er hat darüber zu wachen, daß eine ordentliche Verpflegung stattfindet, bei Mißbräuchen aber dem Amt baldige Anzeige zu machen.

Er sorgt dafür, daß Personen, die durch Geisteskrankheit, Trunkenheit ꝛc. hülflos oder der öffentlichen Sicherheit gefährlich geworden sind, in Sicherheit gebracht werden.

Bei Aufnahme Geisteskranker in die Heil- und Pflegeanstalt Eichberg ist nach §§. 9 und 10 der Verordnung vom 30. Oktober 1849 (pag. 529) zu verfahren.

§. 26. Der Bürgermeister wird darüber wachen, daß die Vorschriften

---

[1]) Die Bestimmungen über die Kontrole neu anziehender Personen und der Fremden an ihrem Aufenthaltsorte sind in Geltung geblieben. Zu letzterem Zwecke dürfen in diesem Aufenthaltskarten weder eingeführt noch beibehalten werden. S. Paßgesetz vom 12. Oktober 1867. §. 10.

[2]) Vgl. jetzt das Bundes-Paßgesetz vom 12. Oktober 1867. §§. 1 und 2.

über die Feuerpolizei nach Maßgabe der Verordnung vom 22. November 1826 (IV. pag. 277), sowie über das Reinigen der Schornsteine nach der Instruktion für die Kaminfeger vom 8. November 1854 (pag. 236) gehörig vollzogen; daß die Feuerlöschgeräthschaften stets in gutem brauchbaren Stand erhalten und der Feuerlöschdienst zum Voraus genau geordnet werde, damit bei ausbrechendem Brand ohne Verzug und Unordnung die nöthigen Rettungsmaßregeln ergriffen werden können. Vgl. §. 4 und ff. der oben bezeichneten Verordnung vom 22. November 1826.

Die Feuervisitation ist alljährlich einmal im Frühjahr nach Maßgabe der Verordnung vom 24. Juli 1850 (pag. 55) zu vollziehen, die Abstellung der vorgefundenen Gebrechen zu überwachen und im Herbst zu kontroliren.

Der Bürgermeister hat bei Vollziehung der Brandassekuranzordnung vom 17. Januar 1806, $^{16}/_{17}$. März 1808 (I. pag. 166 ff.) vom 6. März 1848 (pag. 49) und vom 5. September 1857 (pag. 180) in der daselbst bezeichneten Weise mitzuwirken. Er veranlaßt die Taxation der Gebäude nach §§. 1 und 6 der Verordnung vom 6. März 1848; er sieht darauf, daß die Abschätzung gehörig vollzogen wird (§§. 2, 3 und 4 ebendaselbst); daß zu hohe Taxationen nicht vorkommen; daß Gebäude, deren baulicher Zustand in Rückgang gekommen, anderweit taxirt (§. 5 ebendaselbst); sowie daß keine Gebäude, Maschinen und sonstige Gegenstände aufgenommen werden, deren Aufnahme unzulässig ist oder der vorherigen speciellen Genehmigung bedarf. Vgl. Verordnung vom 5. September 1857.

In die regelmäßigen Ab- und Zugangslisten dürfen daher nur die gewöhnlichen Wohn- und Oekonomiegebäude, Kirchen, Schulen, Gemeindehäuser, gewöhnliche Mahlmühlen mit dem laufenden Geschirr (wozu aber s. g. Kunstmühlen nicht zu rechnen sind), überhaupt nur solche Gebäude ohne Weiteres eingetragen werden, mit welchen eine besondere Feuersgefahr nicht verbunden ist. Alle übrigen Gebäude, insbesondere auch Maschinen und sonstige nicht zu dem eigentlichen Gebäude gehörige Gegenstände dürfen nicht aufgenommen werden, wenn dazu nicht specielle amtliche Genehmigung vorher ertheilt ist. In zweifelhaften Fällen wird daher der Bürgermeister stets vorherige Entscheidung des Amts veranlassen.

Bei Abschätzung eines Brandschadens ist nach den in §. 8 der Verordnung vom 6. März 1848 bezeichneten Grundsätzen zu verfahren.

Für den Schaden an unversicherten Gegenständen, namentlich auch an Feldgewächsen, leistet die Brandkasse keinen Ersatz, mit alleiniger Ausnahme des in §. 8 pos. 2 der Verordnung vom 6. März 1848 speciell bezeichneten Falles.

Bei Mobiliarversicherungen hat der Bürgermeister nach §. 6 der Verordnung vom 27. Mai 1834 (IV. pag. 284) die Nachbarn zu hören, auch sich nach §. 2 der Verordnung vom 9. Juli 1851 (pag. 117) mit dem Gemeinderath über die Höhe der Versicherungssumme und die weiter daselbst bezeichneten Punkte gutachtlich zu äußern, ferner auch nach §. 4 ebendaselbst Anzeige zu erstatten, wenn die versicherten Gegenstände sich erheblich mindern.

§. 27. Für die Erbauung neuer Gebäude sollen überall Baulinien im Voraus bestimmt sein, vgl. Verordnung vom 10. April 1816 (II. pag. 149). Der Bürgermeister hat deßhalb dem Amt nöthigenfalls Anzeige zu machen. Bei Ermittelung der zweckmäßigsten Richtung hat er mit dem Gemeinderath mitzuwirken und demnächst darüber zu wachen, daß die bestimmten Linien eingehalten werden [1]).

Ueber die bei Neubauten und Reparaturen zu beachtenden Vorschriften sind die Verordnungen vom 22. November 1826 (IV. pag. 278) und vom 8. November 1854 (pag. 232) zu vergleichen.

Eingehende Baugesuche hat der Bürgermeister mit einer Bemerkung darüber, ob und was Seitens des Gemeinderaths und der Nachbarn dagegen einzuwenden sei, dem Herzoglichen Amt vorzulegen.

Er hat darüber zu wachen, daß keine Gebäude ohne Bauconcession erbaut und die Baukoncessionsbedingungen genau eingehalten werden.

Bei Kontraventionen wird er alsbald einschreiten.

Ebenso ist bei der periodischen Feuervisitation wie auch bei der Taxation zur Aufnahme in die Brandassekuranz eine Vergleichung der zwischenzeitlich neu erbauten Gebäude mit dem Koncessionsdekret vorzunehmen und jede Abweichung dem Amt zur Anzeige zu bringen. Eine Aufnahme in die Brandassekuranzanstalt darf nicht stattfinden, so lange die Baubedingungen zur Herstellung der Feuersicherheit nicht erfüllt sind.

Der Bürgermeister sieht ferner darauf, daß Eingrabungen unter die Oberfläche des Bodens in der Nähe bestehender Mineralquellen nur nach vorher ertheilter Erlaubniß vorgenommen werden. Vgl. die Verordnung vom 7. Juli 1860 (pag. 137).

§. 28. Der Bürgermeister hat dabei mitzuwirken, daß alles ferngehalten wird, was den öffentlichen Gesundheitszustand beeinträchtigen könnte. Er wird in dieser Beziehung aufmerksam gemacht:

auf die §§. 2, 3 und 4 der Dienstinstruktion der Medicinalbeamten (III. pag. 148), wonach für geeignet gelegene Todtenhöfe (mindestens 1000 Fuß vom Ort entfernt, soweit dies irgend thunlich ist), Viehanger, Entfernung von Gegenständen, welche die Luft verpesten, aus der Nähe der Ortschaften, Beschaffung guten Trinkwassers, Entfernung ungesunder Nahrungsmittel zu sorgen ist;

auf die Verordnung vom 31. August 1808 und die Generalreskripte vom

---

[1]) S. jetzt das Gesetz, betr. die Anlegung und Veränderung von Straßen und Plätzen in Städten und ländlichen Ortschaften, vom 2. Juli 1875.

28. Mai 1816, 14. April 1837 und 30. November 1842, wonach Leichen regelmäßig nicht vor Ablauf von 48 — 72 Stunden, vor Ablauf dieser Zeit aber wie z. B. bei ansteckenden Krankheiten, großer Hitze u. s. w. nur gegen ärztliche Bescheinigung beerdigt, die Reihenfolge (mit Ausnahme von Familiengräbern) auf den Todtenhöfen strenge eingehalten, die Gräber selbst 6 Fuß tief und 2 Fuß von einander entfernt gehalten, vor Ablauf von 20 — 30 Jahren nicht wieder benutzt, alle Eß- und Trinkgelage bei Begräbnissen aber abgestellt werden sollen[1];

auf die §§. 5. 8 und 28 der bezeichneten Medicinalinstruktion, wonach der Bürgermeister bei Ausbruch ansteckender Krankheiten unter Menschen, bei dem Vorkommen der Tollwuth, sowie bei Viehseuchen dem Medicinalbeamten Anzeige zu erstatten und dessen Vorschriften zur Verhütung der Weiterverbreitung zu vollziehen hat[2];

auf §. 7. pos. 5 ebendaselbst und die Verordnung vom 30. August 1820 (III. pag. 165), wonach der Bürgermeister zum Zweck der im Frühjahr vorzunehmenden öffentlichen Impfung alle Kinder, welche zu dieser Zeit das Alter von 4 Monaten erreicht haben, in die daselbst vorgeschriebene Impftabelle einzutragen hat, sowie auf die §§. 7 bis 11 der Verordnung vom 27. Januar 1808 (I. pag. 152) und das Generalreskript der Landesregierung vom 26. Mai 1828, wonach bei Ausbruch der Blatternkrankheit für sachgemäße Absperrung zu sorgen ist[3];

auf den §. 21 des Medicinaledikts vom 27. März 1818 (III. pag. 139), wonach die Heilkunde nur von geprüften Aerzten ausgeübt und Arzneimittel nur von konzessionirten Apothekern verkauft, namentlich herumziehende Arzneikrämer nicht zugelassen (Verordnung vom 30. Mai 1804 I. pag. 150)[4], Gifte und andere heftig wirkende Substanzen nur von Apothekern und Materialisten und nur unter den Bestimmungen der §§. 6 und 9 der Verordnung vom 6. December 1844 (IV. pag. 398) und der Verordnung vom 17. Februar 1846 (pag. 64) verkauft werden sollen[5];

auf die §§. 3 und 4 des bezeichneten Medicinaledikts über die Anstellung der Hebammen und auf die Dienstinstruktion für dieselben (III. pag. 174)[6];

---

1) S. Strafgesetzbuch vom 26. Februar 1876. §. 367 No. 1 und 2.

2) S. jetzt das Viehseuchengesetz vom 25. Juni 1875.

3) S. jetzt das Impfgesetz vom 8. April 1874.

4) S. jetzt die Gewerbeordnung vom 21. Juni 1869. §. 29.

5) S. Gewerbeordnung §§. 34 und 56 No. 5 und die Verordnung, betreffend den Verkehr mit Arzneimitteln, vom 4. Januar 1875 (R.-G.-Bl. S. 5).

6) S. Gewerbeordnung §. 30 Abs. 2 und den Ministerial-Erlaß über die Stellung der Hebammen mit Rücksicht auf die Ausführung des Gesetzes über die Freizügigkeit vom 1. November 1867 und die Bestimmungen der Gewerbeordnung vom 2. Juni 1870.

auf die Verordnung vom 5. April 1809 (I. pag. 158) über den Beschau des Schlachtviehs und die Verordnung vom 7. Oktober 1853 (pag. 309) und vom 4. April 1854 (pag. 46), wonach das Schlachten und Verkaufen von Kälbern unter 14 Tagen verboten ist;

sowie endlich auf die Instruktion für die Thierärzte vom 24. März 1843 (IV. pag. 389), insbesondere die im §. 3 empfohlene Aufsicht auf Pflege und Emporbringung der Viehzucht.

§. 29. Jeder, welcher ein steuerbares Gewerbe treiben will, muß vor dem Beginn dem Bürgermeister Anzeige machen, welcher den Eintrag in das Gewerbsteuerkataster vornimmt und darüber Bescheinigung ertheilt (§. 1 des Gewerbegesetzes vom 9. Juni 1860) [1].

Der Bürgermeister sieht darauf, daß kein steuerpflichtiges Gewerbe in seiner Gemeinde unbesteuert betrieben wird.

Bei Festsetzung der Gewerbsteuer hat er mit dem Gemeinderath in der Weise mitzuwirken, wie solches in den §§. 10—19 des Gewerbesteuergesetzes vom 23. Juni 1841 (IV. pag. 507) und der Verordnung vom 10. März 1855 (pag. 31) näher vorgeschrieben ist; insbesondere hat er mit dem Gemeinderath jede Auskunft zu geben, welche zur Festsetzung der Steuer von ihm gefordert wird.

Er stellt die Steuerhebelisten auf nach Maßgabe der Verordnung vom 4 November 1826 (IV. pag. 500) und §. 78 der Instruktion vom 31. Mai 1854 (pag. 111).

Bei Ermittelung des Grundsteuernachlasses wegen Wetterschäden hat er mitzuwirken, wie solches in der Verordnung vom 30. Juli 1818 (III. pag. 202) und der Instruktion vom 8. September 1823 (III. pag. 235) bestimmt ist.

Für die Mitwirkung des Bürgermeisters und Gemeinderaths bei Festsetzung der Steuer findet ein Gebührenbezug nicht statt [2].

Wegen des Geschäftsbetriebs der Handelsreisenden wird auf die Verordnung vom 28. Juli 1836 (IV. pag. 310), wonach Handelsreisende mit der vorgeschriebenen Gewerbslegitimation versehen sein müssen, die Waaren selbst

---

[1]) S. jetzt Gewerbeordnung §. 14 und in Betreff der Veranlagung der Gewerbesteuer das durch Königl. Verordnung vom 11. Mai 1867 auch in Nassau eingeführte preußische Gewerbesteuergesetz vom 30. Mai 1820 mit den dazu ergangenen Abänderungen und namentlich die Ministerial-Anweisung zur Veranlagung der Gewerbesteuer vom stehenden Gewerbebetriebe vom 20. Mai 1876. Bezüglich der Besteuerung des Gewerbebetriebes im Umherziehen s. Gesetz vom 3. Juli 1876 und die Ministerial-Anweisung vom 3. September 1876.

[2]) S. das in vorstehender Note citirte Gesetz vom 30. Mai 1820, §. 38, wonach den Gemeinden für die bei Ermittelung, Vertheilung und Erhebung der Gewerbesteuer ihnen übertragenen Geschäfte der 25. Theil der Einnahmen zugestanden ist.

nicht mit sich führen, sondern nur Bestellungen auf Muster oder Proben suchen dürfen; auf die Verordnung vom 18. März 1842 (IV. pag. 312), wonach sie mit Ausnahme der Weinreisenden bei Privaten keine Bestellungen aufsuchen dürfen, und auf die Verordnung vom 28. September 1857 (pag. 183), wonach für Handelsreisende aus den Zollvereinslanden und Oesterreich die Legitimationsscheine ihrer Heimathsbehörde zum Geschäftsbetrieb im Inland genügen [1];

bezüglich des Hausirgeschäfts auf das Gesetz vom 5. April 1849 (pag. 78) verwiesen und namentlich strenge Aufsicht darüber empfohlen, daß dasselbe ohne den vorgeschriebenen Erlaubnißschein nicht ausgeübt wird.

Der Bürgermeister handhabt die Gesindeordnung vom 15. Mai 1819 (III pag. 120) nach Maßgabe der Vorschrift in den §§. 21—24.

Er führt die Aufsicht über richtiges Maß und Gewicht in seiner Gemeinde durch Veranlassung zeitweiser Visitationen nach Maßgabe des Gesetzes vom 12. Dezember 1851, §. 9 (pag. 354) und der dazu erlassenen Instruktion vom 8. Juni 1852 (pag. 240 ff.) insbesondere §. 15—17 [2]).

Ueber die Beschaffenheit, welche die gestempelten Gefäße, Maße und Gewichte haben müssen, über die Instruktion für die Aichmeister rc. wird auf die Verordnung vom 20. Dezember 1852 (1853 pag. 11), vom 18. März 1853 (pag. 113), vom 13. Mai 1853 (pag. 163), vom 12./13. August 1853 (pag. 198), vom 29. Juni 1854 (pag. 143) und vom 19. Dezember 1854 (1855 pag. 2) Bezug genommen [3]).

§. 80. Der Bürgermeister hat erforderlichen Falls durch sachgemäße Ge- und Verbote dafür zu sorgen, daß die Ortsstraßen so oft als nöthig von den Hausbesitzern gereinigt, daß kein Unrath oder Schutt auf dieselben gebracht, daß keine unreinen Flüssigkeiten auf dieselben abgeleitet, daß sie nicht durch Fuhrwerk, Steine oder Holz gesperrt oder durch schnelles Reiten und Fahren die Sicherheit gefährdet werde [4]).

Störungen der öffentlichen Ruhe durch tobendes Geschrei, Lärmen und Drohen auf den Straßen sind gebührend zu bestrafen, oder bei gröberen Excessen dem Amt zu überweisen. §. 17 der Verordnung vom 16. Juli 1816 (pag. 159) und §. 56 pos. c. der Amtsverwaltungsordnung von 1849 (pag. 119) [5]).

---

[1]) S. jetzt Gewerbeordnung vom 21. Juni 1869. §. 44.

[2]) S. jetzt die Maß- und Gewichtsordnung vom 17. August 1868 und die Aichordnung vom 16. Juli 1869 mit dazu ergangenen Ergänzungen und Abänderungen.

[3]) S. jetzt die Aichordnung vom 16. Juli 1869.

[4]) S. Strafgesetzbuch vom 26. Februar 1876, §. 366 No. 2, 3, 4, 5, 8, 9, 10 und §. 367 No. 12 und 14.

[5]) S. Strafgesetzbuch §. 360 No 11.

Da wo die nächtliche Ruhe durch Wirthshausbesuch gestört wird, ist eine Polizeistunde festzusetzen; ebenso auch, wenn dieß zur Erhaltung der Sittlichkeit nöthig erscheint [1]).

Der Bürgermeister bestimmt, ob und auf wie lange herumziehende Musikanten, Orgelspieler, Seiltänzer, Vorzeiger von Merkwürdigkeiten u. s. w. ihr Gewerbe in der Gemeinde ausüben dürfen, und setzt die dafür im Voraus zu entrichtende Abgabe in die Ortsarmenkasse fest, nach Maßgabe des §. 11 pos. 4 des Armengesetzes vom 18. Dezember 1848 (pag. 307). Er wird dabei die Legitimationspapiere stets genau prüfen und die Erlaubniß nur dann ertheilen, wenn dadurch seinen Ortsangehörigen keine Belästigungen bereitet werden. Wird seine Erlaubniß nicht eingeholt oder gegen die ertheilte Erlaubniß gehandelt, so ist die Bestrafung nach Maßgabe des Hausirgesetzes zu veranlassen [2]).

Der Bürgermeister ertheilt die Erlaubniß zur Tanzmusik und sieht auf eine angemessene Feier der Sonn- und Festtage. Er wird sich dabei nach den näheren Vorschriften in den §§. 25 und 26 der Instruktion vom 16. Dezember 1848 (pag. 275 und 276) bemessen [3]).

§. 81. Der Bürgermeister hat sämmtliche Feld-, Forst-, Jagd- und Fischereivergehen, bei welchen eine höhere Strafe als 3 fl. nicht erkannt werden kann, nach Maßgabe des Feldfrevelgesetzes vom 22. Januar 1851 (pag. 22) und des Forstfrevelgesetzes vom 6. Januar 1860 (pag. 11) zu bestrafen, bei erfolgendem Einwand aber dem Amt zu überweisen.

Er sorgt für alsbaldigen Vollzug der Strafe. Bei Arbeitsstrafen hat er dem Sträfling ein nach der Zahl der Arbeitstage zu bestimmendes Stück Arbeit zu überweisen. Wird solches nicht rechtzeitig und gehörig gefertigt, so hat er dem Amt Vorlage zu machen, damit die Arbeitsstrafe im Gefängniß abgebüßt wird.

Wegen Bestrafung und Verfolgung der Feld-, Forst-, Jagd- und Fischereivergehen, welche von Angehörigen der Nachbarstaaten im Inland und umgekehrt von Inländer in den Nachbarstaaten verübt werden, wird auf die Verträge vom 21. Januar 1822 mit dem Großherzogthum Hessen (III. pag. 40), mit der Landgrafschaft Hessen-Homburg vom 28. November 1847 (pag. 90), mit der freien Stadt Frankfurt vom 23. Februar 1853 (pag. 103), mit dem Königreich Preußen vom 5 Mai 1856 (pag. 183) verwiesen.[4])

Der Bürgermeister wird dem Frevel in seiner Gemeinde mit aller Entschiedenheit entgegenwirken, namentlich wird er darauf sehen, daß die gefrevelten

[1]) S. Strafgesetzbuch §. 365.

[2]) S. Gewerbeordnung vom 21. Juni 1869. §. 59.

[3]) S. auch Strafgesetz §. 366 No. 1.

[4]) Diese Verträge sind in Folge der Einverleibung Nassaus in den preußischen Staat hinfällig geworden. S. auch die Bestimmungen des Reichs-Strafgesetzbuchs §§. 296 und 370 Nr. 4 und §§. 292—295, 368 Nr. 10 und 11.

Objekte nicht in Besitz des Frevlers belassen, sondern konfiscirt, sowie daß die Käufer der gefrevelten Objekte mit zur Strafe gezogen werden; cf. §§. 11 und 13 des Forststrafgesetzes (1860 pag. 16 und 17).

Desgleichen wird der Bürgermeister das Ausnehmen und Zerstören der Vogelnester, das ebenso unmoralisch als in seinen Folgen für Land- und Forstwirthschaft verderblich ist, in jeder thunlichen Weise zu unterdrücken suchen, und veranlassen, daß vorkommende Fälle nach §. 20 pos. 23 des Forststrafgesetzes bestraft werden [1]).

In Feldpolizeisachen erläßt er mit dem Feldgericht die erforderlichen Ge- und Verbote. Er hat dabei zu berücksichtigen, daß der Grundeigenthümer in der freien Verfügung in Beziehung auf die Art und Zeit der Bestellung und Aberntung seines Grundeigenthums durch feldpolizeiliche Ge- und Verbote überall da nicht beschränkt werden darf, wo die Bestellung oder Aberntung ohne Benutzung oder Beschädigung fremden Grundeigenthums geschehen kann [2]).

Bei Annahme neuer Feldschützen ist der abgeschlossene Vertrag dem Amt zur Genehmigung bezüglich der gewählten Person und des Gehalts vorzulegen, und zwar in doppelter Ausfertigung. Das eine Exemplar wird an den Gemeinderath zur Rechnungsbeurkundung mit der amtlichen Genehmigung versehen zurückgegeben.

§. 32. Zu den polizeilichen Gegenständen, deren Vollziehung der Bürgermeister zu überwachen hat, gehören ferner noch die Verordnungen [3]): vom 31. Januar 1849 (pag. 8), vom 24. März 1849 (pag. 60), vom 8. Juli 1853 (pag. 162) und vom 6. Juni 1854 (pag. 139) über das Verfahren bei Auswanderungen in überseeische Länder und den Gewerbebetrieb der Auswanderungsagenten; vom 12. April 1853 (pag. 155) über das Einfangen und Halten von Nachtigallen und die dafür an den Lokalarmenfonds zu entrichtende Abgabe.

Zur Dienstwirksamkeit der Bürgermeister gehört ferner: die Publikation der erscheinenden Gesetze und Verordnungen durch Vorlesung vor der versammelten Gemeinde oder durch die öffentliche Aufforderung von der in dem Gemeindehaus oder in seinem Geschäftslokal offen zu legenden Verordnung Kenntniß zu nehmen; die Mitwirkung bei Vollziehung des Jagdgesetzes vom 9. Juni 1860 (pag. 102) und der Instruktion über Abschätzung der Wildschäden.

§. 33. Bei den mit den Gemeindebedienern abzuschließenden Akkorden ist zu bedingen, daß dieselben für Bekanntmachungen in Angelegenheiten der Staats-

---

[1]) S. Reichs-Strafgesetzbuch §. 368 Nr. 11.

[2]) S. auch die im Artikel III der Verordnung vom 25. Juni 1867 (G.-S. S. 921) §§. 1—4 enthaltenen feldpolizeilichen Strafbedingungen.

[3]) Es werden hier nur die noch praktische Bedeutung habenden Vorschriften des §. 32 erwähnt.

verwaltung, der Verwaltung des Landessteuer- und Domänenfiskus, sowie der Centralfonds, der Gemeinden und der Armen- und Stiftungsfonds keine Gebühr zu beziehen haben.

Für das in andern und insbesondere in Privatangelegenheiten bewirkte Ausschellen wird die Gebühr und zwar für jedesmaligen Vollzug festgesetzt:

in den Orten von mehr als 1000 Familien auf 30 kr.
" " " " 300 bis 1000 " " 20 "
" " " " 50 " 300 " " 10 "
" " " unter 50 " " 6 "

III. Gemeindeverfassungsgesetz für die Stadt Frankfurt a. M. vom 25. März 1867[1]).

§. 1. Das gegenwärtige Verfassungsgesetz soll Geltung haben für die Stadtgemeinde Frankfurt a. M. einschließlich Sachsenhausen und deren Gemarkung.

§. 2. Der Stadtgemeinde Frankfurt a. M. steht die Selbstverwaltung ihrer Angelegenheiten nach näherer Vorschrift dieses Gesetzes zu. Sie wird durch einen Magistrat und eine Stadtverordneten-Versammlung vertreten.

§. 3. Durch übereinstimmenden Beschluß des Magistrats und der Stadtverordneten-Versammlung können für die Stadtgemeinde Frankfurt a. M. mit Genehmigung der Regierung statutarische Anordnungen getroffen werden, welche jedoch den bestehenden Gesetzen nicht widersprechen dürfen:

---

[1]) Bezüglich des Stadtkreises Frankfurt a. M. s. oben S. 29 die Verordnung vom 22. Februar 1867 und S. 42 die Verordnung vom 26. September 1867 §. 28. In Betreff der Dotation dieses Stadtkreises ist Folgendes zu bemerken: Zufolge Gesetzes vom 30. April 1873 partizipirte derselbe an der zur Dotation der Provinzial- und Kreisverbände bewilligten Summe von jährlich 6 Millionen Mark nach dem Maßstabe des Flächeninhalts bezw. der durch die Zählung am 1. Dezember 1871 festgestellten Zahl der Civilbevölkerung. Durch das Gesetz vom 8. Juli 1875 ist dieser Betrag in der Weise erhöht, daß die Jahresrente des Stadtkreises Frankfurt a. M. im Ganzen 36,090 M. beträgt. Außer dieser Summe erhielt der Stadtkreis aus den auf Grund des Gesetzes vom 30. April 1873 gebildeten Kapitalbeständen nebst den bis zu dem Zeitpunkte ihrer Ueberweisung (am 2. Januar 1876) zugewachsenen Zinsen 47,079 M. Ferner erhielt der Stadtkreis auf Grund des Gesetzes vom 8. Juli 1875 von der für die Uebernahme der Verwaltung und Unterhaltung der Staatschausseen einschließlich der Kosten der Besoldung und Pensionirung des für die obere Leitung der Neu- und Unterhaltungsbauten, sowie für die Beaufsichtigung der Chausseen neu anzustellenden, bezw. schon vorhandenen Beamtenpersonals gewährten Jahresrente von 15 Millionen Mark den entfallenden Antheil mit 114,072 Mark. Zum Zwecke der Durchführung der Kreisverfassung erhält der Stadtkreis gemäß §. 26 des erwähnten Gesetzes alljährlich 16,798 Mark bezw. an Kapital und Zinsen 20,394 Mark.

1) über solche Angelegenheiten der Stadtgemeinde, sowie über solche Rechte und Pflichten ihrer Mitglieder, hinsichtlich deren das gegenwärtige Gesetz Verschiedenheiten gestattet, oder keine ausdrücklichen Bestimmungen enthält;
2) über solche eigenthümliche Verhältnisse und Einrichtungen, insbesondere auch Behufs Herstellung einer etwa als wünschenswerth sich herausstellenden kommunalen Verbindung zwischen der Stadgemeinde Frankfurt a. M. und deren Nachbargemeinden, vorbehaltlich der Zustimmung der letzteren.

§. 4. Die Vereinigung eines anderen Gemeindebezirks mit dem Bezirk der Stadtgemeinde Frankfurt a. M. kann nur unter Zustimmung der betheiligten Gemeinde und mit Genehmigung des Königs erfolgen.

Andere Veränderungen des Stadtbezirks können vorgenommen werden:
1) mit Genehmigung der Regierung, wenn die betheiligten Gemeinden und die Besitzer der betreffenden Grundstücke damit einverstanden sind, oder nur
2) mit Genehmigung des Königs, wenn diese Voraussetzungen nicht zutreffen, die Veränderungen gleichwohl aber als ein im öffentlichen Interesse liegendes dringendes Bedürfniß anzuerkennen ist.

§. 5. Die durch Veränderungen des Staatsbezirks in Ermangelung einer Einigung der Betheiligten erforderlich werdende Regulirung der Verhältnisse erfolgt, unbeschadet aller aus privatrechtlichen Titeln entspringenden Rechte und Pflichten, durch Beschluß der Regierung.

Von den Rechten und Pflichten der Einwohner und Bürger der Stadtgemeinde.

§. 6. Alle Einwohner des Stadtbezirks, mit Ausnahme der servisberechtigten Militärpersonen des aktiven Dienststandes, gehören zur Stadtgemeinde Frankfurt a. M.

Als Einwohner werden alle diejenigen betrachtet, welche im Stadtbezirke ihren gesetzlichen Wohnsitz haben.

§. 7. Alle Einwohner des Stadtbezirks sind, unbeschadet der durch Stiftungs- und sonstige privatrechtliche Titel begründeten besonderen Rechtsverhältnisse zur Mitbenutzung derjenigen öffentlichen Anstalten berechtigt, welche der Stadtgemeinde als solcher gehören, und sind verpflichtet, zu den Gemeindelasten nach Vorschrift dieses Gesetzes beizutragen.

§. 8. Wer, ohne im Stadtbezirk zu wohnen, daselbst Grundbesitz hat oder ein stehendes Gewerbe betreibt, ist dennoch verpflichtet, zu denjenigen Gemeindelasten beizutragen, welche auf den Grundbesitz oder auf das aus jenen Quellen fließende Einkommen gelegt sind.

Dieselbe Verpflichtung haben juristische Personen, welche im Stadtbezirke Grundbesitz haben, oder ein stehendes Gewerbe betreiben.

§. 9. Alle nicht zu den Einwohnern gehörigen Personen, welche sich im

Stadtbezirke seit länger als drei Monaten aufhalten, um dort ihren Unterhalt zu erwerben, sind vom Beginne des vierten Monats ab zu den Gemeindelasten beizutragen verpflichtet[1]).

§. 10. Zu den Gemeindelasten, welche auf den Grundbesitz oder auf das stehende Gewerbe, oder auf das aus jenen Quellen fließende Einkommen gelegt sind, müssen auch die im §. 8 erwähnten Militärpersonen beitragen, wenn sie im Stadtbezirk Grundbesitz haben oder ein stehendes Gewerbe betreiben.

Von anderen direkten Gemeinde-Abgaben und Lasten sind dieselben, mit Ausnahme der Militärärzte, rücksichtlich ihres Einkommens aus einer Civilpraxis, frei; von Verbrauchssteuern bleiben nur die Militär-Speise-Einrichtungen und ähnliche Anstalten in dem bisherigen Umfange befreit.

§. 11. Die Civil- und Militärbeamten, die auf Inaktivitätsgehalt gesetzten Offiziere, die Geistlichen und Elementarlehrer, die Empfänger von Wittwen- und anderen Pensionen, von Wartegeldern, Waisenerziehungsgeldern, Sterbe- und Gnadenmonaten sind nur nach Maßgabe des Gesetzes vom 11. Juli 1822, der Deklaration vom 21. Januar 1829 und der Kabinetsordre vom 14. Mai 1832[2]) zu den Gemeindelasten beizutragen verpflichtet. Im Uebrigen finden persönliche Befreiungen nicht statt.

§. 12. Ertragsunfähige, desgleichen die zu einem öffentlichen Dienste oder Gebrauche bestimmten Grundstücke und die Dienstgrundstücke der Geistlichen, Kirchendiener und Elementarlehrer sind von den Gemeindelasten befreit. Im Uebrigen sind nur zeitweilige Befreiungen für neubebaute Grundstücke zulässig.

§. 13. Das Bürgerrecht besteht in dem Rechte zur Theilnahme an den Gemeindewahlen, sowie in der Befähigung zur Uebernahme unbesoldeter Aemter und Stellen in der Gemeindeverwaltung und in der Gemeindevertretung.

Jeder selbstständige Preuße erwirbt dasselbe, wenn er seit einem Jahre

1) Einwohner des Stadtbezirks ist und zur Stadtgemeinde gehört (§. 8),
2) keine Armenunterstützung aus öffentlichen Mitteln empfangen,
3) die ihn betreffenden Gemeindeabgaben bezahlt hat und außerdem
4) entweder
   a. ein Wohnhaus im Stadtbezirke besitzt (§. 24), oder

---

1) S. jetzt §. 8 des Freizügigkeitsgesetzes vom 1. November 1867 (unten Abschnitt V).

2) Hinsichtlich der Heranziehung der Staatsdiener zu den Gemeindelasten sind nur für Frankfurt a. M. die im §. 11 erwähnten gesetzlichen Bestimmungen in Kraft getreten. Für die übrigen neuen Landestheile ist diese Angelegenheit durch die Verordnung vom 23. September 1867 geordnet. Da aber die Bestimmungen dieser Verordnung mit denen jener älteren Gesetze materiell übereinstimmen, so wird unten im VI. Abschnitt nur die Verordnung vom 23. September 1867 abgedruckt werden.

b. ein stehendes Gewerbe selbstständig als Haupterwerbsquelle mit wenigstens zwei Gehülfen betreibt, oder

c. ein Jahreseinkommen von 700 Gulden bezieht [1]).

Einkommen und Hausbesitz der Ehefrau werden dem Ehemanne, Einkommen und Hausbesitz der minderjährigen, beziehungsweise der in väterlicher Gewalt befindlichen Kinder dem Vater angerechnet.

§. 14. Als selbstständig (§. 13) wird derjenige angesehen, der das vier und zwanzigste Lebensjahr vollendet und einen eigenen Hausstand hat, sofern ihm das Recht, über sein Vermögen zu verfügen und dasselbe zu verwalten, nicht durch richterliches Erkenntniß entzogen ist.

§. 15. Von dem Vorhandensein einer einjährigen Dauer der im §. 13 aufgeführten Erfordernisse kann der Magistrat unter Zustimmung der Stadtverordneten-Versammlung in einzelnen Fällen dispensiren. In den Fällen, wo ein Haus durch Vererbung auf einen Anderen übergeht, kommt dem Erben bei Berechnung der Dauer des einjährigen Wohnhausbesitzes die Besitzzeit des Erblassers zu Gute.

§. 16. Durch Beschluß des Magistrats und der Stadtverordneten-Versammlung und mit Genehmigung der Regierung kann nach Maßgabe der Bestimmungen des Gesetzes vom 14. Mai 1860 [2]) ein Bürgerrechtsgeld eingeführt und von dessen vorgängiger Entrichtung die Ausübung des Bürgerrechts abhängig gemacht werden.

§. 17. Jeder Bürger ist verpflichtet, eine unbesoldete Stelle (Amt) in der Gemeinde-Verwaltung oder Vertretung anzunehmen und dieselbe mindestens drei Jahre lang zu versehen.

§. 18. Zur Ablehnung und Niederlegung einer unbesoldeten Stelle in der Gemeinde-Verwaltung oder Vertretung berechtigen nur folgende Gründe:

1) anhaltende Krankheit,
2) Geschäfte, die eine häufige oder lange andauernde Abwesenheit mit sich bringen,
3) ein Alter von 60 Jahren,
4) die dreijährige Wahrnehmung der betreffenden oder einer anderen unbesoldeten Stelle für die nächsten drei Jahre,

---

1) S. unten im VI. Abschnitt das Einkommensteuergesetz vom 1. Mai 1851. §. 9b.

2) Nach §. 9 des Gesetzes vom 14 Mai 1860 findet hinsichtlich der Verjährung und der Reklamationen das Gesetz vom 18. Juni 1840, jedoch nur mit der Maßgabe Anordnung, daß die nicht zur Hebung gestellten Bürgerrechtsgelder erst in zwei Jahren nach Ablauf desjenigen Jahres, in welchem die Zahlungsverbindlichkeit entstanden ist, verjähren. Die gesetzlichen Bestimmungen über die Heranziehung der Staatsdiener zu den Gemeindelasten sind auf das Bürgerrechtsgeld nicht anwendbar.

5) die Verwaltung eines anderen öffentlichen Amtes,
6) ärztliche oder wundärztliche Praxis,
7) sonstige besondere Verhältnisse, welche nach dem Ermessen der Stadtverordneten-Versammlung eine gültige Entschuldigung begründen.

Wer sich ohne einen dieser Gründe weigert, eine unbesoldete Stelle in der Gemeinde-Verwaltung oder Vertretung anzunehmen, oder die noch nicht drei Jahre lang wahrgenommene Stelle ferner zu versehen, sowie derjenige, welcher sich der Verwaltung solcher Stellen thatsächlich entzieht, kann durch Beschluß der Stadtverordneten-Versammlung mit Genehmigung der Regierung auf drei bis sechs Jahre der Ausübung des Bürgerrechts verlustig erklärt und um ein Achtel bis ein Viertel stärker zu den direkten Gemeindeabgaben herangezogen werden.

§. 19. Das Bürgerrecht geht verloren, sobald eins der zur Erlangung desselben vorgeschriebenen Erfordernisse bei dem bisher Berechtigten nicht mehr zutrifft.

Wer in Folge rechtskräftigen Erkenntnisses der bürgerlichen Ehre verlustig geworden ist (§. 12 des Strafgesetzbuchs), verliert dadurch auch das Bürgerrecht und die Befähigung, dasselbe zu erwerben.

Wem durch rechtskräftiges Erkenntniß die Ausübung der bürgerlichen Ehrenrechte untersagt ist (§. 21 des Strafgesetzbuchs), verliert damit auch das Bürgerrecht und erlangt dasselbe erst mit dem Ablaufe der im Erkenntnisse bestimmten Zeit von selbst wieder.

Wer in Konkurs verfällt, verliert das Bürgerrecht; dasselbe kann ihm jedoch, wenn er die Befriedigung seiner Gläubiger nachweist, von dem Magistrate unter Zustimmung der Stadtverordneten-Versammlung wieder verliehen werden.

§. 20. Ist gegen einen Bürger wegen eines Verbrechens die Versetzung in den Anklagestand oder wegen eines Vergehens, welches die Untersagung der Ausübung der bürgerlichen Ehrenrechte nach sich ziehen muß oder kann, die Verweisung an das Strafgericht ausgesprochen, oder ist derselbe zur gerichtlichen Haft gebracht, so ruht die Ausübung des Bürgerrechts, bis die gerichtliche Untersuchung beziehungsweise die gerichtliche Haft beendigt ist.

§. 21. Der Verlust des Bürgerrechts zieht den definitiven Verlust der das Bürgerrecht als Bedingung voraussetzenden Stellen und Aemter, das Ruhen des Bürgerrechts aber die Suspension von denselben nach sich.

§. 22. Der Magistrat ist befugt, unter Zustimmung der Stadtverordneten-Versammlung Männern, welche sich um die Stadt verdient gemacht haben, ohne Rücksicht auf die oben gedachten besonderen Erfordernisse, das Ehrenbürgerrecht zu ertheilen, wodurch keine Verpflichtungen gegen die Stadtgemeinde entstehen.

Von der Zusammensetzung und Wahl der Stadtverordneten-Versammlung.

§. 23. Die Stadtverordneten-Versammlung besteht, vorbehaltlich anderweitiger statutarischer Anordnung, aus vier und fünfzig Mitgliedern.

§. 24. Die Stadtverordneten müssen zur Hälfte aus Hausbesitzern (Eigenthümern, Nießbrauchern und solchen, die ein erbliches Besitzrecht haben) bestehen.

§. 25. Die Wahl der Stadtverordneten erfolgt bezirksweise. Der Magistrat bestimmt die Zahl und die Grenzen der Wahlbezirke, sowie, nach Maßgabe der Zahl der darin wohnenden stimmfähigen Bürger, die Zahl der von einem jeden derselben zu wählenden Stadtverordneten.

§. 26. Stadtverordnete können nicht sein:

1) diejenigen Beamten und die Mitglieder derjenigen Behörden, durch welche die Aufsicht des Staats über die Stadtgemeinde ausgeübt wird;
2) die Mitglieder des Magistrats und alle besoldeten Gemeindebeamten;
3) Geistliche, Kirchendiener und Elementarlehrer;
4) die richterlichen Beamten, zu denen jedoch die technischen Mitglieder der Handels-, Gewerbe- und ähnlicher Gerichte nicht zu zählen sind;
5) die Beamten der Staatsanwaltschaft;
6) die Polizeibeamten.

Vater und Sohn, sowie Brüder, dürfen nicht zugleich Mitglieder der Stadtverordneten-Versammlung sein. Sind dergleichen Verwandte zugleich gewählt, so wird der ältere allein zugelassen.

§. 27. Die Stadtverordneten werden auf sechs Jahre gewählt. Alle zwei Jahre scheidet ein Drittheil derselben aus und wird durch neue Wahlen ersetzt. Die das erste und zweite Mal Ausscheidenden werden durch das Loos bestimmt.

§. 28. Der Magistrat hat jeder Zeit die nöthige Bestimmung zur Ergänzung der erforderlichen Anzahl von Hausbesitzern (§. 24) zu treffen. Ist die Zahl der Hausbesitzer, welche zu wählen sind, nicht durch die Zahl der Wahlbezirke theilbar, so wird die Vertheilung auf die einzelnen Wahlbezirke durch das Loos bewirkt. Mit dieser Beschränkung können die ausscheidenden Stadtverordneten jederzeit wieder gewählt werden.

§. 29. Eine Liste der stimmfähigen Bürger, welche die erforderlichen Eigenschaften derselben nachweist, wird vom Magistrate geführt und alljährlich im Juli berichtigt. Die Liste wird nach den Wahbezirken eingetheilt.

§. 30. Vom 1. bis 15. Juli schreitet der Magistrat zur Berichtigung der Liste.

Vom 15. bis zum 30. Juli wird die Liste in einem oder mehreren in ortsüblicher Weise zur öffentlichen Kenntniß gebrachten Lokalen in der Stadtgemeinde offen gelegt. Während dieser Zeit kann jeder Einwohner der Stadtgemeinde gegen die Richtigkeit der Liste bei dem Magistrate Einwendungen erheben.

Die Stadtverordneten-Versammlung hat darüber bis zum 15. August zu beschließen. Der Beschluß bedarf der Zustimmung des Magistrats; versagt dieser die Zustimmung, so ist nach Vorschrift des §. 46 zu verfahren.

Ist in diesem Falle über die Einwendungen von der Regierung entschieden, so findet eine Berufung an letztere von Seiten desjenigen, welcher die Einwendungen erhoben hat, nicht weiter statt; in allen anderen Fällen steht demselben innerhalb zehn Tagen nach Mittheilung des Beschlusses der Stadtverordneten-Versammlung der Rekurs an die Regierung zu, welche binnen vier Wochen endgültig entscheidet. Soll der Name eines einmal in die Liste aufgenommenen Einwohners wieder ausgestrichen werden, so ist ihm dieses acht Tage vorher von dem Magistrate unter Angabe der Gründe mitzutheilen.

§. 31. Die Wahlen zur regelmäßigen Ergänzung der Stadtverordneten-Versammlung finden alle zwei Jahre im November statt. Außergewöhnliche Wahlen zum Ersatze der innerhalb der Wahlperiode ausgeschiedenen Mitglieder müssen angeordnet werden, wenn die Stadtverordneten-Versammlung oder der Magistrat oder die Regierung es für erforderlich erachten. Der Ersatzmann bleibt nur bis zum Ende derjenigen sechs Jahre in Thätigkeit, auf welche der Ausgeschiedene gewählt war. Alle Ergänzungs- und Ersatzwahlen werden von denselben Wahlbezirken vorgenommen, von denen der Ausgeschiedene gewählt war.

Die in den §§. 29 — 31 festgesetzten Termine können auf statutarische Anordnung anders bestimmt werden.

§. 32. Vierzehn Tage vor der Wahl werden die in der Liste verzeichneten Wähler durch den Magistrat zu den Wahlen mittelst ortsüblicher Bekanntmachung berufen. Die Bekanntmachung muß das Lokal, die Tage und die Stunden, in welchen die Stimmen bei dem Wahlvorstande abzugeben sind, genau bestimmen.

§. 33. Der Wahlvorstand besteht in dem Wahlbezirke aus dem Bürgermeister oder einem von diesem ernannten Stellvertreter als Vorsitzenden, und aus zwei von der Stadtverordneten-Versammlung gewählten Beisitzern.

Für jeden Beisitzer wird von der Stadtverordneten-Versammlung ein Stellvertreter gewählt.

§. 34. Das Wahlrecht wird in Person durch verdeckte, in eine Wahlurne niederzulegende Stimmzettel ohne Unterschrift ausgeübt.

§. 35. Gewählt sind diejenigen, welche bei der ersten Abstimmung die meisten Stimmen und zugleich absolute Stimmenmehrheit, mehr als die Hälfte der Stimmen, erhalten haben.

Wenn sich bei der ersten Abstimmung nicht für so viel Personen, als zu wählen sind, die absolute Stimmenmehrheit ergiebt, so wird zu einer zweiten Wahl geschritten.

Der Wahlvorstand stellt die Namen derjenigen Personen, welche nächst den gewählten die meisten Stimmen erhalten haben, so weit zusammen, daß die doppelte Zahl der noch zu wählenden Mitglieder erreicht wird.

Diese Zusammenstellung gilt alsdann als die Liste der Wählbaren.

Zu der zweiten Wahl werden die Wähler durch eine das Ergebniß der ersten Wahl angebende Bekanntmachung des Wahlvorstandes sofort oder innerhalb acht Tagen aufgefordert. Bei der zweiten Wahl ist die absolute Stimmenmehrheit nicht erforderlich.

Unter denjenigen, die eine gleiche Anzahl von Stimmen erhalten haben, giebt das Loos den Ausschlag. Wer in mehreren Wahlbezirken gewählt ist, hat zu erklären, welche Wahl er annehmen will.

§. 36. Die Wahlprotokolle sind vom Wahlvorstande zu unterzeichnen und vom Magistrate aufzubewahren. Der Magistrat hat das Ergebniß der vollendeten Wahlen sofort bekannt zu machen. Gegen das stattgehabte Wahlverfahren kann von jedem stimmfähigen Bürger innerhalb zehn Tagen nach der Bekanntmachung bei der Regierung Beschwerde erhoben werden.

Bei erheblichen Unregelmäßigkeiten hat die Regierung die Wahlen auf erfolgte Beschwerde oder von Amtswegen innerhalb zwanzig Tagen nach der Bekanntmachung durch eine motivirte Entscheidung für ungültig zu erklären.

§. 37. Die bei der regelmäßigen Ergänzung neu gewählten Stadtverordneten treten mit dem Anfange des nächstfolgenden Jahres ihre Verrichtungen an; die Ausscheidenden bleiben bis zur Einführung der neu gewählten Mitglieder in Thätigkeit.

Der Magistrat hat die Einführung der Gewählten und deren Verpflichtung durch Handschlag an Eidesstatt anzuordnen.

Von der Zusammensetzung und Wahl des Magistrats.

§. 38. Der Magistrat besteht aus einem ersten Bürgermeister, einem zweiten (Beigeordneten) Bürgermeister als dessen Stellvertreter und soviel theils unbesoldeten, theils besoldeten Stadträthen, wie die Stadtverordneten-Versammlung bei ihrem ersten Zusammentreten nach Verkündigung dieses Gesetzes mit Genehmigung der Regierung beschließen wird. Der so gefaßte Beschluß kann demnächst nur durch statutarische Anordnung abgeändert werden.

§. 39. Mitglieder des Magistrats können nicht sein:

1) alle sonstigen Gemeindebeamten;
2) diejenigen Beamten und die Mitglieder derjenigen Behörden, durch welche die Aufsicht des Staats über die Stadtgemeinde ausgeübt wird;

3) Geistliche, Kirchendiener und Lehrer an öffentlichen Schulen;
4) die richterlichen Beamten, zu denen jedoch die technischen Mitglieder der Handels-, Gewerbe- und ähnlicher Gerichte nicht zu zählen sind;
5) die Beamten der Staatsanwaltschaft;
6) die Polizeibeamten.

Vater und Sohn, Schwiegervater und Schwiegersohn, Brüder und Schwäger, dürfen nicht zugleich Mitglieder des Magistrats sein.

Entsteht die Schwägerschaft im Laufe der Amtsperiode, so scheidet dasjenige Mitglied aus, durch welches das Hinderniß herbeigeführt worden ist.

§. 40. Der erste Bürgermeister wird vom Könige auf zwölf Jahre ernannt.

Die Stadtverordneten-Versammlung hat zu dem Ende dem Könige drei Kandidaten zu präsentiren. Wird keiner der letzteren geeignet befunden, so erfolgt die Ernennung, ohne daß eine Wiederholung der Präsentation statthaft ist.

§. 41. Der zweite Bürgermeister und die besoldeten Stadträthe werden auf zwölf, die unbesoldeten Stadträthe auf sechs Jahre von der Stadtverordneten-Versammlung gewählt. Alle drei Jahre scheidet die Hälfte der unbesoldeten Stadträthe aus und wird durch neue Wahlen ersetzt. Die das erste Mal Ausscheidenden können wieder gewählt werden. Wegen der außergewöhnlichen Ersatzwahlen kommen die Bestimmungen in §. 31 zur Anwendung.

§. 42. Der gewählte zweite Bürgermeister bedarf der Bestätigung des Königs. Wird die Bestätigung versagt, so schreitet die Stadtverordneten-Versammlung zu einer neuen Wahl. Wird auch diese Wahl nicht bestätigt, so ist die Regierung berechtigt, die Stelle einstweilen auf Kosten der Stadt kommissarisch verwalten zu lassen.

Dasselbe findet statt, wenn die Stadtverordneten-Versammlung die Wahl verweigert oder den nach der ersten Wahl nicht Bestätigten wieder erwählen sollte.

Die kommissarische Verwaltung dauert so lange, bis die Wahl der Stadtverordneten-Versammlung, deren Vornahme ihr jederzeit zusteht, die Bestätigung des Königs erlangt hat.

§. 43. Für jeden zu der Stelle des ersten Bürgermeisters zu präsentirenden Kandidaten und für jedes zu wählende Magistratsmitglied wird besonders abgestimmt. Die Wahl erfolgt durch Stimmzettel. Wird die absolute Stimmenmehrheit bei der ersten Abstimmung nicht erreicht, so werden diejenigen vier Personen, auf welche die meisten Stimmen gefallen sind, auf eine engere Wahl gebracht. Wird auch hierdurch die absolute Stimmenmehrheit nicht erreicht, so findet unter denjenigen Personen, welche bei der zweiten Abstimmung die meisten Stimmen erhalten haben, eine engere Wahl statt.

Bei Stimmengleichheit entscheidet das Loos.

§. 44. Die Mitglieder des Magistrats werden vor ihrem Amtsantritte durch den Bürgermeister in öffentlicher Sitzung der Stadtverordneten-Versammlung in Eid und Pflicht genommen; der erste Bürgermeister wird vom Regierungspräsidenten oder einem von dem letzteren zu ernennenden Kommissar in öffentlicher Sitzung der Stadtverordneten-Versammlung vereidet.

Von den Versammlungen und Geschäften der Stadtverordneten.

§. 45. Die Stadtverordneten-Versammlung hat über alle Gemeinde-Angelegenheiten zu beschließen, soweit dieselben nicht ausschließlich dem Magistrate überwiesen sind. Sie giebt ihr Gutachten über alle Gegenstände ab, welche ihr zu diesem Zwecke durch die Aufsichtsbehörden vorgelegt werden. Ueber andere als Gemeinde-Angelegenheiten darf sie nur dann berathen, wenn solche durch besondere Gesetze oder in einzelnen Fällen durch Aufträge der Aufsichtsbehörde an sie gewiesen sind.

Die Stadtverordneten sind an keinerlei Instruktionen oder Aufträge der Wähler oder der Wahlbezirke gebunden.

§. 46. Die Beschlüsse der Stadtverordneten-Versammlung bedürfen, wenn sie solche Angelegenheiten betreffen, welche durch das Gesetz dem Magistrate zur Ausführung überwiesen sind, der Zustimmung der letzteren. Versagt der Magistrat die Zustimmung, so hat er die Gründe dieser Versagung der Stadtverordneten-Versammlung mitzutheilen. Erfolgt hierauf keine Verständigung, zu deren Herbeiführung sowohl vom Magistrate wie von der Stadtverordnetenversammlung die Einsetzung einer gemeinschaftlichen Kommission verlangt werden kann, so ist die Entscheidung der Regierung einzuholen.

Die Stadtverordneten-Versammlung darf ihre Beschlüsse, abgesehen von den im §. 47 und im zweiten Satze des §. 54 vorgesehenen Fällen niemals selbst zur Ausführung bringen.

§. 47. Die Stadtverordneten-Versammlung kontrolirt die Verwaltung. Sie ist daher berechtigt, sich von den Ausführungen ihrer Beschlüsse und der Verwendung aller Gemeinde-Einnahmen Ueberzeugung zu verschaffen. Sie kann zu diesem Zwecke von dem Magistrate die Einsicht der Akten verlangen und Ausschüsse aus ihrer Mitte ernennen, zu welchen der Bürgermeister ein Mitglied des Magistrats abzuordnen befugt ist.

§. 48. Die Stadtverordneten-Versammlung wählt jährlich aus ihrer Mitte einen Vorsitzenden und einen Stellvertreter desselben. Sie wählt ebenso jährlich, und zwar in der Regel aus ihrer Mitte, einen Schriftführer und einen Stellvertreter desselben. Wird der Schriftführer nicht aus den Stadtverordneten gewählt, so ist er vom Bürgermeister in öffentlicher Sitzung der Stadtverordneten-Versammlung auf sein Amt zu vereidigen. Alle diese Wahlen erfolgen in der §. 43 vorgeschriebenen Weise.

§. 49. Die Stadtverordneten versammeln sich so oft es ihre Geschäfte erfordern. Der Magistrat wird zu allen Versammlungen eingeladen und kann sich durch Abgeordnete vertreten lassen. Die Stadtverordneten können verlangen, daß Abgeordnete des Magistrats dabei anwesend sind. Der Magistrat muß gehört werden, so oft er es verlangt.

Die Zusammenberufung der Stadtverordneten geschieht durch den Vorsitzenden; sie muß erfolgen, sobald es von einem Viertel der Mitglieder oder von dem Magistrate verlangt wird.

§. 50. Die Art und Weise der Zusammenberufung wird ein für alle Mal von der Stadtverordneten-Versammlung festgestellt.

Die Zusammenberufung erfolgt unter Angabe der Gegenstände der Verhandlung, und zwar, mit Ausnahme dringender Fälle, wenigstens zwei freie Tage vorher.

§. 51. Durch Beschluß der Stadtverordneten-Versammlung können auch regelmäßige Sitzungstage festgesetzt, es müssen jedoch auch dann die Gegenstände der Verhandlung, mit Ausnahme dringender Fälle, mindestens zwei freie Tage vorher den Stadtverordneten und dem Magistrate angezeigt werden.

§. 52. Die Stadtverordneten-Versammlung kann nur beschließen, wenn mehr als die Hälfte der Mitglieder zugegen ist. Eine Ausnahme hiervon findet statt, wenn die Stadtverordneten, zum zweiten Male zur Verhandlung über denselben Gegenstand zusammenberufen, dennoch nicht in genügender Anzahl erschienen sind. Bei der zweiten Zusammenberufung muß auf diese Folge des Ausbleibens ausdrücklich hingewiesen werden.

§. 53. Die Beschlüsse werden nach Stimmenmehrheit gefaßt. Bei Stimmengleichheit entscheidet die Stimme des Vorsitzenden. Wer nicht mitstimmt, wird zwar als anwesend betrachtet, die Stimmenmehrheit wird aber lediglich nach der Zahl der Stimmenden berechnet.

§. 54. An Verhandlungen über Rechte und Verpflichtungen der Stadtgemeinde darf derjenige nicht Theil nehmen, dessen Interesse mit dem der Gemeinde in Widerspruch steht; kann wegen dieser Ausschließung eine beschlußfähige Versammlung nicht gehalten werden, so hat der Magistrat, oder, wenn auch dieser aus dem vorgedachten Grunde einen gültigen Beschluß zu fassen nicht befugt ist (§. 64) die Regierung für die Wahrung des Gemeinde-Interesses zu sorgen und nöthigenfalls einen besonderen Vertreter für die Stadtgemeinde zu bestellen.

Sollte ein Prozeß der Stadtgemeinde gegen alle oder mehrere Mitglieder des Magistrats aus Veranlassung ihrer Amtsführung nothwendig werden, so hat die Regierung auf Antrag der Stadtverordneten-Versammlung zur Führung des Prozesses einen Anwalt zu bestellen.

§. 55. Die Sitzungen der Stadtverordneten-Versammlung sind öffentlich. Für einzelne Gegenstände kann durch besonderen Beschluß, welcher in geheimer Sitzung gefaßt wird, die Oeffentlichkeit ausgeschlossen werden.

§. 56. Der Vorsitzende leitet die Verhandlungen, eröffnet und schließt die Sitzungen und handhabt die Ordnung in der Versammlung. Er kann jeden Zuhörer aus dem Sitzungszimmer entfernen lassen, welcher öffentliche Zeichen des Beifalls oder des Mißfallens giebt, oder Unruhe irgend einer Art verursacht.

§. 57. Die Beschlüsse der Stadtverordneten-Versammlung und die Namen der dabei anwesend gewesenen Mitglieder sind in ein besonderes Buch einzutragen. Sie werden von dem Vorsitzenden und wenigstens drei Mitgliedern unterzeichnet.

Dem Magistrate müssen alle Beschlüsse der Stadtverordneten-Versammlung, auch diejenigen, welche ihm durch das Gesetz zur Ausführung nicht überwiesen sind, mitgetheilt werden.

§. 58. Der Stadtverordneten-Versammlung bleibt überlassen, unter Zustimmung des Magistrats eine Geschäftsordnung abzufassen und darin Zuwiderhandlungen der Mitglieder gegen die zur Aufrechthaltung der Ordnung gegebenen Vorschriften mit Strafe zu belegen. Diese Strafen können nur in Geldbußen bis zu zehn Gulden, und bei mehrmals wiederholten Zuwiderhandlungen in der auf eine gewisse Zeit oder für die Dauer der Wahlperiode zu verhängenden Ausschließung aus der Versammlung bestehen.

Versagt der Magistrat seine Zustimmung, so tritt das in §. 46 vorgeschriebene Verfahren ein.

§. 59. Die Stadtverordneten-Versammlung beschließt über die Benutzung des Gemeindevermögens. Ueber das Vermögen, welches nicht der Gemeinde-Korporation als solcher gehört, hat sie nur insoweit zu beschließen, als sie dazu durch Stiftungs- oder sonstige besondere Rechtstitel berufen ist.

§. 60. Die Genehmigung der Regierung ist erforderlich:

1) zur Veräußerung von Grundstücken und solchen Gerechtsamen, welche jenen gesetzlich gleichgestellt sind. Die Regierung ist entstehenden Falls befugt, die Formen vorzuschreiben, in denen die Veräußerung stattfinden soll;
2) zur Veräußerung oder wesentlichen Veränderung von Sachen, welche einen besonderen wissenschaftlichen, historischen oder Kunstwerth haben, namentlich von Archiven;
3) zu Anleihen, durch welche die Gemeinde mit einem Schuldenbestande belastet oder der bereits vorhandene vergrößert wird, und
4) zu Veränderungen in dem Genusse von Gemeindenutzungen (Wald, Weide, Haide, Torfstich und dergleichen).

§. 61. Die Theilnahme an den Gemeindenutzungen (§. 60, Nr. 4) kann, soweit der Anspruch auf dieselbe nicht aus privatrechtlichen Titeln herzuleiten ist, durch Beschluß des Magistrats und der Stadtverordneten-Versammlung und mit

Genehmigung der Regierung von der Entrichtung einer jährlichen Abgabe und, anstatt oder neben derselben, von der Entrichtung eines Einkaufsgeldes abhängig gemacht werden.

§. 62. Soweit die Einnahmen aus dem Gemeindevermögen zur Deckung der Geldbedürfnisse der Stadtgemeinde nicht ausreichen, kann die Stadtverordneten-Versammlung die Ausbringung von Gemeindesteuern beschließen.

Diese können bestehen:

I. In Zuschlägen zu den Staatssteuern mit folgenden Maßgaben:

1) die Steuer für den Gewerbetrieb im Umherziehen darf nicht belastet werden;

2) bei Zuschlägen zur Klassen- und Einkommensteuer muß derjenige Theil des besteuerten Gesammteinkommens, welcher aus dem in einer anderen Gemeinde gelegenen Grundbesitz oder aus dem in einer anderen Gemeinde betriebenen stehenden Gewerbe fließt, und in dieser letzteren Gemeinde einer besonderen Gemeindebesteuerung, gemäß §. 8, unterworfen ist, bis auf Höhe dieses Steuerbetrages von den Zuschlägen in der Gemeinde des Wohnorts frei gelassen werden;

3) die Genehmigung der Regierung ist erforderlich:

a. für Zuschläge zu den direkten Steuern, wenn der Zuschlag entweder fünfzig Prozent der Staatssteuern übersteigen, oder nicht nach gleichen Sätzen auf diese Steuern vertheilt werden soll. Zur Freilassung oder geringeren Belastung der letzten Klassensteuerstufe bedarf es jedoch dieser Genehmigung nicht;

b. für Zuschläge zu den indirekten Steuern;

II. in besonderen direkten oder indirekten Gemeindesteuern; diese bedürfen der Genehmigung der Regierung, wenn sie neu eingeführt, erhöht, oder in ihren Grundsätzen verändert werden sollen. Die Bestimmung unter I. 2 kommt auch bei besonderen Gemeinde-Einkommensteuern zur Anwendung.

Die zur Zeit bestehenden Gemeindesteuern werden der Prüfung und Genehmigung durch die Regierung unterworfen.

Gegen Uebertretungen der über Erhebung von Gemeindesteuern zu erlassenden, von der Regierung zu genehmigenden Regulative können durch besondere Verordnung Strafen bis auf Höhe von 20 Gulden vorgesehen werden; solche Verordnungen sind in der Form der ortspolizeilichen Verordnungen bekannt zu machen.

Von den Geschäften des Magistrats.

§. 63. Der Magistrat hat insbesondere folgende Geschäfte:

1) die Gesetze und Verordnungen, sowie die Verfügung der ihm vorgesetzten Behörden auszuführen;

2) die Beschlüsse der Stadtverordneten-Versammlung vorzubereiten und, sofern er sich mit denselben einverstanden erklärt zur Ausführung zu bringen.

Der Magistrat ist verpflichtet, die Zustimmung und Ausführung zu versagen, wenn von der Stadtverordneten-Versammlung ein Beschluß gefaßt ist, welcher deren Befugnisse überschreitet oder sonst gesetz- oder rechtswidrig ist, oder das Staatswohl oder das Gemeinde-Interesse verletzt. In Fällen dieser Art ist nach den Bestimmungen in §. 46 zu verfahren;

3) die Gemeinde-Anstalten zu verwalten und diejenigen, für welche besondere Verwaltungen eingesetzt sind, zu beaufsichtigen;

4) die Einkünfte der Stadtgemeinde zu verwalten, die auf dem Etat auf besonderen Beschlüssen der Stadtverordneten-Versammlung beruhenden Einnahmen und Ausgaben anzuweisen und das Rechnungs- und Kassenwesen zu überwachen. Von jeder regelmäßigen Kassenrevision ist der Stadtverordneten-Versammlung Kenntniß zu geben, damit sie ein Mitglied oder mehrere abordnen könne, um derselben beizuwohnen; bei außerordentlichen Kassenrevisionen ist der Vorsitzende oder ein von demselben ein für alle Mal bezeichnetes Mitglied der Stadtverordneten-Versammlung zuzuziehen;

5) das Eigenthum der Stadtgemeinde zu verwalten und ihre Rechte zu wahren;

6) die Gemeindebeamten, nachdem die Stadtverordneten-Versammlung darüber vernommen worden, anzustellen und zu beaufsichtigen. Die Anstellung erfolgt, soweit es sich nicht um vorübergehende Dienstleistungen handelt, auf Lebenszeit; diejenigen Unterbeamten, welche nur zu mechanischen Dienstleistungen bestimmt sind, können jedoch auf Kündigung angenommen werden[1]). Die von den Gemeindebeamten zu leistenden Kautionen bestimmt der Magistrat nach Anhörung der Stadtverordneten-Versammlung;

7) die Urkunden und Akten der Stadtgemeinde aufzubewahren;

8) die Stadtgemeinde nach Außen zu vertreten und Namens derselben mit Behörden und Privatpersonen zu verhandeln, den Schriftwechsel zu führen und die Gemeinde-Urkunden in der Urschrift zu vollziehen. Die Ausfertigungen der Urkunden werden Namens der Stadtgemeinde von dem Bürgermeister oder seinem Stellvertreter gültig unterzeichnet; werden in denselben Verpflichtungen der Stadtgemeinde übernommen, so muß noch die Unterschrift eines anderen Magistratsmitgliedes hinzukommen; in Fällen, wo die Genehmigung der Regierung erforderlich ist, muß dieselbe in beglaubigter Form der gedachten Ausfertigung beigefügt werden;

9) die Gemeinde-Abgaben nach den Gesetzen und Beschlüssen auf die Verpflichteten zu vertheilen und die Beitreibung zu bewirken.

---

[1]) S. die Note zu §. 56 der Hessischen Gemeindeordnung (oben S. 63).

§. 64. Der Magistrat kann nur beschließen, wenn mindestens die Hälfte seiner Mitglieder zugegen ist. Die Beschlüsse werden nach Stimmenmehrheit gefaßt. Bei Stimmenmehrheit ist die Stimme des Vorsitzenden entscheidend. Den Vorsitz führt der erste Bürgermeister oder sein Stellvertreter. Der Vorsitzende ist verpflichtet, wenn ein Beschluß des Magistrats dessen Befugnisse überschreitet, gesetz- oder rechtswidrig ist, das Staatswohl oder das Gemeinde-Interesse verletzt, die Ausführung eines solchen Beschlusses zu beanstanden und die Entscheidung der Regierung einzuholen.

Der zweite Bürgermeister nimmt auch außer dem Falle der Stellvertretung an den Verhandlungen und Beschlüssen Theil.

Bei Berathungen über solche Gegenstände, welche das Privatinteresse eines Mitgliedes des Magistrats oder seiner Angehörigen berühren, muß dasselbe sich der Theilnahme an der Berathung und Abstimmung enthalten, auch sich während der Berathung aus dem Sitzungszimmer entfernen.

§. 65. Der Bürgermeister leitet und beaufsichtigt die gesammte Gemeinde-Verwaltung.

In allen Fällen, wo die vorherige Beschlußnahme durch den Magistrat einen nachtheiligen Zeitverlust verursachen würde, muß der Bürgermeister die dem Magistrate obliegenden Geschäfte vorläufig allein besorgen, jedoch dem letzteren in der nächsten Sitzung Behufs der Bestätigung oder anderweitigen Beschlußnahme Bericht erstatten.

Zur Erhaltung der nöthigen Disziplin steht ihm das Recht zu, den Gemeindebeamten Geldbußen bis zu sechs Gulden und außerdem den unteren Beamten Arreststrafen bis zu drei Tagen aufzuerlegen.

§. 66. Zur dauernden Verwaltung oder Beaufsichtigung einzelner Geschäftszweige, sowie zur Erledigung vorübergehender Aufträge können besondere Deputationen (Aemter) entweder blos aus Mitgliedern des Magistrats oder aus Mitgliedern beider Gemeindebehörden oder aus letzteren oder aus stimmfähigen Bürgern eingesetzt werden. Zur Bildung gemischter Deputationen aus beiden Gemeindebehörden ist deren übereinstimmender Beschluß erforderlich.

Zu diesen Deputationen, welche übrigens in allen Beziehungen dem Magistrate untergeordnet sind, werden die Stadtverordneten und Bürger von der Stadtverordneten-Versammlung gewählt, die Magistratsmitglieder dagegen von dem Bürgermeister ernannt, welcher auch unter letzteren den Vorsitzenden zu bezeichnen hat.

Durch statutarische Anordnung können besondere Bestimmungen über die Zusammensetzung der dauernden Verwaltungsdeputationen getroffen werden.

§. 67. Der Bezirk der Stadtgemeinde wird in Ortsbezirke getheilt. Jedem Bezirk wird ein Bezirksvorsteher vorgesetzt, welcher von der Stadtverordneten-Versammlung aus den stimmfähigen Bürgern des Bezirks auf sechs Jahre gewählt und von dem Magistrate bestätigt wird. In gleicher Weise wird für den Fall der Verhinderung des Bezirksvorstehers ein Stellvertreter desselben angestellt. Die Bezirksvorsteher sind Organe des Magistrats und verpflichtet, seinen Anordnungen Folge zu leisten, ihn namentlich in den örtlichen Geschäften des Bezirks zu unterstützen.

§. 68. Jedes Jahr, bevor sich die Stadtverordneten-Versammlung mit dem Haushaltsetat beschäftigt, hat der Magistrat in öffentlicher Sitzung derselben über die Verwaltung und den Stand der Gemeinde-Angelegenheiten einen vollständigen Bericht zu erstatten. Tag und Stunde werden wenigstens zwei freie Tage vorher bekannt gemacht.

§. 69. Der Bürgermeister ist verpflichtet, die ihm von der Regierung etwa zu übertragenden Geschäfte und Zweige der örtlichen Polizeiverwaltung, sowie alle diejenigen örtlichen Geschäfte der Kreis-, Bezirks-, Provinzial- und allgemeinen Staatsverwaltung zu übernehmen, für welche nicht andere Behörden bestimmt sind. Einzelne dieser Verrichtungen können mit Genehmigung der Regierung einem anderen Magistratsmitgliede übertragen werden.

§. 70. Hinsichtlich der Befugniß der Gemeindebehörden zum Erlaß von ortspolizeilichen Verordnungen, hinsichtlich der Geschäfte der gerichtlichen Polizei und der Staatsanwaltschaft bei dem Rügegerichte, sowie hinsichtlich der Geschäfte der Standesbuchführung, kommen die darauf bezüglichen Gesetze zur Anwendung. Die Anstellung der Beamten der Standesbuchführung erfolgt in der §. 63, Nr. 6 vorgeschriebenen Weise.

Von den Gehältern und Pensionen.

§. 71. Der Normal-Etat aller Besoldungen wird von dem Magistrate entworfen und von der Stadtverordneten-Versammlung festgesetzt. In Ermangelung eines Normal-Besoldungsetats werden die in solcher Weise nicht vorgesehenen Besoldungen vor der Wahl festgestellt.

Hinsichtlich der Bürgermeister und der besoldeten Magistratsmitglieder unterliegt die Feststellung der Besoldungen in allen Fällen der Genehmigung der Regierung. Die Regierung ist ebenso befugt wie verpflichtet, zu verlangen, daß ihnen die zu einer zweckmäßigen Verwaltung angemessenen Besoldungsbeträge bewilligt werden. Den Stadtverordneten und unbesoldeten Magistratsmitgliedern darf nur Entschädigung für baare Auslagen gewährt werden, welche für sie aus der Ausrichtung von Aufträgen entstehen.

§. 72. Den Bürgermeistern und den besoldeten Magistratsmitgliedern sind, sofern nicht mit Genehmigung der Regierung eine Vereinbarung wegen der Pension getroffen ist, bei eintretender Dienstunfähigkeit oder wenn sie nach abgelaufener Amtsperiode nicht wieder gewählt, beziehungsweise die Bürgermeister nicht wieder ernannt oder nicht wieder bestätigt werden, folgende Pensionen zu gewähren:

$^1/_4$ des Gehalts nach sechsjähriger Dienstzeit,
$^1/_2$ des Gehalts nach zwölfjähriger Dienstzeit,
$^2/_3$ des Gehalts nach vierundzwanzigjähriger Dienstzeit.

Die auf Lebenszeit angestellten besoldeten Gemeindebeamten erhalten, insofern nicht mit ihnen ein Anderes verabredet worden ist, bei eintretender Dienstunfähigkeit Pension nach denselben Grundsätzen, welche bei den unmittelbaren Staatsbeamten zur Anwendung kommen.

Ueber die Pensionsansprüche der Bürgermeister, der besoldeten Magistratsmitglieder und übrigen besoldeten Gemeindebeamten entscheidet in streitigen Fällen die Regierung. Gegen den Beschluß der Regierung, soweit derselbe sich nicht auf die Thatsache der Dienstunfähigkeit oder darauf bezieht, welcher Theil des Diensteinkommens als Gehalt anzusehen sei, findet die Berufung auf richterliche Entscheidung statt. Ungeachtet der Berufung sind die festgesetzten Beträge vorläufig zu zahlen.

Die Pension fällt fort und ruht insoweit, als der Pensionirte durch anderweitige Anstellung im Staats- oder Gemeindedienst ein Einkommen oder eine neue Pension erwirbt, welche mit Zurechnung der ersten Pension sein früheres Einkommen übersteigen.

Von dem Gemeindehaushalte.

§. 73. Ueber alle Ausgaben und Einnahmen, welche sich im Voraus bestimmen lassen, entwirft der Magistrat jährlich, spätestens im Oktober, einen Haushalts-Etat. Der Entwurf wird acht Tage lang in einem oder mehreren, von dem Magistrate zu bestimmenden und in ortsüblicher Weise zur öffentlichen Kenntniß zu bringenden Lokalen zur Einsicht aller Einwohner der Stadtgemeinde offen gelegt und alsdann von der Stadtverordneten-Versammlung festgestellt. Eine Abschrift des Etats wird sofort der Regierung eingereicht.

§. 74. Der Magistrat hat dafür zu sorgen, daß der Haushalt nach dem Etat geführt werde.

Ausgaben welche außer dem Etat geleistet werden sollen, bedürfen der Genehmigung der Stadtverordneten-Versammlung.

§. 75. Die Gemeindeabgaben, die Bürgerrechtsgelder (§. 16), die Abgaben für die Theilnahme an den Gemeindenutzungen (§. 61) und alle sonstigen Gemeindegefälle werden von den Säumigen im Steuer-Exekutionswege beigetrieben.

§. 76. Die Jahresrechnung ist von der betreffenden Verwaltungsstelle vor dem 1. Mai des folgenden Jahres zu legen und dem Magistrate einzureichen. Dieser hat die Revision derselben zu veranlassen und die Rechnung demnächst mit seinen Erinnerungen und Bemerkungen der Stadtverordneten-Versammlung zur Prüfung, Feststellung und Entlastung vorzulegen.

§. 77. Die Feststellung der Rechnung muß vor dem 1. Oktober bewirkt sein.

Der Magistrat hat der Regierung sofort eine Abschrift des Feststellungsbeschlusses einzureichen.

Durch statutarische Anordnung können die vorstehend für die Legung und Feststellung der Rechnung angeordneten Fristen anders bestimmt werden.

§. 78. Ueber alle Theile des Gemeindevermögens hat der Magistrat ein Lagerbuch zu führen. Die darin vorkommenden Veränderungen werden der Stadtverordneten-Versammlung bei der Rechnungsabnahme zur Erklärung vorgelegt.

Von der Oberaufsicht über die Verwaltung der Stadtgemeinde.

§. 79. Die Aufsicht des Staats über die Verwaltung der Stadtgemeinde wird von der Regierung geübt. Gegen die Entscheidungen der Gemeindebehörden geht der Rekurs an die Regierung, und gegen die Entscheidung der Regierung, soweit sie nicht nach den Bestimmungen dieses Gesetzes endgültige sind, an den Oberpräsidenten. Der Rekurs muß in allen Instanzen innerhalb einer Präklusivfrist von vier Wochen nach der Zustellung oder Bekanntmachung der Entscheidung eingelegt werden, insofern er nicht durch dieses Gesetz an eine andere Frist geknüpft ist.

Auf Reklamationen gegen die Heranziehung zu den Gemeinde-Auflagen kommt das Gesetz über die Verjährungsfristen bei öffentlichen Abgaben vom 18. Juli 1840 (s. unten im VI. Abschnitt) zur Anwendung.

§. 80. Wenn die Stadtverordneten-Versammlung einen Beschluß gefaßt hat, welcher die Befugniß überschreitet, oder sonst gesetz- und rechtswidrig ist, oder das Staatswohl verletzt, so ist die Regierung ebenso befugt wie verpflichtet, den Magistrat zur vorläufigen Beanstandung der Ausführung zu veranlassen.

Der Magistrat hat hiervon die Stadtverordneten-Versammlung zu benachrichtigen und über den Gegenstand des Beschlusses sofort an die Regierung zu berichten. Die Regierung hat sodann ihre Entscheidung unter Anführung der Gründe zu geben.

§. 81. Wenn die Stadtverordneten-Versammlung es unterläßt oder verweigert, die der Stadtgemeinde gesetzlich obliegenden Leistungen auf den Haushalts-Etat zu bringen oder außerordentlich zu genehmigen, so hat die Regierung, unter Anführung des Gesetzes, die Eintragung in den Etat von Amtswegen bewirken zu lassen, beziehungsweise die außerordentliche Ausgabe festzustellen.

§. 82. Durch Königliche Verordnung, auf den Antrag des Staatsministeriums, kann die Stadtverordneten-Versammlung aufgelöst werden.

Es ist sodann eine Neuwahl derselben anzuordnen und muß diese binnen sechs Monaten vom Tage der Auflösungs-Verordnung an erfolgen.

Bis zur Einführung der neu gewählten Stadtverordneten sind deren Verrichtungen durch besondere von dem Minister des Innern zu bestellende Kommissarien zu besorgen.

§. 83. Auf die Dienstvergehen der Gemeindebeamten, einschließlich der Bürgermeister und der übrigen Magistratsmitglieder, kommt das Gesetz vom 21. Juli 1852, betreffend die Dienstvergehen der nicht richterlichen Beamten 2c. (G.-S. S. 465), zur Anwendung.

Uebergangsbestimmungen.

§. 84. Die zur Ausführung dieses Gesetzes erforderlichen Bestimmungen werden von dem Minister des Innern getroffen.

§. 85. Die zur Zeit bestehenden Gemeindebehörden und Gemeinde-Verwaltungsstellen, insbesondere auch das Rechnungs-Revisionskollegium, bleiben als solche in Thätigkeit, bis diejenigen Behörden und Verwaltungsstellen in ihre Aemter eingeführt sein werden, welche nach den Bestimmungen dieses Gesetzes, beziehungsweise auf demnächstigen Beschluß des Magistrats und der Stadtverordneten-Versammlung sie zu ersetzen haben.

§. 86. Die Mitglieder der bisherigen ständischen Kollegien und alle sonstigen Beamten, deren Stellen in Folge der Einführung dieses Gesetzes und der dadurch bedingten neuen Organisation zur Einziehung kommen, und die sich nicht in der Lage befinden, ihre Versetzung in den Ruhestand zu beantragen, sind verpflichtet, sich eine andere Anstellung in ungefähr gleicher Kategorie, falls sie zu einer solchen durch die Wahl berufen oder sonst geeignet befunden werden, gefallen zu lassen. Die hiernach etwa weiter erforderlich werdende Regulirung der Verhältnisse bleibt, in Ermangelung einer gütlichen Einigung der Betheiligten, nach Maßgabe des Gesetzes vom 21. Juli 1852, betreffend die Dienstvergehen der nicht richterlichen Beamten, die Versetzung derselben auf eine andere Stelle oder in Ruhestand, und der Allerh. Erlasse v. 14. Juni und 24. Oktober 1848 (G.-S. S. 158 und S. 388), vorbehalten [1]).

---

[1]) Die folgenden §§. 87—89 werden als nicht mehr von praktischer Bedeutung hier nicht abgedruckt.

Fünfter Abschnitt.

Freizügigkeit und öffentliche Armenpflege.

I. Freizügigkeit.

Gesetz über Freizügigkeit vom 1. November 1867 (jetzt Reichsgesetz, auch in Elsaß-Lothringen giltig).

§. 1. Jeder Bundes- (Reichs-) Angehörige hat das Recht, innerhalb des Bundes- (Reichs-) Gebietes: 1) an jedem Orte sich aufzuhalten oder niederzulassen, wo er eine eigene Wohnung oder ein Unterkommen sich zu verschaffen im Stande ist; 2) an jedem Orte Grundeigenthum aller Art zu erwerben; 3) umherziehend oder an dem Orte des Aufenthalts, beziehungsweise der Niederlassung, Gewerbe aller Art zu betreiben, unter den für Einheimische geltenden gesetzlichen Bestimmungen. — In der Ausübung dieser Befugnisse darf der Bundesangehörige, soweit nicht das gegenwärtige Gesetz Ausnahmen zuläßt, weder durch die Obrigkeit seiner Heimath, noch durch die Obrigkeit des Ortes, in welchem er sich aufhalten oder niederlassen will, gehindert oder durch lästige Bedingungen beschränkt werden. — Keinem Bundesangehörigen darf um des Glaubensbekenntnisses willen oder wegen fehlender Landes- und Gemeindeangehörigkeit der Aufenthalt, die Niederlassung, der Gewerbebetrieb, oder der Erwerb von Grundeigenthum verweigert werden.

§. 2. Wer die aus der Bundesangehörigkeit folgenden Befugnisse in Anspruch nimmt, hat auf Verlangen den Nachweis seiner Bundesangehörigkeit und, sofern er unselbständig ist, den Nachweis der Genehmigung derjenigen, unter deren (väterlicher, vormundschaftlicher oder ehelicher) Gewalt er steht, zu erbringen.

§. 3. Insoweit bestrafte Personen nach den Landesgesetzen Aufenthaltsbeschränkungen durch die Polizeibehörde unterworfen werden können, behält es dabei sein Bewenden. — Solchen Personen, welche derartigen Aufenthaltsbeschränkungen in einem Bundesstaate unterliegen, oder welche in einem Bundesstaate innerhalb der letzten zwölf Monate wegen wiederholten Bettelns oder wegen wiederholter Landstreicherei bestraft worden sind, kann der Aufenthalt in jedem anderen Bundesstaate von der Landespolizeibehörde verweigert werden. — Die besonderen Gesetze und Privilegien einzelner Ortschaften und Bezirke, welche Aufenthaltsbeschränkungen gestatten, werden hiermit aufgehoben.

§. 4. Die Gemeinde ist zur Abweisung eines neu Anziehenden nur dann befugt, wenn sie nachweisen kann, daß derselbe nicht hinreichende Kräfte besitzt, um sich und seinen nicht arbeitsfähigen Angehörigen den nothdürftigen Lebensunterhalt zu verschaffen und wenn er solchen weder aus seinem Vermögen bestreiten kann, noch von einem dazu verpflichteten Verwandten erhält. Den Landesgesetzen bleibt vorbehalten, diese Befugniß der Gemeinden zu beschränken. — Die Besorgniß vor künftiger Verarmung berechtigt den Gemeindevorstand nicht zur Zurückweisung.

§. 5. Offenbart sich nach dem Anzuge die Nothwendigkeit einer öffentlichen Unterstützung, bevor der neu Anziehende an dem Aufenthaltsorte einen Unterstützungswohnsitz (Heimathsrecht) erworben hat und weist die Gemeinde nach, daß die Unterstützung aus anderen Gründen, als wegen einer nur vorübergehenden Arbeitsunfähigkeit nothwendig geworden ist, so kann die Fortsetzung des Aufenthalts versagt werden.

§. 6. Ist in den Fällen, wo die Aufnahme oder die Fortsetzung des Aufenthalts versagt werden darf, die Pflicht zur Uebernahme der Fürsorge zwischen verschiedenen Gemeinden eins und desselben Bundesstaates streitig, so erfolgt die Entscheidung nach den Landesgesetzen. — Die thatsächliche Ausweisung aus einem Orte darf niemals erfolgen, bevor nicht entweder die Annahmeerklärung der in Anspruch genommenen Gemeinde oder eine wenigstens einstweilen vollstreckbare Entscheidung über die Fürsorgepflicht erfolgt ist.

§. 7. Sind in den in §. 5 bezeichneten Fällen verschiedene Bundesstaaten betheiligt, so regelt sich das Verfahren nach dem Vertrage wegen gegenseitiger Verpflichtung zur Uebernahme der Auszuweisenden, d. d. Gotha, 15. Juli 1851, sowie nach den späteren, zur Ausführung dieses Vertrages getroffenen Verabredungen. — Bis zur Uebernahme seitens des verpflichteten Staates ist der Aufenthaltsort zur Fürsorge für den Auszuweisenden am Aufenthaltsorte nach den für die öffentliche Armenpflege in seinem Gebiete gesetzlich bestehenden Grundsätzen verpflichtet. Ein Anspruch auf Ersatz der für diesen Zweck verwendeten Kosten findet gegen Staats-, Gemeinde- oder andere öffentliche Kassen desjenigen Staates, welchem der Hilfsbedürftige angehört, sofern nicht anderweitige Verabredungen bestehen, nur insoweit statt, als die Fürsorge für den Auszuweisenden länger als drei Monate gedauert hat [1]).

§. 8. Die Gemeinde ist nicht befugt, von neu Anziehenden wegen des Anzugs eine Abgabe zu erheben. Sie kann dieselben, gleich den übrigen Gemeindeeinwohnern, zu den Gemeindelasten heranziehen. Uebersteigt die Dauer des Aufenthalts nicht den Zeitraum von drei Monaten, so sind die neu Anziehenden diesen Lasten nicht unterworfen.

§. 9. Was vorstehend von den Gemeinden bestimmt ist, gilt an denjenigen Orten, wo die Last der öffentlichen Armenpflege verfassungsmäßig nicht der örtlichen Gemeinde, sondern anderen gesetzlich anerkannten Verbänden (Armenkommunen) obliegt, auch von diesen, sowie von denjenigen Gutsherrschaften, deren Gutsbezirk sich nicht in einem Gemeindeverbande befindet.

[1]) S. §. 1. Abs. 2 des Gesetzes vom 6. Juni 1870 über den Erwerb und Verlust der Bundes- und Staatsangehörigkeit.

§. 10. Die Vorschriften über die Anmeldung der neu Anziehenden bleiben den Landesgesetzen mit der Maßgabe vorbehalten, daß die unterlassene Meldung nur mit einer Polizeistrafe, niemals aber mit dem Verluste des Aufenthaltsrechts (§. 1.) geahndet werden darf.

§. 11. Durch den bloßen Aufenthalt und die bloße Niederlassung, wie sie das gegenwärtige Gesetz gestattet, werden andere Rechtsverhältnisse, namentlich die Gemeindeangehörigkeit, das Ortsbürgerrecht, die Theilnahme an den Gemeindenutzungen und der Armenpflege nicht begründet. — Wenn jedoch nach den Landesgesetzen durch den Aufenthalt oder die Niederlassung, wenn solche eine bestimmte Zeit hindurch ununterbrochen fortgesetzt worden, das Heimathsrecht (Gemeindeangehörigkeit, Unterstützungswohnsitz) erworben wird, behält es dabei sein Bewenden.

§. 12. Die polizeiliche Ausweisung Bundesangehöriger aus dem Orte ihres dauernden oder vorübergehenden Aufenthalts in anderen, als in den durch dieses Gesetz vorgesehenen Fällen, ist unzulässig. — Im Uebrigen werden die Bestimmungen über die Fremdenpolizei durch dieses Gesetz nicht berührt.

II. Oeffentliches Armenwesen[1]).

1. Umfang der Unterstützungspflicht.

§. 1. Jeder Norddeutsche ist in jedem Bundesstaate in Bezug

a) auf die Art und das Maass der im Falle der Hülfsbedürftigkeit zu gewährenden öffentlichen Unterstützung,

b) auf den Erwerb und Verlust des Unterstützungswohnsitzes

als Inländer zu behandeln.

Die Bestimmungen im §. 7 des Gesetzes über die Freizügigkeit vom 1. November 1867 (B.-G.-Bl. S. 55) sind auf Norddeutsche ferner nicht anwendbar.

§. 1. Jedem hülfsbedürftigen Deutschen (§. 69) ist von dem zu seiner Unterstützung verpflichteten Armenverbande Obdach, der unentbehrliche Lebensunterhalt[2]), die erforderliche Pflege in Krankheitsfällen und im Falle seines Ablebens ein angemessenes Begräbniß zu gewähren.

---

[1]) Den Text dieses Abschnittes bilden a. das Bundesgesetz über den Unterstützungswohnsitz vom 6. Juni 1870 und b. das Preußische Gesetz zur Ausführung dieses Bundesgesetzes vom 8. März 1871. Zur Unterscheidung ist der Text des ersteren Gesetzes mit lateinischen Lettern gedruckt.

Das Bundesgesetz vom 6. Juni 1870 gilt jetzt im ganzen deutschen Reich mit Ausnahme von Bayern (Art. 4 der Reichsverfassung vom 16. April 1871). Demgemäß modifizirt sich die im Text des Gesetzes vorkommende Bezeichnung „Norddeutsche“.

[2]) Darunter ist nicht nur die erforderliche Nahrung, sondern alle sonstigen zur Existenz eines Menschen unentbehrlichen Gegenstände — Kleidung, Heizung &c. — ebenso wie das Obdach zu verstehen; Min.-Instruktion vom 10. April 1871.

Die Unterstützung kann geeigneten Falles, so lange dieselbe in Anspruch genommen wird [1]), mittels Unterbringung in einem Armen- oder Krankenhause, sowie mittels Anweisung der den Kräften des Hülfsbedürftigen entsprechenden Arbeiten außerhalb oder innerhalb eines solchen Hauses gewährt werden [2]).

Gebühren für die einem Unterstützungsbedürftigen geleisteten geistlichen Amtshandlungen sind die Armenverbände zu entrichten nicht verpflichtet.

2. Organe der öffentlichen Unterstützung Hülfsbedürftiger.

Orts-Armenverbände. Land-Armenverbände.

§. 2. Die öffentliche Unterstützung hülfsbedürftiger Norddeutscher wird, nach näherer Vorschrift dieses Gesetzes durch Orts-Armenverbände und durch Land-Armenverbände geübt.

§. 3. Orts-Armenverbände können aus einer oder mehreren Gemeinden und, wo die Gutsbezirke ausserhalb der Gemeinden stehen, aus einem oder mehreren Gutsbezirken, beziehungsweise aus Gemeinden und Gutsbezirken zusammengesetzt sein. Alle zu einem Orts-Armenverbande vereinigten Gemeinden und Gutsbezirke gelten in Ansehung der durch dieses Gesetz geregelten Verhältnisse als eine Einheit.

§. 4. Wo räumlich abgegrenzte Orts-Armenverbände noch nicht bestehen, sind dieselben bis zum 1. Juli 1871 einzurichten. Bis zum gleichen Termin muss jedes Grundstück, welches noch zu keinem Orts-Armenverbande gehört, entweder einem angrenzenden Orts-Armenverbande nach Anhörung der Betheiligten durch die zuständige Behörde (§. 8) zugeschlagen, oder selbstständig als Orts-Armenverband eingerichtet werden.

---

[1]) Die Unterbringung in einem Armenhause, sowie die Anweisung von Arbeiten darf nur so lange stattfinden, als die Unterstützung in Anspruch genommen wird. Wider seinen Willen darf daher im Verwaltungswege derjenige, der die Armenpflege in Anspruch nimmt, in einem Armenhause nicht untergebracht resp. festgehalten werden; es ist ihm vielmehr — vorbehaltlich der Beschwerde an die Aufsichtsbehörde — lediglich zu überlassen, entweder auf die Unterstützung überhaupt zu verzichten, oder sich mit derjenigen Art und Weise, in welcher sie ihm, der Bestimmung in Absatz 2 gemäß, angeboten wird, zu begnügen. Fällt ihm in seinem desfallsigen Verhalten ein dem Armenverbande zu Beschwerde gereichendes Verschulden zur Last, so erübrigt nur seine strafrechtliche Verfolgung auf Grund der §§. 361 unter 5, 7, 8, und 362 des Strafgesetzbuches.

[2]) Von dieser Befugniß sollen die Armenverbände jedoch nur „geeigneten Falles“ Gebrauch machen. Die Unterbringung in öffentlichen Armenhäusern 2c. anstatt Gewährung von Unterstützung in Geld, Lebensmitteln 2c., darf nicht die ein für allemal zu befolgende Regel bilden. Min.-Instruktion vom 10. April 1871.

§. 5. Die öffentliche Unterstützung hülfsbedürftiger Norddeutscher, welche endgültig zu tragen kein Orts-Armenverband verpflichtet ist (der Land-Armen), liegt den Land-Armenverbänden ob. Zur Erfüllung dieser Obliegenheit hat jeder Bundesstaat bis zum 1. Juli 1871 entweder unmittelbar die Funktionen des Land-Armenverbandes zu übernehmen, oder besondere, räumlich abgegrenzte Land-Armenverbände, wo solche noch nicht bestehen, einzurichten.

Dieselben umfassen der Regel nach eine Mehrheit von Orts-Armenverbänden, können sich aber ausnahmsweise auf den Bezirk eines einzigen Orts-Armenverbandes beschränken.

§. 6. Armenverbände, deren Mitgliedschaft an ein bestimmtes Glaubensbekenntniss geknüpft ist, gelten nicht als Armenverbände im Sinne des Gesetzes.

§. 7. Die Orts- und Land-Armenverbände stehen in Bezug auf die Verfolgung ihrer Rechte einander gleich. Hat ein Bundesstaat unmittelbar die Funktionen des Land-Armenverbandes übernommen (§. 5), so steht er in allen durch dieses Gesetz geregelten Verhältnissen den Land-Armenverbänden gleich.

§. 8. Die Landesgesetze bestimmen über die Zusammensetzung und Einrichtung der Orts-Armenverbände und Land-Armenverbände, über die Art und das Maass der im Falle der Hülfsbedürftigkeit zu gewährenden öffentlichen Unterstützung, über die Beschaffung der erforderlichen Mittel, darüber, in welchen Fällen und in welcher Weise den Orts-Armenverbänden von den Land-Armenverbänden oder von anderen Stellen eine Beihilfe zu gewähren ist und endlich darüber, ob und wiefern sich die Land-Armenverbände der Orts-Armenverbände als ihrer Organe behufs der öffentlichen Unterstützung Hülfsbedürftiger bedienen dürfen.

§. 2. Jede Gemeinde bildet für sich einen Orts-Armenverband, sofern sie nicht einem, mehrere Gemeinden oder Gutsbezirke umfassenden einheitlichen Orts-Armenverbande (Gesammt-Armenverbande) schon angehört oder nach den folgenden Bestimmungen einzuverleiben ist. Die Verwaltung der öffentlichen Armenpflege steht in den Gemeindebezirken überall den, für die Verwaltung der Gemeinde-Angelegenheiten durch die Gemeinde-Verfassungsgesetze angeordneten Gemeindebehörden zu. Die Bestimmungen der Gemeinde-Verfassungsgesetze über die Verwaltung der Gemeinde-Angelegenheiten, insbesondere die Bestimmungen über die Zuständigkeit des Gemeindevorstandes und der Gemeindevertretung sind überall auch für die Verwaltung der öffentlichen Armenpflege maßgebend.

Die in diesem Gesetze der Gemeindevertretung zugewiesenen Verrichtungen werden da, wo eine gewählte Gemeindevertretung nicht besteht, von der Gemeindeversammlung wahrgenommen.

§. 3. Auf Grund eines Gemeindebeschlusses können in allen Gemeinden für die Verwaltung der öffentlichen Armenpflege besondere dem Gemeindevorstand untergeordnete Deputationen aus Mitgliedern des Gemeindevorstandes und der Gemeindevertretung, geeigneten Falles unter Zuziehung anderer Ortseinwohner gebildet werden. Den Vorsitz in solchen Deputationen führt, sofern nicht die Gemeinde-Verfassungsgesetze über den Vorsitz in Deputationen Anderes bestimmen, der Bürgermeister — in den Landgemeinden der Provinz Westfalen der Amtmann — oder ein dazu von ihm abgeordnetes Mitglied des Gemeindevorstandes. Wo kein Bürgermeister (Amtmann) an der Spitze der Gemeindeverwaltung steht, tritt an seine Stelle der Gemeindevorsteher.

Bei den sonstigen näheren Bestimmungen der Gemeinde-Verfassungsgesetze über die Zusammensetzung und Geschäftsführung besonderer Verwaltungs-Deputationen hat es sein Bewenden; die Wahl der in die letzteren zu entsendenden Mitglieder der Gemeindevertretung und anderen Ortseinwohner steht jedoch fortan überall, so viel den Gegenstand dieses Gesetzes betrifft, der Gemeindevertretung zu [1]).

Ortspfarrer oder deren Stellvertreter, deren Pfarrbezirk über die Grenzen der politischen Gemeinde ihres Wohnortes sich erstreckt, sind hinsichtlich des in der auswärtigen Gemeinde belegenen Kirchspieltheiles den dortigen Ortseinwohnern gleich zu achten.

§. 4. Jedes zur Theilnahme an den Gemeindewahlen berechtigte Gemeindemitglied ist verpflichtet, eine unbesoldete Stelle in der Gemeinde-Armenverwaltung zu übernehmen und drei Jahre oder die sonst in den Gemeinde-Verfassungsgesetzen vorgeschriebene längere Zeit hindurch fortzuführen. Von dieser Verpflichtung befreien nur folgende Gründe:

1) anhaltende Krankheit; 2) Geschäfte, die eine häufige oder lange dauernde Abwesenheit mit sich bringen; 3) ein Alter von 60 oder mehr Jahren; 4) die Verwaltung eines anderen öffentlichen Amtes; 5) sonstige besondere, eine gültige Entschuldigung begründende Verhältnisse, über deren Vorhandensein, sofern die Gemeinde-Verfassungs-

---

1) Die Bestimmung darüber, ob eine Deputation aus Mitgliedern des Gemeindevorstandes und der Gemeindevertretung, geeigneten Falles unter Zuziehung anderer Ortseinwohner, gebildet werden soll, wird durch Gemeindebeschluß getroffen und die Wahl der in eine solche Deputation zu entsendenden Gemeindevertreter rc. erfolgt durch die Gemeindevertretung selbst. Einer Genehmigung der Aufsichtsbehörde bedarf es für eine solche Einrichtung nicht. Min.-Instruktion.

gesetze nicht etwas Anderes bestimmen, von der Gemeindevertretung zu beschließen ist.

Wer eine unbesoldete Stelle die gesetzlich vorgeschriebene Zeit hindurch wahrgenommen hat, ist während der nächstfolgenden gleich langen Zeit von der Wahrnehmung einer solchen Stelle befreit.

§. 5. Wer ohne gesetzlichen Grund die Uebernahme oder fernere Wahrnehmung einer unbesoldeten Stelle in der Gemeinde-Armenverwaltung verweigert, oder sich dieser Wahrnehmung entzieht, kann auf drei bis sechs Jahre des Rechts zur Theilnahme an den Gemeindewahlen und zur Wahrnehmung unbesoldeter Stellen verlustig erklärt und um ein Achtel bis ein Viertel stärker zu den direkten Gemeinde-Abgaben herangezogen werden. Die Beschlußfassung hierüber steht, sofern die Gemeinde-Verfassungsgesetze nicht etwas Anderes bestimmen, der Gemeindevertretung zu; der Beschluß bedarf der Genehmigung der Aufsichtsbehörde.

§. 6. Die Vorsteher von Korporationen und anderen juristischen Personen sind verpflichtet, den Gemeindebehörden auf deren Erfordern Auskunft über den Betrag der Unterstützungen zu ertheilen, welche einem Hülfsbedürftigen des Gemeindebezirks aus den unter ihrer Verwaltung stehenden, einem Zwecke der Wohlthätigkeit gewidmeten Fonds gewährt werden. Vorsteher, welche diese Auskunft innerhalb einer 14tägigen Frist von Empfang der Seitens der Gemeinde-Behörden ergangenen Aufforderung an gerechnet, zu ertheilen unterlassen, werden mit einer Geldstrafe bis zu 10 Thalern bestraft[1]).

b. Gutsbezirke.

§. 7. Den Gemeinden werden, soviel den Gegenstand dieses Gesetzes betrifft, die außerhalb des Gemeindeverbandes stehenden Gutsbezirke gleichgeachtet. Die Bestimmungen der Gesetze über die Verwaltung der örtlichen Angelegenheiten in den außerhalb des Gemeindeverbandes stehenden Bezirken sind in den letzteren überall auch für die Verwaltung der öffentlichen Armenpflege maßgebend.

§. 8. Die Gutsbesitzer haben in den Gutsbezirken die Kosten der öffentlichen Armenpflege gleich den Gemeinden zu tragen.

Steht der Gutsbezirk nicht ausschließlich im Eigenthum des Gutsbesitzers, so ist auf dessen Antrag ein Statut zu erlassen, welches die Aufbringung der Kosten der öffentlichen Armenpflege in dem Gutsbezirke anderweitig regelt und den mit heranzuziehenden Grundbesitzern oder Einwohnern eine entsprechende Be-

1) Dies ist keine von den Aufsichtsbehörden zu verhängende Exekutivstrafe, sondern auf dieselbe ist von den Gerichten im geordneten Strafverfahren zu erkennen; Min.-Instruktion.

theiligung bei der Verwaltung der Armenpflege einräumt. Das Statut wird, wenn sich die Betheiligten nicht vereinigen, nach Anhörung derselben durch den Kreistag festgestellt und muß hinsichtlich der Regelung der Beitragspflicht den gesetzlichen Bestimmungen über die Vertheilung der Kommunallasten in den ländlichen Gemeinden folgen. Dasselbe unterliegt der Bestätigung der Bezirks-Regierung.

c. Gesammt-Armenverbände.

§. 9. Die, einen einheitlichen Orts-Armenverband (Gesammt-Armenverband) gegenwärtig bereits bildenden Verbände von Gemeinden oder Gutsbezirken bleiben als solche bestehen. Die, für die Verwaltung der Angelegenheiten dieser Verbände maßgebenden statutarischen Vorschriften können durch verfassungsmäßigen, von der Bezirks-Regierung bestätigten Beschluß des betreffenden Verbandes, in Ermangelung eines solchen Beschlusses aber nur gemäß den Vorschriften des §. 10, abgeändert werden.

§. 10. Soweit die Verfassung der bestehenden Gesammt-Armenverbände nicht durch statutarische Vorschriften geregelt ist, bleibt den betheiligten Gemeinden und Gutsbezirken die Vereinbarung solcher statutarischen Vorschriften, vorbehaltlich der Bestätigung der letzteren durch die Bezirks-Regierung überlassen; in Ermangelung einer derartigen Vereinbarung wird die Verfassung des Gesammt-Armenverbandes durch ein nach Anhörung der Betheiligten von dem Kreistage nach Maßgabe der nachfolgenden Bestimmungen zu beschließendes von der Bezirks-Regierung zu bestätigendes Statut geregelt.

Es wird für den Gesammt-Armenverband eine besondere aus Abgeordneten der Gemeinden und Gutsbezirke bestehende Vertretung gebildet. Die Zahl der von den Gemeinden und Gutsbezirken zu entsendenden Abgeordneten, sowie geeigneten Falles die Zahl der dem Abgeordneten eines Gutsbezirkes einzuräumenden Stimmen wird nach dem Verhältniß der von den Gemeinden und Gutsbezirken zu leistenden Beiträge zu den Kosten der gemeinsamen Armenpflege bestimmt, mit der Maßgabe, daß jede Gemeinde und jeder Gutsbezirk wenigstens einen Abgeordneten zu entsenden hat. Die Abgeordneten der Gemeinden, zu denen jedoch in allen Fällen der Vorsteher der betreffenden Gemeinde gehören muß, werden von der Gemeindevertretung auf drei bis sechs Jahre gewählt. Die Vertretung des Gesammt-Armenverbandes wählt einen Vorsitzenden und einen stellvertretenden Vorsitzenden, in der Regel aus ihrer Mitte. Dem Vorsitzenden kann eine Dienstunkosten-Entschädigung gewährt werden. Die Wahlen erfolgen nach den entsprechenden Vorschriften der Gemeinde-Verfassungsgesetze. In Beziehung auf die Verwaltung der gemeinsamen Armenpflege stehen, nach Maßgabe der Gemeinde-Verfassungsgesetze, der Vertretung des Gesammt-Armenverbandes die Rechte der Gemeindevertretung (Gemeinde-Versammlung), dem Vorsitzenden derselben aber die Rechte des Gemeinde-Vorstehers (Gemeinde-Vorstandes) zu. Die Vertheilung der Kosten der gemeinsamen Armenpflege auf die einzelnen Gemeinde- und Gutsbezirke erfolgt nach Maßgabe der in ihnen aufkommenden Klassen- und Einkommensteuer, der halben Gewerbesteuer, sowie der halben Grund- und Gebäudesteuer. Das Einkommen, welches aus außerhalb belegenem Grundbesitz oder betriebenem Gewerbe fließt, ist außer Berechnung zu lassen.

Das Einkommen, welches die außerhalb des Bezirkes des Gesammt-Armenverbandes wohnenden Personen mit Einschluß der juristischen Personen, der Aktien-Gesellschaften und Kommandit-Gesellschaften auf Aktien aus dem innerhalb dieses Bezirkes belegenen Grundbesitz oder betriebenen Gewerbe beziehen, wird hinsichtlich der Klassen- und Einkommensteuer besonders veranlagt.

Den einzelnen Gemeinden bleibt die Aufbringung des auf sie vertheilten Kostenbeitrages nach den Vorschriften der Gemeinde-Verfassungsgesetze überlassen.

§. 11. Die, einen einheitlichen Orts-Armenverband gegenwärtig noch nicht bildenden, aus mehreren Gemeinden oder Gutsbezirken zusammengesetzten Kommunal-Verbände, (Bürgermeistereien, Aemter, Sammtgemeinden) können unter Zustimmung des Kreistages in den Formen, welche für die Beschlußfassung über die gemeinschaftlichen Angelegenheiten dieser Verbände vorgeschrieben sind, als Gesammt-Armenverbände eingerichtet werden. Die Bestimmungen der Gesetze über die Verwaltung der gemeinschaftlichen Angelegenheiten der gedachten Kommunal-Verbände sind alsdann auch für die Verwaltung der gemeinsamen Armenpflege maßgebend.

§. 12. Gemeinden oder Gutsbezirke, welche einem der in den §§. 9 und 11 gedachten Verbände nicht angehören, können mittelst gegenseitiger Vereinbarung als Gesammt-Armenverbände eingerichtet oder einem bestehenden Gesammt-Armenverbande einverleibt werden. Die Art der Beschlußfassung über die gemeinschaftlichen Angelegenheiten, die Vertretung des Gesammt-Armenverbandes nach außen, die Formen der Verwaltung und die Aufbringungsweise der Kosten der gemeinsamen Armenpflege sind in diesem Falle durch ein, von der Bezirks-Regierung zu bestätigendes Statut zu regeln.

§. 13. Die Bestimmungen der §§. 3 bis 5, betreffend die Bildung besonderer Deputationen und die Verpflichtung zur Annahme unbesoldeter Stellen, sowie die Bestimmungen des §. 6 kommen auch bezüglich der Gesammt-Armenverbände und deren Vertretung zur Anwendung.

§. 14. Die Wiederauflösung eines Gesammt-Armenverbandes kann nur in den Formen, welche für die Beschlußfassung über die gemeinschaftlichen Angelegenheiten vorgeschrieben sind und nur mit Genehmigung der Bezirks-Regierung vorgenommen werden.

§. 15. Jede Einrichtung und jede Wiederauflösung eines Gesammt-Armenverbandes ist durch das Amtsblatt zur öffentlichen Kenntniß zu bringen.

d. Umwandelung und räumliche Begränzung der dem Bundesgesetze vom 6. Juni 1870 nicht entsprechenden Orts-Armenverbände.

§. 16 [1]. Die in einigen Landestheilen bestehenden Orts-Armenverbände (Armenkommunen u. s. w.), welche den Vorschriften des Bundesgesetzes über den Unterstützungswohnsitz vom 6. Juni 1870 nicht entsprechen, werden in Orts-Armenverbände nach Maßgabe jenes Gesetzes umgebildet. Dieselben erhalten ihre räumliche Begränzung durch Beschluß der in Gemäßheit des §. 18 zu bildenden Kommissionen unter Bestätigung der Bezirks-Regierung nach vorgängiger Anhörung der Betheiligten. Die räumliche Begränzung geschieht in der Weise, daß diejenigen Verbände, welche schon jetzt mehrere ganze Gemeinden oder Gutsbezirke umfassen, als Gesammt-Armenverbände in Gemäßheit des §. 10 des gegenwärtigen Gesetzes einzurichten sind.

§. 17. Das Vermögen der im §. 16 gedachten Orts-Armenverbände (Armenkommunen u. s. w.) geht zur bestimmungsmäßigen Verwendung auf die neu zu bildenden Orts-Armenverbände über, unter Wahrung aller bestehenden Rechte der Religions-Gesellschaften, Stiftungen und sonstigen juristischen Personen und unter Vorbehalt des Rechtsweges für dieselben.

Die Theilnahmerechte der neu zu bildenden Orts-Armenverbände an dem vorgedachten Vermögen bestimmen sich, in Ermangelung besonderer Rechtstitel oder einer anderweitigen Vereinbarung der Betheiligten, zunächst nach dem Maßstabe, nach welchem die Betheiligten zu diesem Vermögen im Durchschnitt der letzten 10 Jahre beigetragen haben und wenn ein solcher Maßstab nicht nachweisbar ist, nach der Seelenzahl.

Eine Vertheilung des bisher ungesondert verwalteten Armenvermögens ist nur zulässig, wenn sie nach der von der Bezirks-Regierung zu treffenden Entscheidung mit den bestimmungsmäßigen Zwecken des Armenvermögens vereinbar ist. Wo die Vertheilung nicht stattfindet, kann eine gemeinschaftliche Verwaltung nach Maßgabe der §§. 10, 12 und 13 eingerichtet werden.

§. 18. Die zur Ausführung der Vorschriften der §§. 16 und 17 erforderliche Regulirung der Vermögensverhältnisse erfolgt durch Kommissionen, bestehend aus einem von dem Ober-Präsidenten zu ernennenden Vorsitzenden und aus zwei oder vier weiteren, gemäß Beschluß der Provinzial-Vertretung zu

---

1) Die §§. 16—18 beziehen sich auf die in Schleswig-Holstein, in Ostfriesland und zum Theil in Neu-Vorpommern und Rügen bestehenden, auf den Verband der Gemeinden und Gutsbezirke nicht begründeten und daher den Vorschriften des Bundesgesetzes nicht entsprechenden Armenkommunen zc.; Min.-Instruktion.

wählenden Mitgliedern. Die Provinzial-Vertretung beschließt über die Zahl der zu bestellenden Kommissionen. Gegen die Beschlüsse der Kommissionen bleibt den Betheiligten der Rechtsweg vorbehalten.

e. Aufzuhebende örtliche Armenbehörden.

§. 19. Es werden diejenigen besonderen Behörden (Armen-Kommissionen, Hospitien-Kommissionen, Armen-Verwaltungen, Pflegschaftsräthe ꝛc.) hierdurch aufgehoben, welche in einigen Landestheilen, insbesondere im Bezirk des Appellationsgerichtshofes zu Köln, für die Verwaltung der örtlichen Armenpflege neben den, durch die Gemeinde-Verfassungsgesetze angeordneten Gemeindebehörden bestehen. Auf die letzteren gehen alle, aus Gesetzen, Verordnungen und anderen Titeln entspringenden Rechte und Pflichten der gedachten besonderen Armenbehörden über, insbesondere ist das unter ihrer Verwaltung stehende Vermögen, soweit dasselbe bisher zu bestimmten Stiftungszwecken zu verwenden war, auch fernerhin in gleicher Weise zu verwenden.

§. 20. Soweit bisher, insbesondere im Bezirk des Appellationsgerichtshofes zu Köln, von den nach §. 19 aufzuhebenden besonderen Armenbehörden, Armenfonds und Armenanstalten ungesondert verwaltet wurden, welche für die Armenzwecke mehrerer Gemeinde bestimmt sind, kommen die Vorschriften der §§. 21 bis 23 zur Anwendung.

§. 21. Sind die Armenfonds und Armenanstalten für die Armenzwecke mehrerer Landgemeinden bestimmt, so geht deren Verwaltung auf diejenigen Behörden über, welche nach den Gemeinde-Verfassungsgesetzen für die Verwaltung der gemeinschaftlichen Angelegenheiten der Landgemeinden angeordnet sind. Der Artikel 15 des Gesetzes vom 15. Mai 1856, betreffend die Gemeinde-Verfassung in der Rheinprovinz (Gesetz-Sammlung S. 435 ff.), kommt entstehenden Falles mit der Maßgabe zur Anwendung, daß die in dem letzten Satze dieses Artikels erwähnten Rechte des Vorsitzes und der Verwaltung demjenigen Bürgermeister zustehen, in dessen Amtsbezirke die betreffende Armenbehörde ihren Sitz gehabt hat.

§. 22. Sind die Armenfonds und Armenanstalten für die Armenzwecke mehrerer Stadtgemeinden oder für die Armenzwecke von Stadt- und Landgemeinden bestimmt, so geht deren Verwaltung auf die Behörden derjenigen Gemeinde über, in welcher die aufzuhebende Armenbehörde ihren Sitz gehabt hat. In Fällen dieser Art ist den betheiligten Außengemeinden eine Mitwirkung bei der Verwaltung der Armenfonds und Armenanstalten nach Maßgabe der Bestimmungen der §§. 10, 12, 13 einzuräumen.

§. 23. Die zur Ausführung der Vorschriften der §§. 19 bis 22 erforderliche Regulirung erfolgt nach Maßgabe der Bestimmungen der §§. 17 und 18.

§. 24. Den Religionsgesellschaften, den Stiftungen und sonstigen juristischen Personen verbleibt in allen Fällen die Verwaltung des ihnen zugehörigen

Armenvermögens, insoweit diese Verwaltung gegenwärtig noch nicht auf die gemäß §. 19 aufzuhebenden Armenbehörden übergegangen ist. Insoweit den Religionsgesellschaften, den Stiftungen und sonstigen juristischen Personen schon nach den bisherigen Gesetzen ein Anspruch auf Rückgewähr des in die Verwaltung der aufzuhebenden Armenbehörden übergegangenen Vermögens zusteht, bleibt ihnen die Verfolgung desselben im Rechtswege vorbehalten.

f. Aufsichtsrecht der Staats-Regierung.

§. 25. Der Staatsregierung steht nach Maßgabe der Gemeinde-Verfassungsgesetze die Aufsicht über die Verwaltung der Orts-Armenverbände zu. Sie hat insbesondere auch in den Fällen der §§. 19 u. ff. darüber zu wachen, daß das Armenvermögen seinen bestimmungsmäßigen Zwecken nicht entfremdet werde.

B. Land-Armenverbände.

§. 26. Die bestehenden Land-Armenverbände werden in ihren gegenwärtigen Grenzen bis auf Weiteres beibehalten, jedoch wird der Kreis Meisenheim dem Land-Armenverbande des Regierungsbezirks Coblenz und die Enklave Kaulsdorf dem Land-Armenverband der vormals Sächsischen Kreise der Regierungsbezirke Merseburg und Erfurt und des Kreises Erfurt zugelegt. Einen besonderen Land-Armenverband bilden außerdem

1) die Provinz Schleswig-Holstein,
2) die Provinz Hannover,
3) der kommunalständische Verband des Regierungsbezirks Kassel,
4) der kommunalständische Verband des Regierungsbezirks Wiesbaden mit Ausschluß des Stadtkreises Frankfurt a. M.,
5) der Stadtkreis Frankfurt a. M.,
6) der Regierungsbezirk Sigmaringen.

Für das Jadegebiet werden die Funktionen des Land-Armenverbandes bis auf Weiteres von dem Staate übernommen.

§. 27. Die Grenzen der Land-Armenverbände können unter Zustimmung der Betheiligten und, wo für den Bezirk eines Land-Armenverbandes eine besondere Vertretung nicht besteht, unter Zustimmung der Provinzialvertretung, durch Königliche Verordnung geändert werden. Ohne diese Zustimmung ist eine solche Aenderung nur im Wege der Gesetzgebung zulässig.

§. 28. Die Verwaltung der Angelegenheiten derjenigen Land-Armenverbände, welche nur aus einer Gemeinde bestehen, erfolgt nach den für die Verwaltung der Angelegenheiten der Gemeinden maßgebenden Vorschriften.

In allen andern Fällen wird die Verwaltung der Angelegenheiten der Land-Armenverbände durch Königliche Verordnung, soweit es bisher noch nicht geschehen ist, den betreffenden kreis-, beziehungsweise provinzial- und kommunalständischen Verbänden und deren Organen nach Maßgabe der für diese Verbände und deren Organe gültigen Verfassungsgesetze übertragen. Bis zum Erlaß der betreffenden Königlichen Verordnung bewendet es überall bei den zur Zeit bestehenden Verwaltungsvorschriften, vorbehaltlich den Bestimmungen des §. 71 [1]).

§. 29. Die zur Erfüllung der Verpflichtungen der Land-Armenverbände aufzubringenden Kosten werden auf die betreffenden Kreise nach dem Maßstabe der in ihnen aufkommenden direkten Staatssteuern (§. 70) vertheilt, — sofern nicht die Vertretung eines Land-Armenverbandes mit Genehmigung der Minister des Innern und der Finanzen eine andere Aufbringungsweise beschließt. Den Vertretungen der Kreise bleibt die Beschlußfassung über die Aufbringungsweise des auf die letzteren vertheilten Kostenbetrages überlassen.

In der Provinz Hannover werden die vorgedachten Kosten auf die Amtsverbände, beziehungsweise auf die nicht zu einem Amtsverband gehörigen Städte vertheilt.

Im Regierungsbezirk Sigmaringen erfolgt die Vertheilung auf die Oberamtsbezirke. Die Aufbringungsweise der auf die letzteren vertheilten Kostenbeträge wird bis zur Einführung von Kreis- und Provinzialvertretungen durch eine Versammlung der Ortsvorsteher (Bürgermeister, Stadtschultheiß, Vogt) des Oberamtmanns bestimmt.

§. 30. Die Bestimmungen des §. 29 treten in den Provinzen Preußen, Brandenburg, Pommern, Posen, Schlesien, Sachsen, Westfalen und in der Rheinprovinz erst mit dem 1. Januar 1873 in Geltung. Mit demselben Tage treten in der Provinz Schlesien die zur Zeit dort geltenden gesetzlichen Bestimmungen, betreffend die Erhebung von Abgaben für das Land-Armen- und Korrigendenwesen bei Erb- und Besitzveränderungsfällen, außer Kraft.

3. Erwerb des Unterstützungswohnsitzes.

§. 9. Der Unterstützungswohnsitz wird erworben durch:

a. Aufenthalt,

b. Verehelichung,

c. Abstammung.

1) Bezüglich der Einrichtung und Verwaltung des Landarmenwesens in den Regierungsbezirken Kassel und Wiesbaden s. die Verordnungen vom 29. Juli bezw. 4. September 1871 und in Betreff der Stadt Frankfurt a. M. die Verordnung vom 20. Juli 1871. Danach ist diese Verwaltung den kommunalständischen Verbänden jener Regierungsbezirke bezw. dem kreisständischen Verbande dieses Stadtkreises übertragen.

Durch Aufenthalt.

§. 10. Wer innerhalb eines Orts-Armenverbandes nach zurückgelegtem vier und zwanzigsten Lebensjahre zwei Jahre lang ununterbrochen seinen gewöhnlichen Aufenthalt gehabt hat, erwirbt dadurch in demselben den Unterstützungswohnsitz.

§. 11. Die zweijährige Frist läuft von dem Tage, an welchem der Aufenthalt begonnen ist.

Durch den Eintritt in eine Kranken-, Bewahr- oder Heilanstalt wird jedoch der Aufenthalt nicht begonnen.

Wo für ländliches oder städtisches Gesinde, Arbeitsleute, Wirthschaftsbeamte, Pächter oder andere Miethsleute der Wechsel des Wohnortes zu bestimmten, durch Gesetz oder ortsübliches Herkommen festgesetzten Terminen Statt findet, gilt der übliche Umzugstermin als Anfang des Aufenthalts, sofern nicht zwischen dem Termine und dem Tage, an welchem der Aufenthalt wirklich beginnt, ein mehr als siebentägiger Zeitraum gelegen hat.

§. 12. Wird der Aufenthalt unter Umständen begonnen, durch welche die Annahme der freien Selbstbestimmung bei der Wahl des Aufenthaltsortes ausgeschlossen wird, so beginnt der Lauf der zweijährigen Frist erst mit dem Tage, an welchem diese Umstände aufgehört haben.

Treten solche Umstände erst nach Beginn des Aufenthalts ein, so ruht während ihrer Dauer der Lauf der zweijährigen Frist.

§. 13. Als Unterbrechung des Aufenthalts wird eine freiwillige Entfernung nicht angesehen, wenn aus den Umständen, unter welchen sie erfolgt, die Absicht erhellt, den Aufenthalt beizubehalten.

§. 14. Der Lauf der zweijährigen Frist (§. 10) ruht während der Dauer der von einem Armenverbande gewährten öffentlichen Unterstützung.

Er wird unterbrochen durch den von einem Armenverbande auf Grund der Bestimmung im §. 5 des Gesetzes über die Freizügigkeit vom 1. November 1867 gestellten Antrag auf Anerkennung der Verpflichtung zur Uebernahme eines Hülfsbedürftigen. Die Unterbrechung erfolgt mit dem Tage, an welchem der also gestellte Antrag an den betreffenden Armenverband oder an die vorgesetzte Behörde eines der betheiligten Armenverbände abgesandt ist.

Die Unterbrechung gilt als nicht erfolgt, wenn der Antrag nicht innerhalb zweier Monate weiter verfolgt oder wenn derselbe erfolglos geblieben ist.

Durch Verehelichung.

§. 15. Die Ehefrau theilt vom Zeitpunkte der Eheschliessung ab den Unterstützungswohnsitz des Mannes.

§. 16. Wittwen und rechtskräftig geschiedene Ehefrauen behalten den bei Auflösung der Ehe gehabten Unterstützungswohnsitz so lange, bis sie denselben nach den Vorschriften der §§. 22, Nr. 2, 23—27 verloren oder einen anderweitigen Unterstützungswohnsitz nach Vorschrift der §§. 9—14 erworben haben.

§. 17. Als selbstständig in Beziehung auf den Erwerb und Verlust des Unterstützungswohnsitzes gilt die Ehefrau auch während der Dauer der Ehe, wenn und so lange der Ehemann sie böslich verlassen hat, ferner wenn und so lange sie während der Dauer der Haft des Ehemannes oder in Folge ausdrücklicher Einwilligung desselben oder kraft der nach den Landesgesetzen ihr zustehenden Befugniss vom Ehemanne getrennt lebt und ohne dessen Beihülfe ihre Ernährung findet.

Durch Abstammung.

§. 18. Eheliche und den ehelichen gesetzlich gleichstehende Kinder theilen, vorbehaltlich der Bestimmung des §. 20, den Unterstützungswohnsitz des Vaters so lange, bis sie denselben nach Vorschrift der §§. 22, Nr. 2, 23—27 verloren, oder einen anderweitigen Unterstützungswohnsitz nach Vorschrift der §§. 9—14 erworben haben.

Sie behalten diesen Unterstützungswohnsitz auch nach dem Tode des Vaters bis zu dem vorstehend gedachten Zeitpunkte, vorbehaltlich der Bestimmung des §. 19.

§. 19. Wenn die Mutter den Vater überlebt, so theilen nach Auflösung der Ehe durch den Tod des Vaters die ehelichen und den ehelichen gesetzlich gleichstehenden Kinder den Unterstützungswohnsitz der Mutter in dem Umfange des §. 18.

Gleiches gilt im Falle des §. 17, sofern die Kinder bei der Trennung vom Hausstande des Vaters der Mutter gefolgt sind.

§. 20. Bei der Scheidung der Ehe theilen die ehelichen und den ehelichen gesetzlich gleichstehenden Kinder in dem Umfange des §. 18 den Unterstützungswohnsitz der Mutter, wenn dieser die Erziehung der Kinder zusteht.

§. 21. Uneheliche Kinder theilen in dem Umfange des §. 18 den Unterstützungswohnsitz der Mutter.

4. Verlust des Unterstützungswohnsitzes.

§. 22. Der Verlust des Unterstützungswohnsitzes tritt ein durch

1) Erwerbung eines anderweitigen Unterstützungswohnsitzes,
2) zweijährige ununterbrochene Abwesenheit nach zurückgelegtem vier und zwanzigsten Lebensjahre.

§. 23. Die zweijährige Frist läuft von dem Tage, an welchem die Abwesenheit begonnen hat.

Durch den Eintritt in eine Kranken-, Bewahr- oder Heilanstalt wird jedoch die Abwesenheit nicht begonnen.

Wo für ländliches oder städtisches Gesinde, Arbeitsleute, Wirthschaftsbeamte, Pächter oder andere Miethsleute der Wechsel des Wohnortes zu bestimmten, durch Gesetz oder ortsübliches Herkommen festgesetzten Terminen stattfindet, gilt der übliche Umzugstermin als Anfang der Abwesenheit, sofern nicht zwischen diesem Termine und dem Tage, an welchem die Abwesenheit wirklich beginnt, ein mehr als siebentägiger Zeitraum gelegen hat.

§. 24. Ist die Abwesenheit durch Umstände veranlasst, durch welche die Annahme der freien Selbstbestimmung bei der Wahl des Aufenthaltsortes ausgeschlossen wird, so beginnt der Lauf der zweijährigen Frist erst mit dem Tage, an welchem diese Umstände aufgehört haben.

Treten solche Umstände erst nach dem Beginn der Abwesenheit ein, so ruht während ihrer Dauer der Lauf der zweijährigen Frist.

§. 25. Als Unterbrechung der Abwesenheit wird die Rückkehr nicht angesehen, wenn aus den Umständen, unter welchen sie erfolgt, die Absicht erhellt, den Aufenthalt nicht dauernd fortzusetzen.

§. 26. Die Anstellung oder Versetzung eines Geistlichen, Lehrers, öffentlichen oder Privatbeamten, sowie einer nicht blos zur Erfüllung der Militärpflicht im Bundesheere oder in der Bundeskriegsmarine dienenden Militärperson gilt nicht als ein die freie Selbstbestimmung bei der Wahl des Aufenthaltsortes ausschliessender Umstand.

§. 27. Der Lauf der zweijährigen Frist (§. 22) ruht während der Dauer der von einem Armenverbande gewährten öffentlichen Unterstützung.

Er wird unterbrochen durch den von einem Armenverbande auf Grund der Bestimmung im §. 5 des Gesetzes über die Freizügigkeit vom 1. November 1867 gestellten Antrag auf Anerkennung der Verpflichtung zur Uebernahme eines Hülfsbedürftigen. Die Unterbrechung erfolgt mit dem Tage, an welchem der also gestellte Antrag an den betreffenden Armenverband oder an die vorgesetzte Behörde eines der betheiligten Armenverbände abgesandt ist.

Die Unterbrechung gilt als nicht erfolgt, wenn der Antrag nicht innerhalb zweier Monate weiter verfolgt oder wenn derselbe erfolglos geblieben ist.

5. Pflichten und Rechte der Armenverbände.

§. 28. Jeder hülfsbedürftige Norddeutsche muss vorläufig von demjenigen Orts-Armenverbande unterstützt werden, in dessen Bezirk er sich bei dem Eintritte der Hülfsbedürftigkeit befindet. Die vorläufige Unterstützung erfolgt vorbehaltlich des Anspruches auf Erstattung der Kosten beziehungsweise auf Uebernahme des Hülfsbedürftigen gegen den hierzu verpflichteten Armenverband.

§. 29. Wenn Personen, welche im Gesindedienst stehen, Gesellen, Gewerbegehülfen, Lehrlinge, an dem Orte ihres Dienstverhältnisses erkranken, so hat der Orts-Armenverband des Dienstortes die Verpflichtung, den Erkrankten die erforderliche Kur und Verpflegung zu gewähren. Ein Anspruch auf Erstattung der enstehenden Kur- und Verpflegungskosten beziehungsweise auf Uebernahme des Hülfsbedürftigen gegen einen anderen Armenverband erwächst nur, wenn die Krankenpflege länger als sechs Wochen fortgesetzt wurde, und nur für den über diese Frist hinausgehenden Zeitraum.

Dem zur Unterstützung an sich verpflichteten Armenverbande muss spätestens sieben Tage vor Ablauf des sechswöchentlichen Zeitraums Nachricht von der Erkrankung gegeben werden, widrigenfalls die Erstattung der Kosten erst von dem, sieben Tage nach dem Eingange der Nachricht beginnenden Zeitraum an gefordert werden kann.

Schwangerschaft an sich ist nicht als eine Krankheit im Sinne der vorstehenden Bestimmung anzusehen.

§. 30. Zur Erstattung der durch die Unterstützung eines hülfsbedürftigen Norddeutschen erwachsenen Kosten, soweit dieselben nicht in Gemässheit des §. 29 dem Orts-Armenverbande des Dienstortes zur Last fallen, sind verpflichtet:

a. wenn der Unterstützte einen Unterstützungswohnsitz hat, der Ortsarmenverband seines Unterstützungswohnsitzes;

b. wenn der Unterstützte keinen Unterstützungswohnsitz hat, derjenige Land-Armenverband, in dessen Bezirk er sich bei dem Eintritte der Hülfsbedürftigkeit befand oder, falls er im hülfsbedürftigen Zustande aus einer Straf-, Kranken-, Bewahr- oder Heilanstalt entlassen wurde, derjenige Landarmenverband, aus welchem seine Einlieferung in die Anstalt erfolgt ist.

Die Höhe der zu erstattenden Kosten richtet sich nach den am Orte der stattgehabten Unterstützung über das Maass der öffentlichen Unterstützung Hülfsbedürftiger geltenden Grundsätzen, ohne dass dabei die allgemeinen Verwaltungskosten der Armenanstalten, sowie besondere Gebühren für die Hülfeleistung fest remunerirter Armenärzte in Ansatz gebracht werden dürfen.

Für solche bei der öffentlichen Unterstützung häufiger vorkommende Aufwendungen, deren täglicher oder wöchentlicher Betrag sich in Pauschquanten feststellen lässt (z. B. Verpflegungssätze in Kranken-, oder Armenhäusern), kann in jedem Bundesstaate, entweder für das ganze Staatsgebiet gleichmässig oder bezirksweise verschieden, ein Tarif aufgestellt und öffentlich bekannt gemacht werden, dessen Sätze die Erstattungsforderung nicht übersteigen darf.

§. 31. Der nach der Vorschrift des §. 30 zur Kostenerstattung verpflichtete Armenverband ist zur Uebernahme eines hülfsbedürftigen Norddeutschen verpflichtet, wenn die Unterstützung aus anderen Gründen als wegen einer nur vorübergehenden Arbeitsunfähigkeit nothwendig geworden ist (§. 5 des Gesetzes über die Freizügigkeit vom 1. November 1867, Bundesgesetzbl. S. 55).

§. 32. Der zur Uebernahme eines hülfsbedürftigen Norddeutschen verpflichtete Armenverband kann — soweit nicht auf Grund der §§. 55 und 56 etwas Anderes festgestellt worden ist — die Ueberführung desselben in seine unmittelbare Fürsorge verlangen.

Die Kosten der Ueberführung hat der Verpflichtete Armenverband zu tragen.

Beantragt hiernach der zur Uebernahme eines Hülfsbedürftigen verpflichtete Armenverband dessen Ueberführung, und diese unterbleibt oder verzögert sich durch die Schuld des Armenverbandes, welcher zur vorläufigen Unterstützung derselben verpflichtet ist, so verwirkt der letztere dadurch für die Folgezeit, beziehungsweise für die Zeit der Verzögerung, den Anspruch auf Erstattung der Kosten.

§. 33. Muss ein Norddeutscher, welcher keinen Unterstützungswohnsitz hat, auf Verlangen ausländischer Staatsbehörden aus dem Auslande übernommen werden, und ist bei der Uebernahme der Fall der Hülfsbedürftigkeit vorhanden, oder tritt derselbe innerhalb sieben Tagen nach erfolgter Uebernahme ein, so liegt die Verpflichtung zur Erstattung der Kosten der Unterstützung beziehungsweise zur Uebernahme des Hülfsbedürftigen, demjenigen Bundesstaate ob, innerhalb dessen der Hülfsbedürftige seinen letzten Unterstützungswohnsitz gehabt hat, mit der Massgabe, dass es jedem Bundesstaate überlassen bleibt, im Wege der Landesgesetzgebung diese Verpflichtung auf seine Armenverbände zu übertragen.

§. 31. Die Land-Armenverbände sind befugt, die Kosten der öffentlichen Armenpflege, welche die Fürsorge für Geisteskranke, Idioten, Taubstumme, Sieche und Blinde verursacht, unmittelbar zu übernehmen. Kreise oder Armenverbände, welche für einen der unmittelbar zu übernehmenden Zweige der Armenpflege bis dahin in ausreichender Weise gesorgt haben, können nicht gegen ihren Willen verpflichtet werden, an der betreffenden Einrichtung des Land-Armenverbandes Theil zu nehmen oder zu den Kosten derselben beizutragen. Die auf besonderen gesetzlichen Bestimmungen oder Titeln beruhenden Verpflichtungen einzelner Land-Armenverbände, sowie die Verpflichtung der Orts-Armenverbände zur vorläufigen Unterstützung der in ihrem Bezirke (§. 28 des Bundesgesetzes) der Hülfsbedürftigkeit anheimfallenden Personen werden hierdurch nicht berührt.

Die vorstehende Bestimmung findet gleichmäßig auf die, aus mehreren Gemeinden oder Gutsbezirken zusammengesetzten Kommunalverbände (Bürgermeistereien, Aemter, Sammtgemeinden), sowie auf die Amtsbezirke und Kreise Anwendung. Diese Verbände können überdies auch die Fürsorge für Kranke unmittelbar übernehmen[1]).

§. 32. Die in einigen Landestheilen bereits bestehenden Verbände von Gemeinden und Gutsbezirken zur Bestreitung der Kosten einzelner besonderer Zweige der öffentlichen Armenpflege (außerordentliche Armenlast) bleiben als

---

1) Min.-Instruktion zu §. 31: Innerhalb der hier gezogenen Grenzen sind fortan die Land-Armenverbände kraft Gesetzes befugt, die Kosten einzelner besonderer Zweige der öffentlichen Armenpflege unmittelbar zu übernehmen, vorbehaltlich aller ihrer bereits bestehenden, auf besonderen gesetzlichen Bestimmungen oder Titeln beruhenden Verpflichtungen solcher Art. — Kreise oder Armenverbände, welche für einen der unmittelbar zu übernehmenden Zweige bis dahin in ausreichender Weise gesorgt haben, können nicht gegen ihren Willen verpflichtet werden, an der betreffenden Einrichtung des Land-Armenverbandes Theil zu nehmen oder zu den Kosten derselben beizutragen. Die Entscheidung darüber, ob (bis dahin, wo ein Land-Armenverband einen Beschluß der in Rede stehenden Art faßt) ein Kreis- oder Armenverband für den betreffenden Zweig der öffentlichen Armenpflege (durch eigene Irrenhäuser ꝛc.) in ausreichender Weise gesorgt hat, wird, wenn nöthig, — da der §. 31 hierüber nichts Besonderes bestimmt — von der Aufsichtsbehörde (§. 25) zu treffen sein, welche nach den organischen Gesetzen über die Verfassung der Kreise und Gemeinden entstehenden Falles den Kreis- oder Armenverband zur Erfüllung seiner Obliegenheiten anzuhalten hätte.

solche aufrecht erhalten; bezüglich der Verwaltung der Angelegenheiten derselben kommen die §§. 9, 10, 13—15 gleichmäßig zur Anwendung. Ohne Zustimmung der Betheiligten findet die Bildung solcher Verbände nicht ferner statt.

§. 33. Die in einigen Landestheilen bestehenden Verpflichtungen des Staats zur Bestreitung einzelner besonderer Zweige der öffentlichen Armenpflege werden insoweit aufgehoben, als diese Verpflichtungen nicht auf besonderen Rechtstiteln beruhen [1]).

Desgleichen werden aufgehoben die Bestimmungen des Ausschreibens des vormaligen Kurhessischen Staats-Ministeriums vom 15. Oktober 1822 (Kurhessische G.-S. S. 45), sowie die Bestimmungen in §. 1, Nr. 5 des Gesetzes, betreffend die Erweiterung der Verwendungszwecke der Einnahmen aus dem vormals Kurhessischen Staatsschatze vom 25. März 1869 (G.-S. S. 525).

§. 34. Die Land-Armenverbände sind befugt, die ihrer Fürsorge gesetzlich anheimfallenden Personen demjenigen Orts-Armenverbande gegen Entschädigung zu überweisen, welcher nach §. 28 des Bundesgesetzes vom 6. Juni 1870 zur vorläufigen Unterstützung derselben verpflichtet ist.[2])

Die Land-Armenverbände sind verpflichtet, in ihren Armenhäusern, soweit es der Raum gestattet, gegen Entschädigung die der Fürsorge der Orts-Armenverbände gesetzlich anheimfallenden Personen auf Antrag dieser Verbände aufzunehmen.

§. 35. Die für den Betrag der Erstattungsforderungen der Armenverbände maßgebenden Tarife werden von dem Minister des Innern nach Anhörung der Provinzialvertretung, beziehungsweise der Kommunal-Landtage, aufgestellt.

---

1) Nach Abs. 1 dieses Paragraphen ist die Verpflichtung des Staats zur Bestreitung der Armenpflegekosten bezüglich der Waisenkinder, sowie bezüglich der Unterstützung nicht prästationsfähiger Gemeinden in dem größeren Theile des Regierungsbezirks Wiesbaden, mit der im §. 74 unter 5. c. ausgesprochenen Maßgabe vom 1. Juli 1871 ab in Wegfall gekommen. Nach Abs. 2 sind von demselben Tage ab die dort allegirten im ehemaligen Kurfürstenthum Hessen geltenden besonderen Bestimmungen über Aufbringung der Kosten der Waisen-Armenpflege außer Wirksamkeit getreten.

2) Die Vorschrift im §. 34, wonach die Land-Armenverbände den Orts-Armenverbänden und umgekehrt die Orts-Armenverbände den Land-Armenverbänden, — soweit es der Raum in den vorhandenen Land-Armenhäusern gestattet — die ihrer Fürsorge anheimfallenden Personen gegen Entschädigung überweisen können, entspricht den §§. 15 und 16 des Armenpflegegesetzes vom 31. Dezember 1842. Bei der Anwendung dieser Bestimmungen wird das zu §. 1, Abs. 2 Gesagte zu beachten sein, wonach bezüglich der Frage, ob die Verpflegung eines Hülfsbedürftigen in Armenhäusern bewirkt werden soll, stets auf die Lage des einzelnen Falles die gebührende Rücksicht zu nehmen ist.

Bei den gegenwärtig in Geltung stehenden Tarifen bewendet es, bis sie in vorgedachter Weise abgeändert worden sind [1]).

§. 36. Die Land-Armenverbände sind verpflichtet, denjenigen, ihrem Bezirke angehörigen Orts-Armenverbänden eine Beihülfe zu gewähren, welche den ihnen obliegenden Verpflichtungen zu genügen unvermögend sind. Ob und welche Beihülfe zu leisten ist, entscheidet nach Anhörung des Kreistages endgültig die Deputation für das Heimathswesen (§. 40), zu deren Sprengel der betreffende Orts-Armenverband gehört. Die Beihülfe kann in Geld oder mittelst Bereitstellung von Pflege-Anstalten oder in sonst geeigneter Weise gewährt werden.

Die in einigen Theilen des Regierungsbezirks Kassel [2]) bestehenden Verbände zur Unterstützung solcher Gemeinden, welche die Lasten der öffentlichen Armenpflege für sich allein nicht aufzubringen im Stande sind, werden insoweit aufgehoben, als diese Verbände nicht gleichzeitig zur Verfolgung anderer Zwecke eingerichtet sind, beziehungsweise insoweit auf sie nicht gleichzeitig der §. 32 An-

---

[1]) S. den Tarif der von den Preußischen Armenverbänden zu erstattenden Armenpflegekosten vom 2. Juli 1876: 1) Der Tarifsatz, mit welchem die für die Verpflegung eines erkrankten oder arbeitsunfähigen Hülfsbedürftigen im Alter von 14 und mehr Jahren entstandenen Kosten einem Preußischen Armenverbande von einem anderen Preußischen Armenverbande zu erstatten sind, beträgt für jeden Tag der Verpflegung: a. für die in der Servis-Klasseneintheilung Beilage Litt. B. des Gesetzes vom 25. Juni 1868, betreffend die Quartierleistung für die bewaffnete Macht während des Friedenszustandes, in der 3. bis 5. Klasse aufgeführten Ortschaften 60 Pf. — b. für die den höheren Servis-Klassen angehörenden Ortschaften 80 Pf. — Nicht hierunter begriffen und besonders zu berechnen sind die unter 2) erwähnten Kosten, sowie die Kosten für gelieferte Kleidungsstücke. 2) Der Tarifsatz der für die nothwendig gewordene ärztliche oder wundärztliche Behandlung und Verpflegung der zu 1 gedachten Personen einem Preußischen Armenverbande von einem anderen Preußischen Armenverbande zu erstattenden Kosten beträgt mit Einschluß der Kosten der dem Hülfsbedürftigen gereichten Arzneien, Heilmittel rc. für den Tag und alle Ortschaften gleichmäßig 10 Pf., vorbehaltlich gleichwohl einer besonderen Berechnung und Liquidirung erheblicher außerordentlicher Mehraufwendungen, welche in Verwundungsfällen oder bei schweren oder ansteckenden Krankheiten nothwendig geworden sind. 3) Der Tag, an welchem die Verpflegung begonnen hat, wird mit dem Tage, an welchem dieselbe beendigt worden ist, zusammen als ein Tag berechnet. 4) Die obigen Tarifsätze kommen gleichmäßig zur Anwendung, die Verpflegung mag innerhalb oder außerhalb eines Kranken- oder Armenhauses bewirkt worden sein. 5) Alle unter die Bestimmungen zu 1) und 2) nicht zu begreifenden Verwendungen sind besonders zu berechnen; dies gilt namentlich auch rücksichtlich der Kosten der Verpflegung solcher Personen, welche das Alter von 14 Jahren noch nicht erreicht haben oder nicht vollständig arbeitsunfähig sind.

[2]) Nämlich in den Kreisen Fulda, Hünfeld und Schlüchtern (Instruktion vom 5. December 1804).

wendung findet. Auf das Vermögen dieser Verbände, soweit dasselbe lediglich zur Unterstützung der vorgedachten Gemeinden bestimmt ist, kommen die Vorschriften der §§. 17 und 18 zur Anwendung.

§. 37. Muß ein Deutscher, welcher keinen Unterstützungswohnsitz hat, auf Verlangen ausländischer Staatsbehörden (§. 33 des Bundesgesetzes) aus dem Auslande übernommen werden und ist bei der Uebernahme der Fall der Hülfsbedürftigkeit vorhanden oder tritt derselbe innerhalb sieben Tagen nach erfolgter Uebernahme ein, so liegt die Verpflichtung zur Erstattung der Kosten der Unterstützung beziehungsweise zur Uebernahme des Hülfsbedürftigen demjenigen Land-Armenverbande ob, innerhalb dessen der Hülfsbedürftige seinen letzten Unterstützungswohnsitz gehabt hat. Läßt sich dieser Unterstützungswohnsitz nicht ermitteln, so ist derjenige Land-Armenverband zur Tragung der Kosten verpflichtet, in dessen Bezirk die Hülfsbedürftigkeit hervorgetreten ist.

§. 38. Die Land-Armenverbände sind verpflichtet, die in ihrem Bezirk festgenommenen, auf Grund der Bestimmungen des §. 361, Nr. 3 bis 8 des Strafgesetzbuches für den Norddeutschen Bund vom 31. Mai 1870 [jetzt des Reichs-Strafgesetzbuchs vom 26. Februar 1876] verurtheilten und nach verbüßter Strafe der Landespolizeibehörde überwiesenen Personen, auf dahin gehenden Beschluß dieser Behörde in ein Arbeitshaus unterzubringen. Die Kosten des Transportes der vorgedachten Personen aus dem Gerichtsgefängniß in das Arbeitshaus, sowie der ihnen etwa Behufs dieses Transportes zu gewährenden unentbehrlichen Bekleidung fallen dem Staate zur Last, wogegen die Land-Armenverbände die Kosten der Verpflegung in der Anstalt, der bei der Entlassung aus dieser, wenn nöthig, zu gewährenden Bekleidung und entstehenden Falls der Beerdigung insoweit zu tragen haben, als diese Kosten durch den aufkommenden Arbeitsdienst nicht gedeckt werden [1]).

§. 39. Die Land-Armenverbände sind fortan, soweit es bisher noch der Fall ist, nicht mehr verpflichtet, die Kosten der Vollstreckung gerichtlich erkannter Freiheitsstrafen bezüglich der im §. 38 gedachten Personen zu tragen.

6. Verfahren in Streitsachen der Armenverbände.

Einleitung.

§. 34. Muss ein Orts-Armenverband einen hülfsbedürftigen Norddeutschen, welcher innerhalb desselben seinen Unterstützungswohnsitz nicht hat, unterstützen, so hat der Orts-Armenverband zunächst eine vollständige Vernehmung des Unterstützten über seine

1) Auch bezüglich der „den polizeilichen Anordnungen zuwider gewerbsmäßig Unzucht treibenden Weibspersonen" fallen diese Kosten überall den Land-Armenverbänden zur Last; Min.-Instruktion.

Heimaths-, Familien- und Aufenthaltsverhältnisse zu bewirken, und sodann den Anspruch auf Erstattung der aufgewendeten beziehungsweise aufzuwendenden Kosten bei Vermeidung des Verlustes dieses Anspruchs binnen sechs Monaten nach begonnener Unterstützung bei dem vermeintlich verpflichteten Armenverbande mit der Anfrage anzumelden, ob der Anspruch anerkannt wird.

Ist der verpflichtete Armenverband nicht zu ermitteln, so hat die Anmeldung Behufs Wahrung des erhobenen Erstattungsanspruchs innerhalb der oben normirten Frist von sechs Monaten bei der zuständigen vorgesetzten Behörde des betheiligten Armenverbandes[1]) zu erfolgen.

Ist nach der Ansicht des unterstützenden Orts-Armenverbandes der Fall dazu angethan, dem Unterstützten die Fortsetzung des Aufenthalts nach §. 5 des Gesetzes über die Freizügigkeit vom 1. November 1867 (Bundesgesetzbl. S. 55 ff.) zu versagen, und will der Orts-Armenverband von der bezüglichen Befugniss Gebrauch machen, so ist dies in der Benachrichtigung ausdrücklich zu bemerken.

§. 35. Geht auf die erlassene Anzeige innerhalb vierzehn Tagen nach dem Empfange derselben eine zustimmende Antwort des in Anspruch genommenen Armenverbandes nicht ein, so gilt dies einer Ablehnung des Anspruchs gleich.

§. 36. Jeder Armenverband ist berechtigt, seine Ansprüche gegen einen anderen Armenverband auf dem durch dieses Gesetz bezeichneten Wege selbstständig und unmittelbar vor den zur Entscheidung, sowie zur Vollstreckung derselben berufenen Behörden zu verfolgen.

§. 37. Streitigkeiten zwischen verschiedenen Armenverbänden über die öffentliche Unterstützung Hülfsbedürftiger werden, wenn die streitenden Theile einem und demselben Bundesstaate angehören, auf dem durch die Landesgesetze vorgeschriebenen Wege entschieden.

Gehören die streitenden Armenverbände verschiedenen Bundesstaaten an, so finden die nachfolgenden Vorschriften der §§. 38—51 dieses Gesetzes Anwendung.

Entscheidung.

§. 38. Lehnt ein Armenverband den gegen ihn erhobenen Anspruch auf Erstattung der Kosten oder auf Uebernahme eines Hülfsbedürftigen ab, so wird auf Antrag desjenigen Armenverbandes, wel-

---

[1]) Die Zuständigkeit entscheidet sich nach der Gemeinde-Verfassung; Verfügung des Ministers des Innern vom 25. Oktober 1871.

cher die öffentliche Unterstützung vorläufig zu gewähren genöthigt ist, über den erhobenen Anspruch im Verwaltungswege durch diejenige Spruchbehörde entschieden, welche dem in Anspruch genommenen Armenverbande vorgesetzt ist.

Die Zuständigkeit, den Instanzenzug, sowie das Verfahren regelt innerhalb jeden Bundesstaates, vorbehaltlich der Vorschriften dieses Gesetzes, die Landesgesetzgebung.

§. 40. Zur Entscheidung von Streitigkeiten, welche gegen einen Preußischen Armenverband von einem andern Deutschen Armenverbande erhoben werden, wird für jede Provinz, oder für einen oder mehrere Regierungs- oder Landdrosteibezirke eine Behörde eingesetzt, welche den Namen „Deputation für das Heimathwesen" führt und am Hauptorte der Provinz, oder am Sitze einer Bezirks-Regierung oder Landdrostei ihren Sitz hat [1]).

§. 41. Die Deputation für das Heimathswesen besteht aus einem richterlichen Beamten, einem Verwaltungsbeamten und ferneren drei von der Provinzialvertretung zu wählenden Mitgliedern.

Der richterliche Beamte wird aus den etatsmäßigen Mitgliedern eines am Sitze der Deputation befindlichen Gerichts-Kollegiums, der Verwaltungsbeamte aus den am Sitze der Deputation fungirenden etatsmäßigen Mitgliedern der Regierung oder des Polizei-Präsidiums zu Berlin, beziehungsweise der Landdrostei, oder aus der Zahl der dem Oberpräsidenten beigeordneten Räthe für die Dauer ihres Hauptamtes am Sitze der Deputation von dem Könige ernannt.

Die drei anderen Mitglieder werden aus den Angehörigen des Sprengels der Deputation für die Dauer von drei Jahren gewählt und von dem Vorsitzenden durch Handschlag an Eidesstatt verpflichtet.

In gleicher Weise wird für jedes Mitglied ein bestimmter Stellvertreter ernannt, beziehungsweise gewählt.

Den Vorsitzenden der Deputation und dessen Stellvertreter ernennt der König aus der Zahl der Mitglieder.

§. 42. Die Anwesenheit von drei Mitgliedern, einschließlich der beiden ernannten Beamten, genügt für die Beschlußfähigkeit der Deputation. Sind vier Mitglieder anwesend, so nimmt das dem Lebensalter nach jüngste Mitglied an der Abstimmung keinen Antheil.

§. 43. Die Mitglieder der Deputation sind für ihre Entscheidung nach den für richterliche Beamte geltenden Grundsätzen verantwortlich. Die ernannten

---

[1]) Für den Geltungsbereich der Kreisordnung vom 13. Dezember 1872 sind an die Stelle der Deputationen für das Heimathswesen die Verwaltungsgerichte getreten. Durch die Kabinets-Ordre vom 22. April 1871 ist eine Hessische Deputation mit dem Sitze in Kassel und einer Nassauischen mit dem Sitze in Wiesbaden errichtet.

Mitglieder unterliegen in dieser ihrer Eigenschaft den für richterliche Beamte geltenden Disziplinarvorschriften. Das Verfahren wird von demjenigen Gerichtshof geleitet, welcher für den Bezirk des betreffenden Appellationsgerichts den Disziplinarhof bildet. Die gewählten Mitglieder der Deputation unterliegen keinem Disziplinarverfahren.

Der äußere Geschäftsgang bei den Deputationen wird durch ein Regulativ geordnet, welches der Justizminister und der Minister des Innern gemeinsam zu erlassen haben. In dem Regulativ sind insbesondere auch die Grundsätze festzustellen, nach welchem die Stellvertreter in Gemäßheit dieses Gesetzes einberufen sind [1]).

§. 44. Die gewählten Mitglieder der Deputation erhalten eine ihren Auslagen entsprechende Entschädigung. Ueber die Höhe derselben beschließt die Provinzialvertretung, im Regierungsbezirk Sigmaringen bis zur Einführung einer solchen die Regierung daselbst. Der Entschädigungsbetrag wird von dem Land-Armenverbande, und wo mehrere Land-Armenverbände betheiligt sind, im Verhältniß der in denselben aufkommenden direkten Staatssteuern, aufgebracht. Die übrigen Kosten der Deputation für das Heimathwesen fallen dem Staate zur Last.

§. 45. Die Klage wegen eines abgelehnten Anspruches ist bei der Deputation anzubringen, zu deren Sprengel der in Anspruch genommene Armenverband gehört.

§. 46. In der, der Deputation einzureichenden Klageschrift ist der Armenverband, dessen Verurtheilung verlangt wird, und der Gegenstand des erhobenen Anspruches genau zu bezeichnen; es ist insbesondere ausdrücklich auszusprechen, ob die Uebernahme des betreffenden Hülfsbedürftigen oder welche sonstige Leistung verlangt wird.

§. 47. Die Klageschrift wird der Gegenpartei mit der Aufforderung zugefertigt, ihre schriftliche Gegenerklärung innerhalb vier Wochen nach der Zustellung einzureichen, widrigenfalls die in der Klageschrift behaupteten Thatsachen für zugestanden und die damit überreichten Urkunden für anerkannt würden erachtet werden.

Die Gegenerklärung wird dem klagenden Armenverbande zugefertigt, geeigneten Falles mit der, dieselbe Verwarnung enthaltenden Aufforderung, seine weitere Erklärung innerhalb vierzehn Tage nach der Zustellung einzureichen. Geht eine solche weitere Erklärung ein, so wird sie der Gegenpartei zur Kenntnißnahme zugefertigt.

[1]) S. das hiernach abgedruckte Regulativ vom 1. Februar 1872.

Die vorgedachten Fristen können auf Antrag der betreffenden Partei verlängert werden.

§. 48. Der Klageschrift und den im §. 47 gedachten weiteren Erklärungen der Parteien sind die als Beweismittel in Bezug genommenen Urkunden im Original oder in Abschrift beizufügen. Von allen Schriftstücken und deren Anlagen sind Duplikate einzureichen.

§. 39. Die zur Entscheidung zuständigen Landesbehörden sind befugt, Untersuchungen an Ort und Stelle zu veranlassen, Zeugen und Sachverständige zu laden und eidlich zu vernehmen, überhaupt den angetretenen Beweis in vollem Umfange zu erheben.

§. 49. Die Deputation für das Heimathswesen ist befugt, Untersuchungen an Ort und Stelle zu veranlassen, Zeugen und Sachverständige zu laden und eidlich zu vernehmen, überhaupt den angetretenen Beweis in vollem Umfange zu erheben. Hinsichtlich der Verpflichtung, sich als Zeuge oder Sachverständiger vernehmen zu lassen, kommen die entsprechenden Bestimmungen der bürgerlichen Prozeßgesetze zur Anwendung. Die Deputation erkennt auf die im Ungehorsamsfalle zu verhängenden Strafen, vorbehaltlich des innerhalb vierzehn Tagen nach Zustellung des Strafbescheides zulässigen Rekurses an das Bundesamt für das Heimathwesen.

§. 50. Die Deputation kann die Beweiserhebung durch eins ihrer Mitglieder oder durch eine der Bezirksregierung nachgeordnete Behörde oder durch eine zu dem Ende zu ersuchende sonstige Behörde bewirken lassen. Sie kann verordnen, daß die Beweiserhebung in ihrer öffentlichen Sitzung stattfinden solle.

§. 51. Die Beweisverhandlungen sind unter Zuziehung eines vereideten Protokollführers, oder wenn sie in einem andern Deutschen Staate stattfinden, in den dort vorgeschriebenen Formen aufzunehmen; die Parteien sind zu denselben vorzuladen.

§. 40. Die Entscheidung erfolgt durch schriftlichen, mit Gründen versehenen Beschluss; sofern dabei für den in Anspruch genommenen Armenverband eine Verpflichtung zur Uebernahme eines Hülfsbedürftigen (§. 31) begründet ist, muss dies in dem Beschlusse ausdrücklich ausgesprochen werden.

§. 52. Die Entscheidung erfolgt in öffentlicher Sitzung der Deputation nach erfolgter Ladung und Anhörung der Parteien oder ihrer mit Vollmacht versehenen Vertreter. Die Ladung erfolgt unter der Verwarnung, daß beim Ausbleiben der Parteien nach Lage der Akten entschieden werden würde. Die Entscheidung kann sofort verkündigt werden; es ist über dieselbe aber jedenfalls ein schriftlicher, mit Gründen versehener Beschluß auszufertigen und den Parteien zuzustellen.

§. 53. In der öffentlichen Sitzung der Deputation dürfen die Parteien neue Thatsachen oder Beweismittel nur insofern vorbringen, als ihnen bei dem verspäteten Vorbringen eine schuldbare Verzögerung nicht zur Last fällt.

§. 54. Die Deputation hat nach ihrer freien aus dem ganzen Inbegriffe der Verhandlungen und Beweise geschöpften Ueberzeugung zu beschließen. Insofern nicht etwa eine Ergänzung der Instruktion beschlossen wird, kann ihre Entscheidung auf Abweisung des klagenden oder auf Verurtheilung des in Anspruch genommenen Armenverbandes gerichtet sein. Letzteren Falles ist in der Entscheidung ausdrücklich auszusprechen ob der Armenverband zur Uebernahme des betreffenden Hülfsbedürftigen oder nur zu einer sonstigen Leistung verpflichtet sein soll.

§. 55. Ueber die öffentliche Sitzung wird durch einen zuzuziehenden vereidigten Protokollführer eine Verhandlung aufgenommen, welche die wesentlichen Hergänge enthalten muß und von den Mitgliedern der Deputation, sowie dem Protokollführer zu unterzeichnen ist.

§. 56. Die Entscheidung erfolgt im Namen des Königs.

Das Verfahren ist stempelfrei. An Kosten wird für dasselbe außer den baaren Auslagen und den Gebühren für Zeugen und Sachverständige, ein Pauschquantum erhoben, welches im Höchstbetrage zwanzig Thaler nicht übersteigen darf.

Dem unterliegenden Theil sind die Kosten und die baaren Auslagen des Verfahrens, desgleichen die baaren Auslagen des obsiegenden Theils, mit Einschluß der Gebühren, welche derselbe seinem Bevollmächtigten für Wahrnehmung der öffentlichen Sitzungen der Deputation zu entrichten hat, zur Last zu legen. Das Pauschquantum, sämmtliche zu erstattende Auslagen und Gebühren der Bevollmächtigten werden von der Deputation endgültig festgesetzt.

Aus den Einnahmen der Deputation sind zunächst die Kosten derselben zu bestreiten. Der Ueberschuß wird dem Land-Armenverbande zugewiesen, und wo mehrere Land-Armenverbände betheiligt sind, im Verhältniß zu den in ihnen aufkommenden direkten Staatssteuern vertheilt.

§. 41. Soweit die Organisation oder örtliche Abgrenzung der einzelnen Armenverbände Gegenstand des Streites ist, bewendet es endgültig bei der Entscheidung der höchsten landesgesetzlichen Instanz. Im Uebrigen findet gegen deren Entscheidung nur die Berufung an das Bundesamt für das Heimathwesen statt.

§. 57. Soweit die Organisation oder die örtliche Abgrenzung der einzelnen Armenverbände Gegenstand des Streites ist, bewendet es endgültig bei der Entscheidung der Deputation. Im Uebrigen findet gegen deren Entscheidung, unter Ausschluß aller sonstigen Rechtsmittel, die Berufung an das Bundesamt für das Heimathwesen statt.

§. 58. In allen Streitsachen zwischen Preußischen Armenverbänden ist die unterliegende Partei verpflichtet, der Gegenpartei die ihr in der Berufungs-Instanz entstandenen baaren Auslagen, sowie die Gebühren eines sie in der öffentlichen Sitzung des Bundesamtes vertretenden Rechtsverständigen zu erstatten.

Bundesamt für das Heimathwesen.

§. 42. Das Bundesamt für das Heimathwesen ist eine ständige und kollegiale Behörde, welche ihren Sitz in Berlin hat.

Es besteht aus einem Vorsitzenden und mindestens vier Mitgliedern. Der Vorsitzende, sowie die letzteren werden auf Vorschlag des Bundesrathes vom Bundespräsidium auf Lebenszeit ernannt. Der Vorsitzende sowohl, als auch mindestens die Hälfte der Mitglieder muss die Qualification zum höheren Richteramte im Staate ihrer Angehörigkeit besitzen.

§. 43. Bezüglich der Rechtsverhältnisse der Mitglieder des Bundesamtes gelten bis zum Erlass besonderer bundesgesetzlicher Vorschriften die Bestimmungen der §§. 23—26 des Gesetzes, betreffend die Errichtung eines obersten Gerichtshofes für Handelssachen vom 12. Juni 1869, mit der Massgabe, dass

1) an Stelle des Plenum des Oberhandelsgerichts das Plenum des Bundesamtes tritt, und dass im Falle des §. 25 a. a. O. die Verrichtungen des Staatsanwalts und des Untersuchungsrichters von je einem Mitgliede des Königlich Preussischen Kammergerichts zu Berlin, welches der Bundeskanzler ernennt, wahrgenommen werden,

2) bezüglich der Höhe der Pensionen die Vorschriften in Anwendung kommen, welche darüber in demjenigen Bundesstaate gelten, aus dessen Dienste das Mitglied des Bundesamtes berufen ist.

§. 44. Zur Abfassung einer gültigen Entscheidung des Bundesamtes gehört die Anwesenheit von mindestens drei Mitgliedern, von denen mindestens Eines die im §. 42 vorgeschriebene richterliche Qualifikation haben muss.

Die Zahl der Mitglieder, welche bei der Fassung eines Beschlusses eine entscheidende Stimme führen, muss in allen Fällen eine ungerade sein. Ist die Zahl der bei der Erledigung einer Sache mitwirkenden Mitglieder eine gerade, so führt dasjenige Mitglied, welches zuletzt ernannt ist, und bei gleichem Dienstalter dasjenige, welches der Geburt nach das jüngere ist, nur eine berathende Stimme.

§. 45. Der Geschäftsgang bei dem Bundesamte wird durch ein Regulativ geordnet, welches das Bundesamt zu entwerfen und dem Bundesrathe zur Bestätigung einzureichen hat.

In dem Geschäftsregulative sind insbesondere auch die Befugnisse des Vorsitzenden festzustellen.

§. 46. Die Berufung an das Bundesamt ist bei Verlust des Rechtsmittels binnen vierzehn Tagen, von der Behändigung der angefochtenen Entscheidung an gerechnet, bei derjenigen Behörde, gegen deren Entscheidung sie gerichtet ist, schriftlich anzumelden.

Die Angabe der Beschwerden, sowie die Rechtfertigung der Berufung kann entweder zugleich mit der Anmeldung der letzteren oder innerhalb vier Wochen nach diesem Termine derselben Behörde eingereicht werden.

Von sämmtlichen Schriftsätzen, sowie von den etwaigen Anlagen derselben sind Duplikate beizufügen.

§. 47. Die eingegangenen Duplikate werden von der zuständigen Behörde der Gegenpartei zur schriftlichen, binnen vier Wochen nach der Behändigung in zwei Exemplaren einzureichenden Gegenerklärung zugefertigt.

§. 48. Nach Ablauf dieser Frist legt die nämliche Behörde die sämmtlichen Verhandlungen nebst ihren Akten dem Bundesamte vor.

§. 49. Erachtet das Bundesamt vor Fällung der Entscheidung noch eine Aufklärung über das Sach- und Rechtsverhältniss für nöthig, so ist dieselbe unter Vermittelung der zuständigen Landesbehörde vorzunehmen.

§. 50. Die Entscheidung des Bundesamtes erfolgt gebührenfrei in öffentlicher Sitzung nach erfolgter Ladung und Anhörung der Parteien.

Das Erkenntniss wird schriftlich, mit Gründen versehen, den Parteien durch Vermittelung derjenigen Behörde (§. 46) zugefertigt, gegen deren Beschluss es ergangen ist.

§. 51. Gegen die Entscheidung des Bundesamtes ist ein weiteres Rechtsmittel nicht zulässig.

§. 52. Bis zu anderweitiger, von Bundeswegen erfolgender Regelung der Kompetenz des Bundesamtes für das Heimathwesen kann durch die Landesgesetzgebung eines Bundesstaats bestimmt werden, dass die Vorschriften der §§. 38 bis 51, 56 Absatz 2 dieses Gesetzes für die Streitsachen zwischen Armenverbänden des betreffenden Bundesstaates in Wirksamkeit treten sollen.

7. Exekution der Entscheidung.

§. 53. In den Streitsachen über die durch dieses Gesetz geregelte öffentliche Unterstützung Hülfsbedürftiger ist die Entscheidung der ersten Instanz, ausgenommen in dem Falle des §. 57, sofort vollstreckbar.

Im Uebrigen findet die Exekution statt:

a) auf Grund und in den Grenzen eines von dem in Anspruch genommenen Armenverbande ausgestellten Anerkenntnisses (§. 55);

b) auf Grund der endgültigen Entscheidung.

Die Vollstreckung der Exekution liegt der zur Entscheidung in erster Instanz zuständigen Behörde des verpflichteten Armenverbandes ob, und ist bei derselben unter Beifügung der bezüglichen Urkunden zu beantragen.

§. 54. Wird die bereits vollstreckte Entscheidung der ersten landesgesetzlichen Instanz durch endgültige Entscheidungen höherer Landesinstanzen oder in Gemässheit der §§. 38—51 dieses Gesetzes wieder aufgehoben, so hat die zur Entscheidung in erster Instanz zuständige Behörde desjenigen Armenverbandes, welcher die Vollstreckung der Exekution erwirkt hatte, die erforderlichen Anordnungen zu treffen, um die Exekution und deren Folgen wieder rückgängig zu machen.

§. 55. Den zur vorläufigen Unterstützung (§. 28) und beziehungsweise zur Uebernahme (§. 31) eines Hülfsbedürftigen verpflichteten Armenverbänden ist es unbenommen, die thatsächliche Vollstreckung der Ausweisung (§. 5 des Gesetzes über die Freizügigkeit vom 1. November 1867) durch eine unter sich zu treffende Einigung über das Verbleiben der auszuweisenden Person oder Familie in ihrem bisherigen Aufenthaltsorte gegen Gewährung eines bestimmten Unterstützungsbetrages von Seiten des letztgedachten Armenverbandes, dauernd oder zeitweilig auszuschliessen.

Die erstinstanzlichen Behörden (§§. 38, 39, 40) sind verpflichtet auf Anrufen eines oder des anderen Betheiligten, Zwecks thunlicher Herstellung einer solchen Einigung vermittelnd einzuschreiten.

Ist die Einigung urkundlich in Form eines Anerkenntnisses festgestellt, so findet auf Grund derselben die administrative Exekution statt (§. 53).

§. 56. Wenn mit der Ausweisung Gefahr für Leben oder Gesundheit des Auszuweisenden oder seiner Angehörigen verbunden sein würde, oder wenn die Ursache der Erwerbs- oder Arbeitsunfähigkeit des Auszuweisenden durch eine im Bundeskriegsdienste oder bei Gelegenheit einer That persönlicher Selbstaufopferung erlittene Verwundung oder Krankheit herbeigeführt ist, oder endlich, wenn sonst die Wegweisung vom Aufenthaltsorte mit erheblichen Härten oder Nachtheilen für den Auszuweisenden verbunden sein sollte, kann auch bei nicht erreichter Einigung das Verbleiben der auszuweisenden Person oder Familie in dem Aufenthaltsorte, gegen Festsetzung eines von dem verpflichteten Armenverbande zu zahlenden Unterstützungsbetrages, durch die zur Entscheidung in erster Instanz zuständige Behörde des Orts-Armenverbandes des Aufenthaltsortes angeordnet werden.

Gegen diese Anordnung, welche, wenn die Voraussetzungen fortfallen, unter welchen sie erlassen ist, jederzeit zurückgenommen werden kann, steht innerhalb vierzehn Tagen nach der Zustellung beiden Theilen die Berufung zu. Dieselbe erfolgt, wenn die streitenden Armenverbände einem und demselben Bundesstaate angehören, an die nächst höchste landesgesetzliche Instanz, sofern die streitenden Theile verschiedenen Bundesstaaten angehören, an das Bundesamt für das Heimathwesen. Bei der hierauf ergehenden Entscheidung bewendet es endgültig.

Dasselbe findet statt, wenn der Antrag des verpflichteten Armenverbandes auf Erlass einer solchen Anordnung zurückgewiesen ist.

§. 57. So lange das Verfahren, betreffend den Versuch einer Einigung nach §. 55, oder betreffend den Erlass der im §. 56 bezeichneten Anordnung, schwebt, bleibt die Vollstreckbarkeit der Entscheidung erster Instanz ausgesetzt (§. 53).

§. 58. Ist die Ausweisung durch Transport zu bewerkstelligen, so fallen die Transportkosten als ein Theil der zu erstattenden Kosten der Unterstützung des Hülfsbedürftigen dem hierzu verpflichteten Armenverbande zur Last.

Entsteht über die Nothwendigkeit des Transports oder die Art der Ausführung desselben Streit, so erfolgt die Entscheidung hierüber endgültig durch die in erster Instanz in der Hauptsache zuständige Behörden des Armenverbandes des Aufenthaltsortes (§. 36, Abs. 2).

§. 59. Ist ein Armenverband zur Zahlung der ihm endgültig auferlegten Kosten, laut Bescheinigung der ihm vorgesetzten Behörde, ganz oder theilweise ausser Stande, so hat der Bundesstaat, welchem er angehört, entweder mittelbar oder unmittelbar für die Erstattung zu sorgen.

§. 59. Gegen die im §. 56 des Bundesgesetzes erwähnten Anordnungen findet die Berufung an das Bundesamt für das Heimathwesen auch in denjenigen Fällen Statt, in denen ein Streit zwischen zwei Preußischen Armenverbänden besteht.

Ist ein Armenverband zur Zahlung und Erstattung der ihm endgültig auferlegten Kosten und Gebühren ganz oder theilweise außer Stande (§. 59 des Bundesgesetzes), so bleiben die Kosten des Verfahrens außer Ansatz und für die Erstattung der Auslagen und Gebühren muß der betreffende Land-Armenverband aufkommen.

§. 60. In jedem Kreise wird eine Kommission gebildet, welche in allen Streitigkeiten, in denen ein Orts-Armenverband von einem anderen Preußischen Armenverbande in Anspruch genommen wird, auf Antrag beider streitenden Theile der schiedsrichterlichen Entscheidung, und auf Antrag eines Theiles, welchen dieser stellt, ehe der Streit bei der Deputation anhängig gemacht ist, einem gütlichen Sühneversuch sich unterziehen muß.

Die Kommission besteht aus dem Landrath (dem Landrathsamts-Verwalter) als dem Vorsitzenden und zwei Mitgliedern, welche der Kreistag aus den Angehörigen des Kreises für die Dauer von drei Jahren wählt. Für den Vorsitzenden und jedes der beiden anderen Mitglieder wählt der Kreistag einen bestimmten Vertreter.

In Städten, welche zu keinem Kreise gehören, erfolgt die Wahl aus den Angehörigen der Gemeinde durch den Gemeindevorstand und die Gemeindevertretung in gemeinschaftlicher Sitzung.

§. 61. Für das Verfahren der Kommissionen kommen die §§. 46, 49, 50, 52, 54 in Anwendung mit der Maßgabe, daß auf die im §. 49 bezeichnete Strafe die Kommission erkennt und der Rekurs an die Deputation für das Heimathwesen zusteht. Alle übrigen Theile des Verfahrens regelt die Kommission in jedem einzelnen Falle. Insbesondere darf dieselbe in jeder Lage des Verfahrens einen Sühneversuch veranlassen.

§. 62. Die Kommission entscheidet engültig mit Ausschluß jeder Berufung. Die Entscheidung erfolgt gebühren- und stempelfrei; doch sind dem unterliegenden Theile die baaren Auslagen des Verfahrens und die des obsiegenden Theils, jedoch mit Ausschluß der Gebühren eines Bevollmächtigten, zur Last zu legen.

Die zu erstattenden baaren Auslagen werden von der Kommission endgültig festgesetzt.

Die Entscheidungen der Kommissionen, sowie die urkundlich von denselben festgestellten Einigungen sind im Verwaltungswege vollstreckbar.

§. 63. Einen Anspruch auf Unterstützung kann der Arme gegen einen Armenverband niemals im Rechtswege, sondern nur bei der Verwaltungsbehörde geltend machen, in deren Pflicht es liegt, keine Ansprüche zuzulassen, welche über das Nothdürftige hinausgehen.

Beschwerden gegen Verfügungen der Vorstände der Orts-Armenverbände darüber, ob, in welcher Höhe und in welcher Weise Armenunterstützungen zu gewähren sind, folgen dem, durch die bestehenden Gesetze angeordneten Instanzenzuge mit der Maßgabe, daß an die Stelle der Bezirksregierung die Deputation für das Heimathwesen tritt, welche endgültig entscheidet.

§. 64. Jeder Ausländer ist, so lange ihm der Aufenthalt im Inlande gestattet wird, in Bezug

a. auf die Art und das Maß der im Falle der Hülfsbedürftigkeit zu gewährenden öffentlichen Unterstützung;
b. auf den Erwerb und Verlust des Unterstützungswohnsitzes einem Deutschen gleich zu behandeln [1]).

8. Oeffentliche Unterstützung hülfsbedürftiger Ausländer.

§. 60. Ausländer müssen vorläufig von demjenigen Orts-Armenverbande unterstützt werden, in dessen Bezirke sie sich bei dem Eintritte der Hülfsbedürftigkeit befinden. Zur Erstattung der Kosten beziehungsweise zur Uebernahme des Hülfsbedürftigen Ausländers ist derjenige Bundesstaat verpflichtet, welchem der Orts-Armenverband der vorläufigen Unterstützung angehört, mit der Massgabe, dass es jedem Bundesstaate überlassen bleibt, im Wege der Landesgesetzgebung diese Verpflichtung auf seine Armenverbände zu übertragen.

9. Verhältniß der Armenverbände zu einander, zu anderweit Verpflichteten, zu den Behörden.

§. 61. Durch die Bestimmungen dieses Gesetzes werden Rechte und Verbindlichkeiten nur zwischen den zur Gewährung öffentlicher Unterstützung nach Vorschrift dieses Gesetzes verpflichteten Verbänden (Orts-, Land-Armenverbände, Bundesstaaten) begründet.

Daher werden die auf anderen Titeln (Familien- und Dienstverhältniss, Vertrag, Genossenschaft, Stiftung u. s. w.) beruhenden Verpflichtungen, einen Hülfsbedürftigen zu unterstützen, von den Bestimmungen dieses Gesetzes nicht betroffen.

§. 62. Jeder Armenverband, welcher nach Vorschrift dieses Gesetzes einen Hülfsbedürftigen unterstützt hat, ist befugt, Ersatz derjenigen Leistungen, zu deren Gewährung ein Dritter aus anderen, als

---

[1]) Hierdurch ist die hinsichtlich der Ausländer bestehende Ausweisungsbefugniß nicht berührt.

den durch dieses Gesetz begründeten Titeln verpflichtet ist, von dem Verpflichteten in demselben Maasse und unter denselben Voraussetzungen zu fordern, als dem Unterstützten auf jene Leistungen ein Recht zusteht.

Der Einwand, dass der unterstützende Armenverband den Ersatz von einem anderen Armenverbande zu fordern berechtigt sei, darf demselben hierbei nicht entgegengestellt werden.

§. 63. Die Verwaltungs- und Polizeibehörden sind verpflichtet, innerhalb ihres Geschäftskreises den Armenverbänden Behufs der Ermittelung der Heimaths- Familien- und Aufenthaltsverhältnisse eines Hülfsbedürftigen auf Verlangen behülflich zu sein.

§. 64. Das Eintreten der in den §§. 10 und 22 an den Ablauf einer bestimmten Frist geknüpften Wirkungen kann durch Vertrag oder Verzicht der betheiligten Behörden oder Personen nicht ausgeschlossen werden.

9. Verhältniß der Armenverbände zu anderweit Verpflichteten und zu den Behörden.

§. 65. Auf den Antrag des Armenverbandes, der einen Hülfsbedürftigen unterstützen muß, können durch einen mit Gründen versehenen Beschluß der Verwaltungsbehörde nach Anhörung der Betheiligten der Ehemann, die Ehefrau, die ehelichen Eltern, die uneheliche Mutter, sowie die ehelichen Kinder und die unehelichen Kinder in Beziehung auf die Mutter angehalten werden, dem Hülfsbedürftigen nach Maßgabe ihrer gesetzlichen Verpflichtung die erforliche laufende Unterstützung zu gewähren.

Die Beschlußfassung steht dem Landrathe desjenigen Kreises und im Regierungsbezirke Sigmaringen dem Oberamtmanne desjenigen Oberamtsbezirkes zu, in welchem der in Anspruch genommene Angehörige des Hülfsbedürftigen seinen Wohnsitz hat — beziehungsweise wenn die Gemeinde des Wohnsitzes weder in Kommunal- noch in Polizeiangelegenheiten der Aufsicht des Landraths unterworfen ist, dem Gemeindevorstande.

Hat der gedachte Angehörige im Inlande keinen Wohnsitz, so treten an die Stelle der Behörden des Wohnsitzes die Behörden des Aufenthaltsortes.

§. 66. Gegen die Entscheidung der Verwaltungsbehörde (§§. 65) steht innerhalb zehn Tagen nach deren Zustellung sowohl dem in Anspruch genommenen Angehörigen wie dem betheiligten Armenverbande der Rekurs an die Deputation für das Heimathwesen zu, welche letztere nach Anhörung der Gegenpartei im Verwaltungswege endgültig entscheidet. Beiden Theilen bleibt überdies die Verfolgung ihrer Rechte im gerichtlichen Verfahren vorbehalten.

§. 67. Die Entscheidungen der Verwaltungsbehörde (§§. 65, 66) sind vorläufig und so lange vollstreckbar, bis auf erhobenen Rekurs im Verwaltungswege oder mittelst rechtskräftigen gerichtlichen Urtheils eine abändernde Entscheidung erfolgt ist.

Im letzteren Falle hat der Armenverband dem in Anspruch genommenen Angehörigen das bis dahin Geleistete, beziehungsweise das zu viel Geleistete zu erstatten; im Weigerungsfalle ist er hierzu im Aufsichtswege anzuhalten.

Hat jedoch der eine solche Erstattung Fordernde die gerichtliche Klage nicht innerhalb sechs Monate nach Zustellung des von ihm angefochtenen Beschlusses der Verwaltungsbehörde angebracht, so kann er nur dasjenige zurückfordern, was er für den Zeitraum seit Anbringung der Klage zu viel geleistet hat.

§. 68. Die Erstattung bereits verausgabter Unterstützungskosten kann ein Armenverband in allen Fällen, soweit nicht die §§. 40 ff., betreffend das Verfahren in Streitsachen der Armenverbände, zur Anwendung kommen, nur im gerichtlichen Verfahren beanspruchen.

10. Besondere Bestimmungen für einzelne Landestheile und Schlußbestimmungen.

§. 69. Unter einem Deutschen Hülfsbedürftigen und einem Deutschen Armenverbande im Sinne dieses Gesetzes ist ein solcher zu verstehen, welcher dem Geltungsbereich des Bundesgesetzes über den Unterstützungswohnsitz vom 6. Juni 1870 angehört.

§. 70. Soweit die Vertheilung der von den einzelnen Verbänden, Kreisen und Gemeinden in Folge dieses Gesetzes aufzubringenden Kosten nach Maßgabe der direkten Staatssteuern erfolgt, kommen folgende Bestimmungen zur Anwendung:

1) in den mahl- und schlachtsteuerpflichtigen Städten tritt die Mahl- und Schlachtsteuer, nach Abzug des für die Städte erhobenen Steuerdrittels, an die Stelle der Klassensteuer;
2) die im §. 4, Lit. a. und b. des Grundsteuergesetzes vom 21. Mai 1861 (G.-S. S. 253) und bezw. im §. 3 des Grundsteuergesetzes vom 11. Februar 1870 (G.-S. S. 85) bezeichneten Grundstücke werden nach Maßgabe derjenigen Grundsteuerbeträge herangezogen, welche von ihnen zu entrichten sein würden, wenn ihnen ein Anspruch auf Grundsteuerbefreiung oder Bevorzugung nicht zustände. Die Berechnung dieser Grundsteuerbeträge erfolgt durch Anwendung des allgemeinen Grundsteuer-Prozentsatzes auf die in Ausführung der vorerwähnten beiden Gesetze für die gedachten Grundstücke festgestellten oder festzustellenden Reinerträge. In den Provinzen Schleswig-Holstein, Hannover und Hessen-Nassau, sowie in dem Kreise Meisenheim, geschieht diese Berechnung, so lange als die neu zu regelnde Grundsteuer noch nicht erhoben wird, nach den gesetzlich feststehenden oder hergebrachten Besteuerungsgrundsätzen;

3) die nach §. 3 unter 1 des Gesetzes, betreffend die Einführung einer allgemeinen Gebäudesteuer vom 21. Mai 1861 (G.-S. S. 317 ff.) von der Gebäudesteuer befreiten Gebäude, mit Ausnahme derjenigen, welche sich im Besitz der Mitglieder des Königlichen Hauses oder des Hohenzollernschen Fürstenhauses sowie des Hannoverschen Königshauses oder des Kurhessischen oder des Herzoglich Nassauischen Fürstenhauses befinden, werden nach Maßgabe ihres, den Grundsätzen des angeführten Gesetzes entsprechend, besonders einzuschätzenden Nutzungswerthes und der danach zu berechnenden Gebäudesteuerbeträge herangezogen;

4) die Steuer für den Gewerbebetrieb im Umherziehen bleibt außer Berücksichtigung.

§. 71. Die in diesem Gesetze den Bezirks-Regierungen, resp. den Landräthen überwiesenen Verrichtungen sollen in der Provinz Hannover von den Landdrosteien, resp. den Amtshauptmännern, wahrgenommen werden. Ebenso treten in der Provinz Hannover die Amtsvertretungen an die Stelle der Kreistage; ausgenommen jedoch sind die Kreis-Kommissionen, welche auch in Hannover für die einzelnen Kreise unter dem Vorsitz des Kreishauptmanns einzurichten und deren Mitglieder und Stellvertreter von den Kreistagen zu wählen sind.

Bis zum Erlaß der im §. 28 gedachten Königlichen Verordnung wird die Verwaltung des Land-Armenwesens

a. für die Provinz Schleswig-Holstein der Regierung zu Schleswig,

b. für den kommunalständischen Verband des Regierungsbezirks Wiesbaden mit Ausnahme des Stadtkreises Frankfurt a. M. der Regierung zu Wiesbaden,

c. für den Regierungsbezirk Sigmaringen der Regierung zu Sigmaringen

übertragen.

Für das Jadegebiet werden die in den §§. 36, 40 bis 57 und 66 erwähnten Verrichtungen einer Deputation für das Heimathwesen in der Provinz Hannover übertragen; im Uebrigen wird für das gedachte Gebiet die Zuständigkeit der Behörden durch Königliche Verordnung geregelt. Für den Regierungsbezirk Sigmaringen wird bis zur Einführung einer Provinzial- und Kreisvertretung Folgendes bestimmt: Es wird in jedem Ober-Amtsbezirke eine der im §. 60 gedachten Kommissionen gebildet; den Vorsitz in derselben führt der Ober-Amtmann; die beiden anderen Mitglieder und deren Stellvertreter werden von den Ortsvorstehern (Bürgermeister, Stadtschultheiß, Vogt) gewählt; in gleicher Weise erfolgt die Wahl der nicht vom Könige zu ernennenden Mitglieder der Deputation für das Heimathwesen; zum Zwecke der Wahlen werden die Ortsvorsteher zu Wahlverbänden vereinigt, deren Bildung dem Regierungs-Präsidenten übertragen wird.

§. 72. Die Verwaltung des für das ehemalige Herzogthum Nassau vorhandenen, seiner Bestimmung zu erhaltenden Centralwaisenfonds wird durch Königliche Verordnung geregelt; bis zu deren Erlaß bewendet es bei den darauf bezüglichen Bestimmungen der §§. 17 und 19 des Gesetzes, betreffend die Verwaltung der öffentlichen Armenpflege vom 18. Dezember 1848. (Nass. Verordnungs-Blatt S. 303 ff.)

§. 73. Das gegenwärtige Gesetz tritt vorbehaltlich der Bestimmung des §. 30 mit dem 1. Juli 1871 in Kraft. Es ist, den Bestimmungen des gegenwärtigen Gesetzes entsprechend, Vorkehrung dahin zu treffen, daß vom 1. Juli 1871 ab jedes Grundstück einem räumlich abgegrenzten Orts-Armenverbande angehört oder selbstständig als solcher eingerichtet ist.

Das in den §§. 40 ff. vorgeschriebene Verfahren kommt bei denjenigen Streitsachen der Armenverbände zur Anwendung, welche nach dem 30. Juni 1871 anhängig gemacht werden. (§. 65 unter 6 des Bundesgesetzes vom 6. Juni 1870.)

§. 74. Mit dem 1. Juli 1871 treten alle, mit den Vorschriften des gegenwärtigen Gesetzes im Widerspruche stehenden oder mit denselben nicht zu vereinigenden gesetzlichen Bestimmungen außer Kraft. Insbesondere treten außer Kraft:

1) für das ehemalige Kurfürstenthum Hessen die Verordnung, enthaltend Maßregeln der Sicherheitspolizei wegen der erwerbs- oder heimathlosen rc. Personen vom 29. November 1823 (Kurhess. G.-S. S. 57 ff.);
2) für das ehemalige Herzogthum Nassau das Gesetz, betreffend die Verwaltung der öffentlichen Armenpflege vom 18. Dezember 1848 (Nass. Verordnungsblatt S. 303 ff.); jedoch
   a. mit Ausnahme des §. 9, soweit derselbe die gesetzliche Alimentationspflicht der Ehegatten und der Verwandten zum Gegenstande hat,
   b. mit Ausnahme des §. 28 und
   c. vorbehaltlich der die Verwaltung des Central-Waisenfonds betreffenden Bestimmung des §. 72 dieses Gesetzes und mit der Maßgabe, daß die auf Grund der §§. 14 und 16 sub 3 des Gesetzes vom 18. Dezember 1848 für die Land-Armen- und Waisenpflege im Gebiete des ehemaligen Herzogthums Nassau, sowie die für gleiche Zwecke im Kreise Biedenkopf aus der Staatskasse pro 1870 geleisteten Zuschüsse dem Land-Armenverbande des Regierungsbezirks Wiesbaden überwiesen werden;
3) für die ehemaligen Bairischen Landestheile die Verordnung über das Armenwesen vom 17. November 1816 (Bairisch. Gesetzbl. S. 780 ff.), das Gesetz über die Heimath vom 11. September 1825 (ebenda S. 103 ff.), das revidirte Gesetz über Ansässigmachung und Verehelichung vom 11. September 1825 und 1. Juli 1834 (ebenda S. 133 ff.), das Gesetz

über die Unterstützung und Verpflegung hülfsbedürftiger und erkrankter Personen vom 25. Juli 1850 (ebenda S. 341 ff.).

Es werden überdies alle gesetzlichen Bestimmungen aufgehoben, welche die Erhebung einer Abgabe von öffentlichen Lustbarkeiten zu Armenzwecken vorschreiben.

Die Befugniß der Gemeindebehörden, die Einführung oder Forterhebung solcher Abgaben nach Maßgabe der Gemeinde-Verfassungsgesetze zu beschließen, wird durch diese Bestimmung nicht berührt.

Regulativ zur Ordnung des äußeren Geschäftsganges bei den Deputationen für das Heimathwesen. (§. 43 des Gesetzes vom 8. März 1871.)

Geschäfte der Deputation.

§. 1. In öffentlicher Sitzung der Deputation und nach mündlicher Verhandlung unter den Parteien erfolgt in allen Fällen die der Deputation zustehende Entscheidung erster Instanz

in denjenigen Streitsachen, die gegen einen Armenverband ihres Sprengels von einem anderen deutschen Armenverbande anhängig gemacht werden und in denen die Erstattung von Armenpflegekosten oder die Uebernahme eines Hülfsbedürftigen verlangt wird. (§§. 38 ff. des Reichsgesetzes über den Unterstützungswohnsitz; §§. 40 ff. des Gesetzes vom 8. März 1871).

§. 2. Nicht ausschließlich den öffentlichen Sitzungen vorbehalten sind die sonstigen der Deputation obliegenden Geschäfte, insbesondere

1) die Festsetzung der gegen ungehorsame Zeugen und Sachverständige, vorbehaltlich des Rekurses an das Bundesamt für das Heimathwesen, zu erkennenden Strafen, sowie die Entscheidung der Rekurse bezüglich der von den Kreis-Kommissionen festgesetzten derartigen Strafen (§§. 49, 61 des Gesetzes vom 8. März 1871), —

2) die Leitung des Schriftwechsels unter den Parteien nach eingelegter Berufung an das Bundesamt für das Heimathwesen (§§. 46 ff. des Reichsgesetzes), —

3) die Vollstreckung der Exekution gegen die Armenverbände ihres Sprengels gemäß §. 53 des Reichsgesetzes, —

4) die Rückgängigmachung der Exekution, welche von einem Armenverbande ihres Sprengels auf Grund einer vorläufig vollstreckbaren, in höherer Instanz wieder aufgehobenen Entscheidung erwirkt worden war (§. 54 des Reichsgesetzes),

5) das vermittelnde Einschreiten Behufs Herbeiführung einer Einigung unter den betheiligten Armenverbände über das Verbleiben einer nach §. 5 des Freizügigkeits-Gesetzes vom 1. November 1867 auszuweisenden

Person oder Familie an ihrem bisherigen Aufenthaltsorte (§. 55 des Reichsgesetzes), sowie

6) bei nicht erreichter Einigung, der Erlaß der gemäß §. 56 des Reichsgesetzes, vorbehaltlich der Berufung an das Bundesamt für Heimathwesen, zu treffenden bezüglichen Anordnungen, —

7) die endgültige Entscheidung der Streitigkeiten über die Nothwendigkeit des Transports eines auszuweisenden, im Sprengel der Deputation sich aufhaltenden Hülfsbedürftigen oder über die Art der Ausführung des Transports (§. 58 des Reichsgesetzes), —

8) die Entscheidung letzter Instanz in denjenigen Streitsachen, welche die Beschwerden gegen Verfügung der Vorstände der Orts-Armenverbände darüber, ob, in welcher Höhe und in welcher Weise Armen-Unterstützungen zu gewähren sind, zum Gegenstande haben (§. 63 des Gesetzes vom 8. März 1871),

9) die endgültige, vorbehaltlich des Rechtsweges erfolgende Entscheidung der Rekurse gegen Entscheidungen der Verwaltungsbehörden in den §§. 65 und 66 des Gesetzes vom 8. März 1871 erwähnten Streitsachen zwischen einem Armenverbande und den zur Unterstützung eines Hülfsbedürftigen verpflichteten Angehörigen, —

10) die endgültige Entscheidung darüber, ob und welche Beihülfe einem Orts-Armenverbande ihres Sprengels behufs Erfüllung der ihm obliegenden Verpflichtungen von dem Land-Armenverbande zu gewähren ist (§. 88 des Gesetzes vom 8. März 1871).

Der Deputation bleibt es unbenommen, auch in den vorstehend aufgeführten, dazu geeigneten Fällen die Betheiligten resp. deren Vertreter zum persönlichen Erscheinen in ihre öffentliche Sitzung vorzuladen.

Sitzungen der Deputationen.

§. 3. Die Deputation versammelt sich an regelmäßigen, im Voraus von ihr bestimmten Sitzungstagen; dem Vorsitzenden der Deputation bleibt es unbenommen, im Bedürfnißfalle außerordentliche Sitzungen anzuberaumen.

Einberufung der Stellvertreter, Urlaub der Mitglieder.

§. 4. Ein Mitglied, welches durch Krankheit oder durch sonstige nicht zu beseitigende Umstände verhindert ist, einer ordentlichen oder außerordentlichen Sitzung der Deputation beizuwohnen oder sich der Wahrnehmung der ihm sonst obliegenden Geschäfte zu unterziehen, hat dies sofort, Behufs Einberufung seines Stellvertreters, dem Vorsitzenden anzuzeigen.

In schleunigen Fällen hat das verhinderte Mitglied seinen Stellvertreter unmittelbar zu benachrichtigen; der Stellvertreter ist alsdann, auch ohne besondere Berufung von Seiten des Vorsitzenden, verpflichtet, sich zu der betreffenden Sitzung einzufinden, bezw. die Geschäfte des Mitgliedes zu übernehmen.

§. 5. Die ernannten Mitglieder und deren Stellvertreter bedürfen zu einer die Dauer von 6 Wochen übersteigenden Entfernung vom Sitze der Deputation eines von den Ministern des Innern und der Justiz gemeinschaftlich zu ertheilenden Urlaubs, — unbeschadet der sonstigen, hinsichtlich der Beurlaubung der Staatsbeamten bestehenden Vorschriften.

Die gewählten Mitglieder und deren Stellvertreter haben bei beabsichtigter längerer Entfernung von ihrem Wohnorte sich mit einander zu benehmen und dem Vorsitzenden sofort entsprechende Anzeige zu erstatten.

Die ernannten, wie die gewählten Mitglieder, haben unter allen Umständen dafür Sorge zu tragen, daß eingehende Zusendungen im Falle ihrer Abwesenheit sofort an ihren Stellvertreter befördert werden.

Befugnisse des Vorsitzenden, Leitung des Verfahrens.

§. 6. Der Vorsitzende leitet und überwacht den gesammten Geschäftsgang bei der Deputation. Er eröffnet die eingehenden Schriftstücke und versieht sie mit dem Vermerk wegen des Tages des Einganges. Hat eine Partei den Schriftstücken (§§. 47, 48 des Gesetzes vom 8. März 1871) kein Duplikat beigefügt, so verfügt er die Anfertigung desselben auf ihre Kosten.

§. 7. Die in den Fällen des §. 2 unter Nr. 2 bis 5 zu treffenden Verfügungen werden der Regel nach ohne Vortrag im Kollegium entweder von dem Vorsitzenden selbst oder unter seiner Mitzeichnung von demjenigen Mitgliede der Deputation erlassen, welchem der Vorsitzende die Bearbeitung der Sache überträgt. Ergibt sich zwischen diesem Mitgliede und dem Vorsitzenden eine Meinungs-Verschiedenheit, oder wird gegen das Verfügte Einspruch von Seiten einer Partei erhoben, so ist die Beschlußnahme des Kollegiums hierüber herbeizuführen.

Dem Ermessen des Vorsitzenden bleibt es in allen Fällen überlassen, den vorgängigen Vortrag im Kollegium anzuordnen.

§. 8. Die Bestimmungen des §. 7 finden gleichmäßig Anwendung auch auf alle sonstigen Verfügungen, welche, ohne der sachlichen Entscheidung vorzugreifen, lediglich die Leitung des Verfahrens vor der Deputation bezwecken.

§. 9. In den zur kollegialischen Entscheidung der Deputation gelangenden Sachen bestellt der Vorsitzende aus der Zahl der ernannten oder der gewählten Mitglieder einen Referenten und nach Befinden einen Korreferenten; auch kann er sich selbst zum Referenten oder zum Korreferenten bestellen.

§. 10. Der Vorsitzende leitet die Verhandlungen und Berathungen in den Sitzungen der Deputation; er stellt die Fragen und sammelt die Stimmen,

— vorbehaltlich der Entscheidung des Kollegiums, falls über die Fragestellung oder über das Ergebniß der Abstimmung eine Meinungs-Verschiedenheit entsteht.

§. 11. In denjenigen, in nicht öffentlicher Sitzung und ohne vorgängige mündliche Verhandlung unter den Parteien zur kollegialischen Entscheidung gelangenden Sachen, welche einer besonders schleunigen Erledigung bedürfen, kann der Vorsitzende geeigneten Falls eine schriftliche Abstimmung der Mitglieder veranlassen; ergibt sich hierbei jedoch eine Meinungs-Verschiedenheit, so ist in allen Fällen die kollegialische Entscheidung in einer Sitzung der Deputation herbeizuführen.

Mündliche Verhandlung in öffentlicher Sitzung.

§. 12. Die zur mündlichen Verhandlung gelangenden Sachen werden in der durch den Vorsitzenden bestimmten, durch Aushang vor dem Sitzungszimmer bekannt zu machenden Reihenfolge erledigt. In der Vorladung an die Parteien ist die zur mündlichen Verhandlung bestimmte Stunde anzugeben. Bleiben beide Parteien aus, so wird das Sachverhältniß durch den Referenten vorgetragen. Dasselbe geschieht, wenn nur eine Partei erscheint; der letzteren ist nach dem Vortrage des Referenten das Wort zu geben.

§. 13. Der Vorsitzende verkündigt die ergangene Entscheidung nebst den Entscheidungsgründen. Die Verkündigung der Entscheidung kann bis auf die nächste Sitzung ausgesetzt werden. Zu der letzteren werden die erschienenen Parteien mündlich vorgeladen; einer Vorladung der ausgebliebenen Parteien bedarf es nicht.

§. 14. Mittelst der Entscheidung sind sofort die Kosten des Verfahrens, sowie die zu erstattenden Auslagen und Gebühren (§. 56 des Gesetzes vom 8. März 1871) festzusetzen. Die Feststellung der zu erstattenden Auslagen kann ausnahmsweise einem besonderen, nach Anhörung des Gegners und in nicht öffentlicher Sitzung zu erlassenden kollegialischen Beschlusse der Deputation vorbehalten bleiben; die durch das betreffende Verfahren etwa weiter entstehenden Kosten fallen demjenigen Theile zur Last, welcher dieselben durch verzögerte Beibringung seiner Auslagenrechnung oder durch unbegründeten Widerspruch veranlaßt hat.

§. 15. Der Vorsitzende handhabt die Ordnung in den öffentlichen Sitzungen der Deputation; er kann jeden Zuhörer aus denselben entfernen lassen, welcher Störungen verursacht.

Ausfertigungen rc.

§. 16. Alle Entscheidungen, Verfügungen rc. werden in der Ausfertigung mit der Unterschrift

(„Brandenburgische ꝛc.) Deputation für das Heimathwesen“

versehen und von dem Vorsitzenden vollzogen. Alle Konzepte der auf Grund kollegialischen Beschlusses ergehenden Entscheidungen sind von wenigstens drei Mitgliedern, mit Einschluß des Vorsitzenden und der beiden ernannten Mitglieder, zu vollziehen.

In den Fällen des §. 1 wird die Ausfertigung der Entscheidung mit der Ueberschrift:

Im Namen des Königs

und mit dem Siegel der Deputation — Preußischer Adler mit der Unterschrift: (Brandenburgische ꝛc.) Deputation für das Heimathwesen — versehen; in den nämlichen Fällen sind im Eingange der Ausfertigung die Mitglieder der Deputation aufzuführen, welche an der Entscheidung Theil genommen haben.

§. 17. Alle Namens der Deputation zu bewirkenden Zustellungen erfolgen mittelst Requisition der betreffenden Bezirks-Regierung — des Polizeipräsidiums zu Berlin — oder der der Bezirks-Regierung nachgeordneten Behörden oder durch die Post, erforderlichen Falls gegen Behändigungsschein.

Mittelst Requisition der vorgedachten Behörden erfolgt desgleichen die Vollstreckung der von der Deputation erlassenen Entscheidungen.

Geschäfts-Kontrolbücher ꝛc.

§. 18. Die Einrichtung der erforderlichen Geschäfts-Kontrolbücher bleibt bis auf Weiteres dem Vorsitzenden der Deputation nach Berathung mit der letzteren überlassen.

Die Bezirks-Regierung am Sitze der Deputation — das Polizeipräsidium zu Berlin — hat bis auf Weiteres der Deputation die erforderlichen Geschäftslokale, das erforderliche Subaltern-Personal und den Büreaubedarf zur Verfügung zu stellen. Etwaige Meinungs-Verschiedenheiten über das Erforderliche sind zur Entscheidung der Minister des Innern und der Justiz zu bringen.

§. 19. Am Jahresschluß hat der Vorsitzende in Gemeinschaft mit dem zweiten ernannten Mitgliede den Ministern des Innern und der Justiz eine Uebersicht der vorgekommenen Geschäfte berichtlich einzureichen. In derselben ist die Zahl der von der Deputation im Laufe des Jahres abgehaltenen öffentlichen Sitzungen, sowie nach den Hauptkategorien gesondert, die Zahl der anhängig gemachten, erledigten und unerledigt gebliebenen Sachen anzugeben, — unter Hinzufügung derjenigen gutachtlichen Bemerkungen, zu denen die bei Handhabung der materiellen und der prozessualischen Bestimmungen des Reichsgesetzes über den Unterstützungswohnsitz und des Ausführungsgesetzes vom 8. März 1871 gemachten Erfahrungen Anlaß zu bieten scheinen.

Sechster Abschnitt.

Beurkundung des Personenstandes.

Gesetz über die Beurkundung des Personenstandes und die Eheschließung, vom 6. Februar 1875.

Erster Abschnitt.

Allgemeine Bestimmungen.

§. 1. Die Beurkundung der Geburten, Heirathen und Sterbefälle erfolgt ausschließlich durch die vom Staate bestellten Standesbeamten mittelst Eintragung in die dazu bestimmten Register.

§. 2. Die Bildung der Standesamtsbezirke erfolgt durch die höhere Verwaltungsbehörde.

Die Standesamtsbezirke können aus einer oder mehreren Gemeinden gebildet, größere Gemeinden in mehrere Standesamtsbezirke getheilt werden.

§. 3. Für jeden Standesamtsbezirk ist ein Standesbeamter und mindestens ein Stellvertreter zu bestellen. Für den Fall vorübergehender Behinderung oder gleichzeitiger Erledigung des Amtes des Standesbeamten und der Stellvertreter ist die nächste Aufsichtsbehörde ermächtigt, die einstweilige Beurkundung des Personenstandes einem benachbarten Standesbeamten oder Stellvertreter zu übertragen.

Die Bestellung erfolgt, soweit nicht im §. 4 ein Anderes bestimmt ist, durch die höhere Verwaltungsbehörde.

Geistlichen und anderen Religionsdienern darf das Amt eines Standesbeamten oder die Stellvertretung eines solchen nicht übertragen werden.

§. 4. In den Standesamtsbezirken, welche den Bezirk einer Gemeinde nicht überschreiten, hat der Vorsteher der Gemeinde (Bürgermeister, Schultheiß, Ortsvorsteher oder deren gesetzlicher Stellverter) die Geschäfte des Standesbeamten wahrzunehmen, sofern durch die höhere Verwaltungsbehörde nicht ein besonderer Beamter für dieselben bestellt ist. Der Vorsteher ist jedoch befugt, diese Geschäfte mit Genehmigung der höheren Verwaltungsbehörde anderen Gemeindebeamten widerruflich zu übertragen.

Die Gemeindebehörde kann die Anstellung besonderer Standesbeamten beschließen. Die Ernennung der Standesbeamten erfolgt in diesem Falle durch den Gemeindevorstand unter Genehmigung der höheren Verwaltungsbehörde.

In der gleichen Weise erfolgt die Bestellung der Stellvertreter.

Die durch den Gemeindevorstand ernannten besonderen Standesbeamten und deren Stellvertreter sind Gemeindebeamte.

§. 5. Die durch die höhere Verwaltungsbehörde erfolgte Bestellung und Genehmigung zur Bestellung ist jederzeit widerruflich.

§. 6. Ist ein Standesamtsbezirk aus mehreren Gemeinden gebildet, so werden der Standesbeamte und dessen Stellvertreter stets von der höheren Verwaltungsbehörde bestellt.

Ein jeder Vorsteher oder andere Beamte einer dieser Gemeinden ist verpflichtet, das Amt des Standesbeamten oder des Stellvertreters zu übernehmen.

Die landesgesetzlichen Vorschriften, nach welchen den Vorstehern der aus mehreren Gemeinden gebildeten Verbände die gleiche Verpflichtung obliegt, werden hierdurch nicht berührt.

§. 7. Die etwa erforderliche Entschädigung der nach §. 4 von den Gemeinden bestellten Standesbeamten fällt der Gemeinde zur Last.

Die in §. 6, Absatz 2 und 3 bezeichneten Beamten sind berechtigt, für Wahrnehmung der Geschäfte des Standesbeamten von dem zum Bezirk ihres Hauptamtes nicht gehörigen Gemeinden einen in allen Fällen als Pauschquantum festzusetzende Entschädigung zu beanspruchen.

Die Festsetzung erfolgt durch die untere Verwaltungsbehörde; über Beschwerden entscheidet endgültig die höhere Verwaltungsbehörde.

Bestellt die höhere Verwaltungsbehörde andere Personen zu Standesbeamten oder zu Stellvertretern, so fällt die etwa zu gewährende Entschädigung der Staatskasse zur Last.

§. 8. Die sächlichen Kosten werden in allen Fällen von den Gemeinden getragen; die Register und Formulare zu allen Registerauszügen werden jedoch den Gemeinden von der Centralbehörde des Bundesstaats kostenfrei geliefert.

§. 9. In den Standesamtsbezirken, welche aus mehreren Gemeinden gebildet sind, wird die den Standesbeamten oder den Stellvertretern zu gewährende Entschädigung und der Betrag der sächlichen Kosten auf die einzelnen betheiligten Gemeinden nach dem Maßstabe der Seelenzahl vertheilt.

§. 10. Den Gemeinden im Sinne dieses Gesetzes werden die außerhalb der Gemeinden stehenden Gutsbezirke, den Gemeindevorstehern die Vorsteher dieser Bezirke gleich geachtet.

§. 11. Die Aufsicht über die Amtsführung der Standesbeamten wird von der unteren Verwaltungsbehörde, in höherer Instanz von der Verwaltungsbehörde geübt, insoweit die Landesgesetze nicht andere Aufsichtsbehörden bestimmen.

Die Aufsichtsbehörde ist befugt, gegen den Standesbeamten Warnungen, Verweise und Geldstrafen zu verhängen. Letztere dürfen für jeden einzelnen Fall den Betrag von einhundert Mark nicht übersteigen.

Lehnt der Standesbeamte die Vornahme einer Amtshandlung ab, so kann er dazu auf Antrag der Betheiligten durch das Gericht angewiesen werden. Zuständig ist das Gericht erster Instanz, in dessen Bezirk der Standesbeamte seinen

Amtssitz hat. Das Verfahren und die Beschwerdeführung regelt sich, insoweit die Landesgesetze nicht ein Anderes bestimmen, nach den Vorschriften, welche in Sachen der nichtstreitigen Gerichtsbarkeit gelten.

§. 12. Von jedem Standesbeamten sind drei Standesregister unter der Bezeichnung: Geburtsregister, Heirathsregister, Sterberegister zu führen.

§. 13. Die Eintragungen in die Standesregister erfolgen unter fortlaufenden Nummern und ohne Abkürzungen. Unvermeidliche Zwischenräume sind durch Striche auszufüllen, die wesentlichen Zahlenangaben mit Buchstaben zu schreiben.

Die auf mündliche Anzeige oder Erklärung erfolgenden Eintragungen sollen enthalten:

1) den Ort und Tag der Eintragung;
2) die Bezeichnung der Erschienenen;
3) den Vermerk des Standesbeamten, daß und auf welche Weise er sich die Ueberzeugung von der Persönlichkeit der Erschienenen verschafft hat;
4) den Vermerk, daß die Eintragung den Erschienenen vorgelesen und von denselben genehmigt ist;
5) die Unterschrift der Erschienenen und, falls sie schreibensunkundig oder zu schreiben verhindert sind, ihr Handzeichen oder die Angabe des Grundes, aus welchem sie dieses nicht beifügen konnten;
6) die Unterschrift des Standesbeamten.

Die auf schriftliche Anzeige erfolgenden Eintragungen zu bewirken und durch die Unterschrift des Standesbeamten zu vollziehen.

Zusätze, Löschungen und Abänderungen sind am Rande zu vermerken und gleich der Eintragung selbst besonders zu vollziehen.

§. 14. Von jeder Eintragung in das Register ist von dem Standesbeamten an demselben Tage eine von ihm zu beglaubigende Abschrift in ein Nebenregister einzutragen.

Nach Ablauf des Kalenderjahres hat der Standesbeamte jedes Haupt- und jedes Nebenregister unter Vermerkung der Zahl der darin enthaltenen Eintragungen abzuschließen und das Nebenregister der Aufsichtsbehörde einzureichen; die letztere hat dasselbe nach erfolgter Prüfung dem Gerichte erster Instanz zur Aufbewahrung zuzustellen.

Eintragungen, welche nach Einreichung des Nebenregisters in dem Hauptregister gemacht werden, sind gleichzeitig der Aufsichtsbehörde in beglaubigter Abschrift mitzutheilen. Die letztere hat zu veranlassen, daß diese Eintragungen dem Nebenregister beigeschrieben werden.

§. 15. Die ordnungsmäßig geführten Standesregister (§§. 12 bis 14) beweisen diejenigen Thatsachen, zu deren Beurkundung sie bestimmt und welche in ihnen eingetragen sind, bis der Nachweis der Fälschung, der unrichtigen Eintragung oder der Unrichtigkeit der Anzeigen und Feststellungen, auf Grund deren die Eintragung stattgefunden hat, erbracht ist [1]).

Dieselbe Beweiskraft haben die Auszüge, welche als gleichlautend mit dem Haupt- oder Nebenregister bestätigt und mit der Unterschrift und dem Dienstsiegel des Standesbeamten oder des zuständigen Gerichtsbeamten versehen sind.

Inwiefern durch Verstöße gegen die Vorschriften dieses Gesetzes über Art und Form der Eintragungen die Beweiskraft aufgehoben oder geschwächt wird, ist nach freiem richterlichen Ermessen zu beurtheilen.

§. 16. Die Führung der Standesregister und die darauf bezüglichen Verhandlungen erfolgen kosten- und stempelfrei.

Gegen Zahlung der nach dem angehängten Tarife zulässigen Gebühren müssen die Standesregister jedermann zur Einsicht vorgelegt, sowie die beglaubigte Auszüge (§. 15) aus denselben ertheilt werden. In amtlichem Interesse und bei Unvermögen der Betheiligten ist die Einsicht der Register und die Ertheilung der Auszüge gebührenfrei zu gewähren.

Jeder Auszug einer Eintragung muß auch die zu derselben gehörigen Ergänzungen und Berichtigungen enthalten.

Zweiter Abschnitt.

Beurkundung der Geburten.

§. 17. Jede Geburt eines Kindes ist innerhalb einer Woche dem Standesbeamten des Bezirks, in welchem die Niederkunft stattgefunden hat, anzuzeigen.

§. 18. Zur Anzeige sind verpflichtet:

1) der eheliche Vater;
2) die bei der Niederkunft zugegen gewesene Hebamme;
3) der dabei zugegen gewesene Arzt;
4) jede andere dabei zugegen gewesene Person;
5) die Mutter, sobald sie dazu im Stande ist.

Jedoch tritt die Verpflichtung der in der vorstehenden Reihenfolge später genannten Personen nur dann ein, wenn ein früher genannter Verpflichteter nicht vorhanden oder derselbe an der Erstattung der Anzeige verhindert ist.

§. 19. Die Anzeige ist mündlich von dem Verpflichteten selbst oder durch eine andere aus eigener Wissenschaft unterrichtete Person zu machen.

§. 20. Bei Geburten, welche sich in öffentlichen Entbindungs-, Hebammen-, Kranken-, Gefangen- und ähnlichen Anstalten, sowie in Kasernen ereignen, trifft die Verpflichtung zur Anzeige ausschließlich den Vorsteher der Anstalt oder den

[1]) Diese Vorschrift ist durch die Reichs-Civilprozeß-Ordnung vom 30. Januar 1877 nicht berührt; s. Einführungsgesetz vom 30. Januar 1877 §. 16 Nr. 2.

von der zuständigen Behörde ermächtigten Beamten. Es genügt eine schriftliche Anzeige in amtlicher Form.

§. 21. Der Standesbeamte ist verpflichtet, sich von der Richtigkeit der Anzeige (§§. 17 bis 20), wenn er dieselbe zu bezweifeln Anlaß hat, in geeigneter Weise Ueberzeugung zu verschaffen.

§. 22. Die Eintragung des Geburtsfalles soll enthalten:

1) Vor- und Familiennamen, Stand oder Gewerbe und Wohnort des Anzeigenden;
2) Ort, Tag und Stunde der Geburt;
3) Geschlecht des Kindes;
4) Vornamen des Kindes;
5) Vor- und Familiennamen, Religion, Stand oder Gewerbe und Wohnort der Eltern.

Bei Zwillings- oder Mehrgeburten ist die Eintragung für jedes Kind besonders und so genau zu bewirken, daß die Zeitfolge der verschiedenen Geburten ersichtlich ist.

Standen die Vornamen des Kindes zur Zeit der Anzeige noch nicht fest, so sind dieselben nachträglich und längstens binnen zwei Monaten nach der Geburt anzuzeigen. Ihre Eintragung erfolgt am Rande der ersten Eintragung.

§. 23. Wenn ein Kind todgeboren oder in der Geburt verstorben ist, so muß die Anzeige spätestens am nächstfolgenden Tage geschehen. Die Eintragung ist alsdann mit dem im §. 22 unter Nr. 1 bis 3 und 5 angegebenen Inhalte nur im Sterberegister zu machen.

§. 24. Wer ein neugeborenes Kind findet, ist verpflichtet, hiervon spätestens am nächstfolgenden Tage Anzeige bei der Ortspolizeibehörde zu machen. Die Letztere hat die erforderlichen Ermittelungen vorzunehmen und dem Standesbeamten des Bezirks von dem Ergebniß Behufs Eintragung in das Geburtsregister Anzeige zu machen.

Die Eintragung soll enthalten die Zeit, den Ort und die Umstände des Auffindens, die Beschaffenheit und die Kennzeichen der bei dem Kinde vorgefundenen Kleider und sonstigen Gegenstände, die körperlichen Merkmale des Kindes, sein vermuthliches Alter, sein Geschlecht, die Behörde, Anstalt oder Person, bei welcher das Kind untergebracht worden, und die Namen, welche ihm beigelegt werden.

§. 25. Die Anerkennung eines unehelichen Kindes darf in das Geburtsregister nur dann eingetragen werden, wenn dieselbe vor dem Standesbeamten oder in einer gerichtlich oder notariell aufgenommenen Urkunde erklärt ist.

§. 26. Wenn die Feststellung der Abstammung eines Kindes erst nach Eintragung des Geburtsfalles erfolgt oder die Standesrechte durch Legitimation,

Annahme an Kindesstatt oder in anderer Weise eine Veränderung erleiden, so ist dieser Vorgang, sofern er durch öffentliche Urkunden nachgewiesen wird, auf Antrag eines Betheiligten am Rande der über den Geburtsfall vorgenommenen Eintragung zu vermerken.

§. 27. Wenn die Anzeige eines Geburtsfalles über drei Monate verzögert wird, so darf die Eintragung nur mit Genehmigung der Aufsichtsbehörde nach Ermittelung des Sachverhalts erfolgen.

Die Kosten dieser Ermittelung sind von demjenigen einzuziehen, welcher die rechtzeitige Anzeige versäumt hat.

Dritter Abschnitt.
Erfordernisse der Eheschließung.

§. 28. Zur Eheschließung ist die Einwilligung und die Ehemündigkeit der Eheschließenden erforderlich.

Die Ehemündigkeit des männlichen Geschlechts tritt mit dem vollendeten zwanzigsten Lebensjahre, die des weiblichen Geschlechts mit dem vollendeten sechszehnten Lebensjahre ein. Dispensation ist zulässig [1]).

§. 29. Eheliche Kinder bedürfen zur Eheschließung, so lange der Sohn das fünfundzwanzigste, die Tochter das vierundzwanzigste Lebensjahr nicht vollendet hat, der Einwilligung des Vaters, nach dem Tode des Vaters der Einwilligung der Mutter und wenn sie minderjährig sind, auch des Vormundes.

Sind beide Eltern verstorben, so bedürfen Minderjährige der Einwilligung des Vormundes.

Dem Tode des Vaters oder der Mutter steht es gleich, wenn dieselben zur Abgabe einer Erklärung dauernd außer Stande sind, oder ihr Aufenthalt dauernd unbekannt ist.

Eine Einwilligung des Vormundes ist für diejenigen Minderjährigen nicht erforderlich, welche nach Landesrecht einer Vormundschaft nicht unterliegen.

Inwiefern die Wirksamkeit einer Vormundschaftsbehörde oder eines Familienrathes stattfinden, bestimmt sich nach Landesrecht [2]).

§. 30. Auf uneheliche Kinder finden die im vorhergehenden Paragraphen für vaterlose eheliche Kinder gegebenen Bestimmungen Anwendung.

§. 31. Bei angenommenen Kindern tritt an Stelle des Vaters (§. 29) derjenige, welcher an Kindesstatt angenommen hat. Diese Bestimmung findet in denjenigen Theilen des Bundesgebietes keine Anwendung, in welchen durch eine Annahme an Kindesstatt die Rechte der väterlichen Gewalt nicht begründet werden können.

---

[1]) S. Note zu §. 40.

[2]) Vgl. die Vormundschafts-Ordnung vom 5. Juli 1875 §§. 41 und 42, 75 fg.

§. 42. Zuständig ist der Standesbeamte, in dessen Bezirk einer der Verlobten seinen Wohnsitz hat oder sich gewöhnlich aufhält. Unter mehreren zuständigen Standesbeamten haben die Verlobten die Wahl.

Eine nach den Vorschriften dieses Gesetzes geschlossene Ehe kann nicht aus dem Grunde angefochten werden, weil der Standesbeamte nicht der zuständige gewesen ist.

§. 43. Auf schriftliche Ermächtigung des zuständigen Standesbeamten darf die Eheschließung auch vor dem Standesbeamten eines anderen Orts stattfinden.

§. 44. Der Eheschließung soll ein Aufgebot vorhergehen.

Für die Anordnung desselben ist jeder Standesbeamte zuständig, vor welchem nach §. 42 Abs. 1 die Ehe geschlossen werden kann.

§. 45. Vor Anordnung des Aufgebots sind dem Standesbeamten (§. 44) die zur Eheschließung gesetzlich nothwendigen Erfordernisse als vorhanden nachzuweisen.

Insbesondere haben die Verlobten in beglaubigter Form beizubringen:

1) ihre Geburtsurkunden,
2) die zustimmende Erklärung derjenigen, deren Einwilligung nach dem Gesetze erforderlich ist.

Der Beamte kann die Beibringung dieser Urkunden erlassen, wenn ihm die Thatsachen, welche durch dieselben festgestellt werden sollen, persönlich bekannt oder sonst glaubhaft nachgewiesen sind. Auch kann er von unbedeutenden Abweichungen in den Urkunden, beispielsweise von einer verschiedenen Schreibart der Namen oder einer Verschiedenheit der Vornamen absehen, wenn in anderer Weise die Persönlichkeit der Betheiligten festgestellt wird.

Der Beamte ist berechtigt, den Verlobten die eidesstattliche Versicherung über die Richtigkeit der Thatsachen abzunehmen, welche durch die vorliegenden Urkunden oder die sonst beigebrachten Beweismittel ihm nicht als hinreichend festgestellt erscheinen.

§. 46. Das Aufgebot ist bekannt zu machen:

1) in der Gemeinde oder in den Gemeinden, woselbst die Verlobten ihren Wohnsitz haben;
2) wenn einer der Verlobten seinen gewöhnlichen Aufenthalt außerhalb seines gegenwärtigen Wohnsitzes hat, auch in der Gemeinde seines jetzigen Aufenthalts;
3) wenn einer der Verlobten seinen Wohnsitz innerhalb der letzten sechs Monate gewechselt hat, auch in der Gemeinde seines früheren Wohnsitzes.

Die Bekanntmachung hat die Vor- und Familiennamen, den Stand oder das Gewerbe und den Wohnort der Verlobten und ihrer Eltern zu enthalten.

Sie ist während zweier Wochen an dem Raths- oder Gemeindehause, oder an der sonstigen, zu Bekanntmachungen der Gemeindebehörde bestimmten Stelle auszuhängen.

§. 47. Ist einer der Orte, an welchem nach §. 46 das Aufgebot bekannt zu machen ist, im Auslande belegen, so ist an Stelle des an diesem Orte zu bewirkenden Aushanges die Bekanntmachung auf Kosten des Antragstellers einmal in ein Blatt einzurücken, welches an dem ausländischen Orte erscheint oder verbreitet ist. Die Eheschließung ist nicht vor Ablauf zweier Wochen nach dem Tage der Ausgabe der betreffenden Nummer des Blattes zulässig.

Es bedarf dieser Einrückung nicht, wenn eine Bescheinigung der betreffenden ausländischen Ortsbehörde dahin beigebracht wird, daß ihr von dem Bestehen eines Ehehindernisses nichts bekannt sei.

§. 48. Kommen Ehehindernisse zur Kenntniß des Standesbeamten, so hat er die Eheschließung abzulehnen.

§. 49. Soll die Ehe vor einem andern Standesbeamten, als demjenigen geschlossen werden, welcher das Aufgebot angeordnet hat, so hat der letztere eine Bescheinigung dahin auszustellen, daß und wann das Aufgebot vorschriftsmäßig erfolgt ist und daß Ehehindernisse nicht zu seiner Kenntniß gekommen sind.

§. 50. Die Befugniß zur Dispensation von dem Aufgebot steht nur dem Staate zu. Ueber die Ausübung dieser Befugniß haben die Landesregierungen zu bestimmen [1]).

Wird eine lebensgefährliche Krankheit, welche einen Aufschub der Eheschließung nicht gestattet, ärztlich bescheinigt, so kann der Standesbeamte (§. 42 Abs. 1) auch ohne Aufgebot die Eheschließung vornehmen.

§. 51. Das Aufgebot verliert seine Kraft, wenn seit dessen Vollziehung sechs Monate verstrichen sind, ohne daß die Ehe geschlossen worden ist.

§. 52. Die Eheschließung erfolgt in Gegenwart von zwei Zeugen durch die an die Verlobten einzeln und nach einander gerichtete Frage des Standesbeamten:

ob sie erklären, daß sie die Ehe mit einander eingehen wollen,

durch die bejahende Antwort der Verlobten und den hierauf erfolgenden Ausspruch des Standesbeamten, daß er sie nunmehr kraft des Gesetzes für rechtmäßig verbundene Eheleute erkläre.

---

[1]) Zufolge Königl. Verordnung vom 8. Jan. 1876 kann eine Befreiung vom Aufgebote in allen Fällen durch den Minister des Innern erfolgen. In dringenden Fällen kann der Vorsitzende der Aufsichtsbehörde eine Abkürzung der für die Bekanntmachungen bestimmten Fristen (§§. 46, 47) gestatten und bei vorhandener Lebensgefahr von dem Aufgebote ganz entbinden.

§. 53. Als Zeugen sollen nur Großjährige zugezogen werden. Verwandtschaft und Schwägerschaft zwischen den Betheiligten und den Zeugen unter einander steht deren Zuziehung nicht entgegen.

§. 54. Die Eintragung in das Heirathsregister soll enthalten:

1) Vor- und Familiennamen, Religion, Alter, Stand oder Gewerbe, Geburts- und Wohnort der Eheschließenden;
2) Vor- und Familiennamen, Stand oder Gewerbe, und Wohnort ihrer Eltern;
3) Vor- und Familiennamen, Alter, Stand oder Gewerbe und Wohnort der zugezogenen Zeugen;
4) die Erklärung der Eheschließenden;
5) den Ausspruch des Standesbeamten.

Ueber die erfolgte Eheschließung ist den Eheleuten sofort eine Bescheinigung auszustellen.

§. 55. Ist eine Ehe für aufgelöst, ungültig oder nichtig erklärt worden, so ist dies am Rande der über die Eheschließung bewirkten Eintragung zu vermerken.

Die landesgesetzlichen Vorschriften, nach welchen es zur Trennung einer Ehe einer besonderen Erklärung und Beurkundung vor dem Standesbeamten bedarf, werden hierdurch nicht berührt.

Fünfter Abschnitt.

Beurkundung der Sterbefälle.

§. 56. Jeder Sterbefall ist spätestens am nächstfolgenden Wochentage dem Standesbeamten des Bezirks, in welchem der Tod erfolgt ist, anzuzeigen.

§. 57. Zu der Anzeige verpflichtet ist das Familienhaupt, und wenn ein solches nicht vorhanden oder an der Anzeige behindert ist, derjenige, in dessen Wohnung oder Behausung der Sterbefall sich ereignet hat.

§. 58. Die §§. 19 bis 21 kommen auch in Beziehung auf die Anzeige der Sterbefälle zur Anwendung.

Findet eine amtliche Ermittelung über den Todesfall statt, so erfolgt die Eintragung auf Grund der schriftlichen Mittheilung der zuständigen Behörde.

§. 59. Die Eintragung des Sterbefalles soll enthalten:

1) Vor- und Familiennamen, Stand oder Gewerbe und Wohnort des Anzeigenden;
2) Ort, Tag und Stunde des erfolgten Todes;
3) Vor- und Familiennamen, Religion, Alter, Stand oder Gewerbe, Wohnort und Geburtsort des Verstorbenen;
4) Vor- und Familiennamen seines Ehegatten, oder Vermerk, daß der Verstorbene ledig gewesen sei;

5) Vor- und Familiennamen, Stand oder Gewerbe und Wohnort der Eltern des Verstorbenen.

Soweit diese Verhältnisse unbekannt sind, ist dies bei der Eintragung zu vermerken.

§. 60. Ohne Genehmigung der Ortspolizeibehörde darf keine Beerdigung vor der Eintragung des Sterbefalles in das Sterberegister stattfinden. Ist die Beerdigung dieser Vorschrift entgegen geschehen, so darf die Eintragung des Sterbefalles nur mit Genehmigung der Aufsichtsbehörde nach Ermittelung des Sachverhaltes erfolgen.

Sechster Abschnitt.

Beurkundung des Personenstandes der auf See befindlichen Personen.

§. 61. Geburten und Sterbefälle, welche sich auf Seeschiffen während der Reise ereignen, sind nach den Vorschriften dieses Gesetzes spätestens am nächstfolgenden Tage nach der Geburt oder dem Todesfall von dem Schiffer, unter Zuziehung von zwei Schiffsoffizieren oder anderen glaubhaften Personen, in dem Tagebuch zu beurkunden. Bei Sterbefällen ist zugleich die muthmaßliche Ursache des Todes zu vermerken.

§. 62. Der Schiffer hat zwei von ihm beglaubigte Abschriften der Urkunden demjenigen Seemannsamte, bei dem es zuerst geschehen kann, zu übergeben. Eine dieser Abschriften ist bei dem Seemannsamte aufzubewahren, die andere ist demjenigen Standesbeamten, in dessen Bezirk die Eltern des Kindes, beziehungsweise der Verstorbene ihren Wohnsitz haben oder zuletzt gehabt haben, Behufs der Eintragung in das Register zuzufertigen.

§. 63. Ist der Schiffer verstorben oder verhindert, so hat der Steuermann die in §§. 61 und 62 dem Schiffer auferlegten Verpflichtungen zu erfüllen.

§. 64. Sobald das Schiff in den inländischen Hafen eingelaufen ist, in welchem es seine Fahrt beendet, ist das Tagebuch der für den Standesbeamten des Hafenorts zuständigen Aufsichtsbehörde vorzulegen.

Diese hat beglaubigte Abschrift der in das Tagebuch eingetragenen Standesurkunde dem Standesbeamten, in dessen Register der Fall gehört (§. 62), Behufs Kontrolirung der Eintragungen zuzustellen.

Siebenter Abschnitt.

Berichtigung der Standesregister.

§. 65. Die Berichtigung einer Eintragung in dem Standes-Register kann nur auf Grund gerichtlicher Anordnung erfolgen. Sie geschieht durch Beischreibung eines Vermerks am Rande der zu berichtigenden Eintragung.

§. 66. Für das Berichtigungsverfahren gelten, insoweit die Landesgesetze nicht ein Anderes bestimmen, die nachstehenden Vorschriften.

Die Aufsichtsbehörde hat, wenn ein Antrag auf Berichtigung gestellt wird, oder wenn sie eine solche von Amtswegen für erforderlich erachtet, die Betheiligten zu hören und geeignetenfalls eine Aufforderung durch ein öffentliches Blatt zu erlassen. Die abgeschlossenen Verhandlungen hat sie demnächst dem Gerichte erster Instanz vorzulegen. Dieses kann noch weitere thatsächliche Aufklärungen veranlassen und geeignetenfalls den Antragsteller auf den Prozeßweg verweisen.

Im Uebrigen finden die für Sachen der nichtstreitigen Gerichtsbarkeit geltenden Vorschriften Anwendung.

Achter Abschnitt.

Schlußbestimmungen.

§. 67. Ein Geistlicher oder anderer Religionsdiener, welcher zu den religiösen Feierlichkeiten einer Eheschließung schreitet, bevor ihm nachgewiesen worden ist, daß die Ehe vor dem Standesbeamten geschlossen sei, wird mit Geldstrafe bis zu dreihundert Mark oder mit Gefängniß bis zu drei Monaten bestraft.

§. 68. Wer den in den §§. 17 bis 20, 22 bis 24, 56 bis 58 vorgeschriebenen Anzeigepflichten nicht nachkommt, wird mit Geldstrafe bis zu einhundertfünfzig Mark oder mit Haft bestraft. Die Strafverfolgung tritt nicht ein, wenn die Anzeige, obwohl nicht von den zunächst Verpflichteten, doch rechtzeitig gemacht worden ist.

Die bezeichnete Strafe trifft auch den Schiffer oder Steuermann, welcher den Vorschriften der §§. 61 bis 64 zuwiderhandelt.

Die Standesbeamten sind außerdem befugt, die zu Anzeigen oder zu sonstigen Handlungen auf Grund dieses Gesetzes Verpflichteten hierzu durch Geldstrafen anzuhalten, welche für jeden einzelnen Fall den Betrag von fünfzehn Mark nicht übersteigen dürfen.

§. 69. Ein Standesbeamter, welcher unter Außerachtlassung der in diesem Gesetze gegebenen Vorschriften eine Eheschließung vollzieht, wird mit Geldstrafe bis zu sechshundert Mark bestraft.

§. 70. Gebühren und Geldstrafen, welche in Gemäßheit dieses Gesetzes zur Erhebung gelangen, fließen, insoweit die Landesgesetze nicht ein Anderes bestimmen, den Gemeinden zu, welche die sächlichen Kosten der Standesämter (§§. 8, 9) zu tragen haben.

§. 71. In welcher Weise die Verrichtungen der Standesbeamten in Bezug auf solche Militärpersonen wahrzunehmen sind, welche ihr Standquartier nicht innerhalb des Deutschen Reichs, oder dasselbe nach eingetretener Mobilmachung verlassen haben, oder welche sich auf den in Dienst gestellten Schiffen oder anderen Fahrzeugen der Marine befinden, wird durch Kaiserliche Verordnung bestimmt [1]).

§. 72. Für die Landesherren und die Mitglieder der landesherrlichen Familien, sowie der Fürstlichen Familie Hohenzollern, erfolgt die Ernennung der Standesbeamten und die Bestimmung über die Art der Führung und Aufbewahrung der Standesregister durch Anordnung des Landesherrn.

In Betreff der Stellvertretung der Verlobten und in Betreff des Aufgebots entscheidet die Observanz.

Im Uebrigen werden in Ansehung der Mitglieder dieser Häuser die auf Hausgesetzen oder Observanz beruhenden Bestimmungen über die Erfordernisse der Eheschließung und über die Gerichtsbarkeit in Ehesachen nicht berührt.

§. 73. Den mit der Führung der Standesregister oder Kirchenbücher bisher betraut gewesenen Behörden und Beamten verbleibt die Berechtigung und Verpflichtung, über die bis zur Wirksamkeit dieses Gesetzes eingetragenen Geburten, Heirathen und Sterbefälle Zeugnisse zu ertheilen.

§. 74. Unberührt bleiben die landesgesetzlichen Vorschriften, welche

1) Geistlichen und Kirchendienern aus Anlaß der Einführung der bürgerlichen Standesregister und der bürgerlichen Form der Eheschließung einen Anspruch auf Entschädigung gewähren [2]);
2) bestimmten Personen die Pflicht zu Anzeigen von Geburts- und Todesfällen auferlegen.

Wo die Zulässigkeit der Ehe nach den bestehenden Landesgesetzen von einem Aufgebote abhängig ist, welches durch andere bürgerliche Beamte als die Standesbeamten vollzogen wird, vertritt dieses die Stelle des von den Standesbeamten anzuordnenden Aufgebots.

§. 75. Innerhalb solcher Grenzparteien, deren Bezirk sich in das Ausland erstreckt, bleibt das bestehende Recht für die Beurkundung derjenigen Geburten und Sterbefälle, sowie für die Form und Beurkundung derjenigen Eheschließungen maßgebend, für welche ein Standesbeamter nach den Vorschriften dieses Gesetzes nicht zuständig, dagegen nach dem bestehenden Recht die Zuständigkeit des Geistlichen begründet ist.

---

[1]) S. Kaiserliche Verordnung vom 4. November 1875: Sterbefälle von Militärpersonen auf den in Dienst gestellten Schiffen oder anderen Fahrzeugen der Kaiserlichen Marine sind von dem zuständigen Marine-Stations-Kommando unter Uebersendung der darüber von dem Kommando des Schiffs oder Fahrzeugs aufgenommenen Urkunden dem Standesbeamten, in dessen Bezirk der Verstorbene seinen letzten Wohnsitz gehabt hat, anzuzeigen und auf Grund dieser Anzeige in das Sterberegister einzutragen.

[2]) S. das Preußische Gesetz vom 9. März 1874 §. 54.

Im Geltungsgebiet des Preußischen Gesetzes vom 9. März 1874 ist unter dem bestehenden Recht dasjenige Recht zu verstehen, welches vor dem Inkrafttreten jenes Gesetzes maßgebend war.

§. 76. In streitigen Ehe- und Verlöbnißsachen sind die bürgerlichen Gerichte ausschließlich zuständig. Eine geistliche und eine durch die Zugehörigkeit zu einem Glaubensbekenntniß bedingte Gerichtsbarkeit findet nicht statt [1].

§. 77. Wenn nach dem bisherigen Rechte auf beständige Trennung der Ehegatten von Tisch und Bett zu erkennen sein würde, ist fortan die Auflösung des Bandes der Ehe auszusprechen.

Ist vor dem Tage, an welchem dieses Gesetz in Kraft tritt auf beständige Trennung von Tisch und Bett erkannt worden, so kann, wenn eine Wiedervereinigung der getrennten Ehegatten nicht stattgefunden hat, jeder derselben auf Grund des ergangenen Urtheils die Auflösung des Bandes der Ehe im ordentlichen Prozeßverfahren beantragen.

§. 78. Ehestreitigkeiten, welche in Baiern vor dem Tage, an welchem dieses Gesetz daselbst in Kraft tritt, durch Zustellung des Beschlusses über Zulässigkeit der Klage anhängig geworden sind, werden von dem mit der Sache befaßten Gericht bis zur rechtskräftigen Entscheidung nach Maßgabe der bisher geltenden Gesetze durchgeführt.

Daselbst kann die Auflösung der Ehe auf Grund eines die beständige Trennung von Tisch und Bett verfügenden Urtheils geltend gemacht werden, nachdem das Gericht auf Anrufen eines Ehegatten in dem nach Art. 675, Abs. 1 und 2 der Prozeßordnung in bürgerlichen Rechtsstreitigkeiten vom 29. April 1869 vorgesehenen Verfahren die Auflösung des Bandes der Ehe ausgesprochen hat.

Das Verfahren in streitigen Ehesachen richtet sich in Baiern in den rechtsrheinischen Gebietstheilen nach den Bestimmungen des Hauptstückes XXVI der genannten Prozeßordnung, in der Pfalz nach den Bestimmungen des Art. 69 des Gesetzes über die Einführung dieser Prozeßordnung [2].

§. 79. Dieses Gesetz tritt mit dem 1. Januar 1876 in Kraft. Es bleibt den Landesregierungen überlassen, das ganze Gesetz oder auch den dritten Abschnitt und §. 77 im Verordnungswege früher einzuführen.

§. 80. Die vor dem Tage, an welchem dieses Gesetz in Kraft tritt, nach den Vorschriften des bisherigen Rechts ergangenen Aufgebote behalten ihre Wirksamkeit.

---

[1] S. bezüglich des gerichtlichen Verfahrens in Ehesachen Reichs-Civilprozeßordnung vom 30. Januar 1877 §§. 568 ff. S. auch die Verordnung über das Verfahren in Civilprozessen rc. vom 24. Juni 1867 (Ges.-Samml. S. 885) §. 86.

[2] §. 78 Abs. 3 tritt zufolge §. 13 Nr. 6 des Einführungsgesetzes zur Reichs-Civil-Prozeßordnung vom 30. Januar 1877 demnächst außer Kraft.

§. 81. Auf Geburts- und Sterbefälle, welche sich vor dem Tage, an welchem dieses Gesetz in Kraft tritt, ereignet haben, an diesem Tage aber noch nicht eingetragen sind, findet das gegenwärtige Gesetz mit der Maßgabe Anwendung, daß der Lauf der vorgeschriebenen Anzeigefristen mit dem Tage beginnt, an welchem dieses Gesetz in Kraft tritt.

Ein Gleiches gilt für den Fall, daß auch nur die Vornamen eines Kindes an diesem Tage noch nicht eingetragen sind.

§. 82. Die kirchlichen Verpflichtungen in Beziehung auf Taufe und Trauung werden durch dieses Gesetz nicht berührt.

§. 83. Die zur Ausführung dieses Gesetzes erforderlichen Bestimmungen werden, soweit dieselben nicht durch eine vom Bundesrathe erlassene Ausführungs-Verordnung getroffen werden, von den einzelnen Landesregierungen erlassen.

§. 84. Welche Behörden in jedem Bundesstaate unter der Bezeichnung: höhere Verwaltungsbehörde, untere Verwaltungsbehörde, Gemeindebehörde, Gemeindevorstand, Gericht erster Instanz zu verstehen sind, wird von der Centralbehörde des Bundesstaates bekannt gemacht.

§. 85. Durch dieses Gesetz werden die Bestimmungen des Gesetzes vom 4. Mai 1870, betreffend die Eheschließung und die Beurkundung des Personenstandes von Reichsangehörigen im Auslande [1]), nicht berührt.

Der Reichskanzler kann einem diplomatischen Vertreter oder einem Konsul des Deutschen Reichs die allgemeine Ermächtigung zur Vornahme von Eheschließungen und zur Beurkundung der Geburten, Heirathen und Sterbefälle, wie für Reichsangehörige, so auch für Schutzgenossen ertheilen. Diese Vorschrift tritt mit dem 1. März 1875 in Kraft.

Gebührentarif.

I. Gebührenfrei sind die nach §§. 49 und 54 oder zum Zwecke der Taufe oder der Beerdigung ertheilten Bescheinigungen.

II. An Gebühren kommen zum Ansatz:

1) für Vorlegung der Register zur Einsicht, und zwar für jeden Jahrgang eine halbe Mark, für mehrere Jahrgänge zusammen jedoch höchstens ein und eine halbe Mark;

2) für die schriftliche Ermächtigung nach §. 43 und für jeden beglaubigten Auszug aus den Registern mit Einschluß der Schreibgebühren eine halbe Mark.

---

[1]) Dieses Gesetz wird hier nicht abgedruckt.

Bezieht sich der Auszug auf mehrere Eintragungen und erfordert derselbe das Nachschlagen von mehr als einem Jahrgange der Register, für jeden weiter nachzuschlagenden Jahrgang noch eine halbe Mark, jedoch zusammen höchstens zwei Mark.

Siebenter Abschnitt.

Staats- und Kommunalsteuerwesen [1].

I. Gesetz, betreffend die Einführung einer Klassen- und klassifizirten Einkommensteuer, vom 1. Mai 1851 [2].

§. 1. Die im §. 1 des allgemeinen Abgaben-Gesetzes vom 30. Mai 1820 unter g angeordnete Klassensteuer, sowie die auf Grund der provisorischen Verordnung vom 4. April 1848 wegen Aufhebung der Mahlsteuer und deren Ersatz durch eine direkte Steuer eingeführten Ersatzsteuern, werden vom 1. Juli d. J. ab aufgehoben. — In den Orten, welche in dem anliegenden Verzeichnisse benannt sind, wird die Mahl- und Schlachtsteuer nach Maßgabe des Gesetzes vom 30. Mai 1820 und der dasselbe erläuternden, ergänzenden und abändernden Bestimmungen forterhoben, beziehungsweise die Mahlsteuer, soweit sie daselbst zur Zeit nicht besteht, von dem 1. Juli d. J. ab wieder eingeführt [3].

§. 2. Statt der aufgehobenen Steuern und beziehungsweise neben der Mahl- und Schlachtsteuer wird vom 1. Juli d. J. ab erhoben: a) in allen nicht mahl- und schlachtsteuerpflichtigen Orten eine neue Klassensteuer von denjenigen Einwohnern, deren jährliches Einkommen den Betrag von 3000 Mark nicht übersteigt, und b) gleichmäßig im ganzen Staate eine klassifizirte Einkommensteuer von allen Einwohnern, deren gesammtes jährliches Einkommen die Summe von 3000 Mark übersteigt; von den Einwohnern mahl- und schlachtsteuerpflichtiger

---

[1]) S. auch oben S. 72 §§. 77 fg., S. 95 §§. 35 fg., S. 149 §. 62.

[2]) Dieses Gesetz ist im ehemaligen Kurfürstenthum Hessen durch Königliche Verordnung vom 28. April 1867 (Gef.-S. S. 538) eingeführt; ebenso durch Verordnung vom 11. Mai 1867 in den zum Regierungsbezirk Wiesbaden vereinigten Landestheilen, sowie dem vormals Großherzoglich Hessischen Kreise Vöhl mit Einschluß der Enklaven Eimelrod und Höringhausen; ferner durch Verordnung vom 4. Juni 1867 in dem vormals Landgräflich Hessen-Homburgischen Oberamtsbezirke Meisenheim und durch Verordnung vom 24. Juni 1867 in den vormals baierischen Gebietstheilen, Bezirksamt Gersfeld und Landgerichtsbezirk Orb ohne Aura.

[3]) S. jetzt das Gesetz, betr. die Aufhebung der Mahl- und Schlachtsteuer, vom 25. Mai 1873.

Orte jedoch unter der Beschränkung, daß jedem Steuerpflichtigen für die gleichzeitig zu entrichtende Mahl- und Schlachtsteuer jährlich die Summe von 60 Mark in Anrechnung gebracht und nur der nach diesem Abzuge übrig bleibende Steuerbetrag zur Einziehung gestellt wird.

§. 3. Einwohner mahl- und schlachtsteuerpflichtiger Orte werden durch den zeitweisen Aufenthalt in einem klassensteuerpflichtigen Bezirk nicht klassensteuerpflichtig; andererseits erlangen Einwohner eines klassensteuerpflichtigen Bezirks durch den zeitweisen Aufenthalt in einem mahl- und schlachtsteuerpflichtigen Orte weder auf den Erlaß der Klassensteuer, noch, soweit sie einkommensteuerpflichtig sind, auf die Bewilligung des Abzugs an der klassifizirten Einkommensteuer für die gleichzeitig zu entrichtende Mahl- und Schlachtsteuer einen Anspruch. Wer einen doppelten Wohnsitz in einem klassensteuerpflichtigen Orte hat, ist stets zur Entrichtung des ganzen Jahresbetrags der auf ihn veranlagten Klassen- und beziehungsweise klassifizirten Einkommensteuer verpflichtet [1]).

§. 4. Die Einführung der Klassensteuer in Stelle der Mahl- und Schlachtsteuer, sowie der letzteren in Stelle der Klassensteuer, kann nur durch ein Gesetz geschehen.

Erster Abschnitt.

Vorschriften für die Veranlagung und Erhebung der Klassensteuer.

§. 5. [In der Fassung des Gesetzes vom 25. März 1873].

Der Klassensteuer sind unterworfen diejenigen Einwohner in nicht mahl- und schlachtsteuerpflichtigen Orten, deren jährliches Einkommen den Betrag von 1000 Thalern nicht übersteigt.

Befreit von der Klassensteuer sind:

a. alle diejenigen Personen, deren Jahreseinkommen (§. 7, Abs. 5) den Betrag von 140 Thalern nicht erreicht;

---

[1]) S. Gesetz vom 25. Mai 1873, Art. 2: Den Offizieren des Heeres und der Marine, Obersten und Beamten der Militär- und Marineverwaltung, welche einkommensteuerpflichtig sind, wird für die Zeit, während welcher sie mobil gemacht sind oder zur immobilen Fußartillerie, zu Ersatzabtheilungen mobiler Truppen oder zu Besatzungen im Kriegszustande befindlicher Festungen gehören, der auf ihr Militärdiensteinkommen veranlagte Betrag der Einkommensteuer, soweit sie aber zur Zeit ihrer Veranlagung ein Militärdiensteinkommen nicht bezogen haben, derjenige Betrag der Einkommensteuer erlassen, welcher 3 Prozent ihres Militärdiensteinkommens entspricht. — Der erstere Anspruch steht unter gleichen Verhältnissen auch den mit Inaktivitätsgehalt entlassenen, den zur Disposition gestellten und den mit Pension verabschiedeten Offizieren des Heeres und der Marine, Aerzten und Beamten der Militär- und Marineverwaltung hinsichtlich des auf ihr Inaktivitätsgehalt oder ihre Pension veranlagten Steuerbetrages zu.

b. Personen vor vollendetem 16. Jahre, soweit sie zu der ersten Stufe (§. 7) gehören;

c. alle zur Friedensstärke des Heeres und der Marine gehörigen Personen des Unteroffizier- und des Gemeinenstandes nebst den in ihrer Haushaltung lebenden Mitgliedern ihrer Familie, insofern sie selbst oder diese ihre Angehörigen nicht aus dem Betriebe eines Gewerbes oder der Landwirthschaft oder aus Grund- oder Kapitalvermögen ein Einkommen von mindestens 140 Thalern haben;

d. die Unteroffiziere und Mannschaften des Beurlaubtenstandes und ihre Familien, sowie alle in Kriegszeiten aufgebotenen oder freiwillig eingetretenen Personen des Unteroffiziers- und Gemeinenstandes und deren Familien in den Monaten, in welchen sie sich im aktiven Dienste befinden;

e. alle Offiziere des Heeres und der Marine, Aerzte und Beamte der Militär- und Marineverwaltung für die Zeit, während welcher sie mobil gemacht sind oder zur immobilien Fuß-Artillerie, zu Ersatzabtheilungen mobiler Truppen oder zu Besatzungen im Kriegszustande befindlicher Festungen gehören [1]);

f. Ausländer, welche sich noch nicht ein volles Jahr an demselben Orte des Inlandes aufgehalten haben, mit Ausnahme derjenigen, welche des Erwerbs wegen ihren Aufenthalt im Inlande nehmen;

g. die Inhaber des eisernen Kreuzes, einschließlich derjenigen, welche diese Auszeichnung auf Grund der Urkunde vom 19. Juli 1870 (G.-S. S. 487) theilhaftig geworden sind, sowie die Inhaber des Militär-Ehrenzeichens erster und zweiter Klasse und die zu dem Hausstande der Inhaber dieser Auszeichnungen gehörigen Familienglieder, soweit sie zu den ersten beiden Stufen (§. 7) gehören;

h. diejenigen, welche, auch ohne besondere Auszeichnung erlangt zu haben, in dem vaterländischen oder als Eingeborene eines damals noch nicht zum Preußischen Staate gehörenden Landestheils in einem verbündeten oder anderen Heere an einem der Feldzüge von 1806 bis 1815 Theil genommen haben, für ihre Person und ihre Angehörigen, soweit sie zu den beiden ersten Stufen (§. 7) gehören.

§. 8. [In der Fassung des Gesetzes vom 25. Mai 1873]. Der Jahresbetrag der aus der Veranlagung der Klassensteuer mit Ausschluß der Zugänge zu erzielenden Solleinnahme wird auf 33,000,000 Mark festgestellt. Eine Abänderung dieses Normalbetrages kann nur durch Gesetz angeordnet werden [2]). — Die

---

[1]) S. die Note zu §. 3.

[2]) Durch Gesetz, betr. die Aufhebung der Mahl- und Schlachtsteuer vom 25. Mai 1873 §. 5 ist der Jahresbetrag der Solleinnahme der Klassensteuer auf 42 Millionen Mark erhöht.

Veranlagung erfolgt nach Maßgabe der im §. 7 festgesetzten Stufensätze. — Wird der Normalbetrag durch den aus der Veranlagung der Klassensteuer sich ergebenden Jahresbetrag der Solleinnahme überstiegen oder nicht erreicht, so findet eine Herabsetzung bezw. Erhöhung des letzteren bis auf den Normaletat statt. — Der Finanzminister veröffentlicht in diesem Falle durch die Gesetz-Sammlung alljährlich bis zum 1. Juni das Ergebniß der Veranlagung und macht zugleich bekannt, wie viel mal 12 Pf. auf je 600 Pf. (3 Mark) der veranlagten Jahressteuer weniger oder mehr zu entrichten sind, um den Normalbetrag zu erhalten. Dabei bleiben Beträge von 6 Pf. und darunter außer Betracht; an Stelle höherer Pfennigsbeträge treten volle 12 Pf. — Der durch die Abrundung der Pfennige oder durch die Reklamation und Rekurse entstehende Ueberschuß oder Ausfall gegen den Normalbetrag wird unter Abrundung auf je 12 Pf. nach Maßgabe der in Alinea 4 enthaltenen Bestimmung im nächstfolgenden Jahre ausgeglichen [1]). — Auf Zugänge im Laufe des Veranlagungsjahres sind die berichtigten Steuersätze zur Anwendung zu bringen.

§. 7. [In der Fassung des Gesetzes vom 25. Mai 1873]. Die Klassensteuer wird in zwölf Stufen erhoben. Die Veranlagung zu diesen Stufen erfolgt nach Maßgabe der Schätzung des jährlichen Einkommens. Es ist jedoch gestattet, besondere, die Leistungsfähigkeit bedingende wirthschaftliche Verhältnisse der einzelnen Steuerpflichtigen (eine große Zahl von Kindern, die Verpflichtung zur Unterhaltung armer Angehöriger, andauernde Krankheit, ferner, insoweit die Leistungsfähigkeit dadurch wesentlich beeinträchtigt wird, Verschuldung und außergewöhnliche Unglücksfälle) zu berücksichtigen. — Sofern der Einzuschätzende der ersten Stufe angehören würde, kann seine vollständige Freilassung erfolgen. — Der Steuersatz beträgt für die Haushaltung wie für den Einzelsteuernden (§. 6) jährlich:

	bei einem Jahreseinkommen von mehr als	bis einschließl.	
	Mk.	Mk.	Mk.
in der 1. Stufe . .	420	660	3
" " 2. " . .	660	900	6
" " 3. [2]) " . .	900	1050	12
" " 4. " . .	1050	1200	15
" " 5. " . .	1200	1350	18
" " 6. " . .	1350	1500	24
" " 7. " . .	1500	1650	30
" " 8. " . .	1650	1800	36

[1]) Abs. 4 und 5 im §. 6 in der Fassung des Gesetzes vom 12. März 1877.

[2]) Durch Gesetz vom 16. Juni 1875, Art. 1, sind die Steuersätze für die 3. Stufe auf 9 Mark und für die 4. Stufe auf 12 Mark herabgesetzt.

	bei einem Jahreseinkommen von mehr als	bis einschließl.	
	Mk.	Mk.	Mk.
in der 9. Stufe . . .	1800	2100	42
„ „ 10. „ . . .	2100	2400	48
„ „ 11. „ . . .	2400	2700	60
„ „ 12. „ . . .	2700	3000	72

Bei Bemessung der Höhe des jährlichen Einkommens sind die in den §§. 28, 29 und 30 dieses Gesetzes vorgeschriebenen Grundsätze zu berücksichtigen.

§. 8. a. Die Hebung geschieht in der Regel nach Haushaltungen; b. zur Haushaltung gehört der Hausherr, oder, wenn Frauen selbstständig eine Wirthschaft führen, die Hausfrau mit ihren Angehörigen, denen sie Wohnung und Unterhalt geben; c. Personen, die mit Gehalt oder Lohn zu Dienstleistungen angenommen sind, sowie die Kostgänger werden nicht zu den Angehörigen einer Haushaltung gezählt; d. Steuerpflichtige, welche weder einer besteuerten Haushaltung angehören, noch eine eigene Haushaltung führen, zahlen den vollen Steuersatz ihrer Steuerstufe.

§. 9. [In der Fassung des Gesetzes vom 25. Mai 1873]. a. Zu den nach dem Klassensteuerfuße aufzubringenden Lasten der kommunalen und anderen öffentlichen Verbände können in Ermangelung sonstiger Befreiungsgründe auch diejenigen Personen herangezogen werden, deren jährliches Einkommen weniger als 420 Mark beträgt und welche nicht im Wege der öffentlichen Armenpflege eine fortlaufende Unterstützung erhalten. Die Veranlagung dieser Steuerpflichtigen erfolgt nach einem für Haushaltungen wie für Einzelsteuernde geltenden fingirten Klassensteuersatze von 1 Mark 50 Pf. jährlich. b. Soweit nach den bestehenden Bestimmungen in Stadt- und Landgemeinden das Bürgerrecht, beziehentlich das Stimm- und Wahlrecht in Gemeinde-Angelegenheiten an die Bedingung eines jährlichen Klassensteuer-Betrages von 9 resp. 12 Mark geknüpft ist, tritt bis zur anderweitigen gesetzlichen Regelung des Gemeinde-Wahlrechts an die Stelle der genannten Sätze der Stufensatz von 6 Mark Klassensteuer. — Ortsstatuten, welche das Wahlrecht an einen höheren Klassensteuersatz als den Betrag von 12 Mark knüpfen, verlieren mit dem 1. Januar 1874 ihre Gültigkeit. Wo solche Ortsstatuten nach bestehenden Kommunal-Ordnungen zulässig sind, kann das Wahlrecht durch neue Ortsstatuten von der Veranlagung zur 2. bis 6. Steuerstufe abhängig gemacht werden. — In den bisher mahl- und schlachtsteuerpflichtigen Städten der östlichen Provinzen können die in §. 5 Nr. 4 Litt. d der Städte-Ordnung vom 30. Mai 1853 bezeichneten Einkommenbeträge, unabhängig von dem Fortbestande der Mahl- und Schlachtsteuer, durch Kommunalbeschluß als Bedingung des Bürgerrechts beibehalten werden.

§. 10. [In der Fassung des Gesetzes vom 25. Mai 1873]. a. Die Einschätzung in die im §. 7 bezeichneten Stufen geschieht von einer Kommission, welche aus dem Gemeindevorstande als Vorsitzenden und Mitgliedern, die von der Gemeindeversammlung, bezw. Gemeindevertretung, gewählt sind, besteht [1]. Bei der Wahl ist darauf zu achten, daß die verschiedenen Klassen der Steuerpflichtigen möglichst gleichmäßig in der Kommission vertreten werden. — In großen Städten können mehrere Einschätzungskommissionen gebildet werden und kann der Gemeindevorstand den Vorsitz in diesen Kommissionen einem der von der Gemeindevertretung gewählten Kommissionsmitglieder übertragen. — Der Gemeindevorstand hat über die Besitz-, Vermögens-, Erwerbs- und sonstigen Einkommensteuerverhältnisse der Steuerpflichtigen, sowie über etwaige besondere, ihre Steuerfähigkeit bedingende wirthschaftliche Verhältnisse, soweit dies ohne tieferes Eindringen geschehen kann, möglichst vollständige Nachrichten einzuziehen; überhaupt alle Merkmale, welche ein Urtheil über die maßgebende Steuerstufe näher zu begründen vermögen, zu sammeln. — Die Einschätzungskommision unterwirft das hiernach von ihrem Vorsitzenden abzugebende Gutachten der Einschätzung unter Benutzung aller ihr sonst zu Gebote stehenden Hülfsmittel einer genauen Prüfung. Dabei ist ebenfalls jedes lästige Eindringen in die Vermögens- und

---

[1]) Gesetz vom 16. Juni 1875, Art. 2: Zum Zwecke der Klassensteuerveranlagung können: 1. Gemeinden und selbstständige Gutsbezirke, welche eine örtlich verbundene Lage haben, miteinander, 2. Gemeinden und selbstständige Gutsbezirke von abgesonderter Lage mit weniger als 500 Einwohnern mit benachbarten Gemeinden durch die Bezirksregierung [Finanzdirektion] unter Zustimmung der Kreisausschüsse, beziehentlich in denjenigen Landestheilen, wo solche nicht vorhanden sind, der Kreisvertretungen, sowie nach vorangegangener Anhörung der Betheiligten zu einem Einschätzungsbezirke vereinigt werden. — Die Einwohnerzahl des kombinirten Einschätzungsbezirks darf in der Regel 1200 Seelen nicht übersteigen. — Für jeden solcher Einschätzungsbezirke wird nur eine Einschätzungskommission [§. 10 a. a. O.] gebildet. — Den Vorsitz in derselben und die hiermit nach §. 10, Lit. a. a. a. O. verbundenen Obliegenheiten hat der von der Bezirksregierung [Finanzdirektion] zu bestimmende Gemeinde- oder Gutsvorsteher beziehungsweise Amtmann oder Bürgermeister zu übernehmen. — Die Mitgliederzahl der Kommission wird auf die einzelnen Gemeinden und Gutsbezirke nach Verhältniß der Einwohnerzahl vertheilt, mit der Maßgabe, daß mindestens ein Mitglied jeder Gemeinde und jedem Gutsbezirke zugetheilt wird. Für Gutsbezirke treten die Vorsteher derselben oder deren Stellvertreter, beziehungsweise ein von dem Gutsvorsteher zu ernennender Einwohner des Einschätzungsbezirks als Mitglied in die Kommission ein. — Sofern auf einen Gutsbezirk mehr als ein Mitglied entfällt, werden das zweite und die ferneren Mitglieder durch den Gutsvorsteher ernannt. — Die sonstigen Obliegenheiten der betheiligten Gemeindevorstände und Gutsvorsteher bezüglich der Klassensteuerveranlagung erleiden keine Aenderung.

Einkommensverhältnisse der einzelnen Steuerpflichtigen zu vermeiden. Nachdem die Prüfung vollzogen ist, hat die Kommission nach den stattgefundenen Ermittelungen oder anderweit bekannten Verhältnissen des einzelnen Steuerpflichtigen die Steuerstufe vorzuschlagen, in welche derselbe zu veranlagen ist. — Die bei dem Einschätzungsgeschäft betheiligten Vorsitzenden der Kommissionen und sonstigen Beamten sind kraft des von ihnen geleisteten Amtseides zur Geheimhaltung der Vermögens- und Einkommensverhältnisse, welche bei diesem Geschäft zu ihrer Kenntniß gelangen, verpflichtet. Die Mitglieder der Kommissionen haben diese Geheimhaltung dem Vorsitzenden mittelst Handschlages an Eidesstatt zu geloben. Die Einschätzungen unterliegen der Vorrevision der Landräthe (Kreishauptmänner, beziehungsweise der Bürgermeister der einen eigenen Kreis bildenden Städte). Die Feststellung der Steuerstufen erfolgt durch die Bezirksregierung (Finanzdirektion). Bei dieser Feststellung der Klassensteuerbeträge darf die Versetzung Steuerpflichtiger in eine höhere Stufe als diejenige ist, in welche sie von den Einschätzungskommissionen veranlagt sind, ohne Weiteres nur, wenn es sich hierbei um die Berichtigung eines offenbaren Schreibfehlers handelt, in allen übrigen Fällen nur nach vorheriger Anhörung der betreffenden Einschätzungskommission erfolgen. b. Von den Gemeindevorständen werden, und zwar in den keinen eigenen Kreis bildenden Städten unter der Leitung der Landräthe (Kreishauptmänner), auch die Jahresrollen und die Ab- und Zugangslisten aufgestellt. c. Die Erhebung geschieht durch die geordneten Steuerempfänger. d. Die Formen der Geschäftsführung werden nach Verschiedenheit der örtlichen Verhältnisse durch besondere Instruktion vorgezeichnet. — Die vorschriftsmäßige Veranlagung und Einziehung der Steuern haben die Bezirksregierungen beziehungsweise die Finanzdirektion zu leiten und zu überwachen.

§. 11. Diejenigen, welche wegen Verlegung ihres Wohnsitzes aus einer mahl- oder schlachtsteuerpflichtigen Stadt oder aus dem Auslande in einen klassensteuerpflichtigen Ort oder aus anderen Gründen steuerpflichtig werden, haben die Klassensteuer von dem nächsten auf den Eintritt der Steuerpflichtigkeit folgenden Monate ab zu entrichten. Der Gemeindevorstand hat in diesen Fällen vorläufig den Satz zu bestimmen, nach welchem die Klassensteuer entrichtet werden muß und welcher demnächst von der Bezirksregierung definitiv festgesetzt wird. — Ebenso sind die wegen Vollendung des sechszigsten Lebensjahres, wegen Verlegung ihres Wohnsitzes in eine mahl- und schlachtsteuerpflichtige Stadt oder in das Ausland oder aus anderen Gründen gesetzlich von der Klassensteuer zu befreienden Personen von dem Monate ab von der Steuer frei zu lassen, welcher auf den Eintritt des die Steuerbefreiung veranlassenden Grundes zunächst folgt. — Bei Umzügen aus einem klassensteuerpflichtigen Orte in einen anderen ist die Klassensteuer für den Monat, in welchem der Umzug erfolgt ist, noch an dem bisherigen Wohnorte des Verziehenden zu entrichten.

§. 12. a. Jeder Eigenthümer eines bewohnten Grundstücks oder dessen Stellvertreter haftet der Behörde, welche das Verzeichniß der steuerpflichtigen Haushaltungen und Einzelnsteuernden aufnimmt, für die richtige Angabe derselben. b. Jedes Familienhaupt ist für die richtige Angabe seiner Angehörigen und aller zu seinem Hausstande gehörigen steuerpflichtigen Personen verantwortlich. c. Jede bei der Aufnahme des Verzeichnisses oder auf sonstige desfallsige Anfragen der Steuerbehörde im Laufe des Jahres unterlassene Angabe einer steuerpflichtigen Person soll, außer der Nachzahlung der rückständigen Steuer, mit einer Geldbuße bis zum vierfachen Jahresbetrage derselben belegt werden. d. Die Untersuchung gegen diejenigen, welche sich einer Uebertretung dieser Bestimmungen schuldig machen, gebührt dem Gerichte, sofern der Steuerpflichtige nicht binnen einer von der Behörde zu bestimmenden Frist die Zahlung der verkürzten Steuer, des von derselben festgesetzten Strafbetrages, sowie der durch das Verfahren gegen ihn entstandenen Kosten, freiwillig leistet.

§. 13. [In der Fassung des Gesetzes vom 25. Mai 1873]. a. Die Bekanntmachung der Steuerrollen erfolgt mit dem Anfange jeden Jahres. b. Sobald die Bekanntmachung geschehen ist, muß der Steuerpflichtige in den ersten 8 Tagen jedes Monats seinen Betrag voraus entrichten. Es hängt von ihm ab, denselben auch für einen längeren Zeitraum bis zum ganzen Jahresbetrage zu bezahlen. — Wenn ein Steuerpflichtiger nach geschehener Veranlagung durch die Gemeindekommission von außergewöhnlichen Unglücksfällen betroffen und dadurch in seinem Nahrungsstande zurückgesetzt wird, kann die Bezirksregierung (Finanzdirektion) auf Vorschlag der Gemeindekommission, um den Steuerpflichtigen in einem leistungsfähigen Zustande zu erhalten, die Steuer bis zur Hälfte des Jahresbetrages erlassen [1]). c. Die Säumigen werden von dem Steuerempfänger aufgefordert, die Zahlung binnen drei Tagen zu leisten, nach deren fruchtlosem Ablauf mit der exekutivischen Beitreibung verfahren wird. d. Spätestens fünf Tage vor dem Ablaufe jedes Monats muß die eingehobene Steuer nebst der Nachweisung der etwa unvermeidlichen Ausfälle und der Reste an die zum weiteren Empfange bestimmte Kasse abgeliefert sein. Die Feststellung bestimmter Zahlungstage für die verschiedenen Steuerempfänger innerhalb dieser Frist ist hierdurch nicht ausgeschlossen. e. Der Steuerempfänger ist für diejenigen Steuern selbst

[1]) Gesetz vom 16. Juni 1875, Art. 3: An Stelle der Vorschrift des 2. Absatzes unter Lit. b. im §. 13 a. a. O., welche hiermit aufgehoben wird, tritt folgende Bestimmung: „Wenn ein Steuerpflichtiger nach geschehener Veranlagung von dem Verluste einer Einnahmequelle oder von außergewöhnlichen Unglücksfällen betroffen und dadurch in seinem Nahrungszustande zurückgesetzt wird, so kann die Bezirksregierung (Finanzdirektion) auf Vorschlag der Einschätzungskommission die Steuer zu einem verhältnißmäßigen Betrage erlassen."

verantwortlich, bei denen er den wirklichen Ausfall oder die fruchtlos verhängte Exekution nicht sofort nachweisen kann, und muß solche vorschußweise zur Kasse entrichten.

§. 14. [In der Fassung des Gesetzes vom 25. Mai 1873]. a. Reklamationen gegen die Klassensteuerveranlagung müssen binnen einer Präklusivfrist von drei Monaten [1]) nach der im §. 13 zu a vorgeschriebenen Bekanntmachung der Steuerrolle, oder bei Veranlagungen im Laufe des Jahres, nach erfolgter Benachrichtigung des Steuerpflichtigen von dem Steuerbetrage bei dem Landrath (Kreishauptmann, bezw. Bürgermeister der Stadtkreise) eingegeben werden. b. Die Zahlung der veranlagten Steuer darf durch die Reklamation nicht aufgehalten werden, muß vielmehr mit Vorbehalt der späteren Erstattung des etwa zu viel Bezahlten zu den bestimmten Terminen (§. 13 zu b.) erfolgen. c. Ueber die angebrachten Reklamationen entscheidet, nach darüber eingeholtem Gutachten einer von der Kreisvertretung, in den Stadtkreisen von der Gemeindevertretung zu wählenden Reklamationskommission, die Bezirksregierung (Finanzdirektion). Tritt die Bezirksregierung (Finanzdirektion) dem Gutachten der Reklamationskommission nicht bei, so erfolgt die Entscheidung durch die Bezirkskommission für die klassifizirte Einkommensteuer (§. 24). Behufs Prüfung der von den Steuerpflichtigen angebrachten Reklamationen hat die Reklamationskommission sowie die Bezirkskommission die Befugniß, eine genaue Feststellung der Vermögens- und Einkommensverhältnisse des Reklamanten zu veranlassen, dem Reklamanten bestimmte Fragen über seine Vermögens- und Einkommensverhältnisse vorzulegen, bezw. ihn aufzufordern, die in seinem Besitze befindlichen Urkunden, Pachtkontrakte, Schuldverschreibungen, Handlungsbücher und so ferner zur Einsicht vorzulegen. Wenn binnen der zu bestimmenden Frist die erforderliche Auskunft nicht ertheilt wird, oder die betreffenden Urkunden u. s. w. nicht vorgelegt werden, so wird — was dem Reklamanten jedesmal bei der Aufforderung zu eröffnen ist — angenommen, daß er die angebrachte Reklamation zu begründen außer Stande sei, und die letztere zurückgewiesen. Auch die Reklamationskommission, sowie die Bezirkskommission, wenn es an anderen Mitteln, die Wahrheit zu ergründen, fehlt, berechtigt, den Reklamanten zur Erklärung an Eidesstatt über die in Betreff seines Einkommens von ihm selbst gemachten Angaben aufzufordern. Sie hat für einen solchen Fall in einer darüber zu erlassenden Entscheidung die eidesstattliche Erklärung wörtlich vorzuschreiben, auch die mindestens achttägige Frist zu bestimmen, nach deren Ablauf diese Erklärung abzugeben ist, widrigenfalls die angebrachte Reklamation als unbegründet zurückzuweisen sein würde. d. Gegen die Entscheidung, welche die Regierung (Finanzdirektion) in Uebereinstimmung

---

[1]) Durch Art. IV. des Gesetzes vom 16. Juni 1875 ist diese Frist auf zwei Monate herabgesetzt.

mit der Reklamationskommission erläßt, und gegen die Entscheidung der Bezirkskommission steht dem Reklamanten der in einer Präklusivfrist von vier Wochen nach dem Empfange der ersteren bei dem Landrathe (Kreishauptmann) einzugebende Rekurs an das Finanzministerium offen. Diesen Rekurs ist auch die Bezirksregierung (Finanzdirektion) innerhalb der angegebenen Frist gegen die Entscheidung der Bezirkskommission einzulegen berechtigt. e. Die Bestimmungen des Gesetzes über die Verjährungsfristen bei öffentlichen Abgaben vom 18. Juni 1840 [hiernächst unter III abgedruckt] finden, soweit nicht das gegenwärtige Gesetz etwas Anderes bestimmt, auch auf die neue Klassensteuer Anwendung.

§. 15. Hinsichtlich der örtlichen Erhebung der Steuer verbleibt es bei den bestehenden Bestimmungen. — Die für die Erhebung zu bewilligenden Gebühren, aus welchen auch alle Nebenkosten der Veranlagung für Papier, Druckformulare u. a. m. zu bestreiten, dürfen den Betrag von vier Prozent der eingezogenen Steuer nicht übersteigen [1]).

Zweiter Abschnitt.

Vorschriften für die Veranlagung und Erhebung der klassifizirten Einkommensteuer.

§. 16. Der klassifizirten Einkommensteuer sind mit Ausnahme der Mitglieder des Königlichen Hauses und der beiden Hohenzollernschen Fürstenhäuser [2]) alle Einwohner des Staats, sowie die im Auslande sich aufhaltenden Staats-Angehörigen unterworfen, welche selbstständig, beziehungsweise unter Hinzurechnung des etwaigen besonderen Einkommens der zu ihrem Haushalte gehörigen Familienglieder ein jährliches Einkommen von mehr als 3000 Mark beziehen [3]).

§. 17. Wegen des Einkommens aus ihrem, im Auslande belegenen Grundeigenthum sind Preußische Staats-Angehörige von der klassifizirten Einkommensteuer freizulassen, wenn sie den Nachweis führen, daß sie wegen jenes Grundeigenthums im Auslande einer gleichartigen Besteuerung unterliegen.

§. 18. Auch Ausländer, welche im Inlande Grundeigenthum besitzen, sind, sofern die Gesammtheit desselben ein Einkommen von mehr als 3000

---

1) Durch Gesetz vom 2. Jan. 1874 § 1 ist der Gebührensatz auf 6 Prozent erhöht. Die zur örtlichen Erhebung der Klassensteuer nicht verpflichteten Gemeinden erhalten zur Bestreitung der Nebenkosten der Veranlagung 3 Prozent der eingezogenen Steuer.

2) Auch die Mitglieder der Fürstenhäuser, welche 1866 entthront sind; s. die Verordnung vom 28. April 1867 §. 8.

3) Die Reichsbank und ihre Zweiganstalten sind im gesammten Reichsgebiete frei von staatlichen Einkommensteuern; Bankgesetz vom 14. März 1875 §. 21.

Mark gewährt, in Ansehung des letzteren zur Entrichtung der klassifizirten Einkommensteuer verpflichtet. Dasselbe gilt von Ausländern, welche im Inlande gewerbliche oder Handels-Anlagen besitzen oder Theilnehmer an solchen sind. — Andere Ausländer sind dieser Steuer nur dann unterworfen, wenn sie sich des Erwerbs wegen oder länger als ein Jahr im Preußischen Staate aufhalten.

§. 19. Die Veranlagung der klassifizirten Einkommensteuer erfolgt lediglich nach Maßgabe des Gesammt-Einkommens, welches dem Steuerpflichtigen aus Grundeigenthum, aus Kapital-Vermögen oder aus Rechten auf periodische Hebungen oder auf Vortheile irgend welcher Art, aus dem Ertrage eines Gewerbes oder irgend einer Art gewinnbringender Beschäftigung zufließt. Nach diesem Einkommen wird jeder Steuerpflichtige zu einer der im §. 20 bezeichneten Steuerstufen dergestalt eingeschätzt, daß der Jahresbetrag seiner Steuer drei Prozent seines Einkommens nicht übersteigt.

§. 20. [In der Fassung des Gesetzes vom 25. Mai 1873]. Die Einkommensteuer beträgt jährlich:

	bei einem Jahreseinkommen von mehr als	bis einschließl.	
	Mk.	Mk.	Mk.
in der 1. Stufe . .	3,000	3,600	90
" " 2. " . .	3,600	4,200	108
" " 3. " . .	4,200	4,800	126
" " 4. " . .	4,800	5,400	144
" " 5. " . .	5,400	6,000	162
" " 6. " . .	6,000	7,200	180
" " 7. " . .	7,200	8,400	216
" " 8. " . .	8,400	9,600	252
" " 9. " . .	9,600	10,800	288
" " 10. " . .	10,800	12,000	324
" " 11. " . .	12,000	14,400	360
" " 12. " . .	14,400	16,800	432
" " 13. " . .	16,800	19,200	504
" " 14. " . .	19,200	21,600	576
" " 15. " . .	21,600	25,200	648
" " 16. " . .	25,200	28,800	756
" " 17. " . .	28,800	32,400	864
" " 18. " . .	32,400	36,000	972
" " 19. " . .	36,000	42,000	1,080
" " 20. " . .	42,000	48,000	1,260
" " 21. " . .	48,000	54,000	1,440

	bei einem Jahreseinkommen von mehr als	bis einschließl.	
	Mk.	Mk.	Mk.
in der 22. Stufe . . .	54,000	60,000	1,620
" " 23. " . . .	60,000	72,000	1,800
" " 24. " . . .	72,000	84,000	2,160
" " 25. " . . .	84,000	96,000	2,520
" " 26. " . . .	96,000	108,000	2,880
" " 27. " . . .	108,000	120,000	3,240
" " 28. " . . .	120,000	144,000	3,600
" " 29. " . . .	144,000	168,000	4,320
" " 30. " . . .	168,000	204,000	5,040
" " 31. " . . .	204,000	240,000	6,120
" " 32. " . . .	240,000	300,000	7,200
" " 33. " . . .	300,000	360,000	9,000
" " 34. " . . .	360,000	420,000	10,800
" " 35. " . . .	420,000	480,000	12,600
" " 36. " . . .	480,000	540,000	14,400
" " 37. " . . .	540,000	600,000	16,200
" " 38. " . . .	600,000	660,000	18,000
" " 39. " . . .	660,000	720,000	19,800
" " 40. " . . .	720,000	780,000	21,600

u. s. f. um je 60,000 Mk. steigend — um je 1800 Mk. steigend.

Bei Veranlagung der Einkommensteuerpflichtigen zu der ersten und zweiten Stufe ist es gestattet, besondere, die Leistungsfähigkeit bedingende wirthschaftliche Verhältnisse der einzelnen Steuerpflichtigen (eine große Zahl von Kindern, die Verpflichtung zur Unterhaltung armer Angehörigen, andauernde Krankheit, ferner, sofern die Leistungsfähigkeit wesentlich dadurch beeinträchtigt wird, Verschuldung und außergewöhnliche Unglücksfälle) dergestalt zu berücksichtigen, daß eine Ermäßigung um eine Stufe stattfinden kann. Sofern der Einzuschätzende der ersten Stufe angehören würde, kann derselbe auf den Satz, welcher von den Steuerpflichtigen in der zwölften Stufe der Klassensteuer (§§. 6 und 7) entrichtet wird, ermäßigt werden.

§. 21. Behufs der Einschätzung zur klassifizirten Einkommensteuer wird alljährlich für jeden landräthlichen Kreis, sowie für jede zu einem Kreisverbande nicht gehörige Stadt unter dem Vorsitz des Landraths oder eines besonderen, von der Bezirksregierung zu ernennenden Kommissars eine Kommission gebildet, deren Mitglieder von der Kreis- beziehungsweise Gemeinde-Vertretung zu einem Drittheil aus Mitgliedern derselben, zu zwei Drittheilen aber aus den einkommensteuerpflichtigen Einwohnern des Kreises oder der Stadt gewählt werden. — Bei der Wahl der letzteren ist darauf zu sehen, daß die verschiedenen in dem Kreise oder in der Stadt vorhandenen Arten des Einkommens (aus Grundeigenthum, Kapitalbesitz und Gewerbebetrieb) möglichst gleichmäßig vertreten werden. — Die Wahl darf nur aus Gründen, welche zur Ablehnung einer Vormundschaft berechtigen, oder in dem Falle abgelehnt werden, wenn der Gewählte bereits 6 Jahre hintereinander Mitglied der Einschätzungskommission gewesen ist. — Die Zahl der Mitglieder dieser Kommission wird für die einzelnen Kreise und Städte mit Rücksicht auf deren Größe und auf die Einkommensverhältnisse ihrer Einwohner von der Bezirksregierung bestimmt. — Der letzteren steht auch die Befugniß zu, innerhalb desselben landräthlichen Kreises für einzelne größere städtische oder ländliche Gemeinden die Bildung besonderer Einschätzungskommissionen nach den in Vorstehendem gegebenen Bestimmungen anzuordnen. In großen Städten können mehrere Unterkommissionen gebildet werden [1]).

§. 22. Der Vorsitzende der Einschätzungs-Kommission, welcher zugleich die Interessen des Staates zu vertreten hat, leitet innerhalb des Kreises oder des kleineren Bezirks, für welchen die Kommission errichtet ist, das Veranlagungs-Geschäft und ist besonders dafür verantwortlich, daß das letztere überall nach den in dem gegenwärtigen Gesetze aufgestellten Grundsätzen zur Ausführung gelange. — Er hat vor Allem die Aufnahme einer vollständigen Nachweisung aller derjenigen Einwohner und der im Auslande sich aufhaltenden Grundbesitzer seines Einschätzungs-Bezirks zu bewirken, welche auf Grund der Klassensteuerlisten und sonst vorhandenen Nachrichten für einkommensteuerpflichtig zu erachten sind. — Zugleich hat der Vorsitzende über die Besitz-, Vermögens-, Erwerbs- und sonstigen Einkommens-Verhältnisse der Steuerpflichtigen, soweit dies ohne tieferes Eindringen in den ersteren geschehen kann, möglichst vollständige Nachrichten einzuziehen; überhaupt alle Merkmale, welche ein Urtheil über das in Ansatz zu bringende Einkommen näher zu begründen vermögen, zu sammeln. — Bei der Aufnahme der Nachweisung der Steuerpflichtigen sowohl, als zur Beschaffung der erforderlichen Nachrichten über deren Vermögens- und Einkommens-Verhältnisse hat sich der Vorsitzende der Einschätzungs-Kommission nach seinem Ermessen der Mitwirkung der Gemeinde-Vorstände, welche allen seinen Aufforderungen Folge zu leisten schuldig sind, zu bedienen. — Die Ergebnisse der von ihm eingezogenen Nachrichten überträgt er in die Einkommens-Nachweisung seines Bezirks und bezeichnet dann in der dazu bestimmten Spalte dieser Nachweisung gutachtlich für

[1]) Die Mitglieder der Einschätzungskommission erhalten 9 Mark Tagegelder und an Reisekosten: bei Reisen auf Eisenbahnen oder Dampfschiffen 100 Pfg. für die Meile und 3 Mark für Zu- und Abgang, bei anderen Reisen 3 Mark für die Meile; Verordnung vom 10. Mai 1873.

jeden Steuerpflichtigen diejenige Steuerstufe, in welche derselbe nach dem ihm beizumessenden Gesammt-Einkommen einzuschätzen sein dürfte. Hierbei sind die in den §§. 28—30 vorgeschriebenen Abschätzungs-Grundsätze zur Anwendung zu bringen. — Der Vorsitzende hat außerdem noch die zur Beschlußnahme der Einschätzungs-Kommission, deren Zusammenberufung von ihm ausgeht, erforderlichen Vorbereitungen zu treffen und die Beschlüsse der letzteren, soweit er selbst nicht dagegen die Berufung an die Bezirks-Kommission (§. 28) einzulegen sich veranlaßt findet, zur Ausführung zu bringen.

§. 23. Die Einschätzungs-Kommission unterwirft die von ihrem Vorsitzenden aufgestellte Einkommens-Nachweisung unter Benutzung aller ihr zu Gebote stehenden Hülfsmittel einer genauen Prüfung. Dabei ist zwar ebenfalls (§. 22) jedes lästige Eindringen in die Vermögens- und Einkommens-Verhältnisse der einzelnen Steuerpflichtigen zu vermeiden; jedoch hat die Kommission das Recht, wenn sie zur Erlangung einer näheren Kenntniß von den Einkommens-Verhältnissen eines Steuerpflichtigen es für nöthig erachtet, von den Verhandlungen der freiwilligen Gerichtsbarkeit und den Hypothekenbüchern Einsicht zu nehmen. — Nachdem die Prüfung vollzogen ist, hat die Kommission nach den stattgefundenen Ermittelungen oder anderweit bekannten Verhältnissen des einzelnen Steuerpflichtigen die Steuerstufe festzustellen, in welche derselbe zu veranlagen ist. — Jedem Steuerpflichtigen ist die erfolgte Feststellung der Steuerstufe, in welche er eingeschätzt worden ist, mit dem Betrage der von ihm zu entrichtenden Steuer durch eine verschlossene Zuschrift bekannt zu machen. Zugleich ist demselben zu eröffnen, daß ihm dagegen die bei dem Vorsitzenden der Einschätzungskommission einzureichende Remonstration binnen zwei Monaten präklusivischer Frist offen und zu zu deren Rechtfertigung frei steht, nach seiner Wahl, entweder durch schriftliche oder mündliche Verhandlungen, persönlich oder durch Vermittelung von höchstens 2 Vertrauensmännern, oder durch andere Beweismittel der Kommission die erforderliche Ueberzeugung von der vorgeblichen Ueberbürdung durch die erfolgte Abschätzung zu verschaffen. — Die Beschlüsse der Kommission werden nach einfacher Stimmenmehrheit gefaßt. Dem Vorsitzenden steht ein Stimmrecht nur im Falle einer Stimmengleichheit der übrigen Kommissions-Mitglieder zu und giebt diesenfalls seine Stimme den Ausschlag. — Gegen die Beschlüsse der Einschätzungs-Kommission ist der Vorsitzende berechtigt, die Berufung an die Bezirks-Kommission einzulegen, bis zu deren Entscheidung der Steuerpflichtige, vorbehaltlich der Nachzahlung, nur den von der Kommission festgesetzten Steuersatz zu entrichten hat. — Die Ausfertigungen und Entscheidungen der Kommission sind von dem Vorsitzenden und mindestens 2 Mitgliedern zu vollziehen.

§. 24. [In der Fassung des Gesetzes vom 25. Mai 1873]. Für jeden Regierungsbezirk, beziehungweise für die Provinz Hannover, sowie für die Haupt- und Residenzstadt Berlin, wird unter dem Vorsitz eines von dem Finanzminister zu ernennenden Regierungskommissars eine Bezirks-Kommission gebildet, welche zu 2/3 aus Einkommensteuerpflichtigen, zu 1/3 aus Klassensteuerpflichtigen des Bezirks von der Provinzialvertretung für den Zeitraum von 3 Jahren zu wählen ist. — Die Zahl der Mitglieder dieser Kommission wird für jeden Bezirk mit Rücksicht auf seine Größe und auf die Einkommensteuerverhältnisse seiner Einwohner von dem Finanzminister bestimmt. Auch bei dieser Kommission ist darauf zu achten, daß die verschiedenen Arten des Einkommens möglichst gleichmäßig darin vertreten werden. In Bezug auf die Zulässigkeit der Ablehnung der Wahl gilt die im §. 21 getroffene Bestimmung. — Die Wahl der Bezirks-Kommission findet zum ersten Male bei dem nächsten und sodann bei dem auf den Ablauf ihrer Wahlperiode folgenden ersten Zusammentritt des betreffenden Provinzial- (Kommunal-) Landtages statt [1]).

§. 25. Der Vorsitzende der Bezirks-Kommission ist in Bezug auf die richtige Feststellung der Steuer der Vertreter der Staats-Interessen für seinen Bezirk. Ihm liegt die obere Leitung des gesammten Veranlagungsgeschäfts im Bezirk ob. Er hat die gleichmäßige Anwendung der Veranlagungsgrundsätze zu überwachen, die Geschäftsführung der Vorsitzenden der Einschätzungskommissionen zu beaufsichtigen und für die rechtzeitige Vollendung des Veranlagungsgeschäfts zu sorgen. An ihn gelangen alle Beschwerden und Reklamationen, sowie die Berufungen der Vorsitzenden der Einschätzungskommissionen gegen die Entscheidung der letzteren. Er hat die Bezirkskommission zusammenzuberufen und deren Beschlüsse zur Ausführung zu bringen.

§. 26. Die Bezirkskommission entscheidet über alle gegen das Verfahren und die Entscheidungen der Einschätzungskommissionen angebrachten Beschwerden und Reklamationen, so wie über die von dem Vorsitzenden der Einschätzungskommissionen eingelegten Berufungen. Bei Erörterung der zuletzt gedachten Berufungen stehen den Bezirkskommissionen dieselben Befugnisse wie den Einschätzungskommissionen zu. — Behufs Prüfung der von den Steuerpflichtigen angebrachten Reklamationen hat die Bezirkskommission zuvörderst ebenfalls auf dem §. 23 nachgelassenen milderen Wege den Versuch zu machen, die Wahrheit zu ergründen, demnächst aber die Befugniß, eine genaue Feststellung der Vermögens- und Einkommens-Verhältnisse des Reklamanten zu veranlassen und zu diesem Behuf das Recht, Zeugen, äußersten Falles eidlich durch das betreffende Gericht vernehmen zu lassen, dem Reklamanten bestimmte Fragen über seine Vermögens- und Einkommens-Verhältnisse vorzulegen, beziehungsweise ihn

---

[1]) Zufolge der Verordnung vom 19. Mai 1873 erhalten die Mitglieder der Bezirkskommission an Tagegeldern 12 Mark und an Reisekosten: bei Reisen auf Eisenbahnen oder Dampfschiffen 100 Pf. für die Meile und 3 Mark für Zu- und Abgang, bei anderen Reisen 4 Mark 50 Pf.

aufzufordern, die in seinem Besitze befindlichen Urkunden, Pachtkontrakte, Schuldverschreibungen, Handlungsbücher u. s. w. zur Einsicht vorzulegen. Wenn binnen der zu bestimmenden Frist die erforderte Auskunft nicht ertheilt wird oder die betreffenden Urkunden u. s. w. nicht vorgelegt werden, so wird — was dem Reklamanten jedesmal bei der Aufforderung zu eröffnen ist — angenommen, daß er die angebrachte Reklamation zu begründen außer Stande sei, und die letztere zurückgewiesen. Auch ist die Bezirkskommission, wenn es an anderen Mitteln, die Wahrheit zu ergründen, fehlt, berechtigt, den Reklamanten zur Erklärung an Eidesstatt über die in Betreff seines Einkommens von ihm selbst gemachten Angaben aufzufordern. Sie hat für einen solchen Fall in einer darüber zu erlassenden Entscheidung die eidesstattliche Erklärung wörtlich vorzuschreiben, auch die mindestens achttägige Frist zu bestimmen, nach deren Ablauf diese Erklärung abzugeben ist, widrigenfalls die angebrachte Reklamation als unbegründet zurückzuweisen sein würde. — Gegen die Entscheidungen der Bezirkskommission findet ein Rekurs nicht statt. — Dieselbe hat außerdem die von den Einschätzungskommissionen festgestellten Veranlagungsnachweisungen sorgfältig zu prüfen und ihre Erinnerungen dagegen zu ziehen, welche bei der Veranlagung der Steuer des folgenden Jahres beachtet werden müssen. — In Betreff der Fassung und Ausfertigung ihrer Beschlüsse gelten die für die Einschätzungskommission gegebenen Bestimmungen.

§. 27. Bei der genauen Feststellung der Vermögens- und Einkommensverhältnisse eines Steuerpflichtigen, behufs Entscheidung über die von demselben erhobene Reklamation, sind für die verschiedenen Arten des Einkommens nachfolgende (§§. 28, 29 und 30) leitende Grundsätze zu beachten [1].

§. 28. Das Einkommen aus Grundvermögen umfaßt die Erträge sämmtlicher Liegenheiten, welche dem Steuerpflichtigen eigenthümlich gehören, oder aus denen ihm infolge von Berechtigungen irgend welcher Art ein Einkommen zufließt [2]. — Von Grundstücken, welche verpachtet oder vermiethet sind, ist der jeweilige Pacht- oder Miethzins, einerseits unter Hinzurechnung etwaiger Natural- oder sonstiger Nebenleistungen, sowie der dem Verpächter etwa vorbehaltenen Nutzungen, anderseits unter Abrechnung der dem Verpächter verbliebenen Lasten, als Einkommen zu berechnen. — Bei Berechnung des Einkommens aus nicht verpachteten Besitzungen ist der im Durchschnitt der drei letzten Jahre durch die eigene Bewirthschaftung erzielte Reinertrag zum Grunde zu legen. — Ländliche Fabrikationszweige (Branntweinbrennereien, Brauereien, Mühlen, Ziegeleien und andere mehr) sind, soweit sie nicht bei der Ertrags-

[1] S. hierzu die hiernächst abgedruckte Instruktion vom 3. Jan. 1877.

[2] S. Instruktion vom 3. Jan. 1877 §§. 2—13.

ermittelung des Hauptguts, zu welchem sie gehören, schon berücksichtigt worden, ebenso wie Stein-, Schiefer-, Kalk- oder Kreidebrüche, ferner Gruben- oder Hüttenwerke, nach dem durchschnittlichen Reinertrage der letzten drei Jahre zur Berechnung zu ziehen. — Für nicht vermiethete, sondern von dem Eigenthümer selbst bewohnte oder sonst benutzte Gebäude ist das Einkommen nach den ortsüblichen Miethspreisen zu bemessen. — Die auf dem Grundbesitz ruhenden Lasten und Steuern, ingleichen die Zinsen für hypothekarisch eingetragene und andere Schulden werden in Abzug gebracht, müssen jedoch auf Erfordern, und zwar die Schulden unter Angabe des Namens und Wohnortes des Gläubigers, sowie des Datums der Schuldurkunde, speziell nachgewiesen werden.

§. 29. Das Einkommen aus dem Kapitalvermögen besteht in den Zinsen aller Forderungen, welche dem Steuerpflichtigen gegen Privatschuldner oder gegen den Staat oder die Geldinstitute des Staats, gegen öffentliche Gesellschaften oder Aktienunternehmungen, gegen auswärtige Staaten rc. zustehen. Auch gehören hierher alle Einnahmen in Geld, Naturalien oder sonstigen geldwerthen Vortheilen, welche Jemandem aus Leibrenten oder ähnlichen Verträgen oder Verschreibungen zufließen. — Die zugesicherten Jahreszinsen oder Renten bilden sowohl bei dem in öffentlichen Papieren als bei dem in Privatforderungen bestehenden Kapitalvermögen das zu besteuernde Einkommen. — Gehen diese Zinsen oder Renten nicht regelmäßig unverkürzt ein, oder unterliegen sie, wie bei Dividenden aus Aktienunternehmungen, jährlichen Schwankungen, so ist der für das vorhergegangene Jahr gezahlte Betrag in Ansatz zu bringen. Hinsichtlich der von diesem Einkommen abzuziehenden Zinsen etwaiger Schulden gilt die am Schlusse des §. 28 gegebene Bestimmung. Forderungen und Schulden, welche im kaufmännischen Verkehr und überhaupt im Verkehr unter Gewerbetreibenden bestehen, werden bei Feststellung des im §. 30 behandelten Einkommens berücksichtigt und sind daher hier außer Acht zu lassen[1]).

§. 30. Hinsichtlich der dritten Art des Einkommens, welches aus Handel, Gewerbe, Pachtungen oder irgend einer Art gewinnbringender Beschäftigung — z. B. als Staats- oder Gemeindebeamter, als Arzt, Advokat, Schriftsteller rc. — fließt und zugleich die Pensionen und Wartegelder, überhaupt diejenigen fortlaufenden Einnahmen, welche nicht als die Jahresrente eines unbeweglichen oder beweglichen Vermögens zu betrachten sind, umfaßt, ist Folgendes zu beachten: Der Gewinn aus Handel, Gewerbe, Pachtungen rc. ist nach dem Durchschnitt der drei letzten Jahre, sofern das Geschäft oder die Pacht schon so lange gedauert hat, zu berechnen. Als Ausgaben dürfen dabei, außer der üblichen Absetzung für jährliche Abnutzung von Gebäuden und Uten-

---

1) S. hierzu Instruktion vom 3. Jan. 1877 §. 14.

silien, nur solche in Abzug gebracht werden, welche Behufs der Fortführung des Handels oder Gewerbebetriebes 2c. in dem bisherigen Umfange gemacht worden sind, mithin nicht solche Ausgaben, welche sich auf die Bestreitung des Haushalts des Steuerpflichtigen und des Unterhalts seiner Angehörigen beziehen, oder welche in einer Kapitalanlage zur Erweiterung des Geschäfts oder zu Verbesserungen aller Art bestehen. — Feststehende Einnahmen sind mit dem vollen Betrage zur Berechnung zu ziehen. Die auf Grund einer gesetzlichen Verpflichtung zu leistenden Pensions- und Wittwenkassen-Beiträge müssen von den Besoldungen oder Pensionen in Abzug gebracht werden. — Dienstwohnungen und Dienstländereien, für welche nicht schon ein Abzug an der Besoldung stattfindet, sind dabei nach den ortsüblichen Miethe-, beziehungsweise Pachtpreisen, in Ansatz zu bringen. — Enthält das Diensteinkommen jedoch zugleich die Entschädigung für den Dienstaufwand, so ist der dafür zu berechnende Betrag außer Ansatz zu lassen. — Hinsichtlich der in Abzug zu bringenden Zinsen von Privatschulden gilt die §. 28 am Schluß gegebene Bestimmung [1]).

§. 31. Die oberste Leitung des gesammten Veranlagungsgeschäfts im Staate gebührt dem Finanzminister, welcher zugleich über die gegen das Verfahren der Bezirkskommissionen und der Vorsitzenden derselben angebrachten Beschwerden zu entscheiden hat.

§. 32. Die bei dem Einschätzungsgeschäft betheiligten Vorsitzenden der Kommissionen und sonstigen Beamten sind kraft des von ihnen geleisteten Amtseides zur Geheimhaltung der Vermögens- und Einkommensverhältnisse, welche bei diesem Geschäft zu ihrer Kenntniß gelangen, verpflichtet. Die Mitglieder der Kommissionen haben die Geheimhaltung dem Vorsitzenden mittels Handschlags an Eidesstatt zu geloben.

§. 33. Wer bei der Erörterung einer von ihm erhobenen Reklamation auf die dieserhalb an ihn ergangene besondere Aufforderung wissentlich einen Theil seines Einkommens verschwiegen oder zu gering angegeben hat, verfällt in eine Strafe zur Höhe des vierfachen Jahresbetrages der Steuer, um welche der Staat verkürzt worden ist oder verkürzt werden sollte. — Die Entscheidung hierüber gebührt dem Gericht, insofern der Steuerpflichtige sich nicht freiwillig zur Bezahlung der verkürzten Steuer, des vierfachen Jahresbetrages derselben und der durch das Verfahren gegen ihn entstandenen Kosten bereit erklärt. Eine solche in verbindlicher Form vor dem Landrathe oder dem Gemeindevorstande abgegebene Erklärung hat im Nichtzahlungsfalle die Wirkung eines gerichtlichen Erkenntnisses.

---

[1]) S. hierzu Instruktion vom 3. Jan. 1877 §§. 15—26.

§. 34. Die Kosten der Steuerveranlagung fallen der Staatskasse zur Last. Ausnahmsweise sind jedoch diejenigen Kosten, welche durch die nähere Feststellung des Einkommens eines Steuerpflichtigen bei Gelegenheit der von ihm erhobenen Reklamation veranlaßt werden, von diesem zu tragen, wenn seine eigene Angaben in wesentlichen Punkten als unrichtig befunden werden. Die Mitglieder der Kommissionen erhalten bis zum Erlaß anderweiter Bestimmungen die nach §. 8 des Kostenregulativs vom 25. April 1836 festzusetzenden Reise- und Tagegelder (s. die Note zu §§. 21 und 24).

§. 35. Die veranlagte Steuer ist in Monatsraten in den ersten acht Tagen eines jeden Monats im Voraus an die von der Steuerbehörde bezeichnete Empfangsstelle abzuführen. Es steht den Steuerpflichtigen frei, die ihnen auferlegte Steuer auch für einen längeren Zeitraum bis zum ganzen Jahresbetrage zu bezahlen [1]. — Die zu bewilligenden Hebegebühren, aus welchen auch alle Nebenkosten des Veranlagungsgeschäfts für Papier, Druckformulare rc. zu bestreiten sind, werden durch die von dem Finanzminister zu erlassenden Instruktionen näher bestimmt, dürfen jedoch nirgends den Betrag von 3 Prozent der eingegangenen Steuer übersteigen [2]).

§. 36. Die Zahlung der von der Einschätzungskommission veranlagten Steuer darf wegen einer Reklamation gegen die festgestellte Steuerstufe nicht aufgehalten werden, muß vielmehr mit Vorbehaltung der Erstattung des zu viel Bezahlten, stets zu den bestimmten Terminen erfolgen. — Die klassifizirte Einkommensteuer von den Besoldungen, Emolumenten, Wartegeldern und Pensionen kann von den Kassen, aus welchen die letzteren gezahlt werden, in Abzug gebracht und der Empfangsstelle überwiesen werden. — Ab- und Zugänge am Einkommen während des Jahres, für welches die Veranlagung erfolgt ist, ändern an der einmal veranlagten Steuer nichts. Nur wenn nachgewiesen werden kann, daß durch den Verlust einzelner Einnahmequellen das veranschlagte Gesammteinkommen eines Steuerpflichtigen um mehr als den vierten Theil vermindert worden, darf eine verhältnißmäßige Ermäßigung der veranlagten Steuer gefordert werden. Erlischt ein steuerpflichtiges Einkommen durch den Tod seines Inhabers oder in anderer Art gänzlich, so ist die ganze davon veranlagte Steuer in Abgang zu stellen. — In allen Fällen müssen jedoch die bis dahin, also einschließlich des Monats, in welchem der Antrag auf Ermäßigung der

---

[1]) Gesetz vom 25. Mai 1873, Art. 4: Der Finanzminister ist ermächtigt, die direkten Staatssteuern, soweit dieselben in monatlichen Raten zu entrichten sind, nach seinem Ermessen in dem auf den Monat der Fälligkeit folgenden nächsten oder zweiten Monat zugleich mit den für letzteren fälligen Raten einziehen zu lassen.

[2]) S. Note zu §. 15.

Steuer gestellt, oder das fragliche Einkommen gänzlich erloschen ist, fällig gewordenen Steuerraten entrichtet werden [1]).

§. 37. Die Vorschriften des Gesetzes über die Verjährungsfristen bei öffentlichen Abgaben vom 18. Juni 1840 finden, soweit nicht das gegenwärtige Gesetz etwas Anderes bestimmt, auch auf die klassifizirte Einkommensteuer Anwendung [2]).

§. 38. Die zur Ausführung dieses Gesetzes erforderlichen Anordnungen und Instruktionen erläßt der Finanzminister.

II. Instruktion vom 8. Januar 1877, betreffend die Feststellung des der Klassen- bezw. klassifizirten Einkommensteuer unterliegenden Einkommens.

Inhalts-Verzeichniß.

---

[1]) Zufolge Gesetzes vom 12. März 1877 ist der letztere Absatz des §. 36 dahin geändert, daß die nach Absatz 3 zulässige Ermäßigung der klassifizirten Einkommensteuer mit Genehmigung des Finanzministers bereits von dem ersten desjenigen Monats ab gewährt werden darf, welcher auf den Monat folgt, in welchem der Verlust der Einnahmequellen eingetreten ist.

[2]) S. unten. — Bezüglich der Zulässigkeit des Rechtsweges in Einkommensteuer-Angelegenheiten s. Gesetz vom 24. Mai 1861.

Die §§. 28—30 des Gesetzes vom 1./25. Mai 1851/73 enthalten die leitenden Grundsätze, welche nach dem §. 27 a. a. O. bei der genauen Feststellung der Vermögens- und Einkommensverhältnisse eines Steuerpflichtigen für die verschiedenen Arten des Einkommens zu beachten und welche nach dem letzten Absatze des §. 7 ebenda bei Bemessung der Höhe des jährlichen Einkommens Behufs Veranlagung der Klassensteuer zu berücksichtigen sind. — Um die richtige und gleichmäßige Anwendung dieser Grundsätze sowohl seitens der Veranlagungsbehörde wie seitens der (Klassen- und Einkommensteuer-) Einschätzungskommissionen, der Reklamations- und Bezirkskommissionen zu sichern, wird auf Grund des §. 38 a. a. O. hierüber folgende Instruktion erlassen:

§. 1. Sowohl bei der Klassen- wie bei der klassifizirten Einkommensteuer erfolgt die Veranlagung der Steuerpflichtigen nach Maßgabe der Schätzung des denselben zufließenden jährlichen Einkommens. Jeder Steuerpflichtige ist in diejenige Stufe des bezüglichen Tarifs, welcher für die Klassensteuer in §. 7, für die Einkommensteuer im §. 20 des Gesetzes enthalten ist, einzuschätzen, welche seinem angenommenen Jahreseinkommen entspricht; inwieweit ausnahmsweise hiervon Abweichungen zulässig sind, ist nach den Vorschriften der §§. 31 und 32 dieser Instruktion zu beurtheilen. — Die Schätzung des Einkommens muß sich an die verschiedenen Quellen, aus denen dasselbe fließt, anschließen und für jede derselben gesondert erfolgen. Dabei sind im Allgemeinen zu unterscheiden und nach den im Folgenden dargestellten Grundsätzen zu beurtheilen: I. Einkommen aus Grundvermögen (§§. 2—13), II. Einkommen aus Kapitalvermögen (§. 14), III. Einkommen aus Handel, Gewerbe, Pachtungen oder irgend einer Art gewinnbringender Beschäftigung (§§. 15—26).

I. Einkommen aus Grundvermögen.

§. 2. Das Einkommen aus Grundvermögen umfaßt die Erträge sämmtlicher Liegenheiten — an Gebäuden und Liegenschaften —, welche dem Steuerpflichtigen eigenthümlich gehören, oder aus denen ihm infolge von Berechtigungen irgend welcher Art (z. B. dem Nießbrauchsrechte) ein Einkommen zufließt.

A. Verpachtete oder vermiethete Grundstücke.

§. 3. Von Gebäuden und Liegenschaften, welche verpachtet oder vermiethet sind, ist als Einkommen zu berechnen: 1) der jeweilige Pacht- oder Miethzins, welcher für das Jahr, für welches die Veranlagung erfolgt, von dem Pächter oder Miether zu zahlen ist; 2) der Geldwerth der etwaigen Natural- oder sonstigen Nebenleistungen des Pächters oder Miethers, welche dem Verpächter oder Vermiether zugesichert sind; 3) der Geldwerth der dem Verpächter oder Vermiether etwa vorbehaltenen Nutzungen. Von der Summe zu 1, 2 und 3 sind abzuziehen die dem Verpächter oder Vermiether verbliebenen Lasten.

Als solche können in Betracht kommen: a. die auf den verpachteten oder vermietheten Grundstücken für den Staat haftenden jährlichen Grund- und Gebäudesteuern; b. die nothwendigen Unterhaltungskosten der Gebäude- und sonstigen baulichen Anlagen (Mauern, Brunnen, Brücken und dergl.), der Privatwirthschaftswege, Deiche, Zäune ec., sowie die Immobilar-Feuerversicherungsbeiträge; c. etwa sonst auf den Grundstücken haftende beständige Lasten. Welche Lasten dem Verpächter oder Vermiether verblieben sind, muß erforderlichen Falls, wenn deren Abrechnung vom Einkommen erfolgen soll, besonders ermittelt werden, da alle solche Ausgaben und Leistungen, welche der Pächter oder Miether neben dem Pacht- oder Miethzinse übernommen hat, nicht abgezogen werden dürfen. — Der Geldwerth der anzurechnenden Leistungen und vorbehaltenen Nutzungen ist ebenso wie der nicht bereits feststehende Geldwerth der abzurechnenden Lasten nach Durchschnittssätzen zu veranschlagen. Bezüglich der Unterhaltungskosten für die Gebäude- und sonstigen Anlagen ist dabei hauptsächlich deren bauliche Beschaffenheit zu berücksichtigen.

B. Nicht verpachtete Besitzungen — Grundsätze.

§. 4. Bei Berechnung des Einkommens aus nicht verpachteten Besitzungen ist der im Durchschnitt der 3 letzten Jahre — d. i. derjenigen Jahre, auf welche das Jahr, für welches die Veranlagung stattfindet, unmittelbar folgt — durch die eigene Bewirthschaftung erzielte Reinertrag zu Grunde zu legen. — Wo es an zuverlässigen Unterlagen für eine genaue Ermittelung des wirklich erzielten Reinertrages fehlt, muß eine annähernde Schätzung stattfinden. — Bei der einen wie bei der anderen ist aber im Auge zu behalten: was für die ganze dreijährige Periode, deren durchschnittliches Ergebniß maßgebend ist, im Sinne des Gesetzes einerseits in Einnahme zu stellen, anderseits als zulässiger Abzug zu betrachten ist. Hierüber wird Folgendes bemerkt: I. Einnahmen. Zu den Einnahmen gehören: 1) der erzielte Erlös für alle — gegen Baarzahlung oder auf Credit — veräußerten Erzeugnisse aus allen Wirthschaftszweigen; 2) der Geldwerth aller Erzeugnisse, die von dem Besitzer und den zu dessen Haushalte gehörigen Personen, sowie von den nicht zum Wirthschaftsbetriebe gehaltenen Hausgenossen zu ihrem Unterhalte verbraucht oder sonst zu ihrem Nutzen oder ihrer Annehmlichkeit verwendet sind, berechnet nach den Preisen zur Zeit des Verbrauchs oder der Verwendung. — Hieher ist also auch das auf die Beköstigung ec. des zur Bedienung gehaltenen Gesindes, ferner das zur Unterhaltung von Luxuspferden und dergl. Verwendete zu rechnen; 3) der Geldwerth der am Schluß der Periode vorräthig gebliebenen Erzeugnisse nach den zeitigen Preisen. II. Abzüge. Von der Summe der Einnahmen kommen in Abzug die zur Unterhaltung und zum Betriebe der Wirthschaft (nicht des Hauswesens) erforderlich gewesenen Ausgaben und Verwendungen, und zwar: a. für Unterhaltung der Wirthschaftsgebäude und der für den Wirthschaftsbetrieb vorhandenen baulichen Anlagen (Mauern, Brunnen, Brücken, Wasserleitungen der Wege, Deiche, Zäune und dergl.), sowie der Tagelöhnerwohnungen, ferner des lebenden und todten Wirthschaftsinventars. aa. Zur Wohnung und zur Annehmlichkeit des Besitzers und seiner Angehörigen dienende Gebäude und Anlagen kommen hier nicht in Betracht (Vergl. §. 11). bb. Ebenso dürfen Ausgaben für Verbesserung und Vermehrung der Wirthschaftsgebände und Anlagen, sowie des Inventars nicht angerechnet, auch cc. Leistungen des Besitzers und seiner Angehörigen und Dienstleute, sowie des Wirthschaftsgespannes nicht in Ausgabe gestellt werden. b. Für die Versicherung der Wirthschaftsgebäude gegen Feuersgefahr, ingleichen, soweit solche stattfindet, für die Versicherung des lebenden und todten Wirthschaftsinventars und der Ernte. c. Für Heizung und Beleuchtung der Wirthschaftsräume, nicht aber für Verbrauch in der Haushaltung des Besitzers. d. Für Lohn, desgl. für Beköstigung und Deputate, soweit dieselben nicht aus den Wirthschaftserzeugnissen genommen sind, an das zum Wirthschaftsbetriebe gehaltene Personal (Wirthschaftsbeamte, Gesinde und Tagelöhner) — nach den Preisen zur Zeit der Verwendung. dd. Für die nur oder vorzugsweise im Haushalte oder mit persönlichen Dienstleistungen beschäftigten Personen darf nichts abgezogen werden. e. Für zugekaufte Düngemittel, Samen und Pflanzen, sowie für die gekaufte Futtermittel, welche für Wirthschaftsvieh verwendet sind. f. Der Geldwerth der aus der vorangegangenen Periode (dem vierten Jahre rückwärts) in die jetzige übergegangenen Vorräthe an Erzeugnissen nach den Preisen zur Zeit ihres Ueberganges in die letztere. g. Die auf den bewirthschafteten Liegenschaften für den Staat haftenden Grundsteuern und der Geldwerth der etwa sonst auf denselben ruhenden beständigen (nicht aber die nur nach dem Grundbesitz vertheilten) Lasten. h. Zu entrichtende Zinsen von Schulden (Ueber diese ist das Nähere in den §§. 27 und 28 enthalten). ee. Verwendungen jeder Art zur Melioration der Besitzung dürfen, auch wenn sie aus dem Ertrage der letzteren entnommen sind, nicht von dem Jahreseinkommen abgerechnet werden. Sie stellen Kapitalanlagen dar, deren Nichtberücksichtigung im Gesetze ausdrücklich angeordnet ist. ff. Wegen Veranschlagung des Miethwerths der von dem Eigenthümer selbst bewohnten oder sonst benutzten Gebäude s. §. 11.

Schätzung nach Vergleichungen und allgemeinen Erfahrungen.

§. 5. Im vorstehenden §. 4 sind nur die Grundsätze aufgestellt, welche über die Gegenstände entscheiden, auf deren Anrechnung es ankommt, beziehungsweise für welche Abzüge zulässig sind. Diese Grundsätze bleiben auch in allen den Fällen zu beachten, wo es wegen Fehlens zuverlässiger Unterlagen bei der besonderen Besitzung nothwendig ist, die Schätzung auf Vergleichung mit anderen Besitzungen und auf allgemeine Erfahrungen zu stützen.

Vergleichung mit verpachteten Grundstücken.

Insofern in der Gegend Besitzungen von ähnlichem Umfange, ähnlicher Beschaffenheit und ähnlichem Wirthschaftsbetriebe vorhanden, welche verpachtet sind und deren Pachtbedingungen man kennt, würde bei der Vergleichung zunächst zu beachten sein: daß regelmäßig die Summe alles Einkommens des Verpächters aus verpachteten Grundstücken (vergl. §. 3) nur einem Theile des Einkommens eines selbst wirthschaftenden Eigenthümers entspricht, nämlich demjenigen, welchen er ohne weitere eigene Bemühung durch Verpachtung erzielen würde, während er außerdem noch als Frucht seiner Betriebsamkeit und der Mitarbeit seiner Angehörigen dasjenige Einkommen erwirbt, welches bei verpachteten Grundstücken dem Pächter als Ersatz seiner Thätigkeit zufällt. — Das Einkommen eines selbstbewirthschaftenden Eigenthümers muß also in der Regel — bei angenommener Gleichheit der Besitzungen — höher sein, als die Summe der Vortheile, welche aus einer Verpachtung erzielt werden, abgesehen von den bei der Art der Vergleichung oder der sonstigen Schätzung eine Ausnahme bildenden Fällen, wenn der Wirth unfähig oder unordentlich, oder auch Beides, oder von Betriebsmitteln entblößt und übermäßig verschuldet ist, oder wenn die Verpachtung unter ganz besonderen Umständen, welche eine Vergleichung erschweren oder ausschließen, zu Stande gekommen ist, z. B. in einzelnen kleinen Theilen und dergl. mehr. — Bei der Vergleichung von verpachteten und nicht verpachteten Besitzungen mit einander ist genau darauf zu achten, inwieweit dieselben im Umfange, in den Verhältnissen der Bestandtheile (Kulturarten), in der Bodengüte, im Kulturzustande und in der Bewirthschaftungsweise mit einander übereinstimmen oder von einander abweichen und in welchem Maaße durch die vorhandenen Verschiedenheiten ein Höher- oder Niedrigergehen der Schätzung gegen das Ergebniß einer einfachen Rechnung bedingt wird, bei welcher die Verschiedenheiten nicht die gebührende Berücksichtigung finden würden.

Vergleichung mit Grundsteuer-Reinerträgen.

§. 6. Auch die bei der allgemeinen Regelung der Grundsteuer auf Grund des Gesetzes vom 21. Mai 1861, bezw. vom 11. Februar 1870 ausgeführte Ermittelung des Reinertrages der Liegenschaften gewährt für die Schätzung des Einkommens aus nicht verpachteten Grundstücken einen bei vorsichtiger Benutzung werthvollen Anhalt. — Die Ermittelung der Grundsteuer-Reinerträge nach jenem Gesetze hat sich jedoch nicht auf Besitzungen in ihrem wirthschaftlichen Zusammenhange bezogen, sondern auf Liegenschaften der verschiedenen Kulturarten für sich, und es war die Aufgabe, für jede Bonitätsklasse jeder einzelnen Kulturart den mittleren Reinertrag zu bestimmen, welchen sie a. im Durchschnitt einer Reihe von Jahren, b. einem jeden Besitzer, c. unter Voraussetzung einer gemeingewöhnlichen Bewirthschaftungsweise und d. eines mittleren Kulturzustandes, sowie e. ohne Berücksichtigung des wirthschaftlichen Zusammenhanges der Grundstücke mit anderen Grundstücken und gewerblichen Anlagen gewähren könne. Dabei sollten auch f. die etwa mit den Grundstücken verbundenen Realgerechtigkeiten ebenso außer Betracht bleiben, wie g. die etwa darauf haftenden Reallasten und Servituten. Ferner ist h. bei der Feststellung der Reinertragssätze Rücksicht genommen und auf den Durchschnitt der Preise der landwirthschaftlichen Erzeugnisse aus 24 Normaljahren, und endlich sind bei dieser Feststellung i. unter den in Abzug gekommenen Wirthschaftskosten die Zinsen der erforderlichen Gebäude und Inventarien-Kapitalien mitberechnet, was für bloße Liegenschaften an sich paßt, nicht aber für Besitzungen, auf denen Gebäude und Inventarien schon vorhanden sind. — Die Summe der auf diese Weise schon ermittelten Reinerträge der einzelnen Grundstücke, welche gegenwärtig eine bestimmte Besitzung bilden, giebt hiernach für sich allein noch keinen zureichenden Maßstab für das nach dem Gesetze vom 1., 23. Mai 1851/73 der Besteuerung zu unterwerfende Jahreseinkommen des Eigenthümers der Besitzung. Es muß hinzukommen: Würdigung der besonderen Verhältnisse. Eine Würdigung der besonderen Verhältnisse der bestimmten Besitzung, nämlich des Umfanges derselben und der Proportion der Kulturarten gegen einander, des guten, mittelmäßigen oder schlechten Kulturzustandes, des wirthschaftlichen Zusammenhanges u. s. w., ebenso der guten, mittleren oder schlechteren Bewirthschaftungsweise des Besitzers, seiner Einsicht und Arbeitskraft, seiner Betriebsmittel und der Erfolge, welche von ihm unter den wechselnden Witterungsverhältnissen der 3 in Betracht kommenden Jahre erzielt worden sind, endlich der Preise der Erzeugnisse in diesen Jahren, welche von den obenerwähnten Durchschnittspreisen aus 24 Normaljahren wesentlich verschieden sind. — Durch alle diese Umstände wird eine mehr oder minder bedeutende Abweichung des Resultats der Schätzung des Jahreseinkommens des Besitzers in bestimmten Jahren von der festen Summe des Grundsteuerreinertrages der zu der Besitzung gehörigen Grundstücke bedingt, und das Maß der Abweichung kann weder für die verschiedenen Jahre, noch für die verschiedenen Besitzungen durch eine gleichbleibende Zahl ausgedrückt werden. Dagegen ergiebt die Erfahrung wohl für bestimmte Jahre, Gegenden, Gruppen von untereinander ähnlichen Besitzungen mit annähernd gleichem Kulturzustande und gleicher Bewirthschaftungsweise ein gewisses ziemlich übereinstimmendes Verhältniß zwischen dem Jahreseinkommen und dem Grundsteuerreinertrage, welches, soweit bei der einzelnen Besitzung nicht abweichende Besonderheiten in Betracht kommen, bei der Schätzung namentlich insofern Beachtung verdient, als dessen Kenntniß die Würdigung der einzelnen Schätzungen sehr erleichtert und offenbare Fehler derselben sofort bemerklich macht. — Die Richtigkeit des angenommenen Verhältnisses wird unter Anderem auch durch Vergleichung der Gesammterträge, welche aus verpachteten Besitzungen sowohl für den Verpächter als auch für den Pächter hervorgehen (s. §. 5 und den Schluß von §. 20) mit deren Grundsteuerreinerträgen geprüft werden können. Einen gewissen Anhalt gewähren ferner Kaufpreise, welche in neuerer Zeit für Besitzungen von bestimmtem Umfange und Grundsteuerreinertrage gezahlt worden sind, insofern die Veräußerungen unter gewöhnlichen Umständen und ohne Einwirkung persönlicher Beziehungen auf den Preis (unter Fremden) stattgefunden haben.

Normalsätze.

Es ist nicht ausgeschlossen, daß unter Beachtung aller vorerwähnten Verhältnisse und Erfahrungen zum Anhalt für die Schätzung, sowie zu deren Prüfung auch Normalsätze aufgestellt werden können, welche für ein bestimmtes einzelnes Veranlagungsjahr auf gewisse Flächen Kulturland von ungefähr gleicher Güte — abgesehen von den in keinem Falle außer Acht zu lassenden Besonderheiten einzelner Besitzungen — angewendet werden. Bei Aufstellung solcher Normalsätze bedarf aber der Umfang der Besitzungen und das richtige Verhältniß des Aufsteigens von dem Einkommen aus den kleineren Besitzungen zu dem der größeren eine sorgfältige Beachtung. Ebenso ist dabei auf das Erforderniß einer Gleichartigkeit der Verhältnisse des landwirthschaftlich genutzten Kulturlandes Rücksicht zu nehmen. Es können also nur die bei den einzelnen Besitzungen befindlichen Flächen an Ackerland, Garten oder Grasland (Wiesen und Weiden) in Betracht kommen, und zwar insoweit die einzelnen dieser Kulturarten dabei in einem ungefähr gleichen Verhältniß zu einander stehen, und insoweit nicht einzelne Theile derselben einer besonderen Art der Bewirthschaftung unterliegen, z. B. vom Weinbau, zum Anbau von Tabak oder anderen Handelsgewächsen, oder bei ausgedehntem Absatz zum Obst- oder Gemüsebau, oder zu Baumschulen benutzt werden — in welchen Fällen die zu solchen Zwecken dienenden Flächen einer abweichenden Schätzung zu unterwerfen sind.

Holzungen.

§. 7. Was insbesondere die Holzungen (Waldungen) betrifft, so muß als Einkommen aus denselben in der Regel der nach dem landesüblichen Wirthschaftsplan sich ergebende Jahresertrag in Ansatz gebracht werden, ohne Rücksicht darauf, daß vielleicht in dem einen Jahre die zulässige Holzfällung ausgesetzt wird, und in einem späteren Jahre in einem größeren als dem für gewöhnlich zulässigen Maße stattfindet. Wenn Jemand einen Wald mit einem haubaren Holzbestande zu einem gewissen Kapitalwerthe besitzt und es vorzieht, diesen Holzwerth ferner anwachsen zu lassen, so ist der Werth des jährlichen Zuwachses, welcher unter Umständen die gewöhnliche Verzinsung jenes Kapitalwerthes sogar übersteigen wird, als das Jahreseinkommen des Besitzers zu betrachten, welches gleichsam dem vorhandenen Kapitalwerthe hinzugefügt worden ist. Auf der anderen Seite kann das Jahreseinkommen des Waldbesitzers auch nicht in einem einzelnen Jahre höher geschätzt werden, wenn derselbe über den Wirthschaftsplan hinaus außergewöhnliche, das Holzbestands-Kapital angreifende Holzfällungen vornimmt, oder durch Naturereignisse (z. B. Windbrüche) zu außerordentlichen Holzausbereitungen genöthigt worden ist. — Der Jahreswerth der Nebennutzungen, z. B. der Streu, wo eine Ausnutzung derselben stattfindet, muß ebenfalls nach Durchschnittserträgen ermittelt und angerechnet werden.

Ländliche Fabrikationszweige. Stein- und andere Brüche rc. Gruben, Hüttenwerke.

§. 8. Ebenso ist das Einkommen aus ländlichen Fabrikationszweigen (Brantweinbrennereien, Brauereien, Stärke- und Krautfabriken, Mühlen, Ziegeleien und anderen mehr), desgleichen von Stein, Schiefer-, Kalk- oder Kreidebrüchen, Torfstichen, ferner von Gruben- oder Hüttenwerken nach dem durchschnittlichen Reinertrage der letzten 3 Jahre zur Berechnung zu ziehen. — Obgleich der Betrieb von Stein- und anderen Brüchen, Torfstichen Braun- oder Steinkohlengruben und anderen bergmännischen Unternehmungen seiner Natur nach mit der Zeit die ganze eigenthümliche Einkommensquelle, die Substanz selbst, erschöpft, so ist es durch das Gesetz doch nicht gestattet, einen Theil des ermittelten Reinertrages bei der Einkommensschätzung zurückzurechnen und außer Ansatz zu lassen. Die für einzelne Bergwerksantheile zu leistenden Zubußen dürfen nur insoweit in Anrechnung gebracht werden, als sie lediglich infolge von Ausgaben entstanden sind, welche Behufs Fortsetzung des Betriebes in dem bisherigen Umfange nothwendig waren. Zubußen zur Erweiterung des Betriebes oder zu sonstigen Verbesserungen bilden Kapitalanlagen, deren Anrechnung ausgeschlossen bleibt.

Zubehörungen.

§. 9. Das Einkommen von Zubehörungen von Besitzungen, welche im Vorstehenden noch nicht berücksichtigt sind, und von Gerechtsamen gegen fremde Grundstücke ist besonders zu ermitteln, beziehungsweise zu schätzen und anzurechnen.

Berücksichtigung von Unglücksfällen.

§. 10. Inwieweit bei der Schätzung des Einkommens aus den von dem Eigenthümer selbst bewirthschafteten Besitzungen auf Unglücksfälle — z. B. Ueberschwemmung von Grundstücken — Rücksicht zu nehmen sei, von welchen die Wirthschaft in den letzten 3 Jahren betroffen worden, ist nach folgenden Grundsätzen zu entscheiden: a. Die entstandenen Verluste sind nur soweit zu berücksichtigen, als sie auf die Höhe des nach dem Durchschnitte der 3 letzten Jahre zu ermittelnden Einkommens überhaupt von Einfluß sind. b. Bei Feststellung des letzteren kommen auch diejenigen Ausgaben, welche zur Fortführung der Wirthschaft mit Rücksicht auf die entstandenen Beschädigungen gemacht werden müssen, mit in Anrechnung. c. Die Kosten zur Herstellung der beschädigten Gebäude, Dämme, Gräben rc. bilden, insoweit sie nicht durch Entschädigungssummen gedeckt sind, Kapitalanlagen, von welchen nur die Zinsen von dem Jahreseinkommen in Abzug gebracht werden dürfen.

Von dem Eigenthümer selbst benutzte Gebäude.

§. 11. Für nicht vermiethete, sondern von dem Eigenthümer selbst und den zu dessen Haushalte gehörigen Personen bewohnte oder sonst benutzte Gebäude ist das Einkommen nach den ortsüblichen Miethspreisen zu bemessen, indem die Ersparniß, welche durch Benutzung des eigenen Gebäudes erzielt wird, der Einnahme gleichzustellen ist, welche durch Vermiethen eines solchen Gebäudes erlangt werden könnte. — Insofern der zeitige Miethspreis des bestimmten Gebäudes nicht durch Vergleichung mit ähnlichen, gleichem Zwecke dienenden, vermietheten Gebäuden an denselben oder in benachbarten Orten bestimmt werden kann, muß derselbe unter Mitberücksichtigung des Umfanges und der Beschaffenheit des Hofraumes und des etwa mit dem Gebäude verbundenen Hausgartens nach verständigem Ermessen geschätzt werden. — Die Schätzung soll den gegenwärtigen Miethswerth richtig treffen. Der bei der Gebäudesteuerveranlagung nach Durchschnittsmiethspreisen einer zurückliegenden Periode festgestellte Nutzungswerth erschöpft daher keineswegs das nach den jetzigen Miethspreisen zu schätzende Einkommen, wenn er auch bei der Prüfung der Schätzungen und deren Vergleichung untereinander einen brauchbaren Anhalt gewähren kann. — Die summarische Bestimmung von Normalsätzen für die Wohngebäude bei ländlichen Besitzungen von ungefähr gleichem Umfange und Reinertrage in einem Kreise darf nicht ohne Weiteres als maßgebend angenommen werden. Es mögen z. B. immerhin die Miethspreise von Wohngebäuden der Ortschaft N., insofern diese Gebäude als von mittlerem Umfange von mittelerer Beschaffenheit in der Gruppe von Besitzungen, zu welchen sie gehören, anzusprechen sind,

bei einer Besitzung von etwa 6 ha zu 90 M.,
„ „ „ „ „ 10 „ „ 110 „
„ „ „ „ „ 20 „ „ 115 „
„ „ „ „ „ 30 „ „ 160 „

geschätzt werden können. Wenn aber auf einzelnen solcher Besitzungen die Wohngebäude nach Umfang und Beschaffenheit erheblich besser, auf anderen erheblich schlechter sind, so darf die Schätzung nicht bei den Mittelzahlen stehen bleiben, muß vielmehr entsprechend höher oder niedriger gehen. — Nicht mitanzurechnen sind bei der Schätzung des Miethpreises solche Gebäude oder Gebäudetheile, welche von dem Eigenthümer ausschließlich zu seinem Landwirthschafts- oder Gewerbebetriebe benutzt werden, weil deren Nutzungswerth in dem besonders zu ermittelnden Einkommen aus der Landwirthschaft bezw. aus dem Gewerbe, bereits mitenthalten ist. — Wenn die Räumlichkeiten eines Wohngebäudes mit Rücksicht auf ihre theilweise Mitbenutzung zu Zwecken des Landwirthschafts- oder Gewerbebetriebes eine das Wohnungsbedürfniß des Eigenthümers und seiner Angehörigen übersteigende Ausdehnung haben, so darf bei denjenigen Räumen, welche der Mitbenutzung zu solchem Betriebe unterliegen, ein verhältnißmäßiger Abzug gemacht werden.

Abzüge vom Miethspreise.

Von dem ermittelten Miethspreise abzuziehen sind: 1) die, je nach Beschaffenheit des Gebäudes mit einem durchschnittlichen Jahresbetrage zu veranschlagenden, Kosten der Instandhaltung und Reparatur des Gebäudes und die für dessen Versicherung gegen Feuersgefahr zu entrichtenden Beiträge. Die Unterhaltungs- und Versicherungskosten für Gebäude und Räume, welche lediglich zu landwirthschaftlichen oder gewerblichen Zwecken dienen, sind jedoch hier vom Abzuge ebenfalls ausgeschlossen; 2) die auf dem Gebäude ruhenden Staatssteuern; 3) der Geldwerth der etwa sonst auf denselben haftenden beständigen Lasten (freiwillige oder nur vorübergehende Leistungen und nur nach dem Gebäudebesitz vertheilte Lasten kommen nicht in Betracht); 4) zu entrichtende Zinsen von Schulden (siehe §§. 24 und 28).

C. Antheilige Vermiethung und Verpachtung.

§. 12. Insofern Gebäude und nutzbare Liegenschaften zum Theil vermiethet und verpachtet sind, zum Theil von dem Eigenthümer selbst benutzt werden, ist die Schätzung des Einkommens von dem ersteren Theile nach dem §. 8, von dem letzteren Theile nach den §§. 4 bis 11 zu behandeln.

D. Grundbesitz in einem anderen Staate.

§. 13. Das Einkommen aus Grundbesitz, welcher in einem anderen Deutschen Bundesstaate belegen ist, unterliegt nicht der Besteuerung in Preußen, bleibt daher außer Ansatz. Dagegen ist das Einkommen, welches preußische Staatsangehörige aus ihrem im Auslande (außerhalb des Deutschen Reichs) belegenen Grundeigenthum beziehen, mit in Ansatz zu bringen. Dasselbe darf nur in dem Falle von der Veranlagung ausgeschlossen werden, wenn nachgewiesen ist, daß der Eigenthümer wegen jenes Grundeigenthums im Auslande einer gleichartigen Besteuerung unterliegt.

II. Einkommen aus Kapitalvermögen.

§. 14. Das Einkommen aus dem Kapitalvermögen besteht in den Zinsen aller Forderungen, welche dem Steuerpflichtigen gegen Privatschuldner oder gegen den Staat oder die Geldinstute des Staats — beziehungsweise des Deutschen Reichs — gegen öffentliche Gesellschaften oder Aktienunternehmungen, gegen auswärtige Staaten ꝛc. zustehen. Auch gehören hierher alle Einnahmen in Geld, Naturalien oder sonstigen geldwerthen Vortheilen, welche Jemandem aus Leibrenten oder ähnlichen Verträgen oder Verschreibungen zufließen. — a. Zugesicherte Jahreszinsen. Die zugesicherten Jahreszinsen oder Renten bilden sowohl bei dem in öffentlichen Papieren, als bei dem in Privatforderungen bestehenden Kapitalvermögen das zu besteuernde Einkommen. — Ist der Zinsfuß, zu welchem ein muthmaßliches Kapitalvermögen genutzt wird, nicht genügend bekannt, so muß — sofern nicht notorisch ein niedrigerer Zinssatz üblich ist — bei der Veranlagung von der Annahme der Nutzung des Kapitals zu dem landesüblichen Prozentsatze ausgegangen, und dem Steuerpflichtigen die Führung des Nachweises einer geringeren Einnahme im Wege der Reklamation überlassen werden. — b. In ihrem Wesen veränderliche Zinsen und Renten. Wenn die Zinsen oder Renten nicht regelmäßig unverkürzt eingehen, oder wenn sie, wie Dividenden von Aktienunternehmungen, jährlichen Schwankungen unterliegen, so ist der für das vorhergegangene Jahr gezahlte Betrag in Anrechnung zu bringen, also beispielsweise bei der Veranlagung für das Jahr 1876 der im Jahre 1875 gezahlte Betrag — gleichviel für welche Betriebsperiode der Unternehmung dieser Betrag festgestellt und gezahlt worden ist. — Diese Bestimmung des Gesetzes bezieht sich nur auf solche Zinsen oder Renten, bei denen ihrem Wesen nach Schwankungen oder Verkürzungen vorzukommen pflegen, bei denen daher auf einen festen, unveränderlichen Jahresbetrag nicht gerechnet werden kann. Im Uebrigen darf dagegen darauf, ob in einzelnen Fällen aus diesem oder jenem Grunde ausnahmsweise ein fälliger Zins- oder Rentenbetrag rückständig bleibt, keine Rücksicht genommen werden. Hinsichtlich der von dem Einkommen aus Kapitalvermögen abzuziehenden Zinsen etwaiger Schulden, siehe §. 28. — c. Forderungen und Schulden im Verkehr unter Gewerbtreibenden. Forderungen und Schulden, welche im kaufmännischen Verkehr und überhaupt im Verkehr unter Gewerbtreibenden bestehen, werden bei Feststellung des in den §§. 16 bis 19 behandelten Einkommens berücksichtigt, und sind daher hier außer Acht zu lassen.

III. Einkommen aus Handel, Gewerbe, Pachtungen oder irgend einer Art gewinnbringender Beschäftigung.

§. 15. Die dritte Art des Einkommens umfaßt alle fortlaufenden Einnahmen, welche nicht als die Jahresrente eines unbeweglichen oder beweglichen Vermögens zu betrachten sind, insbesondere das Einkommen a. aus Handel, Gewerbe und Pachtungen, b. aus irgend einer Art gewinnbringender Beschäftigung — z. B. als Staats- oder Gemeindebeamter, als Arzt, Advokat, Schriftsteller ꝛc., Unternehmer von Privatunterrichts-, Pensions- und Heilanstalten, Diener und Arbeiter jeder Art. — Für die Veranlagung dieser Art des Einkommens gelten die folgenden Vorschriften.

A. Handel und Gewerbe. Grundsatz.

§. 16. Das Einkommen aus Handel und Gewerbe jeder Art — mag dasselbe in großem oder geringem Umfange, fabrik- oder handwerksmäßig betrieben werden —, wird, sofern das Geschäft schon so lange gedauert hat, jedoch unter Berücksichtigung inzwischen etwa eingetretener wesentlicher Veränderungen des Gewerbebetriebs nach dem Durchschnitt der drei letzten Jahre, bei kürzerer Dauer nach dem aus der Zeit derselben verhältnißmäßig auf ein Jahr treffenden Betrage, berechnet. — Hierbei kommt dasjenige Einkommen, welches aus einem in einem anderen deutschen Bundesstaate betriebenen Gewerbe herrührt, nicht in Betracht; denn dasselbe darf nur von demjenigen Bundesstaate besteuert werden, in welchem das Gewerbe betrieben wird. Zinsen von Forderungen und Schulden, welche im kaufmännischen Verkehr und überhaupt im Verkehr unter Gewerbetreibenden bestehen, sind als Einnahme, beziehungsweise als Ausgaben bei Feststellung des durch den Handels- oder Gewerbebetrieb erzielten Ertrages in Betracht zu ziehen. (Vergl. §. 14 c.)

Gegenstand der Ermittelung.

§. 17. Die Ermittelung des Einkommens aus Handel und Gewerbebetrieb ist auf den gesammten Ertrag der in Betracht zu ziehenden Periode (§. 16) zu richten und ist in demselben insbesondere auch die auf das eigene Kapital des Gewerbtreibenden (Anlage-, Betriebs-Kapital) entfallende Verzinsung mit einzubegreifen. — Kapitalverluste, auch wenn sie aus dem Gewerbebetrieb entstanden sind, dürfen nicht abgerechnet werden, außer insoweit als sie die Verminderung des jährlichen Einkommens zur Folge haben, wie auch bei anderen Steuerpflichtigen Vermögensverluste nicht gegen Einnahmen aufgerechnet werden dürfen. Hierauf ist bei Beurtheilung des Inhaltes von Abschlüssen, Bilancen und Handlungsbüchern besonders zu achten. — Im Uebrigen sind hinsichtlich der in Betracht kommenden Einnahmen und zulässigen Absetzungen folgende Punkte hervorzuheben. (§§. 18 und 19).

Einnahmen.

§. 18. Den Einnahmen, sind auch noch ausstehende Forderungen (wobei zweifelhafte Ausstände nach ihrem wahrscheinlichen Werthe anzusetzen), ferner der Geldwerth aller Erzeugnisse, Waaren-Vorräthe ꝛc., welche für den gesammten Unterhalt des Steuerpflichtigen und seiner Angehörigen und seines Haushaltes in irgend einer Weise aus dem Gewerbe verwendet sind, zuzurechnen.

Abzüge.

§. 19. In Abzug dürfen gebracht werden: a. die zur Erzielung des Ertrages erforderlichen Aufwendungen mit Einschluß: b. der für jährliche Abnutzung an Gebäuden, Maschinen und sonstigen Geräthschaften des Betriebes üblichen, nöthigenfalls nach sachkundiger Beurtheilung zu bemessenden, Absetzungen oder, sofern die Gegenstände dem Gewerbetreibenden nicht selbst gehören, der von demselben für den Gebrauch und die Abnutzung an den Eigenthümer zu entrichtenden Vergütungen (Miethszinsen rc.); c. der Ausgaben für Unterhaltung, Herstellung und Versicherung der Gebäude, Utensilien und Vorräthe, soweit solche von dem Steuerpflichtigen zu bestreiten sind; d. der Ausgaben für Löhnung und Beköstigung, soweit solche gewährt wird, des Betriebspersonals an Buchhalter, Werkmeister, Gehülfen, Arbeiter rc. — Ausgaben, welche in irgend einer Weise für den Steuerpflichtigen selbst und dessen Haushaltung geleistet sind, dürfen überhaupt nicht, Löhne und Beköstigung für Familienglieder desselben aber nur insoweit angerechnet werden, als diese bereits im Alter selbstständiger Erwerbsfähigkeit stehen, und von dem Steuerpflichtigen gegen bestimmtes Lohn für das Geschäft angenommen sind, in welchem Falle sie nach Verhältniß ihres Einkommens an Lohn, freier Station u. s. w. besonders zur Steuer veranlagt werden müssen; e. der nothwendigen Unterhaltung der Zug-, oder anderer Thiere, und dergl. — Insoweit Gespanne rc. für die Annehmlichkeit des Steuerpflichtigen und seiner Angehörigen gehalten oder benutzt werden, dürfen die Unterhaltungskosten derselben nicht angerechnet werden; f. die Gewerbesteuer sowie die von dem Steuerpflichtigen an den Staat entrichtete Grund- und Gebäudesteuer von den ausschließlich oder vorzugsweise zum Geschäftsbetriebe benutzten Grundstücken und Gebäuden (vergl. §. 11); g. die anrechnungsfähigen Schuldenzinsen (§§. 27, 28). — Aufwendungen jeder Art, welche zur Erweiterung des Geschäfts oder zu Verbesserungen des Betriebes gemacht sind, bilden Kapitalanlagen, welche von dem Einkommen nicht abgerechnet werden dürfen.

B. Einkommen aus Pachtungen.

§. 20. Das Einkommen aus Pachtungen ist ebenfalls nach dem Durchschnitt der letzten drei Jahre, sofern die Pachtung schon so lange gedauert hat, anderenfalls nach dem Jahresdurchschnitte der kürzeren Periode ihrer Dauer, zu berechnen. Dabei sind die Grundsätze zu beachten, welche für die Veranlagung des Einkommens aus selbstbewirthschaftetem Grundbesitz in den §§. 4 bis 11 angegeben sind. Jedoch sind folgende besondere Umstände zu berücksichtigen: a. Ausgaben, welche regelmäßig von dem Eigenthümer als solchem zu bestreiten sind, z. B. für Unterhaltung von Gebäuden und baulichen

Anlagen, für Versicherung derselben gegen Feuersgefahr, für Steuern und beständige Lasten können bei dem Einkommen des Pächters nicht in Abzug kommen, insoweit derselbe nicht die Leistung bestimmter Ausgaben für den Verpächter durch Vertrag ausdrücklich übernommen hat, was in jedem Falle des besonderen Nachweises bedürfen würde. Dagegen sind bei dem Pächter b. der bedungene jährliche Pachtzins sowie der durchschnittliche Geldwerth der etwa neben dem Zinse dem Verpächter zugesicherten oder für denselben übernommenen Naturallieferungen oder sonstigen Leistungen von dem Ertrage in Abzug zu bringen, jedoch mit Ausnahme solcher Leistungen, welche der Pächter ohne besondere Ausgaben durch Arbeit seiner Leute und seiner Wirthschaftsgespanne bestreitet. c. Ist mit der Pachtung zugleich Wohnung für den Pächter verbunden, so ist deren Miethspreis ebenso, wie bei dem Eigenthümer (§. 11) dem Einkommen des Pächters zuzurechnen, jedoch ohne Abzug derjenigen Ausgaben, welche der Eigenthümer zu bestreiten und der Pächter nicht ausdrücklich für denselben übernommen hat. (Vgl. §. 8 und oben a.)

C. Andere Arten gewinnbringender Beschäftigung.

§. 21. Auch bei allen anderen Arten gewinnbringender Beschäftigung ist — soweit es sich nicht um feststehende Einnahmen handelt — das der Besteuerung unterliegende Einkommen nach dem Durchschnitt der letzten drei Jahre zu berechnen, und zwar ähnlich wie bei dem Gewerbebetriebe (vgl. §§. 18 ff.) unter Anrechnung aller Geldeinnahmen sowie aller in Geld zu schätzenden Vortheile und Bezüge aller Art, welche dem Steuerpflichtigen und dessen Angehörigen bei seiner oder ihrer Beschäftigung zufließen und unter Abrechnung des Geldwerths derjenigen Aufwendungen, welche zur Fortführung der gewinnbringenden Beschäftigung bestritten werden müssen, nicht aber des Verbrauchs für ihren Unterhalt.

Lohn- und Verding-Arbeiten.

§. 22. Als Einnahmen für Lohn- und Verding-Arbeiten sind zu berechnen: a. die in baarem Gelde eingehenden Beträge an Lohn- und Akkordverdienst, b. der Geldwerth aller Naturalbezüge nach den Preisen zur Zeit ihrer Leistung und nach dem Nutzen, welchen sie dem Empfänger gewähren und zwar: an freier Wohnung, an freier Beköstigung, an Land-, Garten-, Weide- oder Viehnutzung, an Brennmaterial, an Getreide- oder sonstigen Deputaten, an Drescherantheilen und allen sonstigen Vermögensvortheilen, und zwar zu a und zu b mit Einschluß des Arbeitsverdienstes aller nicht selbstständigen und besonders veranlagten Mitglieder des Haushalts (der Ehefrau, der Kinder rc.). — Abgezogen dürfen nur solche Ausgaben werden, die zur Unterhaltung von Arbeitsgehülfen, für welche der Steuerpflichtige mitgelohnt wird, oder zur Unterhaltung der von ihm selbst für das Geschäft zu stellenden Arbeitsgeräthschaften aufgewendet werden müssen. — Dagegen dürfen Ausgaben, die sich auf den Unterhalt des Arbeiters und seiner Familie oder auf die Bestreitung seines Haushalts beziehen, nicht in Abzug gebracht werden. — Der Aufstellung einer genau ins Einzelne gehenden Berechnung bei jeder Veranlagung eines Arbeiters bedarf es übrigens nicht, insofern in bestimmten Gegenden ziemlich übereinstimmende Verhältnisse vorliegen, bei welchen eine Schätzung nach gleichen Normen durchaus gerechtfertigt ist, und es nur darauf ankommt, dabei die besonderen Umstände nicht zu übersehen, welche bei Einzelnen ein abweichendes Resultat bedingen.

Einkommen neben dem Arbeitsverdienste.

§. 23. Unabhängig von der Schätzung des Arbeitsverdienstes bleibt in jedem Falle die Anrechnung des Einkommens, welches aus Kapital- oder Grundvermögen herrührt, ebenso wie bei den Grundeigenthümern außer dem Einkommen aus der Bewirthschaftung ihres Grundbesitzes die Einnahmen, welche sie und die zu ihrem Haushalte gehörigen Familienglieder durch Lohnarbeit oder andere Nebenbeschäftigung jeder Art verdienen, besonders veranschlagt werden müssen. Solche Nebeneinnahmen bilden bekanntlich bei vielen kleinen Grundbesitzern einen bedeutenden Theil ihres Gesammteinkommens.

Nebeneinkommen aus Arbeitsverdienst.

Wo Grundbesitzer oder Gewerbetreibende sich und die Angehörigen ihres Haushalts nur mit Wirthschaftsarbeiten auf der eigenen Besitzung oder in ihrem Gewerbe beschäftigen und keine Arbeit für Fremde übernehmen, kann natürlich ein Nebenverdienst für solche nicht berechnet werden. Dagegen ist bei der Schätzung des Einkommens aus dem Betriebe der Landwirthschaft beziehungsweise des Gewerbes die in der Familie selbst vorhandene Arbeitskraft soweit sie nutzbare Verwendung findet, mit in Anschlag zu bringen, und da, wo in der Wirthschaft oder im Gewerbe Hülfe leistende (nicht etwa schon als Gehülfen oder als Lohngesinde selbstständig veranlagte) arbeitsfähige Söhne oder Töchter miterwerben helfen und die sonst erforderlichen Ausgaben für Gehülfen, Gesinde oder Lohnarbeiter ersparen, unter sonst gleichen Umständen verhältnißmäßig ein höheres Einkommen anzusetzen, als da, wo solche Hülfe durch arbeitsfähige Familienmitglieder fehlt.

Feststehende Einnahmen.

§. 24. Feststehende Geldeinnahmen an Gehalt, Wohnungsgeldzuschuß, Personalservis, Pension, Wartegeld und Dienstlohn jeder Art, sind mit dem vollen Betrage zur Berechnung zu ziehen. Feststehende Einnahmen an Naturalien,

z. B. Getreide, müssen nach ihrem dreijährigen Durchschnittswerthe in Anrechnung gebracht werden.

Wittwenkassenbeiträge.

Von Gehältern und Pensionen, beziehungsweise dem anderweitigen Diensteinkommen von Beamten dürfen die auf Grund einer gesetzlichen Verpflichtung zu leistenden Wittwenkassenbeiträge, deren Feststellung es in jedem Falle bedarf, abgezogen werden. Derjenige Theil der Wittwenkassenbeiträge, welcher etwa von einer über das gesetzliche Maß hinaus erfolgten Versicherung entrichtet wird, ist nicht abzugsfähig; ebensowenig ist es die Prämie für eine genommene Lebensversicherung, sowie jeder sonstige Beitrag für einen ähnlichen Zweck.

Dienstwohnungen ꝛc.

§. 25. Dienstwohnungen und Dienstländereien, für welche nicht schon ein Abzug an der Besoldung stattfindet (wenn dies der Fall, kommen sie nicht in Betracht, aber auch ein Besoldungsabzug nicht), sind nach den ortsüblichen Miethes-, beziehungsweise Pachtpreisen in Ansatz zu bringen.

Dienstaufwand.

§. 26. Enthält das Diensteinkommen zugleich die Entschädigung für den Dienstaufwand, so ist der dafür zu berechnende Betrag außer Ansatz zu lassen. Bemerkung. Da, wo ein bestimmter Betrag vom Staate als Dienstaufwands-entschädigung bewilligt, bezw. berechnet wird, bleibt dieser und nur dieser Betrag von der Besteuerung frei, und ist jede Untersuchung darüber ausgeschlossen, ob der Beamte an diesem Betrage oder diesem bestimmten Antheile des Diensteinkommens etwa Ersparnisse macht, oder noch einen Theil seines sonstigen Einkommens zum Dienstaufwande verausgabt. Eine Berechnung der Dienstaufwandskosten findet nur dann statt, wenn das Diensteinkommen ohne ausdrückliche Bestimmung des Betrages oder des Theils zugleich die Entschädigung für den Dienstaufwand mitenthält. — Wo eine ausdrückliche Anordnung darüber, daß ein Einkommen ganz oder zum Theil für den Dienstaufwand gewährt werde, überhaupt nicht getroffen ist, darf eine Absetzung desselben oder eines Theils desselben niemals stattfinden.

Abzug der Schuldenzinsen.

a. In gewissen besonderen Fällen.

§. 27. In allen Fällen, wenn es sich nur um die Besteuerung desjenigen Einkommens handelt, welches in einem anderen Deutschen Bundesstaate wohnende Deutsche oder welches im Auslande sich aufhaltende Ausländer aus dem Besitze von Grundeigenthum oder aus gewerblichen oder Handelsanlagen im Inlande beziehen, wo also die Steuer lediglich nach der Höhe des der diesseitigen Besteuerung unterliegenden Einkommens zu bemessen ist, dürfen bei der Berechnung des letzteren nur solche Abzüge in Betracht gezogen werden, welche speziell und ausschließlich das diesseitige Einkommen treffen. Daher können a. von dem Ertrage des Grundeigenthums in Preußen nur solche Lasten in Abzug gebracht werden, die (wie z. B. Grund- und Gebäudesteuern, Renten u. s. w.) aus dem gedachten Ertrage gedeckt werden müssen und daher letzteren vermindern. Die persönlichen Schulden des Ausländers müssen völlig außer Betracht bleiben. Hieran kann auch der Umstand nichts ändern, wenn etwa zur Sicherstellung der Gläubiger die Schulden auf das diesseitige Eigenthum in das Grundbuch eingetragen werden, da hierdurch nicht eine den Ertrag des Grundbesitzes schmälernde bingliche Last entstanden, sondern dem Gläubiger nur das Recht gegeben ist, wegen der ihm zustehenden persönlichen Forderung vorzugsweise vor anderen Gläubigern seine Befriedigung aus diesem Grundstücke zu verlangen. Eine Ausnahme von diesem Grundsatze findet nur statt hinsichtlich solcher Schulden, die erweislich und unzweifelhaft als ein Theil des dem Verkäufer seitens des neuen Erwerbers zugesicherten Kaufpreises zu betrachten und auf Grund des über den Ankauf des Gutes geschlossenen Vertrages im Grundbuche sichergestellt sind, indem der Ausländer in einem solchen Falle nur denjenigen Theil des Einkommens aus diesseitigem Grundeigenthum lastenfrei bezieht, welcher ihm nach Verzinsung des noch ungetilgten Theils des Kaufpreises übrig bleibt. b. Das Einkommen eines Ausländers oder eines im Uebrigen in einem anderen Deutschen Bundesstaate zu besteuernden Deutschen aus einer gewerblichen oder Handelsanlage in Preußen wird wie aller Handels- oder Gewerbsgewinn in der Art berechnet, daß die Zinsen der Forderungen und Schulden, welche im kaufmännischen oder sonstigen gewerblichen Verkehr bestehen, bei Ermittelung des Einkommens aus den betreffenden Geschäften in Betracht zu ziehen sind. Lediglich nach dem Umfange dieses Einkommens hat sich die Steuerveranlagung in solchen Fällen zu richten. Die Privatschulden müssen auch hier völlig außer Betracht bleiben.

b. In allen übrigen Fällen.

§. 28. In allen übrigen Fällen kommt es auf die Frage, bei welcher Art des Einkommens der Steuerpflichtigen zulässige Abzüge für nachweislich zu entrichtende Schuldenzinsen gemacht werden dürfen, nicht an, vielmehr sind die letzteren bei der Gesammtsumme des Einkommens in Abzug zu bringen. Es ist dabei jedoch Folgendes zu beachten: Nachweisungen der Schulden. a. Nur solche Schulden dürfen berücksichtigt werden, deren wirkliches Bestehen keinem Zweifel unterliegt. Es bedarf daher bei jeder Schuldpost regelmäßig der Angabe des Namens und des Wohnorts des Gläubigers, des Datums der Schuldenurkunde und des Prozentsatzes, mit welchem die Schuld zu verzinsen ist. b. Daß eine Schuld einmal aufgenommen worden, oder daß sie im Grundbuche eingetragen steht, genügt nicht, um ihr Fortbestehen zu erweisen, weil erfahrungsmäßig nicht selten bereits längst getilgte Schulden ungelöscht stehen bleiben, da der Antrag auf Löschung getilgter Posten von dem Belieben der Schuldner abhängt und häufig aufgeschoben oder ganz unterlassen wird. Es kann daher in jedem Falle, in welchem die Abrechnung von Schuldenzinsen vom Einkommen verlangt wird, neben den vorbezeichneten Angaben auch noch die Vorlegung der Zinsenquittungen aus dem letzten Jahre erfordert werden. — *Zinsenquittungen.* c. Nur Zinsen dürfen angerechnet werden, nicht aber Beträge, welche etwa neben den Zinsen zur allmählichen Tilgung der Schulden entweder freiwillig oder infolge einer rechtlichen Verpflichtung gezahlt werden (Amortisations-Tilgungsquoten). Es folgt hieraus von selbst, daß auch gerichtliche Gehalts- und Pensionsabzüge wegen Schulden, soweit sie zu Abzahlungen an dem Schuldenkapitale bestimmt sind, bei der Besteuerung des Einkommens von Beamten und Pensionären nicht berücksichtigt werden dürfen.

Recht des Steuerpflichtigen auf ein Einkommen.

§. 20. In ähnlicher Weise kommt es bei der Veranlagung des Einkommens, welches einem Steuerpflichtigen aus der einen oder anderen ihm gehörigen Einnahmequelle rechtlich zusteht, nicht darauf an, ob er darüber zur Zeit unbeschränkt verfügt, oder ob ihm ein Theil desselben — z. B. bei einer Personal- oder Vermögens-Kuratel einstweilen vorbehalten wird, indem die Vorbehaltung durch die dazu berechtigten Verwalter der freiwilligen Zurücklegung und Ansammlung von Kapitalvermögen gleichzuachten ist, und in keinem dieser Fälle ein Abzug von dem der Besteuerung zu unterwerfenden Einkommen berechnet werden darf. — Ueberhaupt entscheidet die rechtliche Zuständigkeit der Einnahmen über deren Anrechnung bei der Einschätzung zur Steuer. Darnach können z. B. Renten oder sonstige geldwerthe Vortheile, welche Jemandem von einem Anderen gewährt werden, nur insoweit zum selbstständigen Einkommen des Empfängers gerechnet werden, als ihm gegenüber der Geber durch einen besondern Rechtstitel (Vertrag, Verschreibung, Erkenntniß ꝛc.) zu einem durch diesen bestimmten Betrage der Leistung verpflichtet ist, während alle solche Leistungen, deren Entrichtung überhaupt oder deren Betrag von dem guten Willen des Gebers abhängt, zur Anrechnung nicht geeignet sind, auch wenn sich dieselben thatsächlich wiederholen oder dabei auch besondere persönliche Verpflichtungen des Gebers gegen den Empfänger (z. B. Versorgung und Unterstützung der Kinder und dergl.) obwalten, ohne daß durch eine bestimmte rechtsverbindliche Festsetzung Art und Umfang der Leistung geregelt wäre. — Von derselben Beurtheilung der rechtlichen Verbindlichkeit des Gebers ist bei diesem die Abrechnung von seinem Einkommen abhängig.

Nochmalige Prüfung des ermittelten Gesammteinkommens.

§. 30. Sobald die Ermittelung des bei der Besteuerung zu Grunde zu legenden Gesammteinkommens nach den vorstehenden Bestimmungen beendigt ist, wird die Richtigkeit des Ergebnisses nochmals zu erwägen sein. Hierbei sind zugleich die Wahrnehmungen über die Lebensweise des Steuerpflichtigen selbst und über die Summe der Aufwendungen, welche derselbe für sich, seine Angehörigen und für seinen Haushalt fortgesetzt macht, insbesondere in Vergleichung mit der Lebensweise und dem Aufwande anderer Personen, deren Gesammteinkommen genau bekannt ist, in Betracht zu ziehen, indem diese Wahrnehmungen nicht selten den Anlaß geben werden, Unterschätzungen der einzelnen Einkommensarten zu berichtigen oder die Aufmerksamkeit auf noch nicht berücksichtigte Einkommensquellen zu lenken.

Die Leistungsfähigkeit beeinträchtigende besondere Verhältnisse.

§. 31. Erst wenn die Schätzung des Einkommens des Steuerpflichtigen bewirkt und die Frage beantwortet ist, in welche Stufe der in den §§. 7 und 20 des Gesetzes enthaltenen Tarife derselbe nach seinem ermittelten Einkommen gemäß den im §. 1 dieser Instruktion enthaltenen Vorschriften gehört, kann Entschließung darüber gefaßt werden, ob und inwieweit besondere, die Leistungsfähigkeit bedingende wirthschaftliche Verhältnisse des betreffenden Steuerpflichtigen Berücksichtigung erheischen. — Nach den in den §§. 7 und 20 des Gesetzes enthaltenen Bestimmungen sind solche Verhältnisse nur: a. eine große Zahl von Kindern; b. die Verpflichtung zur Unterhaltung armer Angehörigen und c. andauernde Krankheit, — ferner, jedoch nur dann, wenn dadurch die Leistungsfähigkeit wesentlich beeinträchtigt wird, — d. Verschuldung und e. außergewöhnliche Unglücksfälle. — Verhältnisse anderer Art begründen eine Berücksichtigung niemals und auch die vorstehend aufgeführten müssen streng im Sinne des Gesetzes und in richtiger Erwägung ihres Einflusses auf die Wirthschaft und die Leistungsfähigkeit der Steuerpflichtigen beurtheilt werden. In dieser Beziehung ist Folgendes zu bemerken: — zu a. Bei der Erörterung der Frage, ob das Vorhandensein einer großen Zahl von Kindern anzuerkennen ist, kommt es im Wesentlichen darauf an, ob in dem gegebenen Falle eine nach den Verhältnissen der Familie und der Wirthschaft als groß zu bezeichnende Zahl von kleinen oder aus anderen Gründen den hülfsbedürftigen und zur Erwerbung der Kosten ihres Unterhalts nicht mitwirkenden Kindern vorhanden ist, deren Erziehung und Erhaltung die Eltern in ungewöhnlichem Maße belastet; denn alle mehr oder weniger allgemein vorkommenden Verhältnisse sind bereits bei der Aufstellung der Tarife berücksichtigt. Es ist daher nicht zulässig, ohne Rücksicht auf die individuellen Verhältnisse des Steuerpflichtigen bei einer bestimmten Anzahl (z. B. 4 oder 5) Kinder ohne

Weiteres das Vorhandensein einer „großen“ Zahl derselben im Sinne des Gesetzes anzunehmen, vielmehr muß immer die Lage des einzelnen Falles entscheidend bleiben und erwogen werden, ob darnach und unter Berücksichtigung der Zahl der zur Haushaltung gehörenden erwerbenden Personen, die Voraussetzung einer ungewöhnlichen Belastung zutrifft; — zu b. Um eine Berücksichtigung wegen der Unterhaltung armer Angehöriger zu begründen, ist zunächst erforderlich, daß eine rechtliche Verbindlichkeit zu deren Unterhaltung vorliegt; eine bloß moralische Verpflichtung dazu genügt nicht, und kommen demgemäß Handlungen der Freigibigkeit nicht in Betracht. Sodann ist erforderlich, daß der Steuerpflichtige die armen Angehörigen unterhält und ihnen nicht etwa nur einzelne Unterstützungen gewährt, selbst wenn letztere fortlaufend gewährt werden, und für den Empfänger einen Beitrag zu dessen Unterhalt bilden. Als besonderer Ermäßigungsgrund kommt nur wirkliche Krankheit von längerer Dauer insoweit in Betracht, als sie den Steuerpflichtigen zu besonderen außergewöhnlichen Aufwendungen genöthigt oder denselben in seinen gewerblichen bezw. Wirthschaftsverhältnissen zeitweise zurückgebracht hat. Uebrigens ist nicht erforderlich, daß der Steuerpflichtige selbst andauernd erkrankt ist, sondern es kann auch, sofern die sonstigen Voraussetzungen zutreffen, wegen Erkrankung eines Familiengliedes desselben Berücksichtigung erfolgen: — zu d. und e. Verschuldung und außergewöhnliche Unglücksfälle kommen nur dann in Betracht, wenn durch dieselben die Leistungsfähigkeit des Steuerpflichtigen wesentlich beinträgt wird; da das Gesetz diese Einschränkung nur bei diesen, nicht aber bei den unter a. — c. genannten Ermäßigungsgründen kennt, ist bei ersteren jedes Mal sorgfältig zu erwägen, ob diese Bedingung zutrifft. Dies muß um so mehr geschehen, als einerseits den Schulden schon durch Abzug des Zinsenbetrages vom angenommenen Bruttoeinkommen Rechnung getragen wird; anderseits die Unglücksfälle ihre Wirkung bereits auf die Feststellung des steuerbaren Einkommens ausüben, indem sie, wenigstens bei dem Einkommen aus Grundvermögen, Pachtungen, gewerblichen und Handelsunternehmungen den maßgebenden dreijährigen Durchschnittsbetrag desselben herabmindern. Nur dann kann daneben noch eine besondere Berücksichtigung derselben zugelassen werden, wenn die vorhandene Schuldenlast in außergewöhnlichem Maße drückend auf die Leistungsfähigkeit einwirkt, die Unglücksfälle diese wesentlich beeinträchtigt haben und fortgesetzt beeinträchtigen. — Bemerkt wird, daß auch hier die Schulden gehörig nachgewiesen sein müssen (§. 28) und daß nur solche Unglücksfälle in Betracht kommen können, welche als außergewöhnliche anzuerkennen sind.

Folgen derselben.

a. Bei der Klassensteuer.

§. 32. Wenn das Vorhandensein eines oder mehrerer der vorerwähnten besonderen Verhältnisse festgestellt wird, so dürfen bei der Klassensteuer Personen, deren Jahreseinkommen ihre Veranlagung zur ersten Stufe bedingen würde, vollständig freigelassen; Personen, deren Jahreseinkommen eine höhere Stufe, als die erste erfordern würde, dürfen dagegen niemals befreit, sondern können nur in eine niedrigere Stufe gesetzt werden. Dabei ist jedoch, da eine nach dem Tarife zur zweiten Stufe gehörige Person nicht freigelassen, sondern nur in die erste Stufe gesetzt, also nur um eine Stufe ermäßigt werden kann, auch bei allen nach dem Tarife in eine höhere als die zweite Stufe zu veranlagenden Personen eine Herabsetzung in der Regel nicht weiter, als um eine Stufe und eine Ueberschreitung dieses Maßes nur ausnahmsweise, wenn ganz besonders drückende Verhältnisse obwalten, zuzulassen. —

b. Bei der Einkommensteuer.

Die Berücksichtigung besonderer, die Leistungsfähigkeit bedingender wirthschaftlicher Verhältnisse ist hinsichtlich der klassifizirten Einkommensteuer nur bei solchen Steuerpflichtigen gestattet, welche ihrem Einkommen nach der ersten und der zweiten Stufe des Tarifs angehören würden, und darf auch bei diesen nur eine Ermäßigung um eine Stufe stattfinden. Sofern der Einzuschätzende der ersten Stufe angehören würde, kann derselbe auf den Satz ermäßigt werden, welcher von den Steuerpflichtigen in der zwölften Stufe der Klassensteuer entrichtet wird. Ein solcher Steuerpflichtiger hat alsdann zwar nur den höchsten Klassensteuersatz zu entrichten, die Ueberweisung desselben zur Klassensteuer findet aber nicht statt, sondern er verbleibt unter den Einkommensteuerpflichtigen.

Allgemeine Gültigkeit der Grundsätze auch bei Beurtheilung von Ueberbürdungsbeschwerden.

§. 38. Die in dieser Instruktion entwickelten Grundsätze sind nicht allein für die Steuerveranlagung, sondern ebenso auch bei der Beurtheilung von Ueberbürdungsbeschwerden (Remonstrationen und Reklamationen bei der Einkommensteuer, Reklamationen und Rekursen bei der Klassensteuer) sowie bei der Erstattung von Gutachten über solche maßgebend. — In den Gutachten und Entscheidungen über Beschwerden dieser Art ist nur darüber zu befinden, ob die Schätzung des Jahreseinkommens und die Veranlagung der Steuerstufe den Bestimmungen des Gesetzes gemäß und den vorstehend entwickelten Prinzipien entsprechend erfolgt ist, und zur Zeit, in welcher die Veranlagung stattgefunden hat, richtig und angemessen war. Dabei sind allerdings Veränderungen, welche in den Einkommens- und Vermögensverhältnissen des Steuerpflichtigen nach geschehener Veranlagung, aber vor Beginn des Steuerjahres, eingetreten sind, zu berücksichtigen und auf Grund derselben erforderlichenfalls die Berichtigung der Einschätzung sowie eine anderweite Feststellung der Stufe vorzunehmen, dagegen dürfen derartige Veränderungen, welche erst nach dem Beginne des Jahres, für welches die Veranlagung erfolgt ist, vorgekommen sind, bei der Begutachtung oder Entscheidung über Remonstrationen, Reklamationen und Rekurse niemals in Betracht gezogen werden. In wieweit wegen solcher Veränderungen, namentlich wegen des Verlustes einer Einnahmequelle, oder wegen außergewöhnlicher Unglücksfälle, ein Steuererlaß gefordert oder bewilligt werden kann, ist nach den Vorschriften des §. 36 des Gesetzes vom 1./25. Mai 1851/73 bezw. des Artikels III des Gesetzes vom 16. Juni 1875 zu beurtheilen, die Entscheidung darüber aber einem besonderen Verfahren vorbehalten.

III. Verordnung, betreffend die Heranziehung der Staatsdiener zu den Kommunalauflagen in den neu erworbenen Landestheilen, vom 23. September 1867 [1]).

§. 1. Von allen direkten Kommunalauflagen, sowohl der einzelnen bürgerlichen Stadt- und Landgemeinden, als der weiteren kommunalen Körperschaften (Amtsbezirke, Distriktsgemeinden, Armendistrikte, Wegeverbände u. s. w.) und der kreis-, kommunal- und provinzialständischen Verbände, sind vollständig befreit: 1) die servisberechtigten Militärpersonen des aktiven Dienststandes, sowohl hinsichtlich ihres dienstlichen als sonstigen Einkommens; nur zu den auf den Grundbesitz oder das stehende Gewerbe, oder auf das aus diesen Quellen fließende Einkommen gelegten Kommunallasten müssen auch sie beitragen, wenn sie in dem Kommunalbezirk Grundbesitz haben oder ein stehendes Gewerbe betreiben. — Militärärzte genießen rücksichtlich ihres Einkommens aus einer Civilpraxis die Befreiung nicht; 2) die auf Inaktivitätsgehalt gesetzten oder mit Pension zur Disposition gestellten Offiziere hinsichtlich ihrer Gehalts- und sonstigen dienstlichen Bezüge; 3) die Geistlichen und Elementarlehrer hinsichtlich ihrer Besoldungen und Emolumente, einschließlich der Ruhegehälter, ingleichen die unteren Kirchendiener, wo und soweit den letzteren eine derartige Befreiung seither rechtsgültig zugestanden hat; 4) die verabschiedeten Beamten und nicht zu der Kategorie unter Nr. 2 gehörigen Militärpersonen hinsichts ihrer aus Staatsfonds oder sonstigen öffentlichen Kassen zahlbaren Pensionen und laufenden Unterstützungsbezüge, ebenso die Beamten hinsichts ihrer Wartegelder, sofern der jährliche Betrag solcher Bezüge für einen Empfänger die Summe von 750 Mark nicht erreicht; 5) die hinterbliebenen Wittwen und Waisen der unter 1—4 genannten Personen hinsichts ihrer aus Staatsfonds oder aus einer öffentlichen Versorgungskasse zahlbaren Pensionen und laufenden Unterstützungen; 6) die Sterbe- und Gnaden-

[1]) Durch Verordnung vom 22. Dezember 1868 sind die Vorschriften dieser Verordnung im ganzen Bundesgebiete, soweit sie in demselben noch nicht Geltung hatten, eingeführt. S. auch S. 139 Note 2.

monate; 7) alle diejenigen Dienstemolumente, welche bloß als Ersatz baarer Auslagen zu betrachten sind.

§. 2. Zu den Beamten im Sinne dieser Verordnung gehören alle, in unmittelbaren Diensten des Staats oder der demselben untergeordnete Obrigkeiten, Kollegien, kommunalen und ständischen Korporationen stehende, mit fester Besoldung angestellte, beziehentlich in Ruhestand getretene öffentliche Beamte, einschließlich der Militär- und Hofbeamten; dagegen nicht diejenigen, welche nur als außerordentliche Gehülfen vorübergehend im öffentlichen Dienst beschäftigt waren.

§. 3. Die Beamten (§. 2) können von ihrem Diensteinkommen einschließlich der Warte- und Ruhegehälter, ebenso die Militärpersonen von ihren Pensionen — wenn nicht ein Fall der gänzlichen Befreiung nach §. 1 vorliegt — zu direkten Kommunalauflagen (§. 1) nur insoweit herangezogen werden, als diese von allen Pflichtigen nach dem Maßstabe des persönlichen Einkommens erhoben werden.

§. 4. Das Diensteinkommen wird in solchen Fällen nur halb so hoch, als anderes gleich hohes persönliches Einkommen der Steuerpflichtigen veranlagt. — Wenn die Veranlagung nicht unmittelbar den Einkommensbetrag zur Grundlage hat, so ist, unter Genehmigung der Aufsichtsbehörde des besteuernden kommunalen Verbandes das Einschätzungsverfahren dergestalt besonders zu regeln, daß der vorstehende Grundsatz analog zur Anwendung kommt. — Das Diensteinkommen von zufälligen Emolumenten wird gleich dem festen Gehalte besteuert; zu diesem Behufe wird nöthigenfalls der Betrag derselben in runder Summe durch die vorgesetzte Dienstbehörde festgestellt.

§. 5. An kommunalen Auflagen aller Art (§. 1) dürfen äußersten Falls, im Gesammtbetrage, bei Besoldungen (§. 3) unter 750 Mark nicht mehr als zwei Prozent, bei Besoldungen von 750 bis 1500 Mark ausschließlich nicht mehr als anderthalb Prozent und bei höheren Besoldungen nicht mehr als 2 Prozent des gesammten Diensteinkommens jährlich gefordert werden. — Die hiernach etwa nöthige Ermäßigung der nach §. 4 berechneten Steuerbeträge trifft, im Falle der Konkurrenz mehrerer kommunaler Verbände, die zuletzt zur Hebung gestellte Forderung, mehrere noch nicht entrichtete Forderungen aber nach Verhältniß ihrer Höhe.

§. 6. Auf Staatssteuern und Staatslasten, welche gemeindeweise abgetragen werden, finden diese Bestimmungen dieser Verordnung keine Anwendung.

§. 7. Die gemäß §§. 3—5 den Staatsdienern obliegende Beitragspflicht zu den Kommunalabgaben erstreckt sich auf alle diejenigen Beträge der letzteren, welche innerhalb der Zeit, da der Pflichtige dem betreffenden kommunalen Verbande angehört, auf ihn vertheilt und auch fällig werden, nicht aber auf später fällige.

§. 8. Jeder Beamte ist bezüglich der Kommunalbesteuerung seines Diensteinkommens als Einwohner desjenigen Gemeindebezirks zu betrachten, in welchem die Behörde, der er angehört, ihren Sitz hat.

§. 9. Von ihrem etwaigen besonderen Vermögen haben auch die nach §. 3 begünstigten Staatsdiener, ebenso die Offiziere der unter §. 1, Nr. 2 bezeichneten Kategorie, die Geistlichen und Elementarlehrer, ihre Beiträge zu den Kommunallasten gleich anderen Angehörigen der betreffenden Verbände zu entrichten.

§. 10. Durch die nach den vorstehenden Bestimmungen zu bemessenden Geldbeiträge sind die Pflichtigen zugleich von persönlichen Kommunaldiensten frei. Sind sie jedoch Besitzer von Grundstücken, oder betreiben sie ein stehendes Gewerbe, so müssen sie die mit diesem Grundbesitz oder Gewerbe verbundenen persönlichen Dienste entweder selbst oder durch Stellvertreter leisten. — Geistliche und Elementarlehrer bleiben von allen persönlichen Gemeindediensten, soweit dieselben nicht auf ihren gehörigen Grundstücken lasten, befreit; untere Kirchendiener insoweit, als ihnen diese Befreiung seither rechtsgültig zustand.

§. 11. Zu den indirekten Gemeindeabgaben müssen auch die nach §§. 1—5 begünstigten Personen gleich anderen Gemeinde-Einwohnern beitragen. Sie sind nicht befugt, was sie hierauf entrichten, bei ihren direkten Kommunalbeiträgen in Anrechnung zu bringen. — Die Militär-Speise-Einrichtungen und ähnliche Anstalten bleiben indessen von Verbrauchssteuern in dem, in den altpreußischen Landestheilen bestehenden Umfange befreit.

§. 12. Alle entgegenstehenden gesetzlichen Bestimmungen werden aufgehoben. — Wo jedoch weitergehende Immunitäten für Beamte, Militärs, Geistliche oder Lehrer nach statutarischem Recht oder besonderen Privilegien bestehen, soll in denselben hierdurch nichts geändert werden.

§. 13. Gegenwärtige Verordnung tritt mit dem 30. September dieses Jahres, unter Anwendung auf alle von diesem Tage an zur Ausschreibung gelangenden direkten Kommunal-Auflagen in Kraft.

IV. Gesetz über die Verjährungsfristen bei öffentlichen Abgaben vom 18. Juni 1840[1].

§. 1. [A. Landesherrliche Abgaben. I. Reklamationen: a. direkte Steuern], Reklamationen gegen direkte Steuern, namentlich gegen Abgaben, welche nach den Etats, Katastern oder Jahresheberollen als Grundsteuer durch Ortserheber oder unmittelbar durch Unsere Kassen von den Steuerpflichtigen erhoben werden, ingleichen gegen die Klassen- und Gewerbesteuer, sowie gegen diejenigen

[1]) Dieses Gesetz gilt zufolge der Verordnung vom 16. Sept. 1867 für den ganzen Umfang der Monarchie.

Abgaben, welche infolge des §. 11 des Allg. L.-G. vom 30. Mai 1820, als auf einem speziellen Erhebungstitel beruhend, zu entrichten sind, müssen ohne Unterschied, ob sie auf Ermäßigung oder auf gänzliche Befreiung gerichtet sind, binnen 3 Monaten, vom Tage der Bekanntmachung der Heberolle, oder wenn die Steuer im Laufe des Jahres auferlegt worden, binnen 3 Monaten nach erfolgter Benachrichtigung von deren Betrage, oder endlich, im Falle eine periodische Veranlagung und Anfertigung von Heberollen nicht stattfindet, binnen den ersten 3 Monaten jedes Jahres, bei der Behörde angebracht werden. — Wird diese Frist versäumt, so erlischt der Anspruch auf Steuerermäßigung oder Befreiung, sowie auf Rückerstattung, für das laufende Kalenderjahr. — Ist die Reklamation vor dem Ablaufe der Frist angebracht, und wird solche begründet gefunden, so erfolgt die Ermäßigung oder gänzliche Befreiung für das laufende Jahr. Für verflossene Jahre wird keine Rückzahlung gewährt. Tritt eine solche Veränderung ein, wodurch die bisherige Steuerverpflichtung aufgehoben wird, so muß davon der Behörde Anzeige gemacht werden. Bis zu Ende des Monats, in welchem diese Anzeige erfolgt, kann die Entrichtung der Steuer gefordert werden.

§. 2. [b. indirekte Steuern]. Auf Zurückzahlung zu viel erhobener Eingangs-, Ausgangs- und Durchgangsabgaben, der infolge der Zollvereinigungsverträge zu erhebenden Ausgleichungsabgaben, der Branntwein-, Braumalz-, Mahl- und Schlachtsteuer, der Weinmost- und Tabakssteuer, der Salzablösungsgelder, der Blei- und Zettelgelder, der Wege-, Brücken-, Fähr-, Wage- und Krahngelder, der Kanal-, Schleusen-, Schifffahrts- und Hafenabgaben und der Niederlagegelder findet ein Anspruch nur statt, wenn derselbe binnen Jahresfrist, vom Tage der Versteuerung an gerechnet, angemeldet und begründet wird.

§. 3. Wird in den Fällen der §§. 1 und 2 die Reklamation ganz oder theilweise zurückgewiesen, so ist dagegen der Rekurs an die vorgesetzte Behörde binnen einer Präklusivfrist von 6 Wochen, vom Tage der Bekanntmachung des Bescheides an gerechnet, zulässig. Wendet sich der Reklamant an eine inkompetente Behörde, so hat diese das Rekursgesuch an die kompetente Behörde abzugeben, ohne daß dem Reklamanten die Zwischenzeit auf die Frist anzurechnen ist.

§. 4. In den Fällen, in welchen nach den bestehenden Gesetzen über die Steuerverpflichtung der Weg Rechtens nachgelassen ist, kann die Steuer nur von dem Anfange desjenigen Kalenderjahres an zurückgefordert werden, worin die Klage angemeldet, oder worin vor der Klage eine Reklamation bei der Verwaltungsbehörde eingereicht worden ist.

§. 5. [II. Nachforderungen. a. direkte Steuern]. Eine Nachforderung von Grundsteuern ist zulässig, sowohl bei gänzlicher Uebergehung, als bei zu geringem Ansatz, in beiden Fällen aber nur für das Kalenderjahr, worin die Nachforderung geltend gemacht wird.

§. 6. Die Nachforderung von Klassen-, Gewerbe- und persönlichen, auf besonderen Titeln beruhenden Steuern findet im Fall gänzlicher Uebergehung nach den im §. 5 enthaltenen Regeln statt; im Fall eines zu geringen Ansatzes fällt bei diesen Steuern jede Nachforderung weg, jedoch unbeschadet der gesetzlichen Wiederumlage bei Gewerbesteuer-Gesellschaften, welche nach Mittelsätzen steuern.

§. 7. [b. indirekte Steuern]. Bei den im §. 2 erwähnten indirekten Steuern kann der Betrag dessen, was zu wenig oder gar nicht erhoben worden ist, nur binnen einem Jahre, vom Tage des Eintritts der Zahlungsverpflichtung an gerechnet, nachgefordert werden.

§. 8. [III. Verjährung der Rückstände]. Zur Hebung gestellte direkte oder indirekte Steuern, welche im Rückstande verblieben oder kreditirt sind, verjähren in 4 Jahren, von dem Ablaufe des Jahres an gerechnet, in welches ihr Zahlungstermin fällt. — Die Verjährung wird durch eine an den Steuerpflichtigen erlassene Aufforderung zur Zahlung, sowie durch Verfügung der Exekution oder durch bewilligte Stundung der Steuer unterbrochen. — Nach Ablauf des Jahres, in welchem die letzte Aufforderung zugestellt, Exekution verfügt worden oder die bewilligte Frist abgelaufen ist, beginnt eine neue vierjährige Verjährungsfrist.

§. 9. [IV. Transitorische Bestimmungen]. Reklamationen wegen Steuern, welche vor Publikation dieses Gesetzes entrichtet worden sind, sowie Nachforderungen wegen Steuern aus dieser Zeit, müssen, bei Verlust des Anspruchs, binnen Jahresfrist nach Publikation dieses Gesetzes geltend gemacht werden. — Für die zur Zeit der Publikation dieses Gesetzes vorhandenen Steuerrückstände beginnt die §. 8 festgesetzte vierjährige Verjährungsfrist mit dem 1. Jan. 1841.

§. 10. [V. Verjährung in Kontraventionsfällen]. Ist in der unterlassenen Entrichtung der ganzen Steuer oder eines Theils derselben eine Kontravention gegen die Steuergesetze enthalten, so verjährt die Nachforderung nur gleichzeitig mit der gesetzlichen Strafe.

§. 11. [VI. Vorschriften wegen der Rechte der Minderjährigen und moralischen Personen]. Die in diesem Gesetz festgesetzten Fristen laufen auch gegen Minderjährige und bevormundete Personen, sowie gegen moralische Personen, denen gesetzlich die Rechte der Minderjährigen zustehen, ohne Zulassung der Wiedereinsetzung in den vorigen Stand, jedoch mit Vorbehalt des Regresses gegen die Vormünder und Verwalter.

§. 12. [VII. Wirkung der Verjährung]. Durch den Ablauf der Verjährungsfrist wird der Steuerpflichtige von jedem ferneren Anspruch, sowohl des Staates, als der Steuerbeamten und der Steuersocietäten befreit.

§. 13. Wegen der Verjährung der Stempelsteuer und der Reklamationen in Betreff dieser Steuer, nicht minder wegen der Hypotheken und Gerichtsschreibergebühren in der Rheinprovinz, bleibt es bei den bestehenden Vorschriften.

§. 14. [B. Abgaben, die nicht in die landesherrlichen Kassen fließen]. Dieses Gesetz findet auch auf öffentliche Abgaben, welche nicht zu Unsern Kassen fließen, sondern an Gemeinden und Korporationen, sowie an ständische Kassen zu entrichten, oder als Provinzialbezirks-, Kreis- oder Gemeindelasten, oder zur Unterhaltung öffentlicher Anstalten aufzubringen sind, sowie auf die mit Einziehung solcher Abgaben beauftragten Beamten Anwendung.

§. 15. Alle früheren gesetzlichen Vorschriften über die im gegenwärtigen Gesetze enthaltenen Gegenstände werden hierdurch aufgehoben.

V. Verordnung, betreffend die exekutivische Beitreibung der direkten und indirekten Steuern und anderer öffentlicher Abgaben und Gefälle, Kosten ꝛc. Seitens der Verwaltungsbehörden in den durch die Gesetze vom 20. Septbr. und 24. Dezbr. 1866 mit der Preußischen Monarchie vereinigten Landestheilen, vom 22. Septbr. 1867.

§. 1. [Allgemeine Grundsätze]. Der exekutivischen Beitreibung im administrativen Wege nach den Vorschriften dieser Verordnung unterliegen: 1) alle Abgaben und Gefälle, welche an den Staat zu entrichten sind, insbesondere: a. die direkten Steuern, namentlich die Grund-, Gebäude-, Klassen-, klassifizirte Einkommen- und Gewerbesteuer, sowie die zu Staats-, Gemeinde- oder anderen öffentlichen Zwecken ausgeschriebenen Beischläge zu diesen Steuern; b. die indirekten Steuern, die Wege-, Brücken-, Fähr-, Waage- und Krahngelder, die Kanal-, Schleusen-, Schifffahrts- und Hafenabgaben, die Niederlagegelder, Quarantänegebühren und Pachtgelder für verpachtete Abgabenerhebungen; c. die Postgefälle und Postgebühren; d. die Abgaben von den Eisenbahnen; e) die Bergwerksteuer; 2) alle Abgaben, welche an die unter staatlicher Verwaltung stehenden Institute zu entrichten sind; 3) diejenigen öffentlichen Abgaben, welche an Gemeinden, Korporationen, sowie an ständische Kassen zu entrichten oder zur Unterhaltung öffentlicher Anstalten, beziehungsweise der an solchen angestellten Beamten aufzubringen oder für die Benutzung öffentlicher Anstalten oder Einrichtungen zu erlegen sind; 4) die an die öffentlichen Brandkassen zu entrichtenden Beiträge; 5) die von den Verwaltungs- und Auseinandersetzungsbehörden festgesetzten Gebühren aller Art, Kosten, Geldstrafen und Entschädigungen; 6) die Domanial- und Forstgefälle, mit Einschluß der Gefälle der Klosterguts-Verwaltung in Hannover, sofern dieselben nach den Vorschriften im §. 42 der Verordnung wegen verbesserter Einrichtung der Provinzial-Polizei- und Finanzbehörden vom 26. Dezember 1808 und den dazu ergangenen ergänzenden Bestimmungen ohne gerichtliche Klage auf Grund bloßer Zahlungsbefehle beigetrieben werden können; 7) die Geldbeträge für Leistungen oder Lieferungen, welche nach fruchtlos gebliebener Aufforderung des Verpflichteten, für dessen Rechnung durch Dritte im Auftrage der Behörde ausgeführt werden (§. 2).

§. 2. Wenn es sich um die Leistung von Handlungen im öffentlichen Interesse des Staats &c. handelt, so steht der Verwaltungsbehörde, falls der Verpflichtete es auf Exekution ankommen läßt, die Befugniß zu, entweder auf Leistung der Handlung durch den Verpflichteten zu bestehen, oder aber die Handlung, sofern dieselbe auch durch einen Dritten bewirkt werden kann, für Rechnung des Verpflichteten durch einen Dritten ausführen, beziehungsweise bei Lieferungen, sofern es nicht gerade auf bestimmte, im Besitze des Verpflichteten befindliche Stücke ankommt, die zu liefernden Gegenstände für Rechnung des Verpflichteten ankaufen zu lassen. Von der letzteren Befugniß ist in allen Fällen Gebrauch zu machen, in welchen es an der Gelegenheit, die Leistung durch einen Dritten bewirken zu lassen, nicht fehlt. — Der Verpflichtete ist jedoch stets zuvor durch ein Mandat zu eigener Ausführung der schuldigen Leistung aufzufordern und zwar, sofern nicht Gefahr im Verzuge obwaltet, mit einer Frist von mindestens 8 Tagen. — Fordert die Behörde die Leistung durch den Verpflichteten selbst und hängt solche nach dem Ermessen der Aufsichtsbehörde von dem Willen des Verpflichteten ab, so ist letzterer durch Strafbefehle, welche bis zur Summe von 300 Mark gesteigert werden können (§. 1, Nr. 5), oder aber durch Personalarrest von höchstens vierwöchentlicher Dauer dazu anzuhalten. — Soll die Leistung durch einen Dritten geschehen, so sind die dazu erforderlichen Kosten von der Behörde vorläufig festzusetzen und von dem Verpflichteten einzuziehen (§. 1, Nr. 7), vorbehaltlich der nachträglichen Einziehung desjenigen Betrages, um welchen die Kosten der wirklichen Ausführung sich etwa höher herausstellen werden.

§. 3. Das Zwangsverfahren wird von den mit der Einziehung beauftragten Behörden oder Beamten angeordnet und unter ihrer Leitung durch die ihnen beigegebenen Exekutoren oder diejenigen Beamten, deren sie sich als solcher zu bedienen haben, ausgeführt. Für die Fälle aber, in welchen den ersteren keine bestimmten zur Ausführung der Exekution dienenden Beamten zugeordnet sind, oder in welchen die Aufsichtsbehörde selbst die Exekution verfügt, hat diese auch die Behörde oder auch den Beamten zu bestimmen, von welchem das Zwangsverfahren vollstreckt werden soll. Falls es den Verwaltungsbehörden an eigenen Organen zur Zwangsvollstreckung fehlt, sind dieselben berechtigt, die Gerichte wegen Vollstreckung der gerichtlichen Exekution zu requiriren und haben die Gerichte solchem Antrage stattzugeben, ohne die Rechtmäßigkeit der Forderung ihrer Prüfung unterziehen zu dürfen.

§. 4. Ueber die Verbindlichkeit zur Entrichtung der geforderten Abgaben und die Befugniß zur Anordnung des eingeleiteten Zwangsverfahrens findet der Rechtsweg nur nach Maßgabe der hierüber unterm 16. d. M. ergangenen besonderen Verordnung statt. Wegen vermeintlicher Mängel des Verfahrens, dieselben mögen die Form der Anordnung oder die der Ausführung, oder die Frage, ob die abgepfändeten Sachen zu den pfändbaren gehören, betreffen, ist dagegen nur die Beschwerde bei der vorgesetzten Dienstbehörde des Beamten zulässig, dessen Verfahren angefochten wird.

§. 5. Die Exekutoren müssen bei ihren amtlichen Verrichtungen den empfangenen schriftlichen Auftrag bei sich führen und dem Schuldner auf Verlangen vorzeigen. — Ihre amtlichen Verhandlungen und Anzeigen haben insoweit, als sie sich auf die ihnen übertragene Einziehung der Gefälle beziehen, bis zum Beweise des Gegentheils vollen Glauben. Die Exekutoren müssen eidlich verpflichtet werden.

§. 6. Die Einleitung des Zwangsverfahrens kann sofort nach Ablauf der gesetzlich feststehenden oder den Schuldnern besonders bekannt gemachten Zahlungstermine stattfinden.

§. 7. An denjenigen Tagen, an welchen nach erlassenen Anordnungen Amtshandlungen der Behörden und einzelnen Beamten nicht verrichtet werden sollen, darf kein Exekutionsakt vorgenommen werden, ebensowenig gegen Juden am Sabbath und an jüdischen Festtagen. Während der Saat- und Erntezeit dürfen gegen Personen, welche sich mit der Landwirthschaft beschäftigen, Exekutionen nur, wenn Gefahr im Verzuge ist, eingeleitet, fortgesetzt und ausgeführt werden. Darüber, ob Gefahr im Verzuge sei, hat die die Exekution anordnende Behörde zu bestimmen. Beschwerdeführungen über diese Bestimmung hemmen den Lauf der Exekution nicht. Für die Saat werden im Frühjahr und im Herbst jedesmal 14 Tage, für die Ernte 4 Wochen in derjenigen Jahreszeit, in welche nach der Oertlichkeit Saat und Ernte hauptsächlich zu fallen pflegen, freigelassen.

§. 8. Bei der Exekutionsvollstreckung gegen aktive Militärpersonen und pensionirte Offiziere sind die über die vorherige Benachrichtigung der kompetenten Militärbehörde und über die Vollstreckung der gerichtlichen Exekution in Kasernen oder anderen zu demselben Zwecke bestimmten Dienstgebäuden bestehenden, durch den Allerhöchsten Erlaß vom 1. April d. J. in den neuen Landestheilen eingeführten allgemeinen Vorschriften zu beobachten.

§. 9. [Mahnung und Exekutions-Ankündigung]. Vor Vollstreckung der Exekution muß jeder Schuldner durch einen von der im §. 2 bezeichneten Behörde ausgefertigten Mahnzettel aufgefordert werden, die darin speziell verzeichneten Rückstände binnen acht Tagen einzuzahlen, widrigenfalls zur Pfändung oder zu anderen zulässigen Zwangsmitteln werde geschritten werden. — Die Vorschriften des Gesetzes über die Einführung einer Klassen- und klassifizirten Einkommensteuer vom 1. Mai 1851, §. 18, Litt. b. und c. bleiben jedoch unverändert stehen.

§. 10. Die ausgefertigten Mahnzettel werden dem mit der Zwangsvollstreckung beauftragten Beamten (Exekutor) nebst einem mit der schriftlichen Anweisung zur Mahnung versehenen und von der betreffenden Behörde vollzogenen Verzeichnisse der anzumahnenden Schuldner und ihrer Rückstände (Restenverzeichnisse) übergeben. Der Exekutor muß jeden Mahnzettel dem Schuldner selbst oder einem erwachsenen Familiengliede oder Hausgenossen desselben behändigen und, wie solches geschehen, unter Angabe des Namens desjenigen, dem der Zettel zugestellt worden und des Tages der Behändigung in dem Mahnzettel und dem Restenverzeichnisse bescheinigen. Diejenigen Mahnzettel, deren Annahme verweigert wird, oder deren Behändigung wegen Abwesenheit der vorgedachten Personen nicht bewirkt werden kann, hat der Exekutor an die Haus- und Stubenthür des Schuldners anzuheften. Die achttägige Frist wird in diesem Falle von dem Tage an gerechnet, an welchem der Exekutor die Mahnzettel angeheftet hat.

§. 11. [Exekution. Verschiedene Arten der Zwangsmittel]. Nach Ablauf der achtägigen Frist sind wegen der alsdann noch verbleibenden Rückstände an Abgaben und Mahngebühren die gesetzlichen Zwangsmittel anzuwenden. Diese sind: a. die Pfändung: b. die Beschlagnahme der Früchte auf dem Halme, sowie der gewonnenen Produkte oder Fabrikate auf den Berg- und Hüttenwerken; c. die Beschlagnahme der ausstehenden Forderungen; d. die Sequestration und Verpachtung nach Maßgabe der allerhöchsten Ordre vom 31. Dezember 1825 unter D XII Litt. b; e. die Subhastation. — Die Sequestration und Verpachtung, sowie die Subhastation der Grundstücke, Berg- oder Hüttenwerke des Schuldners darf nur in dem Falle, wenn auf andere Weise keine Zahlung zu erlangen ist, veranlaßt werden. In der Anwendung der übrigen Zwangsmittel ist eine Reihenfolge nicht nothwendig zu beachten, in der Regel ist jedoch zunächst die Pfändung und nöthigenfalls die Beschlagnahme der Früchte auf dem Halme vorzunehmen. In den Herzogthümern Schleswig und Holstein findet jedoch die Sequestration nicht statt.

§. 12. [Pfändung]. Die Pfändung darf nur auf den Grund eines von der das Zwangsverfahren leitenden Behörde ausgefertigten Pfändungsbefehls vorgenommen werden. Kraft desselben ist der Exekutor befugt, die im Besitz des Schuldners befindlichen pfändbaren beweglichen Sachen in Beschlag zu nehmen.

§. 13. Von der Pfändung sind ausgeschlossen: a. die für den Schuldner seine Ehefrau und seine bei ihm lebenden Kinder und Eltern nach ihrem Stande unentbehrlichen Betten, Kleidungsstücke und Leibwäsche, sowie die Betten für das Gesinde und das zur Wirthschaft unentbehrliche Haus- und Küchengeräthe; b. eine Milchkuh, oder in deren Ermangelung zwei Ziegen, nebst dem zum Unterhalt oder zur Streu der freizulassenden Thiere erforderlichen Futter und Stroh für einen Monat; c. der einmonatliche Bedarf an Brod, Getreide, Mehl und anderen nothwendigen Lebensbedürfnissen für den Schuldner und seine Familie; d. ein zum Heizen und Kochen bestimmter Ofen; e. bei Künstlern, Handwerkern und Tagelöhnern die zur Forsetzung ihrer Kunst und ihres Gewerbes erforderlichen Werkzeuge und anderen Gegenstände mit der in dem Gewerbesteuergesetze vom 30. Mai 1820, §. 35 vorgeschriebenen Maßgabe [1]); f. die Bücher, welche für den Gebrauch des Schuldners und seiner Familie beim Gottesdienst und in der Schule bestimmt sind; g. die Bücher, welche sich auf das Gewerbe des Schuldners beziehen, sowie die Bücher, Maschinen und Instrumente, welche zum Unterricht oder Ausübung einer Wissenschaft oder Kunst gehören, bis zu einem Werthe von 240 Mark und nach der Wahl des Gepfändeten; h. bei Personen, welche Landwirthschaft oder Weinbau betreiben, das hierzu nöthige Geräthe, Vieh- und Feldinventarium, der nöthige Dünger, sowie das bis zur nächsten Ernte erforderliche Brod-, Saat- und Futtergetreide; i. bei Militär- und Civilbeamten die zur Verwaltung ihres Dienstes erforderlichen Bücher, das unentbehrlichste Hausgeräth, Betten, anständige Kleider und Wäsche, welche auch den pensionirten Beamten und Militärpersonen zu belassen sind; k. das Mobiliar dienstthuender Offiziere, Unteroffiziere und Gemeinen und aller übrigen dienstthuenden Personen des Soldatenstandes, welche sich an dem Garnisonorte derselben befindet, ingleichen das Mobiliar der mit Inaktivitätsgehalte entlassenen oder mit Pension zur Disposition gestellten Offiziere an ihrem Wohnorte. Geldwerthe Papiere, baares Geld, Schaumünzen, Juwelen und Kleinodien derselben sind von der Pfändung nicht ausgenommen.

§. 14. Gegen die Pfändung kann sich der Schuldner nur schützen, wenn derselbe entweder: a. die volle Berichtigung der beizutreibenden Summe durch Quittungen oder Vorlegung eines Postscheins sofort nachweist, oder b. eine Fristbewilligung der kompetenten Behörde vorzeigt, oder aber c. zur Abführung der beizutreibenden Summe und Bezahlung der Exekutionskosten sogleich bereit und im Stande ist. — In diesem letzten Falle, sowie in dem Falle, wenn der Schuldner einen Theil seiner Schuld sofort abtragen will, muß die abzuführende Summe in Gegenwart des Exekutors verpackt und unter Adresse des Erhebungsbeamten zur Post befördert oder dem Ortsvorstande zur weiteren Beförderung übergeben werden. — An den Exekutor dürfen keine Zahlungen, selbst nicht für Exekutionskosten geleistet werden; die Schuldner haben dasjenige, was an diesen gezahlt ist, bei etwaiger Nichtablieferung zu entrichten.

---

[1]) Daß bei fruchtloser Exekution der Schuldner an dem ferneren Betriebe des Gewerbes verhindert werden kann.

§. 15. Die Pfändung selbst wird in der Art bewirkt, daß der Exekutor von den vorhandenen pfändbaren Gegenständen einen zur Deckung der beizutreibenden Summe und der Exekutionskosten nach seinem Ermessen hinreichenden Betrag in Beschlag nimmt und sicherstellt und zwar zunächst diejenigen Gegenstände, welche am leichtesten transportirt und veräußert werden können. Der Schuldner ist, nachdem ihm der Pfändungsbefehl vorgelegt worden, verpflichtet, seine Effekten und Habseligkeiten vorzuzeigen und zu dem Ende seine Wohnungs- und anderen Räume, sowie die darin befindlichen Behältnisse zu öffnen. — Auch Sachen, welche sich in der Wohnung oder sonst im Gewahrsam des Schuldners befinden und angeblich dritten Personen gehören, müssen in Ermangelung anderer tauglicher Pfandstücke in Beschlag genommen und die angeblichen Eigenthümer mit ihrem Anspruche an die Behörde, von welcher der Pfändungsbefehl ausgegangen ist, verwiesen werden.

§. 16. Sachen, welche auf das Anbringen anderer Gläubiger bereits gepfändet worden, sind nur in Ermangelung anderer tauglicher Pfandstücke durch Anlegung eines Superarrestes mit Beschlag zu belegen. Dies geschieht in der Art, daß der Exekutor den etwa angelegten Siegeln sein Amtssiegel beifügt und dem Schuldner oder dem etwa bestellten Verwahrer eröffnet, daß die Pfandstücke für die Behörde, von der er seinen Auftrag erhalten, gleichfalls in Beschlag genommen seien. — Der Behörde, auf deren Verfügung die frühere Pfändung stattgefunden, beziehungsweise dem Beamten, welcher die frühere Pfändung im Wege der gerichtlichen Zwangsvollstreckung vorgenommen hat, ist die Anlegung des Superarrestes anzuzeigen. Diese Behörde, beziehungsweise dieser Beamte, ist gehalten, den Verkauf der Pfandstücke möglich zu beschleunigen, auch der Behörde, welche den Superarrest hat anlegen lassen, den Verkaufstermin bekannt zu machen, und darauf zu sehen, daß beide Forderungen, nämlich diejenige, wegen welcher zuerst die Pfändung eingetreten, und diejenige, wegen welcher später der Superarrest eingelegt ist, aus dem gelösten Kaufgelde befriedigt werden. — Reicht der Erlös zur Befriedigung sämmtlicher, die Zwangsvollstreckung betreibender Gläubiger hin, oder findet eine gütliche Einigung unter denselben statt, so ist darnach die Auszahlung der beigetriebenen Gelder zu beschaffen, im entgegengesetzten Falle ist derselbe an das zuständige Gericht zur Vertheilung oder sonstigen Verfügung abzuliefern. — Das Gericht hat sodann in Gemäßheit der bestehenden prozessualischen Bestimmungen weiter zu verfahren. — Sind Gegenstände im Wege der Zwangsvollstreckung auf Verfügung einer Verwaltungsbehörde bereits gepfändet, so kann im Wege der gerichtlichen Zwangsvollstreckung nur ein Anschluß an die frühere Pfändung durch Anlegung eines Superarrestes stattfinden und sind alsdann die vorstehenden Vorschriften auch in Beziehung auf die gerichtliche Zwangsvollstreckung analog anzuwenden. Findet der Verkauf der gepfändeten Gegenstände nicht statt, so dürfen dieselben nur mit Genehmigung derjenigen Behörde, beziehungsweise desjenigen Gläubigers, welcher den Superarrest hat anlegen lassen, freigegeben werden.

§. 17. Bei der Pfändung ist die Zuziehung des Ortsvorstandes, eines oder mehrerer Gemeinde- oder Polizeibeamten, oder zweier unbescholtener Männer nur dann erforderlich: a. wenn der Schuldner zu der Zeit, da die Pfändung vorgenommen werden soll, sich entfernt hat; b. wenn den Anordnungen des Exekutors wegen Oeffnung der Wohnungsräume &c. keine Folge gegeben oder ihm thätlicher Widerstand geleistet wird. In Gegenwart der obengedachten Personen kann die Pfändung nöthigenfalls mit Gewalt vorgenommen werden. — Ist der Widerstand auch auf diesem Wege nicht zu beseitigen, so muß der Exekutor davon der Behörde, in deren Auftrag er handelt, Anzeige machen, diese aber das Erforderliche wegen der dem Exekutor zu gewährenden Hülfe nach den hierüber bestehenden Gesetzen veranlassen.

§. 18. Abgepfändete baare Gelder und auf jeden Inhaber lautende Papiere müssen, wenn die Kasse sich nicht am Orte selbst befindet, von dem Exekutor in Gegenwart des Schuldners oder der bei der Pfändung zugezogenen Personen verpackt und unter der Adresse des Kassenbeamten zur Post befördert, oder dem Ortsvorstande, der zur Annahme und weiteren Beförderung verpflichtet ist, übergeben werden. — Andere Gegenstände sind bis zu deren Versteigerung dem Schuldner gegen das Versprechen, für deren Aufbewahrung zu sorgen und unter Verweisung auf die Strafe der Vereitelung der Pfändung, zu belassen. — Nur bei der Unzulässigkeit des Schuldners sind die gepfändeten Sachen einem zahlungsfähigen Gemeindemitgliede oder dem Ortsvorstande zur Aufbewahrung zu übergeben. — Werden Sachen, deren Benutzung ohne Verbrauch nicht möglich ist, nach stattgefundener Pfändung in der Wohnung des Schuldners belassen, so sind solche, soweit es nach den Umständen geschehen kann, gegen fernere Benutzung seitens des Schuldners, durch Verschließung oder Versiegelung sicher zu stellen. Handlungen des Schuldners, durch welche er die Pfändung beweglicher Sachen vorsätzlich vereitelt, unterliegen der Vorschrift des §. 272 [jetzt §. 137] des Str.-G.-Buchs.

§. 19. Ueber den Hergang bei der Pfändung muß der Exekutor an Ort und Stelle eine Verhandlung aufnehmen und solche nicht nur selbst unterschreiben, sondern auch von dem Schuldner oder dessen Stellvertreter und allen bei der Pfändung zugezogenen Personen unterschreiben lassen, oder aber den Grund der fehlenden Unterschriften vermerken. — Der Exekutor muß zugleich den Schuldner nochmals zur Zahlung der Rückstände mit dem Bedeuten auffordern, daß, wenn solche nicht geleistet werden sollte, an dem von ihm in der Regel sofort zu bestimmenden Tage zum Verkauf der Pfandstücke geschritten werden würde. — Dem Schuldner, sowie demjenigen, dem die gepfändeten

Sachen etwa in Verwahrung gegeben sind, ist auf Verlangen von dem Exekutor sofort eine Abschrift des Pfändungsprotokolls mitzutheilen und, wie solches geschehen, in diesem zu bemerken. — Die Aufnahme einer Verhandlung ist auch dann erforderlich, wenn bei dem Schuldner keine pfändbaren Gegenstände vorgefunden sind.

§. 20. [Verkauf der abgepfändeten Sachen]. Nach Ablauf einer vom Tage der vollzogenen Pfändung an zu rechnenden vierzehntägigen Frist ist, wenn inzwischen keine Zahlung erfolgt und keine Eigenthumsansprüche Dritter rechtzeitig angemeldet und bescheinigt worden sind, der öffentliche Verkauf der abgepfändeten Sachen von dem Beamten, von welchem die Exekution angeordnet worden ist, durch eine unter das Pfändungsprotokoll zu setzende schriftliche Verfügung an dem in dem Protokolle schon bestimmten Termine anzuordnen. Die Anordnung eines früheren Verkaufstermins ist auch ohne Einwilligung des Schuldners zulässig, wenn die abgepfändeten Sachen dem Verderben unterworfen sind, oder in der Behausung des Schuldners wegen dessen Unzuverlässigkeit nicht belassen, anderweitig aber nur gegen unverhältnißmäßig hohe Kosten untergebracht werden können. Der Verkaufstermin ist jedoch auch in diesem Falle nicht unter acht Tagen zu bestimmen und der Schuldner vorher davon zu benachrichtigen.

§. 21. Dritte Personen, welche auf die abgepfändeten Sachen Ansprüche haben, müssen diese bis zu deren Verkaufe bei der Behörde, welche die Pfändung angeordnet hat, anmelden und bescheinigen. — Der Bescheinigung gilt es gleich, wenn jene Personen die zur Begründung ihrer Ansprüche erforderlichen Thatsachen an Eidesstatt versichern. — Wird der Anspruch nicht bescheinigt, so behält der Verkauf seinen Fortgang; ist aber eine Bescheinigung beigebracht, so ist nach Befinden der Umstände die Freigebung der Sachen zu veranlassen oder der angebliche Eigenthümer durch eine schriftliche Verfügung zum Rechtswege zu verweisen.

§. 22. Sollten andere Gläubiger des Schuldners ein Vorzugsrecht vor der öffentlichen Kasse, in deren Interesse die Pfändung geschehen ist, behaupten, so darf der Verkauf der abgepfändeten Sachen deshalb niemals ausgesetzt, den Gläubigern muß vielmehr überlassen werden, ihr vermeintliches Vorrecht auf das Kaufgeld bei dem zuständigen Gerichte geltend zu machen. Ebenso müssen dann, wenn die auf Andringen anderer Gläubiger gepfändeten Sachen auf Antrag dieser Gläubiger verkauft worden sind, die bestrittenen Vorrechte der öffentlichen Kasse für die rückständigen Abgaben und Gefälle auf das Kaufgeld bei dem zuständigen Gerichte geltend gemacht werden.

§. 23. Die Abhaltung des Verkaufs muß in der Regel durch den Exekutor auf dem Marktplatze oder in einem anderen, Jedem zugänglichen und zur Auktion geeigneten Lokale des Ortes, wo die Pfändung stattgefunden, geschehen Es bleibt jedoch dem Beamten, welcher die Einleitung des Zwangsverfahrens angeordnet hat, unbenommen, den Exekutor bei dem Verkaufe, sowie bei der Pfändung zu beaufsichtigen und zu leiten und deshalb bei diesem Exekutionsakt gegenwärtig zu sein. Es können dem Exekutor zu diesem Zwecke auch andere Beamte beigegeben werden. — Auch steht es dem die Exekution leitenden Beamten frei, den Verkauf durch die Ortspolizeibehörde bewirken zu lassen. Verspricht der Verkauf an einem benachbarten Orte eine vortheilhaftere Versilberung der Pfandstücke, ohne die Transportkosten unverhältnißmäßig zu vermehren, so ist dieser anzuordnen. — Der Verkauf in der Behausung des Schuldners ist nur dann nachzugeben, wenn nicht ohne Verwendung bedeutender Kosten der Verkauf anderswo auszuführen ist.

§. 24. Der Verkaufstermin muß spätestens 8 Tage vorher durch Ausruf oder Anschläge öffentlich bekannt gemacht werden. Ersterer kann später noch wiederholt werden. — Haben die in demselben Termine zu versteigernden Gegenstände zusammen einen Werth von mindestens 150 Mark, so muß die Bekanntmachung auch durch die öffentlichen Blätter des Ortes, wo der Verkauf stattfinden soll oder, wenn daselbst keine solchen Blätter erscheinen, durch die eines zunächst belegenen Ortes erfolgen. Noch andere Arten der Bekanntmachung als die vorgeschriebenen können veranlaßt werden, wenn die Behörde, welche das Zwangsverfahren betreibt, solche angemessen findet oder der Schuldner rechtzeitig darauf anträgt und die erforderlichen Kosten bezahlt. — Kann der Verkauf nicht in dem im Pfändungsprotokolle anberaumten Termine abgehalten werden, so ist der anderweitige Verkaufstermin dem Schuldner und dem Verwahrer der abgepfändeten Sachen besonders bekannt zu machen.

§. 25. Bei der Versteigerung werden die Pfandstücke, soweit es thunlich ist, in der Regel einzeln ausgeboten und nach dreimaligem Ausruf dem Meistbietenden zugeschlagen. Die zugeschlagenen Pfandstücke dürfen nur gegen baare Bezahlung verabfolgt und müssen, wenn solche vor dem Schlusse des Termins nicht erfolgt, anderweit ausgeboten werden. Der erste Käufer haftet in diesem Falle für den Ausfall. Der Ortsvorstand oder ein von diesem bezeichneter Gemeinde- oder Polizeibeamter ist bei dem Verkaufe zuzuziehen. — Dieser Beamte sowohl, als derjenige, auf dessen Betreiben das Zwangsverfahren angeordnet ist und der Exekutor dürfen auf die zu versteigernden Gegenstände weder selbst mitbieten, noch durch Andere für sich mitbieten lassen.

§. 26. Die Versteigerung muß eingestellt und die noch unverkauften Pfandstücke müssen dem Schuldner zurückgegeben werden, sobald die eingegangenen Kaufgelder für die beizutreibende Schuld und für sämmtliche Kosten hinreichende Deckung gewähren oder die fehlende Summe baar eingezahlt wird. — Gewährt die Auktionslosung keine hinreichende Deckung, so kann die Fortsetzung des Exekutionsverfahrens dadurch abgewendet werden, daß vor Ablauf des

Verkaufstermins eine hinreichende Zahl nicht abgepfändeter Sachen übergeben wird, um solche gleichfalls öffentlich auszubieten. Der Beamte, welcher den Verkaufstermin abhält, ist zur Annahme aller Gelder, welche aus der Versteigerung eingehen oder an demselben Tage auf die Rückstände angeboten werden, befugt, muß aber, wenn die Kasse, für welche das Zwangsverfahren stattgefunden, nicht am Orte ist und deshalb die Ablieferung an diese nicht erfolgen kann, dieselben in Gegenwart des Schuldners oder der bei dem Verkauf zugezogenen Personen verpacken und unter der Adresse des Kassenbeamten zur Post befördern oder dem Ortsvorstande zur weiteren Beförderung übergeben.

§. 27. Ueber den Hergang der Versteigerung muß von den Beamten, welche dabei mitgewirkt haben, eine Verhandlung aufgenommen und solche auch dem Schuldner, wenn derselbe gegenwärtig gewesen ist, zur Unterschrift vorgelegt werden.

§. 28. Spätestens binnen 8 Tagen nach der Versteigerung muß der Kassenbeamte dem Schuldner, welchem auf besonderes Verlangen eine Nachweisung über die Verwendung der Auktionslosung nebst einer Abschrift der §. 27 gedachten Verhandlung mitzutheilen ist, den etwaigen Ueberschuß des eingegangenen Geldes durch den Exekutor zustellen lassen. — Ist die Auktionslosung unzureichend, so ist dem Schuldner zugleich die Fortsetzung des Exekutionsverfahrens mit dem Bedeuten anzukündigen, daß bei unterbleibender Berichtigung des Rückstandes nach Ablauf von 8 Tagen zu einer abermaligen Pfändung oder zu anderen Zwangsmitteln geschritten werden würde.

§. 29. Von den §§. 20 bis 26 aufgestellten Regeln finden nachstehende Ausnahmen statt: a. Geldwerthe, auf jeden Inhaber lautende Papiere sind, wenn nicht binnen 8 Tagen nach der Beschlagnahme Eigenthumsansprüche von Dritten angemeldet worden sind, an die Regierungshauptkasse, beziehungsweise, wo solche noch nicht besteht, an die sonst näher zu bezeichnende Kasse zur Versilberung einzusenden. b. Ausgedroschenes Getreide, Heu, Lebensmittel und andere Gegenstände, welche einen gemeinen Marktverkehr haben, können mit Zustimmung des Schuldners ohne vorherige Versteigerung und Bekanntmachung an Ort und Stelle für den letzten Marktpreis verkauft oder aber — womöglich mit dem Gespann des Schuldners — auf den nächsten Markt gefahren und daselbst versilbert werden. c. Goldene und silberne Geräthe dürfen nicht unter ihrem Gold- und Silberwerthe zugeschlagen werden, Kleinodien und Kunstsachen nicht unter dem Preise, zu welchem sie von Kunstverständigen abgeschätzt sind. Diese Gegenstände sind erforderlichen Falles zur Versteigerung nach dem Hauptorte des Regierungsbezirks oder einer anderen großen Stadt zu versenden.

§. 30. [Beschlagnahme der Früchte auf dem Halme]. Früchte auf dem Halme dürfen nur in den letzten sechs Wochen vor der gewöhnlichen Reife und nur dann in Beschlag genommen werden, wenn sich keine andere taugliche und sicher aufzubewahrende Pfandstücke vorfinden. — Ein Drittel der Ernte jeder Fruchtgattung ist von der Beschlagnahme frei zu lassen. — Von der beabsichtigten Beschlagnahme muß dem Schuldner oder seinen Angehörigen mit der Aufforderung, dabei gegenwärtig zu sein, Nachricht gegeben werden. Die Beschlagnahme wird demnächst in der Art vollzogen, daß der Exekutor die Felder, auf welchen die abzupfändenden Früchte stehen, der Obhut des Gemeindefeldhüters oder eines anderen Wächters überweiset und über den Hergang eine Verhandlung aufnimmt, von welcher dem Feldhüter oder Wächter, sowie dem Schuldner auf Verlangen Abschrift zu ertheilen ist. — Im Uebrigen kommen die Vorschriften §§. 12—27 zur Anwendung.

§. 81. [Beschlagnahme ausstehender Forderungen des Schuldners]. Die Beschlagnahme ausstehender Forderungen oder bei einem Dritten befindlicher Sachen des Schuldners erfolgt mit der Wirkung einer gerichtlichen Beschlagnahme durch eine schriftliche Verfügung der die Exekution leitenden Behörde, durch welche der Dritte zur Einzahlung der schuldigen Summe an die Kasse oder zur Aushändigung der schuldigen Sachen an den Exekutor zum Zweck des öffentlichen Verkaufs angewiesen wird. Der Schuldner muß von der Beschlagnahme durch Zustellung einer Abschrift der Verfügung und des darüber aufgenommenen Zustellungsvermerks mit der Aufforderung benachrichtigt werden, die über die Schuld vorhandenen Urkunden bei Vermeidung der zulässigen Zwangsmittel dem Exekutor auszuantworten. Die Zustellung der Beschlagnahme-Verfügung und die Benachrichtigung des Schuldners muß durch den Exekutor bewirkt und, wie solches geschehen, von diesem auf dem Konzepte jener Verfügung bescheinigt werden; die Handlungen, welche der Dritte nach Empfang der die Beschlagnahme anordnenden Verfügung in Ansehung der mit Beschlag belegten Summen oder Sachen zum Nachtheil der Kasse vornimmt, werden in Bezug auf die letztere dergestalt als nicht geschehen angesehen, daß der Dritte zur Zahlung der schuldigen Summe und Auslieferung der schuldigen Sachen oder ihres Werthes der Kasse verpflichtet bleibt. Der Schuldner muß dagegen nicht nur jede infolge der Beschlagnahme geleistete Zahlung oder geschehene Auslieferung anerkennen, sondern sich auch bei Vermeidung der im §. 18 erwähnten Strafe jeder Cession, Verpfändung oder anderweiten Disposition über die in Beschlag genommenen Summen oder Sachen enthalten. — Bei verweigerter Zahlung oder Ausantwortung der in Beschlag genommenen Summen oder Sachen ist der die Exekution anordnende Beamte durch eine Verfügung der betreffenden Aufsichtsbehörde (Regierung, Generalkommission, des Provinzial-Steuerdirektors, der Magistrate in den Städten ꝛc.) zur Klage gegen den Dritten zu ermächtigen. Diese Ermächtigung vertritt die Stelle einer Seitens des Schuldners ertheilten Anweisung und Vollmacht zur

Klage. Der mit Anstellung der Klage beauftragte Beamte muß jedoch den Schuldner zur Theilnahme an dem zu führenden Prozesse gerichtlich auffordern lassen.

§. 32. Die Beschlagnahme von Besoldungen, Wartegeldern und Pensionen erfolgt durch ein auf Innehaltung und Abführung des schuldigen Betrages gerichtetes Requisitionsschreiben des Beamten, der die Exekution anordnet, an diejenige Kasse oder Behörde, bei welcher die Besoldung oder Pension zu erheben ist. Von dem Requisitionsschreiben, welches die Wirkung einer gerichtlichen Beschlagnahme hat, muß dem Schuldner Nachricht gegeben werden.

§. 33. [Subhastation der Grundstücke]. Die Sequestration und Verpachtung, sowie die Subhastation von Grundstücken des Schuldners ist nur mit Genehmigung der im § 31 bezeichneten Behörden zulässig. — Die Sequestration und Subhastation muß alsdann bei dem kompetenten Gerichte in Antrag gebracht werden. — Das Gericht hat dem Antrage ohne materielle Prüfung der Sache Folge zu geben, im Uebrigen aber in Gemäßheit der bestehenden prozessualischen Vorschriften zu verfahren.

§. 34. [Exekution gegen Forense]. Zwangsmaßregeln, welche in einem anderen Empfangsbezirke zur Ausführung gebracht werden müssen, als demjenigen, in welchem die Zahlung zu entrichten ist, sind durch Requisition der betreffenden Behörde zu bewirken.

§. 35. [Kosten des Exekutionsverfahrens]. Die Kosten des Exekutionsverfahrens sind nach dem angehängten Tarif unter Beachtung der nachstehenden näheren Bestimmungen zu liquidiren: a. Die Gebührenkolonne wird durch den Gesammtbetrag der Abgabenreste und rückständigen Kosten eines jeden einzelnen Schuldners bestimmt, auf welche die betreffende Verfügung lautet. b. Nach dem Beginnen eines Exekutionsaktes müssen, sofern in dem Tarife selbst nicht ein anderes bestimmt ist, die vollen Gebühren bezahlt werden, auch wenn der Akt wegen inzwischen eingetretener Zahlung, Ausstandsbewilligung oder aus anderen Gründen nicht zur Ausführung gekommen ist. c. Die Exekutionsgebühren müssen, auch wenn der Exekutor mehrere Exekutionsakte in derselben Gemeinde zu gleicher Zeit vorgenommen hat, von jedem Schuldner besonders entrichtet werden; die Kosten für die öffentliche Bekanntmachung und den Verkauf der abgepfändeten Sachen werden jedoch, wenn mehrere Massen zusammengenommen werden, nur einmal nach der Gesammtsumme entrichtet und unter die dabei betheiligten Schuldner, nach Verhältniß des aus jeder Masse gewonnenen Erlöses, vertheilt. d. Bei Vertheilung der Transportkosten und anderen baaren Auslagen, welche mehrere Schuldner gemeinschaftlich zu tragen haben, muß der das Zwangsverfahren betreibende Beamte auf den Werth der Gegenstände, ihren Umfang, ihre Schwere und die sonst obwaltenden Umstände billige Rücksicht nehmen. e. Neben den tarifmäßigen Gebühren finden besondere Reise- und Zehrungskosten unter keinen Umständen statt. f. Die Gebühren der nach §. 20 Litt. c. zuzuziehenden

Sachverständigen werden nach den bei gerichtlichen Schätzungen in dem betreffenden Landestheile üblichen Ansätzen, event. nach dem Ermessen der Aufsichtsbehörde bestimmt. — Das Staatsministerium ist ermächtigt, eine Revision und anderweite Festsetzung des Tarifs vorzunehmen.

§. 36. Die Gebühren des Exekutors und alle anderen Exekutionskosten werden von dem das Verfahren betreibenden Beamten aus den durch den Verkauf der verpfändeten Sachen oder anderweit eingehenden Geldern gezahlt. — Bei Unzulänglichkeit dieser Gelder werden aus denselben zunächst die Gebühren des Exekutors berichtigt, die übrigen Exekutionskosten aber, soweit sie nicht gedeckt werden, auf die dazu geeigneten öffentlichen Fonds übernommen, oder von derjenigen Behörde eingezogen, für welche die Exekution stattgefunden hat.

§. 37. In dem vormals Landgräflich Hessen-Homburgischen Oberamtsbezirke Meisenheim kommt die Verordnung wegen exekutivischer Beitreibung der direkten und indirekten Steuern und anderer öffentlicher Abgaben und Gefälle, Kosten rc. für die Rheinprovinz vom 24. November 1843 mit den dazu ergangenen erläuternden, ergänzenden und abändernden Vorschriften zu Anwendung.

§. 38. Alle in den neuen Landestheilen bestehenden gesetzlichen Vorschriften, welche den Bestimmungen der gegenwärtigen Verordnungen entgegenstehen, oder mit denselben nicht zu vereinigen sind, treten außer Kraft.

§. 39. Die zur Ausführung gegenwärtiger Verordnung etwa erforderlichen Anordnungen haben die betheiligten Ministerien gemeinschaftlich zu erlassen. — Dieselbe tritt mit dem Tage in Kraft, an welchem das sie enthaltende Stück der G.-S. in Berlin ausgegeben wird.

Exekutionsgebühren-Tarif.

A. Gebühren des Exekutors.	bis 3 Mk. ℳ	bis 3 Mk. ₰	3–15 Mk. ℳ	3–15 Mk. ₰	15 bis 150 Mk. ℳ	15 bis 150 Mk. ₰	über 150 Mk. ℳ	über 150 Mk. ₰
1. Für die Mahnung	—	10	—	20	—	40	—	75
2. Für die Pfändung und Sicherstellung der gepfändeten Sachen, sowie für die Anlegung eines Superarrestes	—	10	—	60	1	60	3	—
In dem §. 13 gedachten Falle werden, wenn es zu keiner Pfandziehung kommt, nur die halben Gebühren entrichtet. Dieselben Gebühren passiren für die Freigebung abgepfändeter Sachen, sofern dieselbe nicht bei Gelegenheit eines anderen Exekutionsakts vorgenommen wird.								
3. Für die Anfertigung und Anheftung der Anschläge, sowie für Bewirkung des Ausrufs	—	20	—	20	—	40	—	75
4. Für die Versteigerung	—	40	—	80	1	60	3	—
Kommt es gar nicht zum Verkauf, so passiren, wenn der Steuerdiener sich dieserhalb an den Ort des Verkaufs begeben hat, die halben Gebühren.								
5. Für die Zustellung eines Zahlungsbefehls an den Schuldner des Abgabenpflichtigen und die Benachrichtigung des Letzteren, sowie für jede sonstige Zustellung	—	20	—	40	1	20	2	—
6. Für jede Abschrift von einem Pfändungs-, Auktions- oder anderen Protokoll	—	5	—	5	—	5	—	5
B. Andere Kosten.								
7. Gebühren der bei einer Pfändung zugezogenen Zeugen		20	—	20	—	40	—	50
8. Gebühren des Aufbewahrers von Mobilareffekten, täglich	—	10	—	20	—	30	—	50
9. Gebühren des Hüters von Früchten auf dem Halme, täglich	—	10	—	20	—	30	—	50
Zu 8 u. 9 werden, wenn die Aufbewahrung oder Obhut länger als acht Tage dauert, von dem 9. Tage an nur die halben Gebühren bewilligt. Die Gebühren können dagegen, wenn mehr als zehn zerstreut liegende Parzellen zu beaufsichtigen sind, um die Hälfte, und wenn mehr als zwanzig zerstreut liegende Parzellen zu beaufsichtigen sind, um das Doppelte erhöht werden.								

Achter Abschnitt.

Polizeiverwaltung.

I. Verordnung über die Polizeiverwaltung in den neu erworbenen Landestheilen vom 20. September 1867 [1]).

§. 1. Die örtliche Polizeiverwaltung wird von den nach den Vorschriften der Gesetze hierzu bestimmten oder berufenen Behörden und Beamten im Namen des Königs geführt.

Die Orts-Polizeibeamten sind verpflichtet, die ihnen von der vorgesetzten Staatsbehörde in Polizei-Angelegenheiten ertheilten Anweisungen zur Ausführung zu bringen.

Jeder, der sich in ihrem Verwaltungsbezirke aufhält oder daselbst ansässig ist, muß ihren polizeilichen Anordnungen Folge leisten.

§. 2. Soweit nach der in den neu erworbenen Landestheilen bestehenden Gesetzgebung der Staatsregierung die Befugniß vorbehalten ist, die örtliche Polizeiverwaltung in einer Gemeinde oder in einem Bezirke einer besonderen Staatsbehörde oder einem besonderen Staatsbeamten zu übertragen, ist diese Befugniß von dem Minister des Innern auszuüben. In Gemeinden, in welchen die örtliche Polizeiverwaltung durch eine Staatsbehörde oder einen besonderen Staatsbeamten geführt wird, ist der Minister des Innern befugt, einzelne Zweige der örtlichen Polizeiverwaltung den Gemeinden zur eigenen Verwaltung unter Aufsicht des Staats zu überweisen. Für die den Gemeinden zur eigenen Verwaltung überwiesenen Zweige der örtlichen Polizeiverwaltung stehen die in dieser Verordnung den Ortspolizeibehörden eingeräumten Befugnisse der Gemeindebehörde oder dem Gemeindebeamten zu, welchem mit Genehmigung der Bezirksregierung der betreffenden Geschäfte übertragen worden sind.

§. 3. In Betreff die Verpflichtung zur Tragung der Kosten der örtlichen Polizeiverwaltung bewendet es vorläufig bei den in den neu erworbenen Landestheilen hierüber bestehenden Vorschriften.

Wenn in Gemäßheit des §. 2 einzelne Zweige der Polizeiverwaltung den Gemeinden zur eigenen Verwaltung überwiesen worden sind, so haben die Gemeinden die Kosten dieser Verwaltung selbst zu tragen.

---

[1]) Diese Verordnung gilt für die neuen Provinzen mit Ausnahme des vormaligen Oberamtsbezirks Meisenheim und der Enklave Kaulsdorf.

§. 4. Ueber die Einrichtungen, welche die örtliche Polizeiverwaltung erfordert, kann die Bezirksregierung besondere Vorschriften erlassen.

Die Ernennung aller Polizeibeamten, deren Anstellung den Gemeindebehörden zusteht, bedarf der Bestätigung der Staatsregierung.

§. 5. Die mit der örtlichen Polizeiverwaltung beauftragten Behörden sind befugt, nach Berathung mit dem Gemeindevorstande ortspolizeiliche, für den Umfang der Gemeinde gültige Vorschriften zu erlassen und gegen die Nichtbefolgung derselben Geldstrafen bis zum Betrage von drei Thalern anzudrohen. Steht die örtliche Polizeiverwaltung innerhalb eines Bezirks, zu welchem mehrere Gemeinden gehören, einem Beamten (Amtshauptmann, Amtmann rc.) oder einer Behörde zu, so ist dieser Beamte oder diese Behörde befugt, ortspolizeiliche Vorschriften

a. für den Umfang einer Gemeinde nach Anhörung des betreffenden Gemeindevorstandes,

b. für mehrere Gemeinden oder den ganzen Bezirk aber nach Anhörung der Amtsvertretung (Amtsversammlung rc.) und in deren Ermangelung nach Anhörung der betreffenden Gemeindevorstände

unter der vorstehend gedachten Strafandrohung zu erlassen.

Die Strafandrohung kann bis zu dem Betrage von 30 Mark gehen, wenn die Bezirksregierung ihre Genehmigung dazu ertheilt hat.

Die Bezirksregierungen haben über die Art der Verkündigung der ortspolizeilichen Vorschriften, sowie über die Formen, von deren Beobachtung die Gültigkeit derselben abhängt, die erforderlichen Bestimmungen zu erlassen.

§. 6. Zu den Gegenständen der ortspolizeilichen Vorschriften gehören:

a. der Schutz der Personen und des Eigenthums;

b. Ordnung, Sicherheit und Leichtigkeit des Verkehrs auf öffentlichen Straßen, Wegen und Plätzen, Brücken, Ufern und Gewässern;

c. der Marktverkehr und das öffentliche Feilhalten von Nahrungsmitteln;

d. Ordnung und Gesetzlichkeit bei dem öffentlichen Zusammensein einer größeren Anzahl von Personen;

e. das öffentliche Interesse in Bezug auf die Aufnahme und Beherbergung von Fremden; die Wein-, Bier- und Kaffeewirthschaften und sonstige Einrichtungen zur Verabreichung von Speisen und Getränken;

f. Sorge für Leben und Gesundheit;

g. Fürsorge gegen Feuersgefahr und sonstige Unsicherheit bei Bauausführungen, sowie gegen gemeinschädliche und gemeingefährliche Handlungen, Unternehmungen und Ereignisse überhaupt;

h. Schutz der Felder, Wiesen, Weiden, Wälder, Baumpflanzungen, Weinberge u. s. w.;

i. alles Andere, was im besonderen Interesse der Gemeinden und ihrer Angehörigen polizeilich geordnet werden muß.

§. 7. Zu Verordnungen über Gegenstände der landwirthschaftlichen Polizei ist die Zustimmung der Gemeindevertretung, wo aber eine Gemeindevertretung zur Zeit nicht besteht, die der Gemeindeversammlung, und für diejenigen Fälle, in welchen es nach §. 5 der Zuziehung der Amtsvertretung bedarf, deren Zustimmung erforderlich.

§. 8. Von jeder ortspolizeilichen Verordnung ist sofort eine Abschrift an die zunächst vorgesetzte Behörde einzureichen.

§. 9. Die Bezirksregierung ist befugt, jede ortspolizeiliche Vorschrift durch einen förmlichen Beschluß unter Angabe der Gründe außer Kraft zu setzen.

§. 10. Die Bestimmung findet auch auf die Abänderung oder Aufhebung ortspolizeilicher Vorschriften Anwendung.

§. 11. Die Bezirksregierungen sind befugt, für mehrere Gemeinden ihres Verwaltungsbezirks oder für den ganzen Umfang desselben gültige Polizeivorschriften zu erlassen und gegen die Nichtbefolgung derselben Geldstrafen bis zu dem Betrage von 10 Thalern anzudrohen. Der Minister des Innern hat über die Art der Verkündigung solcher Vorschriften, sowie über die Formen, von deren Beobachtung die Gültigkeit derselben abhängt, die erforderlichen Bestimmungen zu erlassen.

§. 12. Die Vorschriften der Bezirksregierungen (§. 11) können sich auf die im §. 6 dieser Verordnung angeführten und alle anderen Gegenstände beziehen, deren polizeiliche Regelung durch die Verhältnisse der Gemeinden oder des Bezirks erfordert wird.

§. 13. Es dürfen in die polizeilichen Vorschriften (§§. 5 und 11) keine Bestimmungen aufgenommen werden, welche mit den Gesetzen oder den Verordnungen einer höheren Instanz im Widerspruche stehen.

§. 14. Der Minister des Innern ist befugt, soweit Gesetze nicht entgegenstehen, jede polizeiliche Vorschrift durch einen förmlichen Beschluß außer Kraft zu setzen. Die Genehmigung des Königs ist hierzu erforderlich, wenn die polizeiliche Vorschrift von dem Landesherrn oder mit dessen Genehmigung erlassen war.

§. 15. Die Polizeirichter haben, wenn sie über Zuwiderhandlungen gegen polizeiliche Vorschriften (§§. 5 und 11) erkennen, nicht die Nothwendigkeit oder Zweckmäßigkeit, sondern nur die gesetzliche Gültigkeit jener Vorschriften nach den Bestimmungen der §§. 5, 11 und 13 dieser Verordnung in Erwägung zu ziehen.

§. 16. Für den Fall des Unvermögens des Angeschuldigten ist auf verhältnißmäßige Gefängnißstrafe zu erkennen. Das höchste Maß derselben ist 4 Tage statt 9 Mark und 14 Tage statt 30 Mark.

§. 17. Die bisher erlassenen polizeilichen Vorschriften bleiben so lange in Kraft, bis sie in Gemäßheit dieser Verordnung aufgehoben werden.

§. 18. Die Polizeibehörden sind berechtigt, ihre polizeilichen Verfügungen durch Anwendung von Zwangsmitteln durchzusetzen. Es steht ihnen zu diesem Behufe die Befugniß zu, Strafandrohungen bis zu Einhundert Thalern oder vier Wochen Gefängniß zu erlassen und zu vollstrecken. Die Regierungen sind jedoch ermächtigt, die ihnen untergeordneten Polizeibehörden in der Höhe der Strafandrohungen auf ein geringeres Strafmaaß zu beschränken. Wer es unterläßt, dasjenige zu thun, was ihm von der Polizeibehörde in der Ausübung dieser Befugniß geboten worden ist, hat zu gewärtigen, daß es auf seine Kosten zur Ausführung gebracht werde, vorbehaltlich der etwa verwirkten Strafe und der Verpflichtung zum Schadensersatze.

§. 19. Die in dieser Verordnung den Bezirksregierungen eingeräumten Befugnisse werden in dem vormaligen Königreiche Hannover, bis zur Einführung von ihren Bezirksregierungen, von den Landdrosteien und der Berghauptmannschaft ausgeübt.

§. 20. Alle dieser Verordnung entgegenstehenden Bestimmungen sind aufgehoben.

II. Gesetz über die vorläufige Straffestsetzung wegen Uebertretungen vom 14. Mai 1852 [1]).

§. 1. Wer die Polizeiverwaltung in einem bestimmten Bezirke auszuüben hat, ist befugt, wegen der in diesem Bezirke verübten, sein Ressort betreffenden Uebertretungen die Strafe vorläufig durch Verfügung festzusetzen. Wird Geldbuße festgesetzt, so ist zugleich die für den Fall des Unvermögens des Verurtheilten in Gemäßheit §. 335 des Strafgesetzbuchs an die Stelle der Geldbuße tretende Gefängnißstrafe zu bestimmen.

Die vorläufig festzusetzende Strafe darf 15 Mark Geldbuße oder dreitägiges Gefängniß nicht überschreiten. Erachtet der Polizeiverwalter eine höhere Strafe für gerechtfertigt, so muß die Verfolgung dem Polizeianwalte überlassen werden.

§. 2. In der §. 1 gedachten Verfügung muß angegeben sein:

a. die Beschaffenheit der Uebertretung, sowie die Zeit und der Ort ihrer Verübung;

b. die Staffestsetzung unter Anführung der Strafvorschrift, auf welche dieselbe sich gründet;

c. die Bedeutung, daß der Angeschuldigte, wenn er sich durch die Straffest-

---

[1]) Dieses Gesetz ist durch Königliche Verordnung vom 25. Juli 1867 Art. II. Litt. 1 auch in den neuen Landestheilen in Kraft getreten.

setzung beschwert findet, innerhalb einer zehntägigen Frist, vom Tage der Insinuation derselben an, bei dem Polizeiverwalter, dem Polizeirichter oder dem Polizeianwalte schriftlich oder zu Protokoll auf gerichtliche Entscheidung antragen könne, daß aber, falls in dieser Frist ein solcher Antrag nicht erfolge, die Strafverfügung gegen ihn vollstreckbar würde;

d. die Kasse, an welche die Geldbuße gezahlt werden soll.

§. 3. Diese Verfügung ist unter Beobachtung der für gerichtliche Insinuation vorgeschriebenen Formen, wobei vereidete Verwaltungsbeamte den Glauben der Gerichtsboten haben, dem Angeschuldigten zu insinuiren.

§. 4. Für dieses Verfahren sind weder Stempel noch Gebühren anzusetzen; die baaren Auslagen aber fallen dem Angeschuldigten in allen Fällen zur Last, in welchen endgültig eine Strafe gegen ihn festgesetzt wird.

§. 5. Gegen eine solche Strafverfügung (§. 1) findet die Beschwerde bei der vorgesetzten Behörde nicht statt; es steht aber dem Angeschuldigten frei, innerhalb zehn Tage, vom Tage der Insinuation der Verfügung an, bei dem Polizeiverwalter, dem Polizeirichter oder dem Polizeianwalte auf gerichtliche Entscheidung anzutragen. Ist dieser Antrag bei dem Polizeirichter oder bei dem Polizeianwalte gemacht worden, so haben diese hiervon den Polizeiverwalter, welcher die Strafverfügung erlassen hat, zu benachrichtigen. Dem Antragenden muß eine Bescheinigung über die erfolgte Anmeldung kostenfrei ertheilt werden.

§. 6. Erfolgt ein solcher Antrag (§. 5) innerhalb der zehntägigen Frist, so tritt dadurch die Straffestsetzung außer Kraft. Die Sache wird alsdann dem Polizeirichter vorgelegt, welcher, ohne daß es der Einreichung einer Anklageschrift bedarf und ohne vorgängigen Beschluß über die Eröffnung der Untersuchung, einen Termin zur Verhandlung ansetzt. Die Erlassung eines Mandats findet nicht statt. Im Uebrigen kommt das bei Uebertretungen vorgeschriebene Verfahren zur Anwendung. Der Richter ist befugt, auch auf eine andere Strafe zu erkennen, als in der Strafverfügung bestimmt war.

§. 7. Wenn innerhalb der zehntägigen Frist kein Antrag auf gerichtliche Entscheidung (§. 5) erfolgt, so ist die Strafe zu vollstrecken.

§. 8. Ist die Strafverfügung des Polizeiverwalters vollstreckbar geworden, so findet wegen der nämlichen Handlung eine fernere Anschuldigung nicht statt, es sei denn, daß die Handlung keine Uebertretung, sondern ein Vergehen oder Verbrechen darstellt und daher der Polizeiverwalter seine Kompetenz überschritten hat.

§. 9. Durch Erlaß der polizeilichen Strafverfügung wird die Verjährung der Uebertretung unterbrochen (§. 339 des Strafgesetzbuchs). Ist der Polizeianwalt eingeschritten, bevor die vorläufige Strafverfügung dem Angeschuldigten insinuirt worden, so ist die letztere wirkungslos.

§. 10. In Betreff der von Militärpersonen begangenen Uebertretungen behält es bei den Bestimmungen der §§. 8 und 269 Th. II des Strafgesetzbuchs für das Heer sein Bewenden.

§. 11. Insoweit wegen Zuwiderhandlungen gegen die Vorschriften über die Erhebung öffentlicher Abgaben und Gefälle, insbesondere der Steuern, Zölle, Postgefälle und Kommunikations-Abgaben, ein administratives Strafverfahren vorgeschrieben ist, finden die Bestimmungen des gegenwärtigen Gesetzes auf dergleichen Zuwiderhandlungen keine Anwendung.

§. 12. Unsere Minister der Justiz und des Innern haben die zur Ausführung dieses Gesetzes erforderlichen reglementarischen Bestimmungen zu erlassen.

www.ingramcontent.com/pod-product-compliance
Lightning Source LLC
Chambersburg PA
CBHW030342270326
41926CB00009B/932